人類的家園

The story of the world we Live In

Hendrik Willem Van Loon

[美]亨德里克・威廉・房龍 著
文 承 譯

關於本書

房龍是一個說故事的高手，他能把人文科學、地理歷史、哲學思考等生硬冷僻的東西，轉化為人人都可輕鬆閱讀、愉快欣賞的作品，而且他的文筆簡潔扼要、幽默、生動！所以，這些本來恐怕有點枯燥的東西，在他手上卻會變成一幅色彩壯麗的動人畫卷，處處充滿趣味、引人遐思，在在都是致命吸引力！

《人類的家園》是繼《人類的故事》出版十二年後（一九三三）所推出的大作，她是以地理的位置情節來說出人類的故事，自從她問世以來，一直都是暢銷書的前十名，非虛構文學的榜首。並且引來世人的眼光，馬上有了德文、西班牙文、義大利文等十四種翻譯版本。因此《人類的家園》被視為出版史上的奇蹟，不但風靡全世界，也是一部永不褪色、永不過時的暢銷書！

本書並非一般的地理教科書——只會十分掃興的提及一個國家的地理面積、人口物產等等。她的特色是「以人為本、以史為綱」，將人類在地理的角色中，如何以知性的活動，像是如何利用自然、改造自然；在特定的環境中，又如何以特定的方式去適應，而因為不同的地理情況，才形成了與眾不同的風俗習慣、成為各地方不同民族的不同特性。

因此，在《人類的家園》中，地理不再是冷冰冰的數字、死板板的統計，而是將人類的生存奮鬥史貫穿在其中，就好像血液流竄在人體中，讓人發揮人類的生存本能以及對生命付出的熱情，還有大地燃燒不停的溫暖……

另外，《人類的家園》也是瞭解人類在地球上的最好生存歷史，但作者並不是以蒼白的數字做陳述，同時也看不見深奧不可測的堆砌文字，房龍以不同於史學家的筆法，再通過他淵博的學識、以靈性、詼諧的手法，活化了地理傳統的拘束，讓幽默輕鬆的文字大放異彩，產生讓人無以倫比的驚奇、無法抗拒的魅力！

作者的話——如何使用這本書

參考地圖是閱讀本書的關鍵。許多優秀的地圖冊都制作得精良準確，隨便準備哪一本都行，這樣可以幫助你更好地理解本書。

你很快會發現，本書中有大量的地圖，但是你不要以爲它們就可以替代正規的地圖冊。我畫這些圖的目的是爲了提供更多的方式，幫助你理解本書要討論的問題，並且我還希望這些圖能培養你畫圖的興趣，使你能夠根據已經掌握的地理學上的知識，自己繪製地圖。你可以看到，無論平面圖製作得如何巧妙，它們仍與實際情況有些出入。比較接近實際情況的是那些地球儀上的地圖，但也不是盡善盡美，因爲它本應該是橢圓形的。實際上，人們把地球儀做成球形只是爲了方便，而不是爲了更接近眞實。地球的眞實情況是，在接

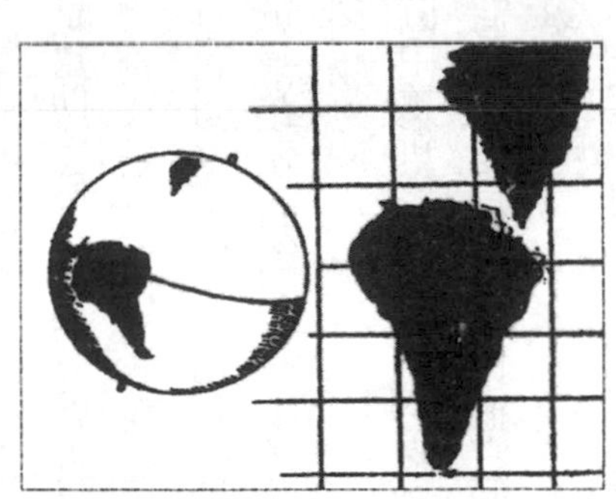

分別比較一下地球儀上的和平面圖上的格陵蘭及南美洲，看有多大的差別

近兩極的地區略微有點兒扁平，而這種差異只有十分巨大的地球儀才能顯現出來，因此我們不必將這些小問題放在心上。你應該有個地球儀（我寫作本書時就是藉助一個花十美分就可以買到的、裝在鉛筆刀上的小地球儀），並能恰當地利用它，但是切記，它只是「近似」於地球，而不是「完全符合」地球的實情。如果你能獲取船長資格證書的話，就可以在實際生活中領略地球的「實情」。如果你眞有此意，你將花費很多年的時間去掌握這門異常艱難的學問，而本書並非專業書籍，而是一本幫助在地球上的普通居民了解地球概況的大眾讀物。

現在我要告訴你：學習地理最有效、最便捷的方法就是在圖中重新認識一切。不要模仿我的，或是任何別人的圖畫。如果你感興趣，你可以參考我畫的那些圖，但是你只可以把它們看成是一種地理學上的「開胃菜」，以吸引你充分享受自己做飯菜的樂趣。

我給你們作出了示範，根據自己的地理知識畫出一些平面圖，或者立體圖。適應這些立體圖需要一定時間，不過一旦你理解了它們，你就不會再喜歡那些平面圖了。在我畫的圖裡還有一些像是從山頂俯瞰大地，或是從不同角度畫出的圖，它們可以幫助你更全面地觀察地貌。我還畫了一些像是在飛機或者氣球上畫出的圖，以及一些大海乾涸了的情形。還有一些只是很漂亮的像裝飾畫一樣的圖形，而另一些則像幾何圖形。你自己選擇吧，然後根據你對事物的認識和想法，自己動手繪製地圖。繪製地圖你得有一個地球儀，大小皆可，還要有一本地圖冊，再準備好鉛筆和紙，然後你就可以繪製了。

要記住，學習地理只有一種方法可以使你永遠不會忘記，那就是——動手畫圖。

目錄

序章　人類的家園

——地球

如果我們可以做個大膽設想：假若每一個人都是6英尺高，1.5英尺寬，1英尺厚（很多人還達不到這個尺碼），那麼，全體人類（據統計，地球上約生活著二十億人）都可以像沙丁魚那樣被塞進一個長、寬、高各半英里的正方形大箱子。（編按：一九三〇年全世界人口統計爲二十億一千二百八十萬人）。這聽起來似乎讓人難以置信，但如果你自己計算一下，就會明白這個比喻是恰當的。

我們將這個箱子運送到北美的科羅拉多州的大峽谷，那是永恆之手於靜默之中創造出來的自然奇境。我們選擇這裡作爲人類最後的安息之所。爲了使人類不至於因大峽谷雄壯的美景而驚呆得扭斷了脖子，我們將這個大箱子巧妙地搭在低矮的石牆上，然後我們再喚來一隻非常聰明而又非常聽話的德國小獵犬，讓它用它那棕色的軟鼻子輕輕地拱一下這個大箱子——人類最後的巨殿，只聽得轟隆隆、嚓嚓的巨響，人類的大箱子一路下落，碰到了石頭、樹木和灌木叢，從山崖直落入谷底，它的邊緣濺落在科羅拉多河的懷抱之中，最後發出一陣訇然巨響。

萬籟無聲，一切終歸沉寂。

墓穴之中的沙丁人類很快就會被遺忘，彷彿一切從未發生過，大峽谷將一如既往地迎戰風霜雨雪，任時光流轉。這個世界將繼續沿著它既定的軌道，在未知的天際間穿行。

星際間的天文學家，不管是遠居還是近鄰，都不會注意到地球上發生的這一變化，即使他們天天觀察太空。

一個世紀以後，有一個小小的青冢被綠色植被層層覆蓋著，也許那就是人類曾經存在過的唯一標誌。人類的故事塵埃落定。

我可以想像到，當讀者看到引以爲自豪的人類被貶低到這種微不足道的地步，他們中的大多數人都會深感不悅，因爲人們的自尊受到傷害而不喜歡這個故事。

那換個角度看看。這個角度能夠使人類對自己的渺小的存在，產生深刻而毫不矯飾的自豪。如果從生物學的角度來看待人類問題，那麼人類只不過是一群弱小而無助的哺乳動物。從人類出現的第一天開始，就被成群結隊的其他物種包圍著，它們比人類更適應這個物競天擇的生存環境。

在人類早期的鄰居中，有一百英尺長、重得像小火車的龐然大物，也有長著像圓鋸的鋒利牙齒的猛獸，還有許多物種身披像中世紀騎士盔甲那樣的外殼，日復一日地吃喝玩樂。有的生物雖是人類的肉眼無法看到的，它們卻在以驚人的速度繁殖著。好在它們的天敵能夠以同樣驚人的速度消滅它們，否則也許一年之後，我們的地球就被它們占據了。

人類只能在最適宜的環境下生存，我們不得不在高山與大海之間那些小塊的乾燥陸地上擇地棲息。我們的鄰居從不懼怕山的高寒與海的深邃，它們顯然具備在任何自然條件下生存的能力與素質。人類在這些鄰居面前就不得不自慚形穢。

據權威的研究資料可以得出，有些昆蟲能夠在石油中快樂地嬉戲（我們卻不會把石油這樣的東西當做主食），有些則能在劇烈的溫度變化下存活，而這樣的溫度變化卻能在幾分鐘之內將人類毀滅。

更令人吃驚的是，那些棕色的小甲蟲似乎非常熱愛文學，它們總是在人類的書櫥中跑個不停，即使失去了兩條、三條甚至四條腿，它們仍能夠終日不停地繼續它們的旅程。而人類呢，哪怕是一個腳趾被刺扎了一下，都可能會行動不便。於是，我們開始意識到，爲了避免有一天迷失在這個冷漠無情的宇宙間的某一處黑暗的角落

大峽谷上的巨殿

中，從誕生的第一天起，人類就不得不爲了生存而不懈地鬥爭下去。

對於自以爲是的現代人來說，我們祖先當年丟棄樹枝或者手杖，努力練習用雙腳走路的姿勢一定顯得滑稽可笑。然而，正是在這笨拙的行走中，人類才從原始邁向了文明。

那些憑藉蠻力和狡黠統治著地球上近兩億平方千米的大陸和海洋的主宰者的命運又如何呢？它們中的大部分已經在地球上消失無蹤了，我們只能在自然博物館中以「展品A」或「展品B」的標籤看到它們曾稱雄一世的蛛絲馬跡，而其他的生物爲了生存，不得不屈從於我們人類。爲了取悅人類主子，它們貢獻出自己的皮革、蛋、奶以及身上的肉，甚至還要爲越來越懶惰的人類拖拉一些他們認爲自己力所不及的重物。還有更多的動物乾脆自我放逐到遠離人類的地方，而人類也認爲那些地方暫時還沒有必要去爭奪，就允許這些可憐的生靈在那裡繁衍生息。

總之，人類僅用了二、三十萬年的時間（在時間的長河中，這不過提短短的一瞬）就使自己成爲這個星球上每一塊土地的不容置疑的統治者。目前他們又要將大氣和海洋也納入自己的領地。幾億人類創下了這樣那樣的豐功偉績，但除了神聖的理性天賦之外，他們並不比競爭對手具有更多的優勢。

即便如此，我還是有些誇大其詞。事實上，以最高貴的形式出現的理性天賦，以及爲自己利益著想的能力也只是一小部分人類的特權，其他人並不被允許具有這種權力。於是，他們理所當然地成了其他人的主子。那些被領導者不論對這一現狀如何不滿，也只能俯首屈從。

人類的進步就這樣變成了一個奇怪而又步履蹣跚的進程。無論人們是多麼的努力鬥爭，在成千上萬的芸芸衆生中只能出現一位眞正的先行者。

誰也無法預料，人類前進的征途會將自己引向何方。雖然我們身上那種固有的野蠻使人與人之間的殺戮比人類對動物或者樹木還要殘忍（這種野蠻行徑使人類文明偏離了正常前進的道路），但是以我們過去四千年所取得的成就來看，我們還是能夠在未來創造出越來越多的輝煌。地球的每一塊土地上幾乎都要聽人的支配，地球的每一份資源幾乎都掌握在人類的手中。即使還有荒野沙漠，我們也會憑藉我們的智慧和遠見以及手中的槍炮，爭取到對這世間萬物的使用權。

地球是我們美好的家園，大自然是我們的母親。她生產充足的食物供養我們；她貢獻了豐富的採石場、黏土礦和森林，以供我們建造遮擋風雨的住所；而那牧場上馴順的羊群、開滿無數蘭花的波浪起伏的亞麻田，還有中國桑樹養育的蠶寶寶編織出的衣物，供我們遮蔽冬日的嚴寒以及夏日的酷暑。我們有一個美好的家園。它供養著人類一代又一代的子孫，只需我們稍作投入，就可以在未來的歲月中不虞匱乏。

但是，大自然也有它自己的法則。這些法則既公正又無情，沒有任何討價還價的餘地。大自然無私地給人類以關愛，同時它也要求人類遵從它的法則，遵從它的規律。

在一塊只能夠養五十頭牛的牧場上放養一百頭牛就會引發災難，這是每個牧場主都熟知的常識。那麼，在只夠生活十萬人的土地上居住著一百萬人就會給這一地區帶來擁擠、貧困和痛苦。那些主宰人類命運的領袖們卻對這些熟視無睹。

而且，這還不是人類所犯下的諸多錯誤中最嚴重的。我們還在以另一種方式違迕著養育著我們的母親：人類是現存物種中唯一敵視同類的動物。狗不會吃掉狗，虎不會食虎，甚至最凶殘的鬣狗也能夠和它們的同類和平相處。可是，人卻在仇恨著人，人卻在殺害著人。看今日世界，每個國家的頭等大事就是爲屠殺鄰國人做好準備。

大自然的最重要法則就是要求同類之間的和平相處，友善相待。人類對此公然違背，使我們有可能面臨種族滅絕的厄運，因爲我們生存競爭中的對手在時刻等待著時機。如果人類不能夠或者不願意繼續做這個世界的主宰，那麼將有成千上萬的物種等待推翻人類，登上地球之王的寶座。也許一個由貓、狗或者大象或者其他什麼高級物種所統治的星球，總比被戰艦和重炮充塞的星球更有好處。

我們祖先的愚昧無知，使我們誤入歧途，陷入悲慘的境地。人類將何去何從？我們如何走出這可悲可恥的困境？這本小書試圖指點迷津，探求人類光明的前途。

尋找眞獲救之路需要假以時日，需要花費上百年的時間，需要痛苦而緩慢的過程。這條道路將會使人類覺悟到：我們都是這同一星球上的同路人，是鄰居，是旅伴，更是朋友。當我們意識到地球是人類唯一的、共同的家園，除此之外別無棲身之所時，也許我們就會像火車或者輪船上的旅客那樣，學會彼此尊重。

我們所有人都是同一星球上的旅伴，我們應該榮辱與共，福禍同當。叫我夢想家吧，叫我幻想家吧，或者乾脆就叫我白痴。或者請警察把我抓走，或者叫一輛救護車將我送進精神病醫院，把我帶到任何一個不再能夠傳播這種不受歡迎的異端邪說的地方。但是，記住我的話，在人類最終的滅亡來臨之際，請記起我的話。人類將被迫收起他們發動戰爭的玩意兒，將幸福的鑰匙交給更有資格的地球新主人。

我們獲救的唯一希望在下面這句話中：我們擁有同一個地球，我們是旅伴和朋友，我們都要爲人類世界的幸福美滿擔負起共同的責任。

一、什麼是「地理學」？

通常，旅客在出遊前總要弄清楚自己旅程的目的地和路線，同樣，讀者在翻開一本書的時候也應對閱讀目的和閱讀方法以及類似的信息有所了解。就本書而言，給「地理學」一個概念，是很有必要的。

我手頭上剛好有一本《簡明牛津辭典》，這本一九三二年版的詞典在第四百七十九頁中解釋了什麼是「地理學」：地理學：研究地球的地貌、結構、自然地物、自然區域與政治區域、氣候、物產及人口狀況的科學。

雖然本書名為「地理」，但是我並不想讓它像地理學教材一樣面面俱到。地貌、自然地物、自然與政治區域的分布都不是我們討論的重點。我所關注的是人類的活動——人類為了自己和家人的生存，是如何尋找食物和居所、如何進行休憩和娛樂的？還有，人類為了獲得與自身有限的能力相當的舒適、滿足和幸福，又是怎樣改造自己而適應環境，或者改造環境來滿足自己的？這些才是本書所研究的核心問題。

在我們地球上生活著形形色色、形態萬千的人類。這二十億人，如果將他們塞入箱子裡不會減少的話，這仍是一個非常可觀的數字。芸芸衆生中蘊含著林林總總的經濟、社會和文化性質的特徵。我認爲，這些人文特徵最值得注意。

一座大山，在被人發現、踏過之前，在被一代又一代飢腸轆轆的人類占領、掠奪和開發之前，它不過就是一座大山。

大西洋在未經人類涉足的時候，一如既往地遼闊、深邃、鹽度很高，但是十三世紀初人類的那次橫渡卻能夠使它成爲今天的這個樣子——一座溝通美洲新大陸和歐洲舊大陸

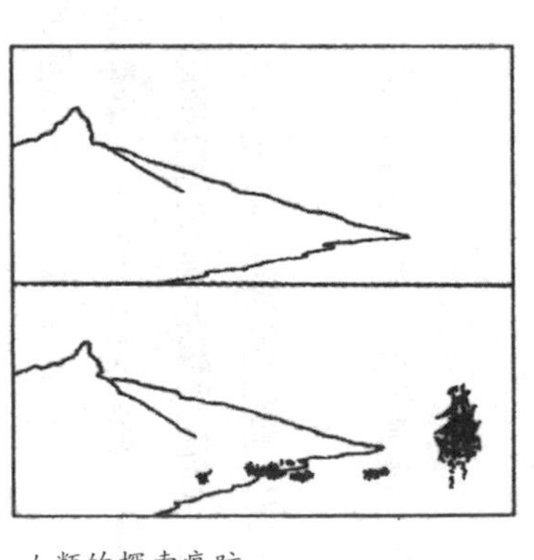

人類的探索痕跡

的橋樑，一條連接東西方貿易的通道。

幾千年前，廣袤的俄羅斯大平原靜靜地等待著第一個不畏艱辛來此耕耘播種的人，並將其豐碩的物產奉獻給他，但是如果是一個日耳曼人或者法蘭西人，而不是斯拉夫人，在這片土地上犁出第一道溝壟，這個國家將呈現另一種面貌。

不論是日本本土人，還是已絕種的塔斯馬尼亞人，生活在日本諸島上，都改變不了這裡地震頻繁的狀況。當然，如果是後者，他們很可能會使這裡的8.5萬人面臨飢饉。英倫諸島，如果不是由好戰的北歐人統治，而是被那不勒斯人或者北非的柏柏爾人統治，這個國家就不可能成為一個統領著世界六分之一的人口的大帝國的中心，管轄著比其本土大一百五十倍的疆域。

總而言之，我更關注地理學中的「人文」問題，而不是其商業性的問題。後者已經被這個完全陶醉於大生產的時代越來越重視。

經驗告訴我們，無論你如何誇誇其談地講述進出口貿易量、煤與石油的產量，以及銀行儲蓄的重要性，你的讀者仍是在翻開下一頁時忘記那些數字；而且，當讀者真的需要這樣的數據，他會自己去動手查閱相關的工具書（雖然這些數據經常是相互矛盾的）。

這本地理書首先是講「人」的；其次是講關於人類生存的自然環境和歷史背景的。當然，在適當條件下，其他方面也會有所涉及。

二、地球的特點、規律與真相

古代的人們深信：「地球是一個小小的暗色物體，孤懸在宇宙間。」事實上，它不是嚴格意義上的「圓球體」，而是一個「橢圓體」，它與圓球的形狀相似，但它是兩極稍扁的球體。什麼是「兩極」呢？將一根毛衣針筆直地從蘋果或者橘子的中間穿過，毛衣針穿入和穿出的地方就是該物體的「兩面」。地球的一個極點位於深海的中間（北極），另一個極點位於高原的峰尖（南極）。

至於兩極部位的「扁平」問題，你大可忽略不計，因爲兩極間的長度只比赤道直徑短三百分之一。換句話說，如果有一個直徑爲三英尺的大地球儀（一般這樣巨大的地球儀在商店中是買不到的，博物館中才有），你會發現，它的軸只比它的赤道直徑短八分之一英寸，這樣小的差距幾乎是看不出來的，除非其做工特別的精細。

雖然這個差距使那些極地探險者和地理學研究者產生了很大的興趣，但對於本書的讀者而言，知道這些就足夠了。你的物理老師的實驗室裡也許有個儀器會向你展示，哪怕是一粒微塵在沿著它的軸自轉，它的兩極也會變得自然扁平。去請教你的老師吧，讓他給你作一次演示，這樣會省得你親自到兩極作實地考察。

我們都知道，地球是一個行星（planet）。「planet」這個詞是從希臘人那裡流傳來的。他們很早就觀察到（或者他們以爲自己觀察到），有些星星不停地在天際中運轉，而有的則靜止不動。於是，他們稱前者爲「行星」（planets），或者「遊星」（wanderers），稱後者爲「恆星」（fixed stars），由於當時希臘人沒有望遠鏡，不可能觀察到恆星的運行。至於「星星」（star）這個詞的來源也許與梵語的一個詞「點綴」有關：點點繁星就像點綴天南而的小火苗。現在已無從考證，但這個比喻確實相當美麗而貼切。

地球繞著太陽運轉，從太陽那兒攝取光與熱。太陽的體積是太陽系其他所有行星總和的七百倍還要多，其表面溫度接近六千℃，所以它給予地球的只是微不足道的一點點光和熱，我們也不必爲了獲得的這點微乎其微的恩惠而心懷愧疚。

在古代，人們相信地球就是宇宙的中心，是一塊被汪洋大海包圍著的乾燥陸地，就像穆罕默德的木棺或者斷線的風箏一樣，是完全懸在空中的。對於這種說法，只有少數幾個敢於挑戰眞理的希臘天文學家和數學家（他們是第一批自己去思考問題的人）提出質疑。經過幾個世紀艱苦而執著的探索，那些先驅得出結論：地球不是扁平的圓盤，而是一

宇宙

個球體；它不是靜止地懸在空中，也不是整個宇宙的中心，而是以相當快的速度圍繞著一個更大的叫做太陽的球體在不停地運轉。

與此同時，他們指出，那些與所謂靜止的恆星相對而言在運動著的星星並不是在圍繞地球運轉。實際上，這些發光的小天體和地球一樣，是共同圍繞太陽運轉的行星。它們與地球一樣同屬於太陽系家族，遵循著同一種運行規律（這種規律決定著我們的日常作息，包括何時起床、何時入睡），沿著各自既定的軌道運行，如果偏離了這個軌道，就會毀滅。

在羅馬帝國的最後二百年裡，知識階層已經把這假說當成顛撲不破的眞理，因爲它是令人信服的，但是在四、五世紀教會日益強大後，誰再宣揚這樣的觀點就極端危險了。如果有誰宣揚地球是圓形的，他就性命難保了。不過，我們不應該因此而過於苛責教會，因爲那些教會最早的皈依者，大都是來自當時社會中的蒙昧的一些階層，他們堅定地相信：世界末日即將到來，耶穌將爲了自己的子民回到他當初受難的地方，重審人間善惡，榮耀地重返塵世。這些基督徒堅信這是世界上唯一的眞理。

如果事情是這樣的話，那麼地球就是平的；否則，耶穌就得兩次重返塵世，一次到西半球，一次到東半球。這樣的事情簡直荒謬絕倫，褻瀆神靈。因此，地球絕不可能是個圓球。

教會用了近千年的時間不遺餘力地教導他的信徒：地球是個平的圓盤，是宇宙的中心。當時的知識分子，在那些在修道院裡的學者和新興城市中的天文學家中，他們並沒有放棄古希臘的地圓學說，只是他們並不敢公開談論這個話題。因爲他們明白，公開討論這個話題只會打破數以百萬的蒙昧市民的平靜生活，而且還無濟於事。

但是，自此之後，基督徒們，除了個別的頑固者，還是逐漸地、不得不接受了地圓學說。到了十五世紀末，古希臘的這個學說已經獲得了社會的普遍認同。它是建立在如下的觀察基礎上：

首先，當我們靠近一座大山或者一艘大船時，我們首先看而的是它們的頂部，然後才逐漸看到它們的全貌。這是毋庸置疑的事實。

其次，不管我們身處何地，我們的視野範圍總是圓形的。無論觀察陸地還是海洋，我們的視線總是在平行地移動，而當我們乘坐熱氣球升到空中或者站在高塔之上時，我們的視野就會很開闊，我們視野的那個圓形也就擴大了。假如地球是圓的，我們就會發現自己置身於一個橢圓的視野圈的中心。當然，如果它是方形的或者三角形的，地平線也應呈現出方形或者三角形。

第三，當發生部分月食的時候，地球反映在月球上的陰影是圓形的，而只有球形的物體才會有圓形的陰影。

第四，既然別的行星和恆星都是球體，那麼爲什麼在幾十億的星球中唯有地球是個例外？

第五，麥哲倫的船隊向西航行了很久以後又回到了他們原來的出發地，庫克船長也有同樣的經歷，他帶領探險隊從西向東航行，堅持到底的人也終於回到了自己的祖國。

最後，當我們往北向著北極前進時，那些熟悉的星座（古人稱作黃道十二宮星座）就會越來越低，直至一個接一個地從地平線上消失，而當我們回到赤道地區的過程中，這些星座又會越來越高。

所有這些無可辯駁的事實充分證明了我們所居住的地球是一個球體。如果這些證據還讓你感覺不夠充分，你可以去找某個德高望重的物理學家，他會拿一塊石頭從高處墜落，以此來演示重力定律，這就無可辯駁地證明地球是個球體。如果他能耐心細緻地講解，我想你會理解其中道理，並且學到比我更多的物理學和數學的知識。

我還可以列舉許多科學數據來證實這一點，或許你會從中受益，但是它們對於普通人（包括我），這種運算總是不大適應。以光爲例，光的運行速度是每秒18.6萬英里，只是一瞬間的工夫它已經圍繞地球運行七圈了。太陽光只用八分鐘就可以將它的光送到我們這裡，而木星只需三分鐘就可以把它的光送到地球上。離我們最近的恆星（比鄰星）的光要在四年零三個月後才能照到地球，而在航海中發揮極其重要作用的北極星的光從四百多年前就開

只有球形的物體才會有圓形的陰影

始出發了。

我們試著想像一下這個距離，一光年有多長，也就是一束光線在一年中所走過的距離：365×24×60×60×18.6萬英里。我想，大多數人都會被這個天文數字搞得很茫然。

我可以以我們都熟悉的火車爲例，來說明這個問題：

一列普通旅客列車，日夜不停地運行，將要花二百六十天的時間才能到達月球，而到達太陽需要三百年。假如列車從現在（一九三二年）出發，它將二千二百三十二年到達目的地。到達海王星需要八千三百年，這還不算漫長，因爲地球到太陽系外還近的恆星需要七千五百萬年，而從地球到北極星則需七億年。這眞是一次極其漫長的旅行。如果以人類平均壽命七十年（這還是一個過高的估計）作爲標準，等到七億年這列火車才抵達終點時，地球上已經有一千萬代人相繼出生和死去。

而且，我們現在談論的還只是宇宙中我們所觀察到的這一部分。比起伽利略時代的天文學家利用的觀測天空的簡陋的儀器，今天的望遠鏡有了很大的改進，即便如此，它仍然有許多不完善的地方，只有等我們將鏡頭再擴大一千倍，我們才在天文學研究中眞正取得了長足進展。由此可見，我們所談論的宇宙實乃「人類用肉眼或者藉助光學

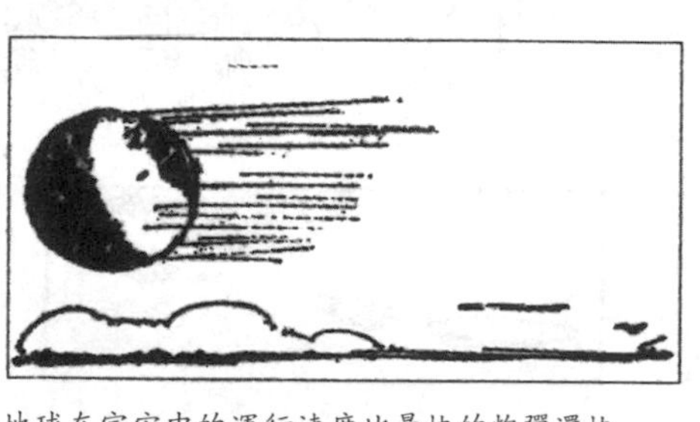

地球在宇宙中的運行速度比最快的炮彈還快

儀器觀察到的那浩瀚宇宙中的那一小部分」。至於宇宙的其他部分，那些尙未觀察到的世界，我們還對它一無所知，甚至不能作出任何猜測。

在地球附近的數以萬計的天體中，我們有兩個近鄰，它們都在直接而顯著地影響著人類的生存，那就是太陽和月亮。太陽給我們提供光和熱。距離我們最近的月球類影響著海洋活動，幫助海洋產生一種人們稱之爲「潮汐」的奇異的水流現象。

雖然月球的體積比太陽小得多（如果把太陽比作一個直徑爲三英尺的圓球，那麼地球就只是一粒青豆，而月球就只能算是個針尖），但是由於月球離我們很近，所以月球對地球的引力要大於太陽對地球的引力。

如果地球全部是由固體物質組成的，月球的引力就很難覺察。然而，地球四分之三的面積被海洋覆蓋，海水也會追隨著圍繞地球運轉的月球產生潮起潮落，就像紙上的鐵屑會跟隨從上面晃過的吸鐵石左右移動一樣。

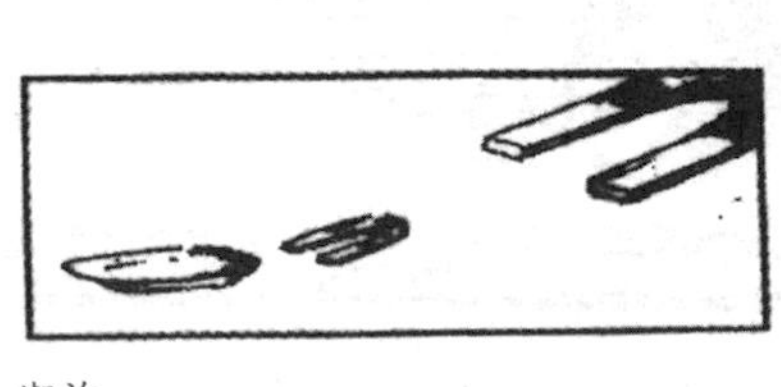
潮汐

就這樣，一條寬廣的幾百英里的水面在月光的引導下日日夜夜奔騰不息。當它流向海灣、港口或者河口時，海面就會緊縮，水流就會狂暴不已，激起二十英尺、三十英尺，甚至四十英尺高的潮汐。在這樣的水面航行是十分危險的。當月球與太陽恰好在地球的同一邊時，對海水的引力就會更加強大，產生所謂的「滿潮」。在世界上的許多地方，滿潮就如同一次小型的洪水泛濫。

地球四周被一層大約三百英里厚的氮氣和氧氣圍裹著，這層氮氣混合物構成的大氣層就是我們所說的「空氣」。空氣與地球就像橙皮與它包裹著的橙肉，密不可分。

大約一年前（一九三一年），一位瑞士教授乘坐一個特製的熱氣球升到十英里高的地方，這是人類首次進入大氣層的這一部分。誠然，這是一次偉大的創舉，但是地球還有二百九十英里厚的大氣層等待著我們去探索。

大氣層與地表及海洋構成了一個實驗室，各種氣候，風、雪、雨、乾旱均在這裡產生。由於天氣在時時刻刻影響著人類的生活，我們就應該對此進行詳細的討論。

影響氣候（climate）變化的三個因素是地表的溫度、盛行風和空氣的濕度。「climate」的原意是指「地表的斜坡」。古希臘人很早就注意到地面越靠近極點就越「傾斜」，相應地其溫度和濕度也在發生變化，後來「climate」這個詞就用來表示某一地區的氣候狀況，而不是特指一個地理位置。今天我們說到一個國家或地區的「氣候」時，我們是指在一年四季中這裡主導的天氣狀況。

首先，我要講一講在人類文明的進程中發揮著重要的作用的神秘的風（wind）。如果沒有熱帶海洋盛行的有規律的信風，美洲大陸的發現就得推遲到蒸汽船發明的時代了；如果沒有帶來濕潤的和風，加利福尼

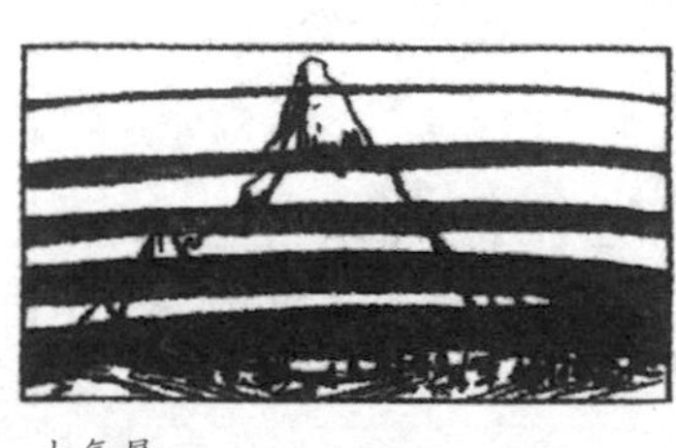
大氣層

亞地區和地中海沿岸的國家就絕不可能有現在的繁榮，以至於遠遠超過了它們東部和北部的鄰居。更不要說那隨風橫掃的飛沙走石，它們就像一張巨大的無形的砂紙，在幾百萬年後，就可以把地球上最雄偉的山脈磨平。

「wind」原意是指「蜿蜒而盤旋地前進」，而風就是一股從一處「蜿蜒」前進到另一處的氣流。那麼，氣流爲什麼要從一處蜿蜒前進到另一處呢？這是因爲一些地方的空氣溫度比其他地方的溫度要高，因此這些地區的空氣比其他地區的空氣要輕，所以這些地區的空氣就會不斷地向高空升起。溫度高且輕的空氣上升，下面就會產生一個眞空帶，這時較冷較重的空氣就會代替它。

風

我們都知道如何在房間裡製造熱空氣——生個火爐就可以了。對於宇宙裡的茫茫星星來說，太陽就是一只火爐，各行星就是等待加熱的房間。地球上最熱的地方當然是最靠近「火爐」的地區——赤道，而最冷的地方則是距離「火爐」最遠的地方——南極和北極。「火爐」使「房間」裡的空氣發生劇烈振蕩，產生一種循環往復的運動。空氣受熱後不斷上升，一直升到「房屋頂層」（大氣層的上方），但同時也漸漸遠離熱源，使溫度不斷地下降。冷卻的氣流逐漸變重，又回落到地面上。隨著冷空氣接近地面，它又離「火爐」越來越近了，於是，它再次變得又熱又輕，重新向上升去。如此周而復始，直至「火爐」熄滅。但是吸收了大量熱量的「房間的牆壁」可以保持「房間」的溫度，保溫時間的長短，就要看「牆壁」的材料了。

這些「牆壁」就是我們所居住的地表。沙子和岩石與潮濕的沼澤相比，吸熱快，散熱也快。這樣，沙漠在太陽落山後很快就會寒氣逼人，而森林則在深夜降臨幾個小時後仍然溫暖舒適。水是名副其實的儲存熱量的倉庫。因此，臨海的國家和島國比起大陸深處的國家，氣候更溫和、更穩定。

我們的「火爐」——太陽，在夏天要比冬天向地球發送更多時間的熱量，而且夏天的陽光比冬天更炙熱，所以夏天要比冬天熱。不過，影響太陽作用的不止這些因素。在某一個寒冷的日子裡，如果用小電熱器在浴室裡加熱，你會發現浴室的溫度很大程度上取決於那個小電熱器擺放的角度。太陽也同樣如此。赤道一帶的陽光差不多是垂直地射在地球表面的。一百英里寬的陽光幾乎可以均勻地照射在一百英里寬的非洲森林或者南美荒原上，它所有的熱量差不多全部釋放在這裡，沒有絲毫浪費。陽光在兩極地區是斜射在地球表面的。一束一百英里寬的陽光將覆蓋兩倍寬的地域或者冰殼上（插圖將比長篇大論更能說明這個問題），因此兩極地區獲得的陽光熱量就減少了一半。這就像一個可以使六個房間保持適宜溫度的火爐要為十二個房間供暖一樣，其效果肯定會大打折扣。

實際上，太陽的工作程序比我們想像得更爲複雜，它還有一個重要任務就是使地球周圍的大氣層保持恆溫。這項工作並不是由太陽單獨完成的，而是要藉助於地球。當陽光穿透大氣層抵達我們的地球時，它並沒有直接影響地球的這層保護毯的溫度。陽光照射地球的時候，地球將太陽的熱量儲存，再將一部分向大氣層輸送。這就能解釋山峰的頂部爲何會如此寒冷。因爲我們攀登得越高，就越難感受到地表熱量的溫度。如果是陽光直接加熱了大氣層，大氣層再使地表升溫，那麼山頂就不會積滿白雪了。

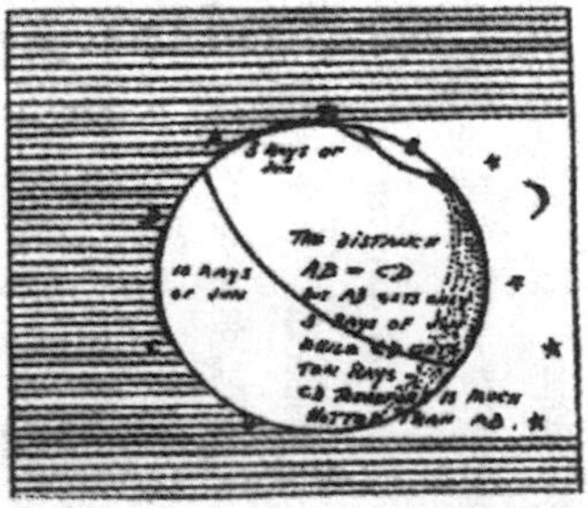

太陽爲地球提供熱量

現在讓我們把這個問題再深入一點。空氣並不是「空」的，它包含著很多物質，並且具有重量，因此大氣層底部的空氣就比高層的空氣承受著更大的壓力。如果你壓平一片葉子或者一朵花，你會將它夾在一本書裡，然後在這本書上再壓上二十本書，因爲你知道，只有這樣才能使最下面的書的壓力最大。同樣道理，我們大概不會料到，我們周圍空氣中的壓力會有那麼大——每平方英寸十五磅。這樣的話，如果我們體內沒有相同壓強的空氣，我們就會被壓扁的。即使這樣，平均每個人也承受了三萬磅的壓力。三萬磅可不是一個小數字，如果你還心存疑慮，你一個人去舉起一輛小貨車試試吧。

大氣壓也是在不斷變化的。這一點是十七世紀中葉伽利略的弟子托里拆利告訴我們的。他發明了氣壓表，這個著名的儀器使我們可以隨時都可以測量出空氣中的壓力。

托里拆利的氣壓表剛投放市場，人們就開始用它來做實驗。他們發現，海拔每升高九百英尺，氣壓就下降一英寸。隨後人們又發現了氣象學，氣壓表在研究大氣現象、預測天氣狀況中起了重要作用。

一些物理學家和地理學家開始猜測，氣壓的高低與盛行風的方向有某種必然的聯繫。爲了找出這些盛行風的運行規律，人類花了幾個世紀的時間去搜集數據材料、總結規律，最終才得出明確的結論。研究表明，地球上某些部分地區的氣壓高於平均海拔氣壓，而有些地區的氣壓則低於平均海拔氣壓。這就形成了高氣壓區和低氣壓區。風總是從高氣壓區吹向低氣壓區，而風力和風速的大小則取決於這兩個氣壓區的氣壓對比度。如果高氣壓區的氣壓非常高而低氣壓區的氣壓非常低，風力就會十分強，甚至會出現旋風、颶風或者龍捲風。

風不僅使我們生活的家園空氣循環，通風良好，而且它還給我們帶來降水。沒有雨水，動植

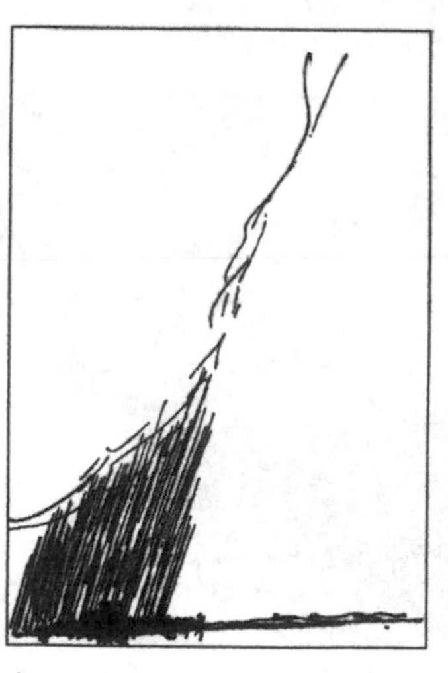

降雨

物就不可能正常成長。

大洋、內陸湖和內陸雪原上蒸發的水分，在空中形成水蒸氣。水蒸氣被熱空氣攜帶著運動，於是，它的溫度逐漸下降，變爲冷空氣。一部分水蒸氣遇冷凝結，形成雨、雪或者冰雹，降落到地表。

因而一個地區的降水幾乎完全取決於這一地區頂上的風。如果沿海地區與內陸被山脈隔開（這是很常見的），沿海地區必定十分濕潤，因爲風在遇到山脈時被迫升高（這兒氣壓較低），離海平面越遠，它的溫度越低，水蒸氣就會變成了雨雪降落地面。當風抵達山的另一面時，它就變成了沒有雨水的乾風。

暴雨風畢竟只是局部地區的現象

熱帶地區的降雨豐沛而穩定，因爲這一地區地表巨大的熱量使空氣升到很高的高度，水蒸氣遇冷凝結，就會形成傾盆大雨。由於太陽不是永遠在赤道上空，它會時而偏北時而偏南地來回移動，所以赤道地區也有季節之別，不過大部分只有兩個季節。兩個季節中間暴雨連綿，而這兩個季節則是滴雨不下。

有些地區常年處於從寒冷地區吹向溫暖地區的氣流控制下，沒有比這些地方更倒楣的了。這是因爲，風從寒冷地區吹向溫暖地區的過程中，它們吸收水蒸氣的能力逐漸增加，空氣中的水蒸氣不會遇冷凝結化成雨水，所以這樣的地區十年都難得下一兩場雨，成爲乾燥的沙漠。

關於風和雨就介紹到這裡。它們的具體情況將在下面章節中詳細探討。

接著，我要簡述一個地球本身的狀況，以及我們所居住的這層堅硬的岩石——地殼。

有關地球的內部結構有多種說法，但是還沒有一種說法能夠完全讓人信服。

讓我們正視現實：人類能夠上天有多高？入地有多深？

在一個直徑爲三英尺的地球儀上，世界最高峰埃佛勒斯峰（即珠穆朗瑪峰）只有薄薄一張紙那麼厚，而菲律賓群島東側海洋的最深處看上去就像一張郵票的鋸齒。我們從未到達過深海之淵，也從未爬到過埃佛勒斯峰之巔。我們曾乘坐熱氣球和飛機飛上高空，那高度也只比喜馬拉雅山的峰頂高一點兒，但是大氣層的三十分之二十九還有待於人類去探索。至於海洋，我們從未潛到太平洋四十分之一深的地方。而且，最高山峰的高度要小於最深海洋的深度。如果將最高峰都傾入海洋的最深處，那麼它的峰頂還要低於海平面幾千英尺。這是爲什麼呢？至今人類還無法解答。

現代科學知識對地殼的過去的起源和將來的變

地震

遷一無所知。我們也不必再去研究火山，希望從中找到地球內部構造的材料（我們的祖先曾這樣幻想），因爲我們已經知道，火山並不是那些被人們認爲的地球內部的熱物質的出口。打一個可能會讓人討厭的比喻，火山就是地球表面的膿腫，雖然腐爛疼痛，但這只是局部的問題，而不是身體內部的毛病（這是作者因受當時的科學水平所限而得出的錯誤認識，因爲火山就是由地球內部岩漿噴出地面而形成的）。

目前世界上大概還有三百二十座活火山。原來有四百座，但是隨著時間的推移，有一部分活火山漸漸沒有了活力而退隱了，進入普通山峰的行列。

大多數火山位於沿海地區。事實上，大部分地殼活動頻繁的地區都在海洋附近，例如日本就是一系列的島嶼（據地震儀檢測，日本平均每天發生四次輕微火山震動，每年發生一千四百四十七次），最近火山爆發結果最慘痛的地方——馬提尼克和喀拉喀托——也是在大洋中央。

由於大多數火山都瀕臨海洋，人們就想當然地認爲，火山噴發是由於海水滲入地球內部而引起的劇烈爆炸，使岩漿、蒸汽之類的東西噴發四溢，造成災難性後果，但是後來我們發現，還有一些活動頻繁的火山卻與海洋相隔很遠，於是上述理

地表就像一塊多孔的海綿

論也就不攻自破了。

另外，關於地球的表面，又是怎麼回事？過去，我們總是夸夸其談，說那些岩石超越了時間而亙古不變，以至於我們把不變的事物說成「堅如磐石」。然而，現代科學卻讓這種說法變得並不是那麼信心十足，它認為岩石是在不斷變遷。由於風吹日曬，山峰正在以每千年減少三英寸的速度變矮，如果沒有反作用力在抵消這種侵蝕作用，那些古老的山巒在很久以前就已經消失了。即使是喜馬拉雅山脈也會在1.16億年後變為平地。所以，反作用力是存在的，而且力量巨大。

為了對地表運動有個起碼的概念，請你拿出半打乾淨的手帕，將它們平整地攤在桌上，然後用手從兩邊向中間慢慢地拉動這半打手帕。你會發現，這堆手帕上出現了一大堆奇形怪狀的褶皺，有的像凸起的山峰，有的像低谷，還有的層層疊疊貌似丘陵。這些手帕上的褶皺就像我們的地表。地殼是地球這個巨大物體的一部分，在太空中高速運轉，它也在不斷地喪失熱量，隨著熱量的散失，就會緩慢地緊縮，由此引起褶曲變形，就像一堆手帕被擠在一起那樣。

據目前最權威的猜想（只不過是猜想而已），地球自形成之日起，其直徑已經縮小了大約三十英里。作為直線距離，也許你認為三十英里並不算太

山脈的隆起和銷蝕

長，但是請記住，我們正在討論的是一個巨大的曲面。地球表面積是一億九千六百九十五平方英里，如果它的直徑出現縮小了幾碼這樣的變故，就會引發一場巨大的災難，足以毀滅全體人類。幸運的是，自然界是在一點一點地創造著她的奇蹟，她會巧妙地保持著整個世界恰當的平衡。如果她要使一片水面乾涸（美國的鹽湖就在迅速地乾涸，而瑞士的康斯坦丁湖在十萬年後也將消失得無影無蹤），她會在另一個地方創造一片新的水面；當她要磨平一段山脈（歐洲中部的阿爾卑斯山將在六千萬年之後變得像美國大平原一樣平坦），她還會在地球的另一個角落再創造出一座高山。至少我們相信會出現這樣的情況。因爲地殼的運動是如此緩慢而漫長，以至於我們無法觀察到正在進行中的細微變遷。

不過，情況也並不總是如此。大自然本身雖然這樣悠然自得，不慌不忙，但是，在人的推動和誘導下，她有時也焦躁得可怕。現在人已經發展到如此文明的地步，發明出蒸汽機和炸藥包這些小玩意兒，於是地表在轉瞬間就不得不發生翻天覆地的變化。如果我們的曾祖父和曾祖母能夠回到我們的世界與我們共度佳節，我相信，

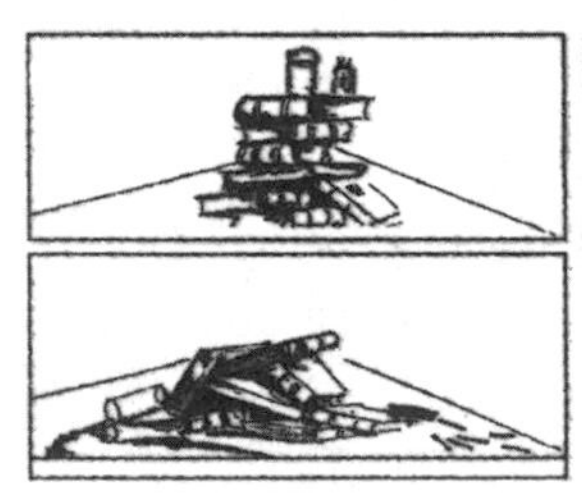

爲什麼不自己去模擬一次地震呢？

歐洲的冰川

公元一九三二年

他們肯定認不出自己的牧場和花園了。我們對木材的如此貪婪，以至於無情地剝光了一片又一片山區的綠衣，將森林和灌木無情地砍伐殆盡，將連綿青山化爲原始荒野。因爲一旦森林消失，原來附著於岩石表層的肥沃土壤就會被雨刷得乾乾淨淨，露出貧瘠的山脊，並對周邊地區構成巨大的威脅。雨水沒有了草皮和樹根，便會化爲洶湧的洪流，從山頂湧進山谷和平原，呑噬著它遇到的一切東西，以致生靈塗炭。

我們所描述的這一切絕非危言聳聽。我們不必回到冰川時代，去看那大自然神秘的力量的「傑作」——北歐和北美大陸鋪上厚厚的冰雪，各個山脈留下險峻的危崖；我們只需回顧一下羅馬時代，去看看那些第一流的所謂的開拓者（他們不是古代「最講究實際的人」嗎？）是怎樣花了不足五代人的工夫就毀滅了原本可以保持穩定氣候的條件，徹底「改造」了他們那個半島的天氣狀況。西班牙人的鐵蹄，使南美洲勤勉安分的印第安人世世代代耕耘著的肥沃梯田化爲荒原。這是近在眼前的事實，毋庸多言。

當然，對土著人進行剝削、奴役的最簡單的辦法就是斷絕他們的食物來源，用強制力使他們順從。正如我們的美國政府就在這方面做出了「表率」：他們把美洲野牛殺害殆盡，輕而易舉地

公元前五千萬年

將勇武的印第安戰士變成骯髒、邋遢的保留地教化居民。然而，殖民者的這些殘酷無情的措施最終將遭受懲罰。如果有人熟悉美國大平原和安第斯山脈的情況，他就會告訴你這是美國政府咎由自取。幸運的是，他們終於意識到了這一問題的嚴重性。現在，各國政府都不再容忍對土地的無恥侵害了，因爲是土地給我們人類的命運帶來福祉。人類對地殼的變遷無能爲力，但是我們能夠在一定程度上對地表的局部進行微小的改造，使大地多降甘露，使綠洲不再變成無情的沙漠。我們也許對地殼的深處一無所知，但我們至少對大地的外表略有所知。我們要憑我們的智慧和力量去創造全人類的幸福。

直到現在，我們還沒有能力控制地球上較大的部分——占地球四分之三的海洋世界是人類無法居住、更無力改造的。這些覆蓋地球的海水深淺不一。最淺處只有二英尺（濱海地帶），而最深的海溝則深達三萬五千英尺（菲律賓群島以東）。這些水體被人類劃分成三部分。最廣闊的水域被稱作太平洋，面積是六千八百五十萬平方英里，還有大西洋和印度

美洲的冰川

億萬年前的各大洲與今天迥然不同

洋，面積分別爲四千一百萬平方英里和二千九百萬平方英里。除了海洋，內陸水面積還有二千萬平方英里，其中河流湖泊的總面積達到了一千萬平方英里。這些水域都不是人類的居所，無論是過去、將來還是現在，除非我們也能像幾可百萬年前的祖先那樣，再長出鰓來。

如果將世界上最高的幾個山峰都傾入位於菲律賓和日本之間的海洋最深處（3.421萬英尺），埃佛勒斯峰的峰頂將在水下五千英尺處，其他的就更低了。世界最高的十二座山峰依次爲：

1.埃佛勒斯峰（二萬九千一百四十一英尺）；2.干城章嘉峰（二萬九千二百二十五英尺），亞洲尼泊爾附近；3.阿空加瓜山（二萬二千八百三十四英尺），位於阿根廷；4.欽博拉索山（二萬零七百零二英尺），位於厄瓜多爾；5.麥金利山（二萬零三百英尺），位於美國阿拉斯加州；6.洛磯山（一萬九千五百五十一英尺），位於加拿大；7.乞力馬扎羅山（一萬九千七百一十英尺），位於非洲；8.厄爾布魯士山（一萬八千四百六十五英尺），位於高加索，歐洲最高峰；9.波波卡特佩特山（一萬七千五百四十三英尺），位於墨西哥；10.阿拉加茨山（一萬七千零九十英尺），位於亞美尼亞，當年諾亞方舟擱淺的地方；11.勃朗峰（一萬五千七百八十一英尺），位於法國境內阿爾卑斯山脈；12.富士山（一萬二千三百九十五英尺），位於日本。（在喜馬拉雅山脈中還有十二座山峰比阿空加瓜山海拔高，但是由於它們鮮爲人知，就不在此列舉）。

人類常年居住的最高和最低的地方分別是：1.中國西藏的嘎托（一萬四千五百一十八英

尺），海拔最高的村莊；2.秘魯的喀喀湖（一萬二千五百四十五英尺），最高的湖泊；3.基多（九千三百四十三英尺）和4.波哥大（八千五百六十三英尺），世界上最高的城市，均位於南美洲；5.瑞典聖伯納關口的修道院（八千一零一十一英尺）是歐洲最高的人類常年居住點；6.墨西哥城（七千四百一十五英尺），北美洲海拔最高的城市；7.巴勒斯坦的死海，低於海平面一千二百九十英尺。

浩渺無垠的海洋乍一看似乎是對土地資源的一種巨大浪費，似乎人類應該爲此感到慚愧。細想一下，在我們的可支配的土地資源中還有五百萬平方英里的沙漠，還有一千九百萬平方英里像西伯利亞那樣近乎沒有利用價値的荒原，還有幾百萬平方英里的地區，由於海拔太高（如喜馬拉雅山和阿爾卑斯山）或者溫度太低（如兩極地區）或者濕度太大（如南美洲沼澤地區）或者森林過於茂密（如非洲中部的森林地區），都不適合人類居住，只好從算作「陸地」的五千七百五十一萬平方英里的面積中扣除。這種土地情況使人們感到，如果我們再被賜予多一點兒的土地，我們會更加珍惜利用的。

然而，如果沒有巨大的海洋作爲蓄熱庫，人類的生存就是一個非常大的問題了。史前時代的地理遺跡告訴我們，地球曾一度有相當大面積的陸地，比我們現在的要大得多，但是海洋面積卻比現在小得多，因此那個時期的地球非常寒冷。目前地球上陸地與海洋的比例爲1：3，這種狀態是很理想的。只要這個狀態不發生變化，目前適宜的氣候就能夠長久地保持下去，人類的生存狀況就不用擔憂了。

環繞整個地球的海洋和堅硬的地殼一樣，也在不斷地運動著。月亮與太陽的引力吸引著海水，使海水的高度不斷上升，其中又有一部分在白天熱量的作用下，蒸發轉化爲水蒸氣帶走，而北極地區的寒冷又將其化爲堅冰。從實用的眼光看，氣流或者說風，最直接地影響人類生活，因爲它們影響著海洋。當你對一盆湯較長時間地吹氣時，湯會從你的嘴邊蕩開。同樣道理，當一股氣流年復一年地不斷吹向大洋表面，海水就會順著氣流的運動方向向前「漂流」。如果幾股氣流從幾個不同方向同時吹送，這些水流就會相互抵消。但是，當風向比較穩定時，就像赤道兩側吹來的風那樣，它們所產生的漂流就會成爲穩定的水流。這些海流對人類歷史產生過重要影響，它們爲人類創造出一片又一片宜人的居住地。如果沒有那些海流，一些地方也許還像格陵蘭島那樣，是一個堅冰覆蓋的嚴寒世界。

找一張海洋河流圖（許多海流和河流一樣）標出它們的分布位置。我們可以看到，太平洋中最重要的海流是日本暖流，又名藍色鹽暖流，它是由東北方向的信風引起的。這條日本暖流完成了在日本海的使命之後，跨過北太平洋，又將它的福祉降臨阿拉斯加，使那裡的寒冷減弱，氣候更加適宜人類居住，然後，它又掉頭南下，給加利福尼亞帶來宜人的氣候。

談到海流，我們會想到墨西哥灣流。這條五十英里寬，二千英尺深的神秘海流，在漫長的歲月裡，不僅不斷地爲北歐地區提供著墨西哥灣的溫暖，還給英格蘭、愛爾蘭和所有北海沿岸國家帶來肥沃富饒。

墨西哥灣流頗具傳奇色彩。它起初是北大西洋渦流。那時北大西洋渦流只是一種漂流，而不是海流。它就像一個巨大的漩渦，在大西洋的中部不停地旋轉，裡面裹帶著數以萬計的小魚時口浮游生物，然後將它們捲入漩流中心，就像一片「藻海」或者「海草海」。這股渦流在人類早期航海史上非常重要。至少中世紀的水手們堅信，一旦航船被信風（北半球向北吹的風，由於地球自轉變成了東北風，稱爲信風）吹入這片藻海，你就有去無回了，因爲陷入藻海的航船迷失了方向，船上的水手逐漸飢渴而死，只剩下無雲的晴空下陰森恐怖的死船在永遠地上下漂浮，就像是一個對冒犯神靈的人的無言的警告。

當哥倫布的船隊平安地穿過這片沉寂的海水時，那些關於無邊藻海的神奇故事就顯得太誇張了。但是，時至今日，藻海對許多人仍是一個神秘莫測的名字，它的故事讓人想起中世紀但丁的地獄之旅。實際上，它遠不如紐約中央公園的那個天鵝池令人新奇。

再說一下墨西哥灣流。北大西洋的渦流的一部分最後進入加勒比海，在那裡從非洲海岸西行而來的一股海流加入了它。這兩股巨流匯合一處，便從加勒比海溢出，洶湧澎湃地流向墨西哥灣。

墨西哥灣也無法容納這麼多海水，因而佛羅里達與古巴之間的海峽就變成了一個水龍頭，將這股暖流（八十華氏度）從「水龍頭」裡噴瀉而出，形成了墨西哥灣流。從水龍頭噴湧出來的海流以每小時五英里的速度奔流前進，因此古代航船對它敬而遠之。航船只能繞道而行，因爲逆流而上會嚴重影響航速。

墨西哥灣流從墨西哥灣出發，沿著美洲東海岸一路北上，直到最終被東海岸擋住，便向東折去，開始穿越北大西洋。在紐芬蘭的大淺灘附近，它與從格陵蘭的冰川地區流來的拉布拉多寒流匯合。拉布拉多水溫冰冷，而墨西哥灣流則溫暖而好客，這兩股巨流的突然混合產生了茫茫大霧，使這一片水域因此惡名遠揚。還有洋面上漂浮著大量的冰山，在過去五十年的航海史上，它們也扮演著讓人恐懼和厭惡的角色。這些冰山是被夏日的驕陽從格陵蘭島堅硬的冰川上切割下來的（這個島有百分之九十被冰川覆蓋），然後緩緩向南飄去，最後流進了墨西哥灣流和拉布拉多海流匯合所形成的巨大渦流之中。

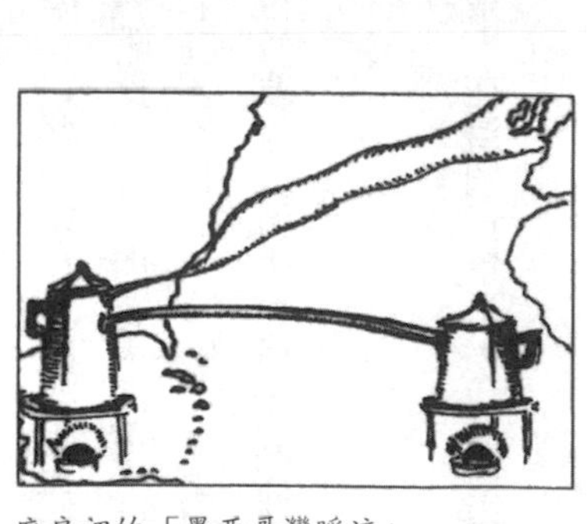
廚房裡的「墨西哥灣暖流」

這些冰山在海面上緩慢地飄動著，並開始逐漸地溶化。但是，融化中的冰山是很危險的，因爲人們只能看到露出在水面的冰山頂部，卻看不見深藏在水下的那些嶙峋的邊角，這些邊角可以輕而易舉地將航船的鐵殼刺穿，就像一把利刃切黃油一樣簡單。現在，這部分海域已經禁止通行，各國海船都避開這裡，只有美國巡邏艦隊（專門偵察冰山的船，費用由各國共同承擔）則在此不斷巡行，炸毀較小的冰山，向過往船隻發送大冰山出現在哪裡的警告。然而，漁船卻對這一片海域非常青睞，因爲這片海水裡有來自寒冷的北冰洋的魚群。這些魚群習慣了拉布拉多海流的低溫，遇到墨西哥灣流帶來的溫水就極爲難受。當它們還沒有作出決定，是重返北極還是游過溫暖的墨西哥灣流時，法國漁夫已經將這些猶豫的魚兒收進了自己的網中。這些法國漁夫的祖先很早就光臨過美洲大淺灘，比其他人早好幾百年。離加拿大海岸不遠的兩個小島，聖皮埃爾島和密搭隆島，是兩世紀前占領北美大陸相當大地盤的龐大法蘭西帝國的最後兩塊領地，而且它們還見證了諾曼底漁民的勇敢。這些人早在哥倫布出生前一百五十年就探訪過美洲海岸。

墨西哥灣流離開所謂的「冷牆」（由墨西哥灣流和拉布拉多寒流的溫差造成的）之後又繼續北上，悠閒自如地跨過大西洋，在西歐海岸呈扇形散開。它拍打著西班牙、葡萄牙、法國、英國、愛爾蘭、荷蘭、比利時、丹麥和斯堪的納維亞半島的海岸，給所有這些國家和地區帶去無比溫和的氣候。在完成了它的人道主義使命之後，這股奇異的海流夾裹著比世界上所有大河還量還多的海水消失在北冰洋的懷抱之中。北冰洋由於水量過多，消化不了這麼多海水，於是它也傾倒出自己的海流以求緩解，這就是格陵蘭海流，而我曾提到過的拉布拉多寒流就誕生於格陵蘭海流之中。——這是一個引人入勝的故事。

我眞的很想再繼續講下去，但這一章的篇幅已經不允許了。

這章只是背景而已——關於氣象學、海洋學和天文學的總體背景，在這個背景下，我們這場劇中的角色開始各自登台演出。

現在讓我們暫時落幕。當幕布再次拉開時，新的一幕劇就開始上演了。下一幕將向你講述人類是如何學會穿越山川、駕馭海洋、尋找荒漠的。在我們將這個世界稱之爲「我們的家園」之前，這一切都尙待征服。

現在，幕再次升起來了。

第二幕：地圖與航海技術

三、地圖：尋找出路

現在我們已經對地圖習以爲常了，習慣使用地圖的我們幾乎不能想像那些沒有地圖的年代。但是，古代人的確沒有想過出行要按照地圖，就像今天的人們不明白穿越太空要依據數學公式一樣。

古巴比倫人精通幾何學，他們曾對整個巴比倫王國的土地進行過一次測繪（測繪時間約在公元前三千八百年，或者說摩西誕生前二千四百年）。在那些地區發現的黏土碑刻，上面所繪製的圖畫大約就是當年巴比倫國土的輪廓，但它們很難說是我們所謂的「地圖」。古埃及統治者爲了從勤勤懇懇勞動的臣民身上榨取每一分稅款，也對全國的土地進行過測量。我們可以肯定，當年的埃及人完成了這項艱巨的工作，說明他們已經掌握了豐富的應用數學知識。然而，迄今爲止，在古埃及的那些法老墓穴中仍未找到一張現代意義上的地圖。

好奇心最旺盛的古希臘人留下了無數的地理學論著，但我們卻對他們的地圖一無所知。據說在一些發達的商業中心，似乎曾出現過有碑刻的青銅板，雕刻了最佳航行路線，告訴商人們如何到達東地中海諸島。但是，這些青銅板至今尚未發掘，沒有重見天日，所以對於今天的人們仍是一個謎。前無古人後無來者地征服過廣闊地域的亞歷山大大帝，肯定具有某種「地理意識」。因爲在他那個不知疲倦地去尋找黃金的馬其頓軍團中安排了一個職業的領路的特殊隊伍，這些人走在隊伍的最前面，對於他們的路線和印度的黃金能夠給出準確的報告。但是，他們沒有留下任何蛛絲馬跡，讓我們從中發現我們所能理解的地圖。

羅馬人（他們是組織起來的「有秩序的強盜」，有關他們罪行的記錄始於他們在歐洲進行殖民統治的時代）四處掠奪，走到哪裡，就把路修到哪裡，把稅徵到哪裡，他們將當地居民絞死或者釘死在十字架上，他們破壞廟宇和城池，留下處處廢墟，供後人憑吊。

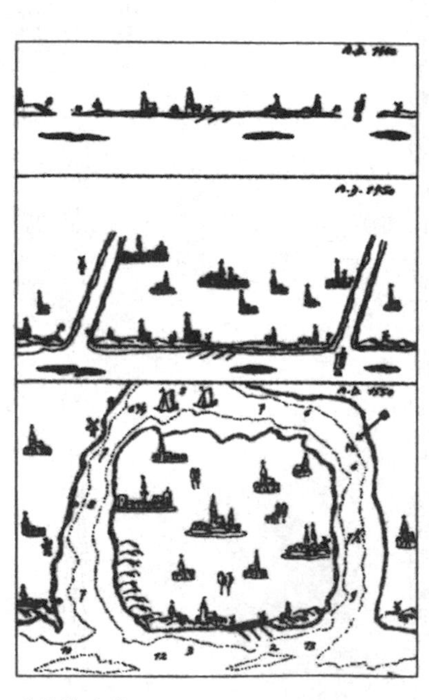

地圖的演變

這些羅馬強盜似乎以爲能懾服並統轄一個世界帝國，但他們卻沒有一張名副其實的地圖。當然，他們的著作家和雄辯家們確實常常提及他們的地圖，而且試圖讓人相信這些地圖是如何準確而可靠。但是，流傳到我們手上唯一一張羅馬地圖（如果把那張公元二世紀的小型羅馬規劃圖忽略不計的話）是如此原始粗糙，除了作爲古董收藏，沒有任何實際價値可言。

歷史學家都知道有一張坡廷格爾古地圖，康拉德・坡廷格爾，這個奧格斯堡市的牧師，是第一個想利用斯特拉斯堡的約翰・谷登堡發明的印刷術來推廣羅馬地圖的人。遺憾的是，坡廷格爾沒有原圖。他所採用的底稿是一張三世紀地圖的一幅十三世紀的摹本，由於這張上千年的地圖中許多重要的細節都被老鼠和蛀蟲破壞了，所以它的摹本也並不完整。

即便如此，坡廷格爾地圖總的輪廓無疑是與羅馬原圖一樣的。如果那張三世紀的原件就是羅馬人的最好的地圖，那麼他們的地理知識還尙待完善。我在這裡臨摹了這幅地圖，你可以自己評判一下。等你耐心仔細地研究過這張圖後，你就能夠清楚當年羅馬地理學家的水平了。但是，你也要明白，對於當年那些要打到英格蘭或者進軍到黑海的羅馬將軍們來說，這個與義大利麵條頗爲近似的世界就是他們所能找到的最佳依據。從那時到現在，人類已經取得了多麼巨大的進步。

至於中世紀的地圖，我們甚至可以避而不提。教會憎惡一切「無用的科學探索」。對他們來說，知道到達天堂的路線要比知道從萊茵河口到多瑙河口的最短路線更加重要。於是，地圖就像是滑稽的圖畫，畫滿了無頭的怪物（這個可笑的原型是那些常把頭縮在毛皮大衣裡的可憐的愛斯基摩人）、打著響鼻的獨角獸、不停噴水的巨鯨、半鷹半馬的怪獸、海妖、美人魚、半鷹半獅怪獸，以及所有因恐懼和迷信而幻生出來的怪物。耶路撒冷當然是世界的中心，印度和西班牙於是被推到了最遠的邊界，蘇格蘭變成一個孤立的小島，而巴別塔（即《聖經》中記載的古巴比倫人建造的通天塔）要比巴黎全城的十倍還要大。

和中世紀製圖人的這些作品比起來，波利尼西亞的人編織地圖（它們看起來就像幼兒園裡孩子們玩的小把戲，但實際上，它們卻十分精確實用）確實稱得上是航海家的天才的傑作。更不用說當時阿拉伯人和中國人的地理學成就了，只是他們的價值沒有被認可，西方人只是把他們當作可恥的異教徒，被排斥在以歐洲爲中心的世界之外。就這樣，在十五世紀末航行業最終發展成爲一門科學之前，地圖的繪製都沒有取得實質性進步。

當時，土耳其人控制了連接歐洲與亞洲的橋頭堡，歐洲通往東方的陸路交通被長期切斷，於是人們迫切地想尋找一條通往印度的海上通道。這就意味著，人們必須告別那種依靠尋找陸上教堂尖頂或分辨沿岸的犬吠來掌握方向的傳統航行規矩，去習慣只能看到藍天和大海的漫長航行。正是這種打開海上通道的迫切需求，帶動了那一時期航

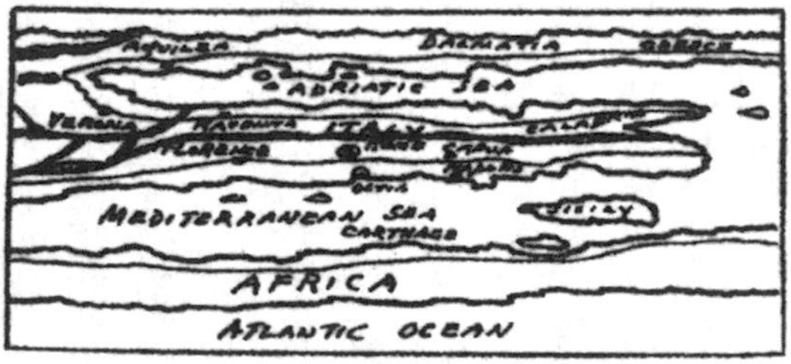

當年的羅馬地圖

海業的巨大進步。

古埃及人最遠似乎冒險到達過希臘的克里特島，而且他們的那次造訪好像不是精心策劃的探險，倒更像是被風吹離了航線後的一次邂逅。腓尼基人和希臘人雖然也曾表現非凡：他們到達了剛果河和錫利群島（該島由五十多個小島組成，位於英國西南部的康沃爾半島以西五十八千米的海面上，面積21.5平方千米）。可是，他們本質上也是一群寧可貼著教堂邊航行一輩子的水手。即使是在前往剛果河和錫利群島的途中，他們也是盡可能地靠近海岸，每到夜裡，一定要把船拖到岸邊陸地上，以免他們的船被風吹到看不見陸地的渺茫的大海。至於航行在地中海、北海和波羅的海的中世紀的商人，在有航海羅盤之前，他們從不讓岸上的山脈離開自己的視野超過幾天。

中世紀地圖

這些商人如果在開闊的海面上迷失了方個，他們只有一個方法可以找到最近的陸地，那就是鴿子。他們知道，鴿子可以沿著最短的路線到達陸地，所以他們總是帶著幾隻鴿航行。當他們無法找到陸地的方向時，就放飛一隻鴿子，然後跟隨著鴿子的方向，直到看見山頂。他們的船隻只抵達最近的港口，再去問問當地人自己到了什麼地方。

在中世紀，即使是一個普通人也比現代人更了解和掌握星星的知識。他們只能如此，因為在那個時代缺少今天的人們所擁有的印刷年曆和日曆。當時稍微聰明的船長都能夠通過觀察星星來辨別方位，也能夠根據北極星和其他星座的位置找出航行航線，但是在較北的北方，常常是陰雲密布，觀察星星的辦法就不大可行了。如果沒有羅盤——那件在十三世紀下半葉傳到歐洲的外國發明——航海就將繼續它痛苦而代價高昂的歷程，完全靠運氣和猜測（更多的是後者）帶著惶恐前行。關於羅盤的起源和發展，迄今仍是一個謎。我在這裡講的只是推測而不是準確的判斷。

十三世紀上半葉，歐亞大陸被一個五短身材、眼睛斜視的蒙古人——成吉思汗統治著，當他橫跨中亞的茫茫荒漠，前往歐洲尋歡作樂時，似乎帶了一種類似指南針的東西。我們現在很難說清楚地中海的水手們第一次看到指南針到底是在什麼時候，但是我們可以肯定，這種被教會稱爲「褻瀆上帝的魔鬼撒旦的發明」很快就帶領著地中海的船隊去走向天涯海角了。

所有這些具有世界意義的重要發明，其來歷都有些含混模糊。當時去過巴基斯坦的雅法或者法馬古斯塔（塞浦路斯的一個地區）的人，可能在波斯商人手上買來一只指南針，然後帶回歐洲。波斯商人說他是從一個剛從印度回來的人那兒得到的。這個消息傳遍了街頭巷尾，人們都想爭先目睹這個奇妙的被撒旦施了魔法的小針。據說，不管你走到哪兒，這個小針總能告訴你北方在哪邊。當然，那時的人們不能相信這是眞的。不管怎樣，很多人還是托朋友下次去東方時也給自己帶回一個，甚至他們還會先付了錢，於是六個月之後他們也有了自己的指南針。被稱爲有撒旦的魔力的小玩意果然靈驗！從那以後，人人都想有一個指南針，他們急切地要求大馬士革和士麥那（今土耳其西部沿海的伊茲密爾港）的商人們從東方帶回更多的指南針。於是，威尼斯和熱那亞的儀表製造商也開始製作自己的指南針了。幾年之內，這個帶玻璃罩的小金屬盒便普及開了，隨處可見，平常至極，人們把它當作一件很平常的玩意兒，沒人想到它的存在有什麼值得大書特書的。

關於指南針的來歷，就說這麼多吧，還是讓它繼續充滿著神秘色彩吧！自從這根靈敏的小針指引著第一批威尼斯人從他們的淺海峽地帶來到尼羅河三角洲，我們對指南針的認識有了長足的進展。例如，人們發現，除了在某些地點外，指南針的指針並不總是指向正北的，有時略微偏東，有時略微偏西——這種差別就是專業術語所指的「磁差」。磁差的產生是由於南北磁極與地球的南北兩極並不恰恰吻合，而是相差數百英里。磁北極位於加拿大北部的布西亞島，一八三一年詹姆士．羅斯（一八〇〇—一八六二年，英國海軍軍官。曾在北極和南極進行過磁力測量）爵士首次確定了這個島的位置。磁南極則在南緯七十三度、東經一百五十六度。

對一位船長而言，由於磁差的存在，僅有指南針是不夠的，他還需要海圖，以便告訴他世界各地指南針所表現的不同確中。這就涉及航海學了。航海學是一門高深的學術分支，絕非三言兩

波利尼西亞人的編織地圖

語就可以講清楚的。就本書而言，我只希望你能夠記住，指南針是在十三世紀和十四世紀傳入歐洲的，對於航海成爲一門有據可循的科學起到了很大的作用，人們不必再依賴毫無把握的猜測和痛苦而複雜的計算。

這僅僅只是一個開端。

現在，人們能夠清楚地知道自己所航行的方向了，或者是向北，或者是北偏東，或者北一北偏東，或者北一東偏北……或者是指南針上所指示的三十二個方向中的任何一個方向，而中世紀的船長則只有另外兩種儀器來幫助他在茫茫大海中辨別方位。

第一種是測深繩。測深繩幾乎與航船一樣古老。它可以測出海洋的任何一點的深度。如果有一張標明了他們目前航行的這片海洋的深度的海圖，測深繩就能告訴他附近水域的情況，並以此確定航船的方向。

還有一時重是測速器。最初的測速器是一塊木頭，船員將它從船頭扔到水中，然後仔細觀察這塊木頭到達船尾要用多長時間，由於船頭到船尾的距離是已知的，人們就很容易計算出船要通過某個地方需要多長時間，並由此（或多或少的）推算出航船的速度。

後來，木頭逐漸讓位於繩子。這是一種又長又細但很結實的繩子，在它的一端繫了一塊三角形的木頭，這段繩子預先按照固定的相等長度打上了一個一個的繩結，被分成了很多截，在一個船員將繩子拋下船的同時，另一個船員將沙漏打開計時。當沙子從瓶中漏乾之後（當然，人們要預先知道沙漏的時間長度，一般是三兩分鐘），船員就將繩子從水中拉上來，並數一數在沙子從一個瓶漏到另一個瓶中的時間，有多少繩結拋到了水中。只需要很簡單的運算：每一個繩結代表一海里，知道船在這段時間裡航行了多少海里，就能計算出航速。不過，船長只清楚航速和航向還是不夠的，因爲海流、潮汐和海風隨時都會擾亂他精心的計算。其結果就是，即使在指南針引進了很久之後，任何一次普普通通的航海旅行都可能是一次充滿風險的經歷。於是，那些苦思冥想，試圖從理論上解決這一問題的人意識到，要改變現狀就必須找個東西替代原來的教堂尖頂。

我這樣說絕不是開玩笑。在航海史中，那些教堂尖頂、高聳的海灘沙丘上的樹冠、堤壩上的風車以及沿岸的犬吠都曾經扮演過重要的角色，因爲它們是固定點，是參照物，無論發生什麼事，它們總是固定不動的。有了這些參照物，水手們就能推算出自己的方位。他會告訴自己：「我必須再向東走。」因爲他記起，這是自己上次到過的地方。當時的數學家（他們是那個時期的天才，雖然他們掌握的材料不充足，儀器不精確，但他們卻能夠在數學領域取得出色的成就）十分清楚這個問題的關鍵所在，他們要尋找到一個能代替那些人工「參照物」的東西。

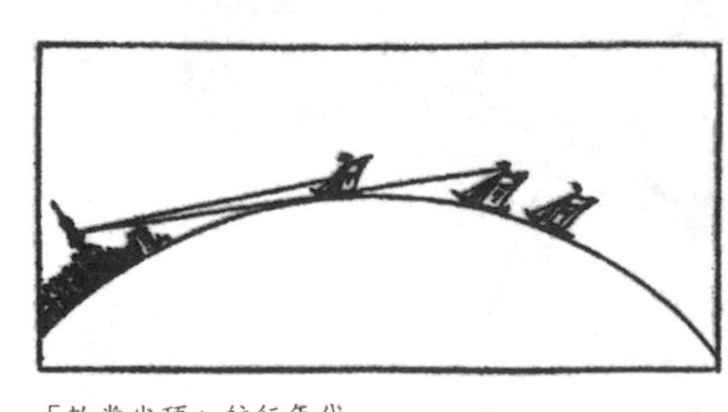
「教堂尖頂」航行年代

這項工作從哥倫布（我提到他的名字，因爲一四九二年是一個人人皆知的年份）橫渡大西洋之前兩個世紀就開始了，但是時至今日這種探索仍沒有結束。即使今日的航運已經具有了無線報時系統、水下通信系統和機械駕駛裝置。

假如你站在一個建立在一個巨大的球體表面的高塔腳下，塔頂部正飄揚著一面旗幟，你會發現，只要你一直站在那裡，這面旗子就在你的頭頂正上方。如果你離開高塔，你看旗子的視線就會出現一個角度，正如圖所示，這個角度要取決於你距離高塔的長度。

一旦人們確定了拿這個「固定點」作爲參照物，問題就簡單多了。這不過就是一個角度的問題，而早在古希臘時期，人們就已經知道該怎樣測量角度了。他們熟練掌握了三角形的邊角關係，奠定了三角學的發展的堅實基礎。

角度問題將我們引入這一章中最困難的部分，實際上，這是本書中最深奧的一段——關於探索我們所謂的經度和緯度。確定某人所在的緯度的方法比確定經度的方法早好幾百年。確定經度看起來似乎要比確定緯度簡單得多，可是對於沒有計時儀器的古人來說，確定經度幾乎是無法克服的困難。至於緯度，只需仔細的觀察和細心的計算就可以了，所

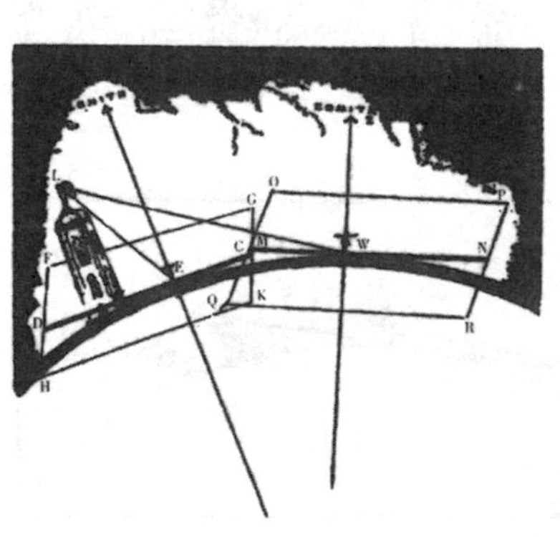

這個角度取出距離高塔的長度

以這是人類在較早的時候就已經解決的問題。

以上是經緯度的基本概況，下面我將盡可能簡要地講述一下經緯度的問題。

在這幅圖中，你會看到幾個平面和角。在D點，你發現自己處在塔的正下方，就像你在赤道線上時，中午十二點時正處於太陽的正下方。當你移到E點，情況就有所變化。由於你所處的下方是個圓球，所以在計算角度的時候，你需要畫一個平面。你從地球的假想中心點A畫一根直線，經過你的身體，直達天頂（zenith，這是天文學中的正式名稱，專指觀察者正上方的天空一點；觀察者正下方的天空一點則稱爲天底，nadir）。

這是一個複雜的問題，需要實驗來說明。將一根毛衣針穿過蘋果的中心，假設你是在這個蘋果的一個側面上，背靠著毛衣針。毛衣針的上端是天頂，下端是天底。然後，假定有一個平面與你所處的位置以及毛衣針的方向垂直，如果你站在E點，這個平面就是FGKH，而直線BC就是你進行觀察的這個平面上的一條線。爲了使問題簡單明了，再假設你的眼睛是長在腳趾上的，恰好是你雙腳踩踏直線BC上的一點。然後你抬眼看塔頂的旗杆，計算一下旗杆的頂端L點、你所處的位置E點以及直線BC與平面FGKH的交叉點之間的角度（該平面與天頂到地心的直線呈垂直角度），如果你懂得三角學，你就會通過這個角度計算出你與高塔之間的距離。如果你移到W點，那麼就再按照這種辦法計算。W點是你在直線MN上的位置，該線是平面OPRQ上的一條直線，與地心到當前天頂（天頂自然隨觀察者移動）的直線成直角。只要計算出角LWM的角度，你就會知道你離高塔有多遠。

你瞧，即使用最簡單的方式說明，問題看上去仍很複雜。因此，關於現代航海學的基礎理論，我只給你講個大概。如果你想做一名水手，你需要上一所專業學校利用幾年的時間學習如何進行這些必要的計算。之後，再經過二三十年的磨煉，當你熟練使用所有的工具、表格以及海圖，具有領導船員、縱橫四海的能力之後，也許你的船主才會選你當船長。當然，如果你沒有這個志向，你就不必去了解所有這些複雜繁瑣的計算了，所以請別介意這個問題的簡短，我只是介紹一些概況而已。

由於航海學幾乎完全是一種和角度有關的學問，所以在歐洲人重新發現三角學之前，航海理論一直沒有取得巨大的突破。雖然在一千年前，古希臘人曾爲這門科學打下了堅實的三角學基礎，但是在托勒密（埃及亞歷山大城著名的地理學家）死後，三角學就被當成一門精密複雜而又無用的學問，人們將這門他們認爲浮華無用的學科漸漸遺忘了。可是印度人，還有後來生活在北非和西班牙的阿拉伯人卻沒有這些顧慮，他們堂而皇之地將這份沒人要的古希臘遺產保存了下來，並將之繼續發揚光大。

「天頂」（zenith）和「天底」（nadir）這兩個出自阿拉

「地心說」時代的世界

伯語的術語，就充分表明了這一事實：當歐洲學術界再次接納三角學時（約在十三世紀），它變成了伊斯蘭的財富，而不再是基督教的遺產，但是，在接下來的三百年中，歐洲人奮起直追，彌補了他們所浪費的時間。這時，他們儘管再次學會了如何計算角度和解決三角形的問題，卻又意識到自己所面臨的另一個難題——如何找到一個地球之外的固定點來代替教堂尖頂作參照物。

最有希望接受這個崇高榮譽的是北極星，因爲它成爲最值得信賴的航海參照物。北極星距離我們如此遙遠，以至於它看上去幾乎是靜止不動的；而且，除此之外，它很容易辨認，即使是最笨的漁夫也能在迷失了方向之後，找出北極星的位置。他需要做的事就是沿著北斗七星最右邊的兩顆星的直線方向去尋找，這樣就可以找到北極星了。當然，太陽也是一個不變的參照物，可是它的運行軌跡從未被科學家測算出來製成圖表，所以只有最智慧的航海者才懂得如何藉助太陽的幫助。

在人們被迫相信「地球是平的」的年代，所有的計算結果都必然與客觀事實背道而馳。到了十六世紀初，這種計算方法終於結束了，圓盤理論被球形理論所取代。地理學家也終於可以探索和宣傳真理，用科學來解釋地理學了。

他們做的第一件事就是以一個平面（該平面與連

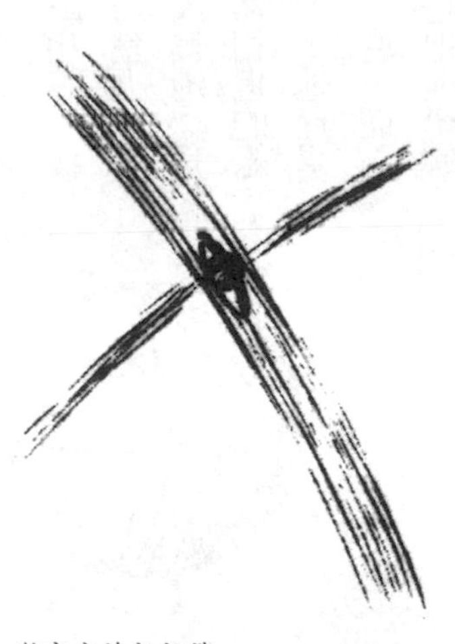

對宇宙的新認識

接南北極的軸線垂直）爲界，將地球均分爲南北兩個相等的部分，分界線就被稱作赤道，赤道上的每一點到南北兩極的距離相等。接下來，地理學家做的第二件事就是將赤道與兩極之間劃分爲九十等份，九十條平行線（這些平行線就是一個又一個圓圈，因爲地球是圓形的）平均地分布在赤道與兩極之間，每條線與另一條相近的線相差六十九英里，是極點到赤道距離的九十分之一。接著，地理學家給這些圓圈編了號，從赤道開始，直到極點，赤道爲零度，而兩極爲九十度，這就是緯線（如下圖所示）。緯線的確立是地理學的一大進步。不過，即便如此，航海仍是一件十分危險的工作。經過十幾代的數學家和航海者搜集有關太陽運行的數據，傾盡心血地將太陽在每個地點每年每月每天確切方位記錄下來，這樣所有的船長都學會計算緯度就不是一個難題了。

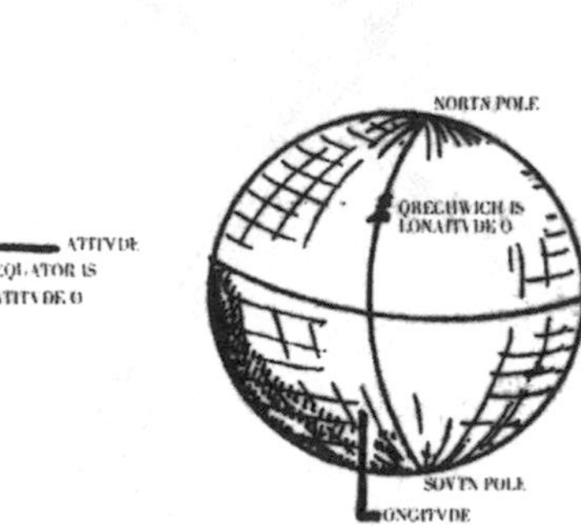

經緯度

這樣，任何一位有點頭腦的航海者，只要會讀書識字，就能在極短的時間內判斷出自己所處的位置離極點和赤道有多遠。用專業名詞來講，就是他的位置在北緯或者南緯幾度（赤道以北的緯度稱北緯，以南稱南緯）。過去，海船越過赤道到南半球航行並不是一件容易的事，因爲南半球是看不到北極星的，這樣他就不能找到參照物了。科學終於解決了這一問題。到了十六世紀末，緯度問題不再是讓航海的人們感到困惑的問題了。

然而，如何確定經度還是一個尚未解決的問題（你該知道，經線與緯線垂直）。人類又用了兩個多世紀，這個問題才得以成功解決。在確定緯度時，科學家們可以以兩個固定點——南極點和北極點——爲基準。他們說：「這兒就是他們的『教堂尖頂』——北極或者南極，它們將永遠固定不變。」

然而，地球既沒有東極點也沒有西極點，地軸也是那麼旋轉的。當然人們可以畫出無數條子午線——穿過兩個極點環繞整個地球南北方向的圓圈。但是，成千上萬條子午線中哪一條子午線可以被稱爲「本初子午線」，以便作爲劃分東西半球的分界線呢？從此水手們就可以說：「我現在在本初子午線以東（或以西）一百英里。」以耶路撒冷作爲世界中心的傳統觀念在許多人心目中依然十分強大，很多人要求將經過耶路撒冷的經線定爲「零度」或者本初子午線，即縱向的「赤道」，東西半球的分界線。但是，民族自尊心破壞了這個計劃，因爲每個國家都想讓本初子午線經過自己的國家，讓世界從自己的首都開始。即使在當今時代，我們自以爲人類在這方面已經開通了許多，仍然有一些國家，如德國、法國和美國的地圖上，分別將本初子午線定在柏林、巴黎和華盛頓。最終，由於英國是在十七世紀（經度確定的年代）對航海學的發展作出貢獻的國家，又因爲一六七五年建立於倫敦附近格林尼治的英國皇家天文台監管著當時的航海事務，所以經過格林尼治的那條經線最終被選定爲本初子午線，作爲東西兩半球的分界線。這樣，經度問題就這樣解決了。

終於，航海者有了經度上的「教堂尖頂」，但是他們還面臨另一個難題：在浩瀚的大海中央，他們將如何知道自己與格林尼治經線之間有多長的距離呢？爲了解決這一問題，英國政府在一七一三年成立了「經度委員會」。這個委員會設立巨獎來獎勵那些能使人們在茫茫海上確定經度的發明者。在兩個多世紀前，十萬美元的獎賞是一個不小的數字，它促使許多人爲此做出巨大努力。當該委員會在十九世紀上半葉解散時，它已花了五十多萬美元用於獎勵那些「發明家」。

今天，這些人的大部分工作早已被我們遺忘，他們的發明成果也漸漸被歷史淘汰，但是在重獎之下誕生的兩項發明——六分儀和天文鐘——直到今天仍有其使用價值。

六分儀的發明使得解決這個艱巨的問題邁出了重要的一步。就像全世界在同一時間裡探求同一個問題時經常發生的那樣，有三個人宣稱自己是六分儀的最早發明人，並爲這個榮譽苦苦爭鬥。這三個人分別是英國的約翰·哈德勒和艾薩克·牛頓爵士以及美國費城的托馬斯·戈德弗雷。六分儀是一種複雜的儀器（一種可以夾在臂下，隨身攜帶的小型海上觀察儀），水手們可以利用它測量出各種各樣的角距離。這個發明來源於中世紀簡陋的觀象儀、直角儀和十六世紀的四分儀。

航海界對天文鐘的興趣比對六分儀的問世所表現出的興奮要大得多。這種精確可靠的計時裝置誕生於一七三五年，比六分儀晚四年。它的發明者約翰·哈里森曾是個木匠，他是一個製造鐘表的天才。他發明的天文鐘計時如此準確，以至於能夠以任何一種形式在世界任何一個地方準確無誤地報出格林尼治時間，而且不受天氣變化的影響。哈里森在天文鐘裡加了一個叫做「補償弧」的裝置，它可以通過調整平衡簧的長度，來調整因溫度變化引起的熱脹冷縮，所以天文鐘完全不受溫度和濕度變化的影響，一直能夠走準。

經過漫長且有點兒尷尬的討價還價，哈里森終於在他去世前三年（一七七三年）獲得了十萬美元的獎賞。今天，一艘海船無論身在何處，只要它帶有一只天文鐘（感謝哈里森），它就能準確地知道格林尼治時間。由於太陽每二十四小時圍繞地球運行一周（其公轉方向與地球自轉方向恰好相反，我這麼說是爲了方便起見），每一小時經過十五度經線，所以我們只要知道航船的當地時間和格林尼治時間，通過計算二者的時差就可以知道航船與本初子午線的距離了。

例如：如果我們能夠確定航船所在位置的當地時間是十二點（需要進行精心計算），而此時時鐘上的時間（即格林尼治時間）是下午二點，我們又知道，既然太陽每小時要經過十五度經線，那麼我們的航船與格林尼治的距離就是2×15度＝30度。那麼，我們就可以在航海日誌上這樣記錄：某年某月某日中午，我們的航船到達西經三十度。

現在，一七三五年的這件轟動一時的發明已漸漸失去了其原有的重要作用。現在，每天中午格林尼治天文台都向全世界準點報時，於是天文鐘便很快成爲一件華而不實的玩意了。實際上，如果我們相信領航員的能力，無線通訊就將毫不客氣地取代所有複雜的表格和費力的計算。人類歷史輝煌的一頁將就此翻過，所有關於勇氣、耐心和智慧的航海傳奇也將銷聲匿跡。再也沒有未經勘測的茫茫海洋了。那些面對驚濤駭浪，在片刻之間就迷失方向、不知所措的日子一去不復返了。那個手持六分儀的人將從駕駛室裡消失，他將坐在船艙裡，把電話緊挨著耳朵問道：「喂，楠塔基特島（或者「喂，瑟堡島」），我目前的位置是多少？」那些地方的領航員就會報出他目前所在的精確方位。事情就是如此簡單。

爲了使人們能夠平安、舒適而頗有收獲地橫跨地球表面，人類已經做出了二十多個世紀的努力，這二十多個世紀的光陰並沒有虛擲。這是人類歷史上國際合作第一次成功的經歷。中國人、阿拉伯人、印度人、腓尼基人、希臘人、英國人、法國人、荷蘭人、西班牙人、葡萄牙人、義大利人、挪威人、瑞典人、丹麥人、德國人，他們所有人都曾爲這項工作作出過自己的貢獻（至於是有意的還是無意的都無關緊要）。

講述人類合作史上特殊的一章就要到此爲止了。但是，下面還有許多別的內容，足以使我們忙碌很長一段時間。

四、四季的產生

「季節」（season）一詞源於拉丁語動詞「serere」，這個詞的意思是「播種」。由此可見，「season」原來只用於表示春天——「播種的季節」，但是在中世紀初，「season」失去了原有的專有含義，把其他三個季節也加入進來，來代表一年中的四個部分：冬季（winter），或者「潮濕的季節」（wet season）；秋季（autumn），或者「增長的時期」；夏季（summer），是古代梵語對全年的稱謂。

四季影響著人類的日常生活，甚至浪漫情懷，除此之外，四季還具有令人乏味的天文背景，因爲四季的循環往復是地球圍繞太陽旋轉的直接結果。

地球每二十四小時自轉一周，圍繞太陽公轉一周的時間是356.25天，爲了使曆法規範，我們將每年的0.25天疊加六來，這樣每四年就有一年是三百六十六天，這就叫做閏年。以兩個零結尾的年份沒有閏年，比如九百年，一千一百年，一千三百年等；可是，這些年份中能夠被四百整除的年份卻可以有閏年，這算是例外中的例外。最近一次的特例是公元一六〇〇年，下一次則是公元二〇〇〇年。

地球圍繞太陽運行的軌跡並不是一個正圓形，而是橢圓形。雖然它還不算標準的橢圓形，但是對於人類研究地球運行的工作，已經增加了許多複雜因素。另外，地球的軸與太陽同地球之間的平面之間不是一個直角，而是一個六十六點五度的傾角。當地球圍繞太陽運行時，地軸始終保持著這個角度，這就直接導致了世界不同地方不同季節的差異。

三月二十一日，地球和太陽所處的位置使得太陽光剛好均勻地照射著地球表面的一半，於是在這一天，世界各地的晝夜長短是一樣的。三個月後，當地球完成了其公轉行程的四分之一時，北極地區完全正對著太陽而南極地區則完全背向太陽，於是北極開始歡度每年的長達六個月的白晝，而南極卻在安享長達六個月的黑夜。當北半球陽光燦爛的漫長夏季開始時，南半球的人們就要在火爐旁，一邊讀書，一邊消磨著漫漫冬夜。但是，你要知道，當北半球的人們在聖誕節滑冰時，澳大利亞、阿根廷卻正在忍受著夏季烈日的煎熬以至於許多人死於中暑，而當滾滾熱浪襲擊美國時，他們又在點燃他們的壁爐了。

四季更替的第二個比較重要的日期是九月二十三日，這是一年中第二次全球各地黑夜和白天長度相等的日子。然後，在十二月二十一日，南極轉過臉來面向太陽，而北極則與這個大熱源揮手告別，這時北半球歲值嚴冬，而南半球正當盛夏。

然而，地軸獨特的傾斜和地球自身的旋轉，並不是形成四季變遷的全部原因。地軸六十六點五度的傾角還將地球劃分爲五個溫度帶。赤道兩側是熱帶區，那裡的陽光幾乎是垂直地照射著大地。南北溫帶區位於熱帶區與兩極地區之間，在那裡太陽光線並不是垂直的，所以它可以溫暖比熱帶區更

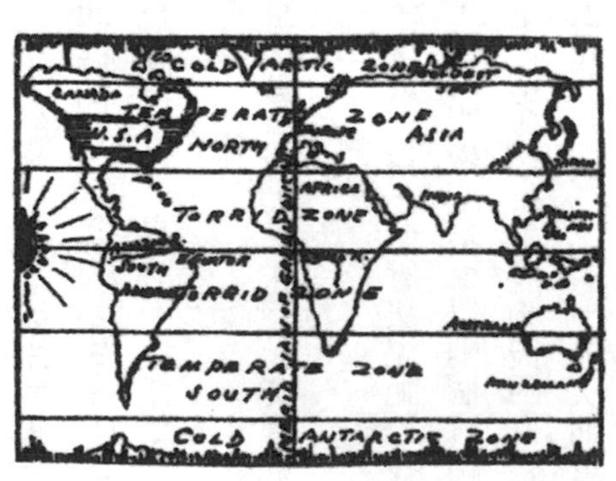

氣候帶

廣闊的土地與水面。至於兩極地區的太陽光線的角度如此之小，以至於在夏季一束陽光所照射到的地表面積要比其自身面積大一倍。

單憑文字解釋這些問題，或許並不能使你全部明白。你可以去參觀天文館看看巨大的太陽系模型，那裡的一切能比書本更快地幫你理解有關地球的問題。但是，只有少得可憐的城市認爲有必要修建一個天文館。你可以到市政廳去找那些老爺們，告訴他們，你要一個天文館——作爲聖誕禮物。當他們到字典裡費勁兒地去查什麼叫天文館時（也許他們得花上二十或三十年時間才能找到答案），你最好去找些橘子、蘋果和一根蠟燭，再用墨水來劃分溫度帶，自己演示四季的交替。用一根火柴點燃蠟燭，就能給「南極」和「北極」帶去白晝，或者長夜。如果有一隻蒼蠅飛到你自製的地球上時，你千萬不要瞎想：假設——僅僅是假設——我們人類也是這樣一隻小飛蟲，在一只碩大的橘子表面漫無目的地亂爬，一支更碩大的蠟燭在照耀著這個橘子和飛蟲，而它們都不過是一個龐然大物在飯後消遣時掌中把玩的小玩意而已。

想像是有益的。

但是，千萬不要在天文學領域內進行想像。

五、海洋中的大陸

所有人，都是無一例外地居住在島上的。只是，地球上有些島的面積遠遠超出其他島，由此我們就將這些大島歸爲一類，把它們稱之爲「洲」。顧名思義，「洲」就是比其他小塊陸地，如英格蘭、馬達加斯加或者曼哈頓島這樣的小島「擁有」或者「包含」更多的大塊陸地的島。

但是，在劃分標準上卻並不嚴格一致。美洲、亞洲和非洲是地球上三塊最大的連綿不斷的陸地，它們可以當之無愧地被稱爲「洲」。可是，歐洲，在火星上的天文學家看來，只不過就是亞洲大陸伸出的一個半島而已（也許比印度稍大一點兒，但也不會太多），卻總是自稱爲「洲」。至於澳洲，如果有人膽敢提出這個島面積不夠大，人口不夠多到足以稱之爲大洲，澳洲的居民無疑會因爲他們親愛的小島而勃然大怒。相反地，格陵蘭島上的居民卻仍然心甘情願地做平凡普通的愛斯基摩人。雖然格陵蘭島的面積是地球上最大的兩個島嶼——新幾內亞島和婆羅洲（即加里曼丹島）——面積總和的兩倍。南極的企鵝如果不是這麼溫順可親，它們完全可以宣稱自己是生活在洲上的，因爲南極地區的陸地面積比那塊位於北冰洋與地中海之間的陸地面積還要大。

我不知道這些混亂的情況是怎麼造成的，但是地理學在發展過程中確實有許多世紀出現過偏見。在那個時期，錯誤的觀點在地理學資料中比比皆是，就像廢棄的船身上附著的那些甲殼動物。天長日久（愚昧無知的黑暗時期持續了一千四百年），甲殼動物不斷增生，最終可能被認爲是船體的一個部分。

但是，爲了使事情不再增加新的混亂，我還是採用普遍流行的觀點來劃分五大洲：亞洲、美洲、非洲、歐洲和澳洲。其中，亞洲面積是歐洲的4.5倍，美洲是歐洲的4倍，非洲是歐洲的3倍，而澳洲則比歐洲小幾十萬平方英里。在地理手冊中應當將亞洲、美洲和非洲排在歐洲的前面，但是如果我們不僅要考慮面積，還考慮一個地區對整個全球歷史發展所產生的影響的話，我們就必須從歐洲開始談起。

讓我們首先看看地圖。事實上，與其多讀文字，我們不如多看地圖。地圖之於地理，就像樂器之於音樂，水之於游泳一樣，都是必需的。當你仔細觀察地圖，或者是拿一個地球儀，你會發現歐洲半島被北冰洋、大西洋和地中海三片海洋緊緊包圍，正位於擁有最多陸地的北半球的中心；與之相近的，形單影隻的澳洲占據著它那個半球的心臟部位，正好在擁有最廣闊海面的南半球的中央。擁有如此多的海水是歐洲擁有的最大優勢，而且還不止於此。亞洲雖然有歐洲近五倍那麼大，但其四分之一的陸地酷熱難耐，還有四分之一的陸地與北極相鄰，除了馴鹿和北極熊，那裡再不會有永久居住者。

羅克奧爾——大西洋北部一塊沉浮的大陸的頂部

在這方面，與其他大洲相比，歐洲又占了明顯的優勢。義大利的腳趾尖——歐洲的最南端，儘管很炎熱，但與赤道還有二千六百英里遠的距離。歐洲北部的瑞典和挪威雖然有大片領土深入到北極圈以內，但受益於墨西哥灣暖流的呵護，其沿海地區氣候長年溫和濕潤，而處於同一緯度的拉布拉多則是一片冰天雪地的荒原。

不僅如此，比起其他洲，歐洲還有很多的半島、海灣、海岬和港口。想一想西班牙、義大時而、希臘、丹麥、斯堪的納維亞半島、波羅的海、北海、地中海、愛琴海、馬爾馬拉海、比斯開灣和黑海，再想想諸如非洲和南美洲那些低矮而凹凸不平的海岸線。在歐洲，幾乎每一部分大陸都能依偎海洋，於是就形成了冬天不冷夏天不熱的溫暖宜人的氣候。歐洲人的日子不太輕鬆可也不艱難，人們既不像非洲人那樣整天遊手好閒，也不像亞洲人那樣不堪重負，這裡的人們比任何地方的居民都能更好地將工作與閒暇娛樂恰當地結合起來。

我們引以爲自豪的大陸就像這些漂浮在水盆中的軟木嗎？

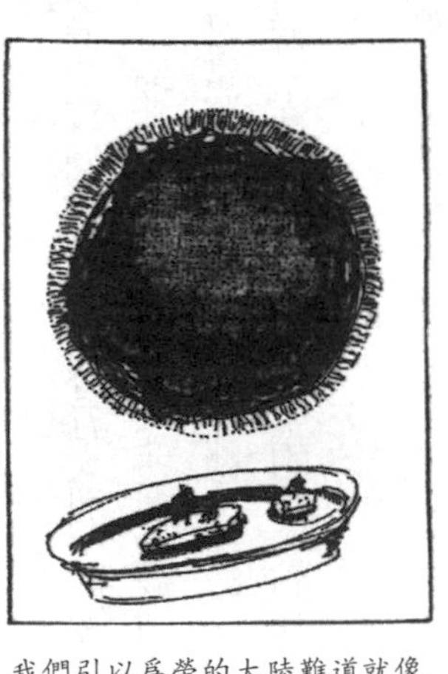

我們引以爲榮的大陸難道就像這些漂浮在水盆中的軟木嗎？

然而，氣候因素並不是使歐洲人成爲世界主宰的唯一原因，經過一九一四—一九一八年這場不幸的內戰（指第一次世界大戰），他們已經嚴重影響了自己在這個世界上的地位。地理環境在歐洲的發展和崛起過程中扮演了一個重要角色。當然，地理的因素純系偶然，絕不能想當然地認爲，正是這種偶然讓歐洲人從中漁利。同時，凶猛的火山爆發、大規模的冰川入侵和災難性的山洪泛濫塑造了今天歐洲地理的這個現狀，它們的山脈所處的位置成爲自然的國界；它們河流的流向使內地以水爲路，走向海洋，所有這些繁榮了商業與貿易，直到鐵路和汽車發明的時代。

比利牛斯山脈將伊比利亞半島從歐洲大陸斷然隔開，同時也成爲西班牙和葡萄牙的天然疆界；阿爾卑斯山在義大利也起著相同的作用；而法國西部的大平原則躲在塞文山脈、侏羅山脈和孚日山脈三座大山的背後。喀爾巴阡山也像一座屏障，面向著廣袤的俄羅斯大平原，保護著身後的匈牙利，將兩者隔離開來。在過去的八百年歷史中舉足輕重的奧地利帝國充其量不過是一個環狀的平原，但是它四周的崇山峻嶺足以防範它的鄰居，如果沒有這道圍牆的話，也許奧地利這個國家就不能存在那麼長的時間。德國也一樣不是單純的政治產物。它遼闊的領土依托在阿爾卑斯山和波希米亞山的山脊之上，一直延伸到波羅的海緩緩下降的一大片地域。還有一些島嶼，諸如英格蘭或者古希臘愛琴海上的那些小國以及荷蘭、威尼斯這樣的水上城邦。所有這些天然城堡，似乎都是造物主的精心安排，以使它們發展成爲獨立的政治實體。

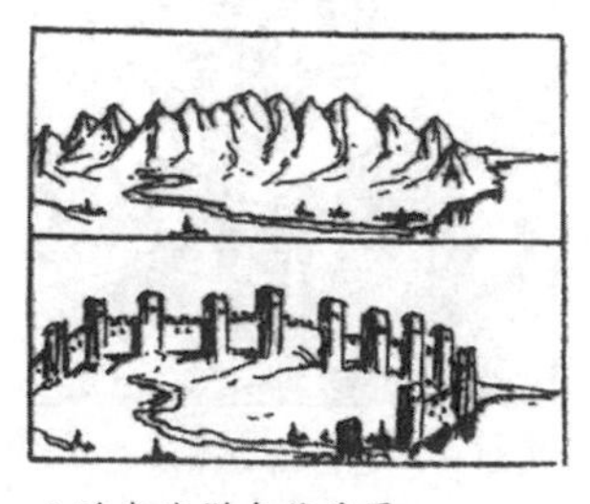
山脈與海洋自然爲界

即使是俄國也不例外。我們常聽說它是個人集權的產物（例如羅曼諾夫王朝的彼得大帝），可是實際上，它更是自然力發展的不可避免的產物。廣闊的俄羅斯大平原處於北冰洋、烏拉爾山脈、黑海、裡海、喀爾巴阡山脈和波羅的海的懷抱之中，這種地理位置恰好適宜發展成爲一個高度集權的帝國。在羅曼諾夫王朝崩潰後，蘇維埃共和國能夠建立並得以順利保全，便是這一點的明證。

歐洲河流的流向，正如我以前所言，還對這塊大陸的經濟發展發揮著至關重要、最實惠的作用。從馬德里到莫斯科，除了多瑙河之外，都是南北走向，每一片內陸地區都能夠直通大海。文明的產生往往更多地取決於水而非陸地。正是這些幸運的安排給歐洲帶來了繁榮與富庶，成就了這塊陸地的世界霸主地位，直到一九一四—一九一八年那場自殺性的災難深重的戰爭發生，它才喪失了這個令人羡慕的王冠。讓地圖來證實我的話吧。

與歐洲相比，在北美洲，它的東西海岸各有一列高大的山脈沿海岸線平行伸展，兩列山脈中間是廣闊的中西部大平原，這一地區只有一條入海通道，就是密西西比河及其支流，而它們通往墨西哥灣——既遠離大西洋又與太平洋相隔遙遠的墨西哥灣。再看亞

人類只能在高山與深海之間那一小塊陸地上生存

洲，那裡崎嶇不平的地表結構和蜿蜒曲折的山系走向使江河無序地流向四面八方。這些水系中最重要的幾條河流穿過廣袤的西伯利亞大平原，消失到北冰洋中，除了能給當地漁民帶來小小的福利，並沒有給亞洲帶去什麼真正的實惠。至於澳洲，與歐洲相比，幾乎沒有可以航行的河流。在非洲，遼闊的中部大平原將河流擠到沿海的高大山脊之中，迫使河水在懸崖峭壁間左衝右突，蜿蜒曲折，這就使海運無法通過這些河流抵達內陸。相比之下，歐洲具備與人便利的山形地勢、便捷有利的江河水系，其崎嶇的沿海地貌還給它帶來比非洲和澳洲那樣齊整的海岸長九倍的海岸線。它還擁有溫和宜人的氣候和處於大陸群中心的便利位置。所有這一切都注定這一塊大陸勢必成爲世界的領導。

但是，優越的自然條件並不能決定它的地位，在歐洲霸業中發揮著重要作用的是人的才智。北歐的氣候溫暖舒適，非常有利於人的腦力活動。此地的氣候不會因爲寒冷而影響休閒娛樂，又不會因爲太熱而影響日常工作，這種氣候能夠恰到好處地促使人去發揮聰明才智。正因如此，北歐的居民一旦國家太平、法規健全（法律是人們從事腦力活動的基本保障），便立即投身於科學探索之中，並最終依靠其先進的科學和強大的武器去奴役和剝削其他四大洲。

對數學、天文學和三角學知識的精通使他們能夠自信地航行在七大洋中，他們很清楚返航的路線；對化學的興趣使他們發明了一種可以在內部點燃的機器（叫做「槍」奇異的東西），利用這個工具，他們可以比世界上任何其他民族或部落殺起人或者動物來得更快更精準；對醫藥學的研究成果使他們可以少遭受那些經常造成世界各地人口驟減的病魔的襲擊。最後，土地貧瘠（與恆河平原和爪哇島上的山區相對而言）和對生活質量的精心追求，使其逐漸養成一種根深蒂固的節儉和貪婪的習性，以至於他們常常爲了財富而走向極端。因爲，一旦沒有財富，他們就會受到鄰人的輕視而被看作是可憐的失敗者。

那個神奇的被稱作指南針的東西的引進，使歐洲人擺脫了教堂尖頂和熟悉的海岸線的羈絆，能夠在茫茫大海上自由馳騁，將船舵從船舷移至船尾的改進（這一改進是十四世紀上半葉完成的一項創舉）使人享受到前所未有的掌握航向的樂趣，並將歐洲人帶出了他們那些小小的內陸海——地中海、北海和波羅的海，他們從此便以廣闊無垠的大西洋爲通道，進入了對遙遠地區的貿易征服和軍事侵占的時代。他們終於得以最大限度地利用這種幸運的地理安排，而恰好身處地球的大陸群中央。

五百年來歐洲人一直保持著這個優勢。蒸汽船取代了遠洋帆船，由於貿易永遠會選擇代價最低的交通方式，所以歐洲仍然能夠繼續走在世界最前列。古代軍事家稱，哪個民族能夠擁有最強大的海軍，它就能夠向其他民族發號施令。

他們是正確的，因爲歷史給出了證明。按照軍事家給出的法則，挪威雖被威尼斯和熱那亞霸占，而威尼斯和熱那亞又成爲了葡萄牙的手下敗將；後來，葡萄牙奪走了西班牙的世界王冠；接著，荷蘭取代了西班牙，成爲下一任海上霸主；最後英國人又將荷蘭人趕下台。這些曾操縱世界的國家，都一度擁有當時世界上數量最龐大的海軍艦隊。然而，時至今日，海洋已失去了昔日的輝煌，它的重要性已被廣闊的天空取代，並迅速地發展成爲第二個商業高速路。也許，使歐洲失去霸主地位的原因並不完全是由於世界大戰，自從那種比空氣重卻能在空氣中飛行的神奇的飛機發明以來，就對歐洲的命運產生了至關重要的影響。

熱那亞一位羊毛商的後人發現了海洋無限利用的可能性，從此改變了人類歷史的進程。美國俄亥俄州代頓市市郊一個自行車修理店的店主則發現了天空的無限價值。也許，一千年之後的孩子們可能會不知道哥倫布是何許人，但是他們一定會熟悉威爾伯・萊特和奧維爾・萊特的名字。因爲，正是他們兄弟倆的聰明才智使世界文明的中心從舊世界轉移到了新世界。

六、歐洲的發現

在歐洲大陸上生活著5.5億人，僅次於亞洲的9.5億，比美洲、非洲和澳洲人口的總數加起來還多，是南北美洲的兩倍。這些數字大致是比較準確的，因爲它們是由與國際聯盟相關的國際統計學會統計出來的數字，這個學會由許多學者組成，他們看待這件事時能夠用比較客觀冷靜的眼光，絕不會取悅哪一個國家，爲了他們的民族自尊而歪曲事實。

根據這個博學的組織的統計，地球上的人口正在以每年三千萬的速度遞增。這可是一個很嚴峻的問題。如果按這個速度，世界人口將在六十年內翻一番。在幾百萬年後，在19320年或者193200年甚或1932000年，人類的生活環境將不堪設想。在地鐵裡「只有站位」已經是件很糟糕的事情了，而如果在地球上「只有立錐之地」將絕對無法忍受。除非我們敢於面對現實，並及時地採取措施，否則人類的未來命運將比「只有立錐之地」更可怕。

這個問題是屬於政治經濟學範疇的，而我們面臨的問題是：那些在歷史上曾扮演過重要角色的人們——歐洲大陸的早期居民——是從哪裡來的？他們是第一批歐洲大陸上的居民嗎？那我就非常遺憾地告訴你，答案肯定是非常不明確的。這批人可能是從亞洲長途跋涉而來，他們是穿過烏拉爾山和裡海之間的那條狹窄的通道進入歐洲大陸的。在這裡，或許他們還發現了更早的移民種族，只不過，那些比他們更早的居民還仍然處在較爲原始的社會階段。在人類學家收集到更多的資料之前，這些只是人們的猜測而已。我們還不應該將這些猜測加進這本地理書中，所以我們只能談論的是這些後來的移民。

這些人爲什麼要遷移過來？他們爲什麼不遠萬里、不辭辛苦，從亞洲來到歐洲呢？正如在過去二三百年中，成千上萬的人從歐洲這塊舊大陸移民到美洲新大陸一樣，人們爲了西方那些肥沃的土地，爲了獲得更好的生存的機會。

從亞洲來的移民遍及歐洲各地，就像後來的歐洲移民遍布整個美洲大平原一樣。在對土地和湖泊的瘋狂搶占過程中（在人類早期，湖泊比土地更有價值），一切「純種」的痕跡都在迅速地消滅。在大西洋沿岸，一些難以進入的地區和某些幽深隱蔽的山谷裡，仍然還有少數弱小的民族在過著與世無爭的生活，並爲自己保持了種族的純正血統而自豪，但是他們卻無法彌補與世隔絕的缺憾。今天，當我們談論「民族」這個詞時，已經沒有那種絕對的人種純正的意思了。

我們使用這樣的名詞來描述某個龐大的人群：他們或多或少地講同一種語言；他們或多或少地有相同的歷史淵源；在過去有史冊記載的二千多年的歷史當中，他們擁有相同的民族性格、思維方式及社會行爲。這一切使他們意識到自己具有一種民族歸屬感，我們使用種族（racial group）這個詞來稱呼他們。

根據「種族」的概念，今天的歐洲人可以被劃分爲三個大種族和六七個較小的種族。

首先是日耳曼種族，包括英格蘭人、瑞典人、挪威人、丹麥人、荷蘭人、佛蘭芒人和部分瑞士人。然後是拉丁種族，有法蘭西人、義大利人、西班牙人、葡萄牙人以及羅馬尼亞人。最後是斯拉夫種族，主要包括俄羅斯人、波蘭人、捷克人、塞爾維亞人和保加利亞人。這三大種族占整個歐洲總人口的百分之九十三。

其他種族包括二百萬的馬扎爾人（或者叫匈牙利人），近二百萬的芬蘭人，約一百萬的土耳其人後裔，他們居住在昔日土耳其帝國在君士坦丁堡（即今土耳其城市伊斯坦布爾）地區的遺留地。另外還有三百萬猶太人。另外還有希臘人，他們已經快被其他種族同化了，我們只能靠猜測他們的來源判斷出他們是否是希臘人，但是我們肯定，他們在血緣關係上要更接近日耳曼民族。

再就是阿爾巴尼亞人、他們可能也有日耳曼血統，但是他們現在看起來已經落後於時代上千年了，雖然當古羅馬人和古希臘人出現在歐洲大陸的時候，他們已經在歐洲大陸上安居樂業五六百年了。最後還有有愛爾蘭的凱爾特人、波羅的海的利特人和立陶宛人，以及吉普賽人。後者人數不詳，來源不明，他們的出現很耐人尋味，他們的命運彷彿是一個歷史教訓：對於那些遲到者，那些在最後一塊土地也被別人瓜分完了之後才來的人，他們的情形將和吉普賽人一樣。

以上就攘生活在這塊舊大陸山野和平原之間的種族。下面，我們將看到地理環境是如何影響了他們，反過來，他們又是如何改造地理環境的。正是在與環境的鬥爭中，人類創造了今天的文明。如果沒有這場戰爭，我們可能仍在茹毛飲血。

第一章　希臘

——連接古老亞洲和新興歐洲的紐帶

希臘半島位於巴爾幹半島的最南部，北臨多瑙河；西依亞得里亞海，與義大利一海之隔；東瀕黑海、馬爾馬拉海、博斯普魯斯海峽和愛琴海，與亞洲相鄰；在南部，以地中海爲界與亞洲隔海相望。

我從未在空中眺望過巴爾幹半島，但是我覺得從高空看巴爾幹半島，它的輪廓肯定像歐洲伸向亞洲與非洲的一隻手掌。希臘就是這隻手掌的大拇指，色雷斯是小指，而君士坦丁堡則是小指上的指甲，至於那些從馬其頓和德撒利亞連綿到小亞細亞的山脈就構成了這隻手掌的其他手指。在某些情況下，只有這些山脈的頂峰可以看得見，這些山脈從北到南一路綿亙，一直伸展到愛琴海的波濤之中，如果從高空中俯瞰，它們的蹤跡會非常清晰，如半浸在清水盆中的手指。

這隻手掌的骨骼就是那一列列堅實的山脈，它們呈對角線從西北延伸向東南。這些山脈的名稱也是各種各樣，有保加利亞語的、黑山語的、塞爾維亞語的、土耳其語的，還有阿爾巴尼亞語和希臘語的，但是你要記住有幾條山脈在這一地區起著舉足輕重的作用。

其中之一就是狄那里克的阿爾卑斯山，它從瑞士的阿爾卑斯山一直伸展到將希臘半島一分為二的科林斯灣。半島的南部近似於一個三角形，古希臘人曾誤認爲它是一個獨立的島嶼（這不足爲奇，因爲連接半島南北方的科林斯地峽大約只有3.5英里寬），他們稱之爲伯羅奔尼撒半島或者珀羅普斯島。這個珀羅普斯——按照古希臘的傳說——就是主神宙斯之孫，坦塔羅斯（古希臘傳說中宙斯的兒子。由於他向人類泄露天上的秘密，並殺死自己的兒子珀羅普斯，將其做成菜餚給諸神吃以試驗他們的觀察力，從而觸怒諸神，罰他在冥界受苦）之子，在奧林匹亞，他被尊崇爲優秀運動員之父。

在中世紀，那些征服希臘的威尼斯人只是一群毫無想像力的商人，他們對於這個曾被父親做成烤肉用來招待客人的年輕人毫無興趣。他們發現，從地圖上看，伯羅奔尼撒半島就像一片桑樹葉，於是他們給它起了一個新西字——摩里亞半島（Morea）。這就是你在現代地圖冊上看到的名字。這裡還有兩座山脈互不相連，一個是北部的巴爾幹山脈，整個半島就是以它命名的，巴爾幹山脈僅是一個半環形山系的南端，而北部就是喀爾巴阡山脈。兩座山脈被「鐵門」隔開，這個「鐵門」就是多瑙河通向大海鑿下的一條峽谷。在這裡，多瑙河受山勢擠壓，只得掉頭東去，注入黑海，轉變了多瑙河從匈牙利平原流向愛琴海的「初衷」。

遺憾的是，這座隔在希臘半島與羅馬尼亞之間的「牆」並沒有阿爾卑斯山那樣高，無法阻擋從俄羅斯平原吹向巴爾幹地區的寒冷風暴，因此半島的北部常年冰封雪飄。不過，當俄羅斯的陰雲抵達希臘之前，它們就被第二者「牆」擋在了外面，這就是羅多彼山（Rhodope Mountains）。它的名字含義是「杜鵑花遍山」，你可以在其他詞中找到相同的詞根，如rhododendron（杜鵑花）、愛琴海上的Rhodes（羅德島），意思是「杜鵑花覆蓋的島」，這充分說明希臘氣候的溫和宜人。羅多彼山的高度達九千英尺，而巴爾幹山以哀的最高峰才不過八千英尺，它位於著名的希普卡關附近。一八七七年，俄國軍隊曾爲通過這個關隘損失慘重。羅多彼山爲它身後半島的氣候起了非常重要的作用。另外，高達一萬英尺、終年積雪的奧林匹斯山也在時刻保衛著帖撒利亞平原。正是在這塊平原上，誕生了希臘民族。

　　肥沃富饒的帖撒利亞平原曾經是一個內陸海，但是後來，皮尼奧斯河（現在地圖上的薩拉米比亞河）從著名的騰比河谷中間爲自己開闢了一條河床道路，於是帖撒利亞湖的湖水全部傾入了塞薩洛尼基灣，從此這裡就變成了一片乾涸的陸地。帖撒利亞，這個古希臘的魚米之鄉，土耳其侵略者卻忽略

希臘

了它，他們一貫的漫不經心，與其說是出於心懷惡意，還不如說是出於穆斯林無可救藥的懶惰。對於所有近在眼前的重要問題，他們的回答總是聳一聳肩，問一句：「這有什麼用？」後來土耳其人被趕出這塊土地，希臘的放債人就控制了那裡的農民，繼續從前的橫徵暴斂。現在，帖撒利亞主要出產煙草。這裡有一個港口叫沃洛，昔日亞爾古英雄就是從這裡出發去尋找金羊毛的（源出荷馬時代前的希臘神話），早在特洛伊英雄出生前他們的英雄事蹟就已經家喻戶曉了。帖撒利亞還有一個工業城市和鐵路樞紐，這就是拉里薩。

有件趣事可以說明在古代人們是如何被莫名其妙地聚在一起的。在拉里薩這個帖撒利亞的中心城市，有一個黑人區。他們是當年戰爭的紀念品。土耳其從他們在非洲的領地顯丹調來了幾個軍團，來鎮壓一八二一——一八二九年希臘人的起義，這些土耳其人並不在乎是什麼人在爲他們流血犧牲。拉里薩就是那場戰爭的土耳其總部。戰爭結束後，可憐的蘇丹人就被遺棄在這裡，終日流落無依，困頓他鄉，直到今天仍然留在這裡。不過，這本書講完之前，還有比這更莫名其妙的事情。你將了解到北非有紅種印第安人，中國東部有猶太人以及大西洋無人居住的荒島上還出現了馬兒。這些奇聞趣事應該讓那些鼓吹「純正血統」的狂熱分子好好讀一讀。

從帖撒利亞跨過品都斯山就進入了埃皮魯斯地區。品都斯山和巴爾幹山群山一樣雄偉高大，一直都是埃皮魯斯與希臘其他地區之間的一道天然屏障。當年亞里士多德爲什麼認爲這一地區是人類的發祥地，至今仍是一個謎；因爲這裡民生凋敝，沒有港口，沒有像樣的公路，只有貧瘠不堪的高山和無精打采的牛群，而且當羅馬人在一次戰役之後將十五萬埃皮魯斯人賣爲奴隸（這是羅馬人建立法律秩序臭名昭著的手段之一）之後，當地的早期居民也所剩無幾。但是，這裡還有兩個地方很有趣，一個是伊薩卡島，另一個是克基拉島，它們是被伊奧尼亞狹長的水道與大陸隔開的。伊薩卡島是受難的神話英雄奧德修斯的故鄉。克基拉島則是淮阿喀亞人的最早的家園，他們的國王阿爾喀諾俄斯就是瑙西卡的父親。這位瑙西卡是所有古典文學作品中最可愛的女人，一直是優雅熱情的典型。克基拉島屬伊奧尼亞群島，起初被威尼斯人占領，後來又歸法國人所有，接著英國人又成爲這裡的主人，直到一八六九年，它才回到希臘人的懷抱。這個島現在已名揚天下了，這是因爲在一九一六年，它曾做過潰敗的塞爾維亞部隊的撤退藏身之所，並且幾年前還挨過法蘭西海軍幾下漫不經心的炮轟。後來，這裡有可能會發展成爲一個冬季療養勝地，只可惜它的位置恰恰處在歐洲著名的地震帶上。

狄那里克阿爾卑山作爲地震的產生地，留下了一個聲名狼藉的記錄。它附近的扎金索斯島在一八九三年就曾遭受過一次嚴重的地震災害。可是，地震災害並未阻止人們去那些有危險但卻風景秀麗的地方。如果你曾周遊世界，你會驚奇地發現在許多火山舒緩的山坡上都住滿了人，其人口甚至會超過地球脆弱的地表上其他不易發怒的地區。不管怎樣，我要從埃皮魯斯繼續向南一路前行，到維奧蒂亞去瞧一瞧。這個區域就像一只巨大的空蕩蕩的湯盤，躺在阿提卡向南伸展的丘陵以及帖撒利亞和埃皮魯斯向北伸展的山區之間。我之所以講這一地區，最主要的原因是它作爲一個經典範例充分說明了我曾在本書開頭提及的大自然對人的影響。

對於黃金時代的普通希臘老百姓來說，一個維奧蒂亞人——儘管他來自帕納薩斯山，來自詩神繆斯的靈地，來自特爾斐（希臘古城，古希臘最重要的朝聖地）神諭立廟的聖地——仍是一個鄉巴佬，一個反應遲鈍的粗人，一個丑角，一個笨蛋，一個蠢貨，一個呆子，一個笨頭呆腦的傻瓜，一個命中注定要在古希臘一切粗俗鬧劇中被人當成笑料的滑稽角色。

然而，維奧蒂亞人的天生素質並不比其他希臘人差。古希臘軍事家伊巴密濃達和古希臘傳記作家普盧塔克都是維奧蒂亞人，但是他們都在很小的時候就離開了故鄉。那些一直生活在維奧蒂亞的後人常年受到科皮斯湖沼澤地帶瘴氣的毒害，從現代醫學角度看，他們或許都是瘧疾的犧牲品，這種疾病當然會使人頭腦遲鈍。

在整個十三世紀，法國十字軍騎士們成爲雅典新一代的統治者。他們排乾沼澤，於是維奧蒂亞的基本條件得到了改善，而後來的土耳其人卻任蚊蟲孳生，使這裡的環境每況愈下。最後，是他們的新統治者——法國人和英國人——把科皮斯湖的湖水完全排進了埃維克海，並把這片內陸海的海底變成了一片富饒肥沃的草場。

今天的維奧蒂亞人，就像雅典人或者布魯克林擦鞋匠一樣，和昔日的維奧蒂亞人迥然不同，不可同日而語。眞是天曉得，他們已經變得十分機靈，足可以從蘇格蘭佬或者亞美尼亞人那裡詐取更多的錢幣。沼澤消失了，瘴氣沒有了，瘧蚊也絕跡了。隨著瘴氣瀰漫的沼澤被排乾，多少世紀以來曾被當成是傻瓜笨蛋和弱智低能的A級展覽區而受到嘲弄的日子就一去不復返了。

接下來，我們去參觀希臘最有趣的地方——阿提卡。現在，我們可以從拉里薩乘火車到雅典，這條鐵路線與歐洲主幹線相連。但是，古代希臘人如果想從北方的帖撒利亞到達南方的阿提卡，卻只有唯一一條路線，那就是經過溫泉關（Thermopylae）。這個所謂的關隘並不是一個眞正的關口，它實際上是兩山之間的一條狹窄的山溝，只有四十五英尺寬，在伊蒂山和埃維亞海的海拉伊灣之間。斯巴達國王利奧尼達斯和他的三百斯巴達子弟兵就是在這個溫泉關前全部爲國犧牲的。那是公元前四百八十年，爲了阻止薛西斯（古波斯帝國國王）的游牧部落的進軍，拯救歐洲於蠻族的鐵蹄之下。二百年後，野蠻的高盧人也是在這裡被阻擋，未能進入希臘大門。甚至到了一八二一——一八二二年在希臘和土耳其的戰爭中，這個關隘還發揮了重要的軍事作用。今天，這個溫泉關已經蕩然無存。海水從大陸後退了大約三英里，只在那裡留下了一個簡陋的海水浴場，患有風濕病和坐骨神經痛的人試圖在這些溫泉中進行治療（「thermos」在希臘語中是「溫」的意思，英語中「溫度計」（thermometer）與「熱水瓶」（thermosbottle）就是由此得來）。但是，只要人類還在尊重那些爲失敗的事業而寧死不屈的英雄，這個以「溫泉」命名的戰場就將永遠爲人們紀念。

說到阿提卡地區，它是個面積不大的三角地帶——一塊被愛琴海碧波所環繞的岩岬。這裡多山，群山之間有許多小山谷，所有的山谷都可以直通大海，從海上吹來的溫和的風使這裡空氣清新純淨。古代雅典人宣稱，他們的聰明智慧與遠見卓識均得益於他們所呼吸到的清新宜人的空氣。這種說法應該是對的。這裡沒有維奧蒂亞那種污濁的死水沼澤，也沒有生命力旺盛的瘧蚊繁衍。這裡清新的空氣使雅典人非常健康，並能長久保持。雅典人最早認識到精神和肉體是不可分的，人的肉體與精神合而為一，健康的身體必然能促進健全的精神，而精神的健康對於肉體的健康又是不可或缺的。

在這種清新的空氣中，就有可能從阿克羅波利斯直接看到彭特萊恩山，這座俯瞰著馬拉松平原的高山還向雅典提供裝飾城市的大理石。當然，氣候並不是成就雅典的唯一因素。

還有，發揮重要作用的是海洋，它讓阿提卡人直接走向世界的每一個地方，無論是人煙稠密的城鎮海港還是人跡罕至的天涯海角，到處都留有阿提卡人的足跡。大自然的鬼斧神工創造了地理奇觀，它將一座類似於方台的峭壁平頂小山擺放在平原的正中間。這座小山五百英尺高，八百七十英尺長，四百三十五英尺寬，周圍環繞著伊米托斯山（雅典最佳蜂蜜的產地）、彭代利孔山和埃格柳斯山。當年，就是在埃格柳斯山上，這位波斯國王的軍隊剛剛將他們的城市付之一炬的幾天後，那些從雅典逃出來的不幸難民目睹了薛西斯的海上戰船在薩拉米斯灣全軍覆沒。這座坡度陡峭的

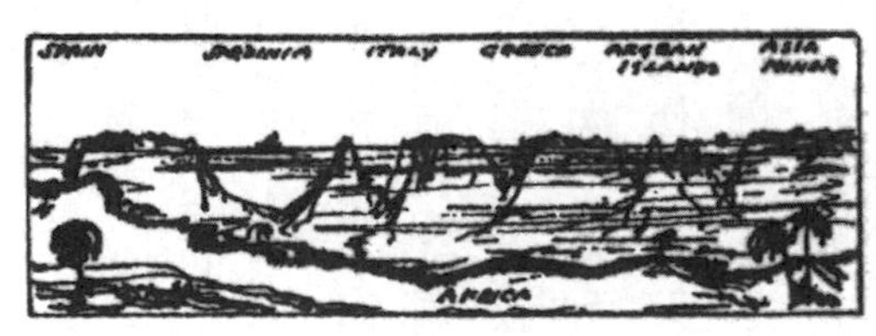

地中海

小山吸引了來自北方的移民，因為這裡可以提供食物和安全，從而使他們成為這裡最早的居民。

這是一個奇怪的現象。無論雅典還是羅馬（或者倫敦、阿姆斯特丹），歐洲這些最重要的城市並不是緊鄰海邊，而總是與大海保持著好幾英里的距離。這也許是因為，緊鄰大海的早期地中海世界的中心城市——克里特島上的克諾索斯——常常受到海盜突襲的威脅，所以幾百年後建成的羅馬和雅典不得不接受前車之鑒。不過，雅典比羅馬更靠近海洋，因而出海更加方便。希臘水手在比雷埃夫斯（今日的雅典港）登岸後不久就可以與家人團聚了，而羅馬商人棄舟登岸後，還需要三天才能回到家。於是，他們就不再回家鄉羅馬，而改在台伯河口岸定居。就這樣，羅馬漸漸失去了與大海的密切聯繫，而對於所有渴望世界霸權的國家，海洋是提供巨大利益的地方。

這些方台山上的居民，這些「高城」（即雅典衛城）中的居民後來逐漸遷到平原上居住。他們在方台山周圍建立了住宅，還修築了圍牆，最後他們的堡壘與比雷埃夫斯連成一片，合而為一，這些居民從此便依靠貿易和搶劫過上了富裕愜意的生活。在相當長的時期，他們這座堅不可摧的城堡都是整個地中海地區最富庶的城邦。他們的衛城也不再是一個住所，而變成一個聖地——矗立著一座座白色大理石的神殿，這座神殿驕傲地映襯在阿提卡淡紫色的天空之下。雖然這座衛城的一部分神殿被土耳其人炸毀了（指雅典衛城上的巴特農神廟），但是在那些名勝古蹟中，它仍是能夠盡善盡美地展現人類藝術天才的最獨特最輝煌的代表。

一八二九年，希臘恢復了自由，而當時的雅典已經淪落成一個只有二千人的小村落。一八七

○年，它的人口激增到四萬五千。如今，這裡擁有七十萬人口，和美國西部城市人口增長速度差不多。如果希臘在世界大戰結束後不曾拿自己的命運爲賭注，愚蠢地將小亞細亞極其有價值的殖民地盡數交出，雅典可能會成爲愛琴海的霸權中心。儘管如此，在不久的將來，它仍會東山再起。好事雖然多磨，但仍然可能會發生。以宙斯最聰明最機智的女兒雅典娜命名的城市，一定會像那位從父親腦袋裡蹦出來的守護女神那樣，具有無與倫比的神力，可以死而復生，重獲青春。

我們來到希臘半島的最南端，也就是我們的最後一站。在這裡，我們的願望和祝福不再生效。珀羅普斯王子被他惡毒的父親詛咒著，他的詛咒使這塊以這位不幸的王子命名的土地永遠無法逃脫磨難。這裡，雄偉的大山擋住了海洋，大山的後面呈現出一派阿卡地亞的牧歌般的土地。所有的詩人都稱頌這個誠實、純樸、可愛的牧羊姑娘和小伙子的故鄉。詩人們對於自己最不了解的事物，就容易獻出他們滿腔的熱情。因爲阿卡地亞人並不比其他希臘人更誠實。如果他們沒有像其他那些狡黠的希臘人那樣玩騙人的伎倆，那不是因爲他們不喜歡撒謊，而是因爲他們還沒有學會這樣的本事。他們並不偷竊，這是因爲在這個只有棗和山羊的地區，實在沒有什麼可偷的。他們也不撒謊，是因爲他們的村莊太小，每個人都對其他人的一切知道得一清二楚。如果他們不是像埃萊烏西斯（古希臘城市，秘密宗教的發祥地）或者其他聖地居民那樣虔誠而奢侈地敬奉諸神，他們就應該有自己的神——潘神（希臘神話中外形有點兒像野獸的豐產神）。當涉及開粗俗玩笑、低級趣事時，潘神絲毫不輸於奧林匹斯山的任何一位大神。

和現在一樣，阿卡地亞人是好戰的，可是這對他們毫無益處。和大部分鄉下人一樣，他們不習慣被紀律約束，而且對於由誰來做他們的統帥，意見並不一致。

阿卡地亞山以南就是拉哥尼亞平原，這是一塊肥沃的土地，比阿提卡所有的山谷都肥沃。然而，就精神食糧而言，這裡卻荒涼貧瘠，除了滿足生活必需的物質，其他就什麼也沒有了。在這塊平原上，有一座最奇特的古蹟——斯巴達城。斯巴達人堅持北方人所反對的一切。如果雅典人說「是」，斯巴達人一定說「不」。雅典人信奉靈感之光，而斯巴達人則講究效率與奉獻。當雅典人驕傲地宣揚英雄人物的天授神權時，斯巴達人則在過著庸庸碌碌的生活。當雅典向世界敞開大門時，斯巴達人卻閉關鎖國，不允許任何人踏上其領土。雅典人是天生的商人，而斯巴達人則不允許涉足散發著銅臭的商業。如果我們以成敗論英雄，那麼斯巴達人無疑是失敗者。雅典人的精神已經深入到世界各地，而斯巴達人的靈魂卻隨誕生他們的城市同歸於盡，最終灰飛煙滅。

在現代希臘地圖上，你可以找到一個叫「斯巴達」的地方。那是一個生活著貧苦農民和養蠶的小村落。它於一八三九年在被認爲是古斯巴達的遺址上建立起來的，一位熱心的英國人提供了必要的資金，一位德國人進行了建築設計。可是，沒有人願意在那裡生活。經過近一個世紀的努力，至今才有四千居民在那裡生活。這是珀羅普斯的詛咒！這個古老的詛咒甚至於在半島的另一端更加奏效，這一詛咒在史前的邁錫尼城堡則完全應驗了。

邁錫尼遺址坐落在附近，納夫普利翁是伯羅奔尼撒半島著名的港口城市。這個城邦於公元前五世紀被毀。但是，對於現代人來說，邁錫尼甚至比雅典和羅馬具有更直接的重要意義，因爲就是在這裡，人類的文明首次登上原始的歐洲海岸，而那時候人類有文字記載的歷史還沒有開始。

爲了能夠更清楚地了解當時的情形，就請看看巨大的巴爾幹「手掌」從歐洲伸向亞洲的那三條半沉沒的「手指」。這三條手指般的山脊是由一些島嶼構成的。這些島嶼大部分屬於希臘，只有愛琴海東部的幾個小島被義大利占據，它們至今仍屬於義大利，因爲沒有別的國家願意爲遙遠的大洋中幾塊毫無價值的礁石開戰。爲方便起見，我們將這些島與分爲兩組，即靠近格雷西亞海岸的基克拉澤斯群島和靠近小亞細亞的斯波拉澤斯群島。這些島嶼，就像聖徒保羅已經知道的那樣，彼此之間相距很近。於是，它們就成爲埃及文明、巴比倫文明、亞述文明西傳到歐洲的橋樑。由於受到居住在愛琴海諸島上的早期亞裔移民的影響，這些文明已經顯著地「東方化」了。當它們最終以那些形式到達邁錫尼時，邁錫尼本應該像後來的雅典那樣，成爲古希臘世界的中心。這何以沒有成爲現實？我們無法知道。就像我們不清楚爲什麼馬賽——這個雅典理所當然的繼承者，地中海的新任霸王——竟然被迫將這莫大的榮譽拱手讓給一個後起的小村莊、時代的暴發戶——羅馬。邁錫尼曇花一現的輝煌以及突然的衰落將永遠是個謎。

也許你會提出反駁，因爲我講的這些都是歷史而不是地理。但是，在希臘，就像在其他古老國度一樣，歷史與地理交織在一起，無法將它們分開討論。而且，從現代觀點看來，希臘只有很少的一點地理值得介紹。

科林斯地峽被一條運河貫穿，但是這條約有三英里長的運河太淺又太窄，大型船隻無法航行。希臘由於同土耳其（還有保加利亞、塞爾維亞和黑山單獨或共同）進行了一系列戰爭，它的疆域幾乎擴大了一倍。但是，它又在它的霸主夢想中低估了土耳其人的戰鬥力，又丟掉了新領土的一半。現代希臘人仍和他們的祖先一樣，隨時準備走向大海。他們那面藍白相間的國旗（這是一八二一年希臘重獲獨立時，第一任國王採用的這種古代巴伐利亞人使用的顏色）在地中海上到處可見。甚至偶然在北海和波羅的海中也可見到它的蹤影。不過，那些希臘船隻可不像英國詩人濟慈所描寫的希臘古瓶那樣優美高雅，它們以懶散和骯髒而聞名。還要補充幾句，希臘還盛產無花果、橄欖和無核小葡萄乾，並向那些喜歡這些美味的國家出口。

希臘能如她的人民所熱烈期盼的那樣，重獲昔日的光榮嗎？也許可能吧。

這是一個多災多難的國家：它先後曾被馬其頓人、羅馬人、哥特人、汪達爾人、赫魯利人、斯拉夫人所蹂躪，被諾曼底人、拜占庭人、威尼斯人和那些罪行罄竹難書的十字軍惡棍征服，並淪爲他們的殖民地；又幾乎被阿爾及利亞人趕盡殺絕，並險些被新移民同化；還被迫在土耳其人統治下，長達整整四個世紀之久；在第一次世界大戰時，又被協約國軍隊當作後勤供應基地和戰場——這樣一個苦難深重的民族，而要讓它恢復元氣是極其困難的。但是，只要一息尚存，就有希望，雖然對希臘而言，偉大的希望是如此渺茫。

第二章　義大利

——地理造就的海上霸主或陸上強國

從地理學角度講，義大利是個巨大的廢墟，它是一座龐大山脈的殘骸。這個山脈曾像現在西班牙的地形一樣，呈正方形，後來漸漸下沉（在上百萬年的漫長歲月中，即使是最堅硬的岩石也會被腐蝕的），直至最終消失在地中海的碧波之下。現在我們看得到的只有古老的高原最東面的一角，即亞平寧山脈，它從波河流域一直延伸到義大利靴形半島尖端的卡拉布里亞。

科西嘉島、厄爾巴島和撒丁島，都是這片史前高原的遺跡。西西里島當然也是它的一部分。第勒尼安海中隨處散布著的小島便是這座遠古高原上山峰的化身。當整個高原全部被大海吞沒時，必定是十分慘烈而悲壯的一幕。不過，由於這個悲劇發生在二千萬年前，那時的地球正在遭受著最後一次火山大噴發的災難，整個世界瀰漫著火山的煙塵，自然不會有哪一個人類成員能夠訴說當時的故事。滄海桑田只在一瞬間，但誰能想到一座大山的覆滅竟能給後來的亞平寧半島上的居民帶來福祉。今天，這個國家被賦予適宜的氣候、肥沃的土地及優越的地理位置，所有這些得天獨厚的條件，似乎命中注定使它成爲古代強國，以及傳播藝術與智慧的重要地區之一。

希臘是一隻伸向亞洲的巨手，抓住了尼羅河流域與幼發拉底河流域的古老文明，並將這種文明傳播到歐洲大陸的其他地區。

但是在那個時期，希臘人自己卻有點兒疏離於給他們施恩澤福的大陸。他們的國家像個孤立的半島，雖與大陸骨肉相連，卻沒有得到任何好處，因爲整個巴爾幹山脈的層巒疊嶂、萬千溝壑將它與歐洲及世界隔絕了。

與此相反，義大利卻能既得益於三面環海的島國優勢，又得益於橫跨北歐大陸的陸上優勢。我們常常忽略了這一事實，而不時地將義大利與西班牙以及希臘相提並論。西班牙和希臘的確有許多共同之處。比利牛斯山脈和巴爾幹山脈都是南北方之間一條不可逾越的屛障。相反，義大利的波河流域大平原卻如同一個凸角，一直深入到歐洲的心臟地帶。它最北方城市的緯度，要比日內瓦和里昂的緯度還高，甚至米蘭和威尼斯也比波爾多（法國南部港口城市）和格勒諾布爾（法國東南部城市）的緯度更高一些，而佛羅倫斯（我們無

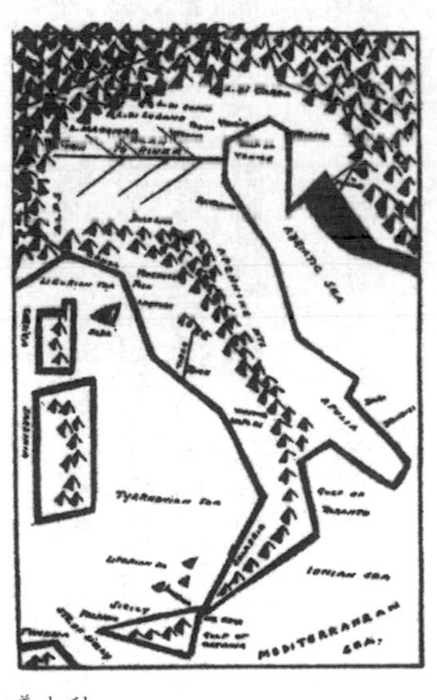

義大利

意中把它當做義大利的中心）卻和馬賽幾乎在同一緯度。

更何況，阿爾卑斯山雖然遠遠高於比利牛斯山脈和巴爾幹山脈，但是它的走勢卻爲南北交通提供了一條較爲便利的通道。與義大利北部邊境線幾乎平行的萊茵河和羅納河橫穿阿爾卑斯山，那些山谷溪流都注入這兩條大河，與主河道正好垂直，於是就爲通向波河平原提供了捷徑。漢尼拔（迦太基人，古代最偉大的軍事統帥之一）和他的大象馬戲團是第一批證實這條捷徑的人，只不過他們的到來給毫無防範的羅馬人以沉重打擊。

依仗這樣的地理條件，義大利便可以扮演雙重角色：作爲海上霸主，它主宰著地中海世界；作爲陸上強國，它統治並剝削著歐洲各國。

直到地中海不再是世界的中心，而美洲大陸的發現又使得大西洋一躍成爲商貿與文化的樞紐，義大利才失去了昔日的優勢。由於煤、鐵資源匱乏，它無法與西方工業強國競爭。但是，從公元前七百五十三年羅馬建城起直到公元四世紀，在這漫長的一千二百年中，義大利一直統治並管理著易北河、多瑙河以南的歐洲的每一寸土地。

公元前五世紀，野蠻的日耳曼族部落從亞洲遷移而來（時至今日，這些人還在拼命爭取炙手可熱的東歐地區所有權），是義大利人最先向他們提出了法律與秩序的最初觀念，並證明了自己這種較爲開化的生活要遠遠優越於日耳曼野蠻人的那種居無定所、骯髒邋遢的游牧生活。當然，義大利對別國的橫征暴斂無疑肥了它自己。不過，在收取苛捐雜稅的同時，它也將其中一部分交付於民，並從此改變了這些國家的命運。

即使在今天，一個比較細心的觀察者，在參觀巴黎、布加勒斯特、馬德里或者特雷沃時，也會吃驚地發現這裡的居民與羅馬人有著相似的外表和觀念。他還會驚奇地發現，這些地方的商店招牌無論是法語的、西班牙語的、羅馬尼亞語的，還是葡萄牙語的，他都能讀懂。他很快就意識到：「這裡是古羅馬帝國的舊殖民地。這片土地過去曾歸屬於義大利，就如同今日的菲律賓之依附於美國。是義大利建築師修建了這裡的第一批房屋，是義大利將軍規劃了這裡的第一條道路，甚至這裡的最早的商業貿易法規都是由中央政府的語言——義大利語書寫的。」他開始感喟這個國家所具有的巨大的地理優勢——它既歸屬於大海，又是大陸的一部分。

義大利以其幸運的地理位置征服了整個已知的世界，但是正是這個位置使它不可避免地帶上了某種瑕疵。這個在火山噴發中誕生的國家，將時刻面臨著它的「生身之母——的死亡威脅。因為，義大利不僅是個擁有月光下的廢墟、橘樹、曼陀林音樂會和如詩如畫的農莊的文明古國，它同時還是一個以火山噴發而聞名於世的「火山之國」。

每一個年滿七十歲的義大利人（在這裡活到七十歲是很容易的，因為笑聲與禮貌已成為天性，就像在一些令人不快的國家，苦笑和粗野是那樣的自然而然一樣）在被恭敬地送入家族墓地之前，肯定都曾親身經歷過至少一次大地震和兩次小地震。僅在一九〇五—一九〇七年間，地震儀（最可靠的儀器，我希望所有的儀器都能像它那樣精確得可怕）就報告了三百次地震。在其後的一九〇八年，整個墨西哥拿就被地震完全毀滅了。如果你需要一些重要資料（數字往往比文字更有說服力），下面就是有關卡普里島對面的伊斯基亞島的地震記錄：

僅僅該島發生地震的年份就有：一二二八年，一三〇二年，一七六二年，一七九六年，一八〇五年，一八一二年，一八二七年，一八二八年，一八三四年，一八四一年，一八五一年，一八五二年，一八六三年，一八六四年，一八六七年，一八七四年，一八七五年，一八八〇年，一八八一年，一八八三年，等等。

幾百萬年的火山噴發，使義大利廣袤的大地逐漸被層層凝灰岩所覆蓋。這些凝灰岩是從火山口噴出的火山灰構成的一種軟質的岩石。這種火山凝灰岩層是多孔的，滲透性非常好，對整個半島的景觀產生了決定性的影響。火山凝灰岩覆蓋了不下四千平方英里的土地，包括羅馬古蹟的那七座小山，它們也是由硬結的火山灰堆積而成。

史前的火山噴發還能造成其他的地質演變，使義大利的土壤層極其脆弱而變化多端。縱貫整個半島並將它一分爲二的亞平寧山脈，大部分是由石灰岩構成的。這種軟質的石灰岩覆蓋在年代更久的較爲堅硬的岩層上面，非常容易滑動。古義大利人對此十分了解，所以即使在沒有火山噴發的時候，他們也習慣於每二十年就考察一下地界，查看一塊大地產的盡頭和另一塊大地產的開端的石頭標記，看看石頭是否還在原處。對於現代義大利人，他們都要被教導去認識他們的土地，因此，每當鐵路變形、道路斷裂，或者一個村莊從可愛的綠色山坡上翻滾而下時，他們就認識到土地的滑動過程（這個過程，人類付出了慘重的代價）。

當你訪問義大利時，你會驚詫於這裡會有那麼多的村莊位於高山頂上。通常的解釋是：古代居民是出於安全考慮才避居「鷹巢」。然而，這其實只是次要的考慮。他們住在很不舒適的山頂上面，遠離山谷的水井和便利的交通要道，主要是爲了避免遭遇滑坡的死亡危險。在山頂，古老的地質岩層往往暴露在表面，形成堅固的地表，爲以後的居民提供了永久的居所。山坡鬆軟的石灰岩地表，就像流沙一樣不安全。因此，那些遠觀如美麗圖畫的村莊，你一旦住進去，就會覺得非常不舒服。

這一切將我們引入對近代義大利的思考之中。義大利不像希臘，並沒有江河日下。這個國家正在理智而勇敢地向一個新目標前進。如果它能長期堅持，它就會彌補一千年來因疏忽而造成的損失，甚至會重返世界強國之列重獲昔日的光榮。

一八七〇年，義大利再度統一，而且義大利人剛剛贏得了獨立，將外國統治者趕到了阿爾卑斯山那一邊（這些侵略者的老家），他們就開始了這項偉大而近乎絕望的

侵蝕

奮鬥事業——重整山河。

他們首先把注意力投放在波河流域——它是整個半島的魚米之鄉。波河不像其他河流那樣長。事實上，如果你看過世界河流長度的對照表，你會發現，伏爾加河是歐洲唯一有資格進入前列的河流。波河位於北緯四十五度，只有四百五十英里長。但是，波河盆地卻有二萬七千平方英里，既包括其支流的發源地，也包括那些承受波河恩澤的地區。波河的流域雖不及其他幾條大河寬廣，但也有其獨特之處。

這條河全長的六分之五是可以通航的，同時它還是世界上締造三角洲最快的大河之一。每年，波河三角洲的面積都向外擴大四分之三平方英里，把三角洲向前推進二百英尺。長此下去，十個世紀之後，這個三角洲就會伸展到對面的伊斯特拉半島，而威尼斯就會被置於一個內陸湖上，一條七英里寬的堤壩會將它與亞得里亞海隔離開來。

波河攜帶入海的大量沉積物，其中有一部分積到了河底，使河床上覆蓋了一層幾英尺厚的堅硬物質。爲了防止日益升高的河水浸沒周邊地區，沿岸的居民從古羅馬時代就開始築壩圍堤，這項工程時至今日仍在繼續。其結果使波河水面比其周圍的平原高出許多。在一些村莊，堤壩高達三十英尺，河面竟然與房屋的屋頂一樣高。

波河流域還有一些著名的東西。曾經一度——如果從地質學角度看，就是不久以前——整個義大利北部平原都是亞得里亞海的一部分，那些今天深受夏日遊客青睞的阿爾卑斯山峽谷，則是狹窄的港灣，就像現代挪威的被海水淹沒的峽灣一樣。這些昔日的海灣是冰川融水的瀉口。當時，歐洲大部分地區都被冰川覆蓋著，阿爾卑斯山上的冰川面積遠比現在大。冰川上的石塊從沿著山坡下滑的冰川上滾下來，形成「冰川堆石」或者「冰磧」。當兩塊冰川撞擊到一起時，兩塊冰磧也就合爲一體，比原來的高一倍，形成「中間冰磧」。當冰川最終融化，它就滴入碎石當中，稱爲「終極冰磧」。這些「終極冰磧」類似於地質學上的海狸堤壩，它們從低向高，隔離了整個峽谷。在冰川時期，大量的冰川融水滲透過「終極冰磧」向下流淌，隨著冰川消失，水也越來越少，而「終極冰磧」又比原來的水位高出許多，於是這裡形成了一片湖泊。

所有義大利北部的湖泊，如馬焦雷湖、科莫湖和加爾達湖，都是冰磧湖。當人類出現，並學會農田灌溉時，這些冰磧湖又成爲蓄水池。當春天來臨冬雪消融時，冰磧湖接納了所有多餘的水，如果這些融水匯入一個山谷之中，就會形成最具破壞力的洪災。加爾達湖接納融水後會升高十二英尺，馬焦雷湖將上漲十五英尺，而且還可以接納更多的融水。一個簡單的水閘系統就可以控制住這些水，並可以按需要來調節這些水。

波河平原的早期居民早已學會利用這些得天獨厚的地理優勢了。他們開鑿運河，將上百條匯入波河的小河連接起來，還修建了許多道堤壩。今天，每分鐘有上千立方米河水通過這些運河。

這裡也是盛產水稻的理想地區。自從一四六八年一位比薩商人第一次將水稻引入這一地區，到現在水稻田已經成爲波河平原中部最平常的景觀。其他一些農作物，如玉米、大麻和甜菜也被引進這裡。這片大平原雖然比義大利半島其他地區缺少雨水，但是卻成爲全國最富饒的地區。

這個地區不僅爲男人們提供食物，還爲婦女們奉獻衣裳。早在九世紀，養蠶必不可少的桑樹就在這裡出現了，它們被拜占庭人（拜占庭位於羅馬帝國東部，一四五三年，土耳其人攻占了它的主要城市君士坦丁堡並將該城作爲奧斯曼土耳其帝國首都，拜占庭由此滅亡）從中國帶到了這裡。桑樹找到了倫巴第地區（該名稱源於倫巴第人，這是一個從易北河河口遷移到此定居的條頓部落）最適宜的生長環境。今天，這裡大約有五十萬人從事絲綢業，他們的產品質量比「蠶的故鄉」中國和日本的同類產品還要高。就是這種毫不起眼的小蟲子爲我們提供了最華麗的服裝。

整個波河平原人口十分稠密是不足爲奇的。然而這些城鎮的最早居民卻與河流保持著一定距離。因爲，他們當時的工程還沒有先進到足以建造穩固的堤壩，另外，他們還害怕那些每年春澇後形成的沼澤。都靈是波河平原上的唯一一座重要城市。它早年曾是薩瓦公國議會所在地，它現在統治著整個義大利，並且還連接著通往法國和瑞士的關口（塞尼斯關口和聖伯納關口，塞尼斯關口通往法國，以狗和修道院著稱的聖伯納關口通往羅訥河河谷）。都靈地勢非常高，無需擔心會被洪水淹沒。這裡的另一座城市米蘭是這一地區的首府，是五條重要商道（聖哥達、辛普朗、小聖貝納德、馬洛亞和施普呂根）的匯合點，它位於波河與阿爾卑斯山之間。布倫納山口的終點維羅納地處阿爾卑斯山腳下，是義大利與德國邊境最古老的關口。克雷莫納是小提琴製作世家——著名的斯特拉地瓦利、瓜奈里和阿馬蒂三家族的故鄉，位於波河附近，但是伯杜瓦、摩德納、費拉拉和博洛尼亞（歐洲最古老的一所大學所在地）都與波河這條大動脈保持著一定的距離，但同時又依賴著它維持著自己的繁榮。

這一點對於古代兩座最具浪漫色彩的城市——威尼斯和拉韋納——也是同樣真實。威尼斯城內有一百五十七條河道，長達二十八英里，這些河道便是該城的交通要道。這裡原本是難民的藏身之所。這些難民為了逃避蠻族入侵所帶來的災難，遠走他鄉，發現了波河及其支流沖積而成的這片泥濘的土地。這些難民發現只要他們願意去挖，這裡的鹽灘就是遍地黃金，可以使他們富甲一方。於是，對鹽的壟斷使這些難民走上了致富之路。他們的茅草棚變成了大理石宮殿，他們的漁船採用了戰艦的規模。

幾乎整整有三個世紀，他們都是整個文明世界的領先的殖民強國，以一種最高貴傲慢而又最溫文爾雅的風度面對著教皇、皇帝和蘇丹王。當哥倫布發現了（當然是自以為發現）通往印度之路並安然歸來的消息傳到威尼斯里亞爾托島的商業中心時，引起了一場極度恐慌。所有股票和債券都下降了五十點。這一次，經紀人們作出了準確的預言。

北方與南方

從此，威尼斯再也沒能從這次打擊中恢復過來。它精心維護的海上貿易通道變得一文不值，所有的投資都付諸東流。里斯本和塞維利亞迅速取代了它而成爲國際大貨棧，全歐洲的國家都向那裡尋找香料及其他亞洲、美洲的產品。威尼斯則吞飽了黃金，成爲十八世紀的巴黎。那些重視高雅教育的青年，還有一些紈　子弟聚在這裡，想學一些上流社會的時髦玩意兒，或者進行高雅的享樂。狂歡剛剛開始，末日就已悄悄降臨。拿破崙僅派了一個小分隊就征服了這座城市。水道的美景依然在這裡供你讚嘆。只不過，二十年後的機動船將使這一切毀掉。

另一座城市就是拉韋納，它也是波河泥沙造就出來的。它與亞得里亞海被六英里長的一片泥沙阻斷，由一個平淡無奇的小港灣變成一座內陸城市。這片沉悶的窪地曾使客居在此的但丁和拜倫縱酒銷魂、放浪形骸。在十五世紀，這裡甚至比今天的紐約更爲重要，因爲它那時是羅馬帝國的首都，是一個駐防著龐大隊伍的海軍基地，並且是當時最大的紡織用錠盤以及木材供應基地。

公元四百零四年，羅馬皇帝認爲羅馬已危在旦夕，因爲蠻族的勢力已經十分強大，所以他們決定遷都到這座「海上城市」——拉韋納。在這裡，他們會有更多的機會使自己免遭蠻族突襲。從此，羅馬皇帝和他們的後裔就在這座城市安居樂業、統治國家、談情說愛，就像你現在在那些壁畫上看到的一樣。當你默默地欣賞那些奇妙的壁畫時，你會看到一位黑眼睛的女人——這個出身於君士坦丁堡雜技團的舞女，後來卻成爲著名的羅馬皇帝查士丁尼一世的愛妻。她死時還擁有一個聖潔的名字——狄奧多。

後來，這座城市被哥特人攻占，成爲他們新帝國的首都。再後來，這裡的環礁湖開始被塡平。之後，威尼斯和教皇開始爭奪對這裡的統治權。再後來，這裡一度成爲那位可憐的流浪者的家園。這位被逐者曾爲他的家鄉佛羅倫斯作出了重要貢獻，但回報他的卻是火刑的威脅。他在這座城外著名的松林裡度過了安靜的一生。他死後不久，這座古老的帝都也隨其一同消亡。

關於義大利北部，還有一點要說。這個國家沒有煤，卻有無窮無盡的水力資源。這裡的水利工程剛剛開始的時候，世界大戰就爆發了。今後二十年，你將看到這種廉價的電力的巨大發展。資源匱乏將永遠是個難題，但是義大利人會憑藉其衆所周知的勤勉、嚴謹成爲那些雖然富有資源卻缺少人力的國家的競爭對手。

在波河平原的西部，利古里亞阿爾卑斯山橫亙在波河流域與地中海之間，它聯繫著眞正的阿爾卑斯山和亞平寧山。利古里亞阿爾卑斯山的南部由於完全擋住了北方寒風的侵襲，成爲著名的里維埃拉冬季勝地的一部分。這裡是全歐最著名的冬季娛樂場，或者更確切地說，是供能付得起長途路費和昂貴旅館費用的那部分歐洲人尋歡作樂的好地方。它的重要城市是熱那亞，它是現代義大利的重要港口和擁有最雄偉的大理石宮殿的城市。這些宮殿還是熱那亞與威尼斯爭奪近東地區殖民霸權最輝煌的時期的遺跡。

熱那亞以南有一塊面積不大的平原，即阿爾諾河平原。這條大河發源於佛羅倫斯東北約二十五英里的山區，並流經這座城市的中心。中世紀的佛羅倫斯位於通往羅馬的交通要道上，將這個基督教世界的中心與歐洲各國緊密連接在一起，並如此巧妙地發揮其優越的商業地位，以至於使自己成爲整個中世紀西方世界最重要的金融中心。尤其是佛羅倫斯的美第奇家族（他們原本是醫生，後來他們紋章上的三枚藥片變成了我們當鋪裡的三個金球）在這方面表現出出色的天分和才幹。這個家族不僅成了整個托斯卡納地區的世襲統治者，而且還使他們的家鄉城市也因此成爲十五世紀和十六世紀最輝煌的藝術中心。一八六五年至一八七一年間，佛羅倫斯是新義大利王國的首都。此後，它的重要性稍微有所下降，但它仍然是人們向往的地方之一。在那裡，人們會看到，如果人們在金錢和美好情趣方面呈現出一種良好的平衡的話，生活定會美滿如意。

阿尼諾河流過一片最富饒的地區之後便奔流入海，在其河口附近的兩座城市卻沒有給歷史留下多少可以追溯的往事。比薩最初是一個希臘殖民地，後來成爲伊特拉斯坎的重要城市，然後又成爲一個偉大的海上共和國，相繼成爲熱內亞和佛羅倫斯的主要貿易對手。比薩的大學是中世紀歐洲最著名的大學之一。比薩有一座斜塔，斜塔之斜是由於建築師建造地基時不夠謹慎所致，但是它卻給伽利略研究落體規律提供了極大方便。另一座城市是里窩那，而不知出於什麼原因，英國人稱它爲來亨。它之所以爲人們所記憶，是因爲一八二二年英國著名詩人雪萊就是在這附近溺水而死的。

離開里窩那，古老的馬車驛道以及現代的鐵路線沿著海岸蜿蜒南行，乘車的遊客還可以匆匆一瞥厄爾巴島（這十南當年拿破崙的流放地，就是從這裡，他突然捲土重來，返回法國，並在滑鐵盧覆滅）繼續前行，然後就進入台伯河平原。台伯河在義大利語中也叫特維雷河（the Tevere）。這是一條迂緩、褐色的河流。它使人聯想起芝加哥河，但卻沒有那麼寬闊；它還使人想到柏林的施普雷河，但卻比它更加渾濁。台伯河發源於塞賓山脈，最初的羅馬人就是到這片山裡搶親的。在史前時期，台伯河河口在羅馬現址以西十二英里，可是現在，它又向前推進了二英里。台伯河和波河一樣，也夾裹了大量的泥沙，然而台伯河平原與阿尼諾河平原卻有天壤之別。阿尼諾河平原雖然比台伯河平原面積小，卻豐腴肥沃、更加富饒；而台伯河平原雖然廣闊，卻荒涼貧瘠，而且還是疾病之源。英語中「瘧疾」（malaria）這個詞就是由生活在這裡的中世紀移民創造出來的。他們認爲「malaria」即是「badair」（污濁的空氣），就是那種使人患熱病、常年發燒不退的罪魁禍首。出於這種恐懼，太陽一下山，這裡的居民就把門窗關得嚴嚴實實、密不透風，然而這種預防措施有一個嚴重的弊端，就是他們把小蚊子也留在了室內。但是，我們也是在三十年前（一千九百年前後）才得知蚊子與瘧疾的關係，所以我們也很難責怪我們祖先的無知。

在羅馬帝國時期，這片著名的羅馬平原（Campagna），排乾了沼澤，人口逐漸變得很稠密，但是羅馬平原四面洞開，完全無遮無擋地直接面向第勒尼安海，遂成爲海盜的首選目標。只要羅馬的警察不在場，海盜立即開始猖獗於整個地中海地區。於是，村莊被毀，田園荒蕪，排水渠廢棄了，死水潭中瘧蚊繁衍。從整個中世紀到三十年前，從台伯河河口到奇爾切奧山附近的彭甸沼澤地都是人們避開繞行的地區，或者駕著響聲隆隆的車子疾馳而過。

於是產生了這樣的問題，爲什麼這座古代世界最重要的城市會選擇在這樣一個瘟疫肆虐的地區建立？確實，這是爲什麼呢？還有，爲什麼聖彼得堡會選擇建立在沼澤之上，使成千上萬的人們爲了排乾污水而有性命之憂？爲什麼馬德里會建在一片荒涼貧瘠的高原之上，與周圍城市相隔數百里？爲什麼巴黎坐落在盆地的底部，常年飽受雨水的侵蝕？這些問題都使我無法回答。也許是因爲機緣與欲望——或者說是有許多失誤的政治預見——兼而有之。或者只是機緣，或者只是欲望。我不知道。這並不是一本哲學書。管他呢！

總之，羅馬就是建在這個鬼地方。儘管這裡有不利健康的氣候、炎熱的夏季、寒冷的冬季以及不便利的交通，然而這座城市仍然成長爲一個世界大帝國的首都和一個全球性的宗教聖地。在這種情況下，我們不必去追問一句簡單的解釋。它會有上千種絕不重複且相互交錯的解釋，但是在這本書裡我們不必尋根究底，因爲要找到問題的答案至少要寫出像本書這樣厚的三卷本。

關於羅馬這個城市，我不想再費筆墨，因爲我對這座號稱東半球永恆之城的地方抱有深深的偏見，也許沒有誰比我更討厭它了。這主要歸因於我那些富有反叛精神的祖先們。他們從公元前五十年至公元一六五〇年間，一直就與羅馬格格不入，他們與羅馬之間存在著深深的芥蒂。

站在古羅馬會議廣場巨大的廢墟上，我只有哭泣，哀悼那些逝者，然而我看到的卻是那些流氓惡棍恣意蹂躪著整個歐洲大陸和大部分亞非地區，無恥的他們還打著將軍與黨魁的招牌。的確，他們爲那些地區留下了一些業績，而這些業績似乎成了抹殺他們在那裡犯下的滔天罪行的永恆藉口。站在那座大教堂前，向殉難者與聖彼得奉獻哀思，我應該油然而生出敬畏之情。然而，我卻爲無數錢財浪費在這樣一座毫無美感和魅力可言，只不過比同類建築大一些的教堂上而深感痛惜。我景仰的是佛羅倫斯和威尼斯的和諧，我欣賞的是熱那亞的協調。我當然知道我不是唯一有這樣想法的人。義大利詩人彼特拉克、德國詩人歌德，以及每一個有點兒成就的人，在他第一眼瞥見布拉曼特（文藝復興時期的義大利建築師）的穹窿時，都會灑下一掬哀思之淚。

就此打住吧，我可不願破壞你對這座城市觀賞的興致，你將來自己去看吧。自一八七一年以來，羅馬就是義大利王國的首都，它還有座城中之城——梵蒂岡。一八七〇年九月是這個教皇國的大劫之日。這一天，義大利王國軍隊進駐梵蒂岡，頒布了一項法令，取消了教皇的絕對統治權，宣布該城從此由羅馬統轄。直到一九三〇年，這座城中之城才物歸原主，恢復了教皇被剝奪的最高統治權。

現代的羅馬城幾乎沒有什麼工業。它只有幾座破舊的古羅馬時期遺址，它的中央街道使人想起美國的費城，另外這裡還有許多穿軍服的人。軍服倒很漂亮。

接著，我們又到了另一座城市，到目前爲止，它是整個半島人口最稠密的地區，是地理與歷史的奇特的混血兒，而且它使我們又一次面臨一個困惑不解之謎：爲什麼這座擁有各種自然便利的城市，竟沒有取代那個坐落在乾涸的河道上的羅馬？

那不勒斯正處於一個優良海灣的通海口，它比羅馬歷史更悠久，它建立在義大利西部海岸最肥沃的土地上。那不勒斯最早是由希臘人建立起來的，希臘人爲了與危險的亞平寧部族進行貿易，他們先是住在與大陸保持一定安全距離的伊斯基亞島上，但是這個島也不是十分可靠，因爲它時刻面臨著火山爆發的威脅。因此，希臘人只好遷往大陸。由於這些殖民者們之間不可避免地經常產生矛盾（因爲遠離家鄉並受到貪婪的總督肆意的欺凌，他們的心情很煩躁），並最終導致內亂，有三四個居民點在爭鬥中被毀壞了（就像美國建國時那樣），所以這時有一批新移民決定從頭開始，自己建立一座城市。他們稱之爲「新城」或者「那波利斯」，後來它就演變爲「那波利」或者英語中的「那不勒斯」。

當羅馬還是一個牧羊人聚居的小村落時，那不勒斯已經是一座繁榮的商業中心了。然而那些牧羊人一定具有眞正的行政管理天才，因此到公元前四世紀那不勒斯就已經與羅馬「結盟」了。「結盟」只不過是悅耳的名詞，實際上它與「臣服」是一回事兒。從那時起，那不勒斯就扮演了一個低等的角色。後來，它又被蠻族的鐵蹄侵占，最後它落入波旁王室的西班牙後裔手中，他們的統治已經成爲無恥的暴政與對思想的集權的代名詞了。儘管如此，這座城市還是成爲歐洲大陸人口最擁擠的地方之一。這些人是怎麼生活的？沒有人知道，也沒有人過問。直到一八八四年霍亂流行迫使義大利王國來一次大掃除，他們的清理工作幹得明智而且嚴厲，令人欽佩。

這個奇妙的城市的正面，被漂亮的維蘇威火山所裝點。在所有已知的火山中，維蘇威火山的噴發過程是最乾淨利索、最有秩序的。這座四千英尺高的火山，整個周圍都被許多漂亮的小村莊環繞著，這些村莊生產一種獨特的烈酒——著名的「基督之淚」。早在古羅馬時期這些村莊就在這裡了。為什麼不呢？維蘇威是一座死火山，在人們的記憶裡，近一千年的時間裡它沒有進行過一次噴發，只在公元六十三年，地下曾有一點兒隱隱的顫動，不過在義大利這樣的國家，那根本就不算一回事。

可是，十六年後，它震驚了整個世界。不到兩天的時間裡，赫庫蘭尼姆城、龐貝城和另一個更小一點兒的城市全部被深埋於岩漿與火山灰之下，永遠從地球上消失了。從此之後，至少每一百年，維蘇威火山就會發出一次證明它遠遠沒有熄滅的信號。比原來高一千五百英尺的新火山口不斷地冒著濃煙。最近三百年的統計資料——一六三一、一七一二、一七三七、一七五四、一七七九、一七九四、一八〇六、一八三一、一八五五、一八七二、一九〇六等年份的記錄——都表明，那不勒斯成為第二座龐貝城不是不可能的。

從那不勒斯往南，我們便進入了卡拉布里亞區。這一地區飽受偏遠荒僻之苦。雖然有鐵路線與北方相連，但是它的沿海地區卻受瘧疾困擾，中部地區由花崗岩構成，當地農業水平還停留在古羅馬共和國時期。

一道狹窄的海峽——墨西拿海峽——隔開了卡拉布里亞區與西西里島。這條只有一英里多寬的海峽，在古代以兩個大海妖（漩渦）而聞名於世，一個叫做希薩瓦（六頭女妖），另一個叫做卡里布迪斯。據說，如果航船膽敢稍微偏離航道半碼，這兩個大海妖就會將它們吞沒。對大漩渦的恐懼使我們認識到古代航海的無奈，因爲現在的機動船可以安詳輕鬆地穿過這些大漩渦的中心，根本不必去注意水流是否有任何騷動。

談到西西里島，由於其優越的地理位置，它自然而然地成爲古代世界的中心。另外，這裡的氣候也非常宜人，所以這個島人煙稠密，土地肥沃，物產豐富。但是，和那不勒斯一樣，也許這裡的生活太優裕、太舒適了，以至於在過去的二千多年中，西西里人一直默默忍受著外強的種種壓迫和暴政。當腓尼基人、希臘人、迦太基人（他們就居住在一百英里外的非洲海岸）、汪達爾人、哥特人、阿拉伯人、諾曼人、法蘭西人和以這個快樂的小島命名的一百二十位王子、八十二位公爵、一百二十九位侯爵、二十八位伯爵及三百五十六位男爵對這個島的掠奪與折磨終於結束之後，西西里人便開始動手修復他們那些被埃特納火山毀滅的家園。一九〇八年的火山噴發徹底摧毀了西西里最重要的城市墨西拿，時至今日，每個人對此都記憶猶新。在這次火山噴發中，大約七萬五千人喪生。

我們要在此提及一筆馬耳他，雖然馬耳他在政治上並不從屬於義大利，但是它就像西西里的一個「海上郊區」。這個富饒的小島恰好位於西西里與非洲海岸中間，控制著從歐洲經蘇伊士運河前往亞洲的海上商道。十字軍失敗後，這個島被轉移給了聖約翰騎士，從此這些人便稱自己爲馬耳他騎士。一七九八年拿破崙在東進斜中順路占領了該島。他想先占領埃及和阿拉伯，然後將英國人從印度趕出去，這是一個天才的夢想，但是最終還是以失敗收場，因爲他沒有想到沙漠會那樣浩瀚無邊。兩年之後，英國人以此爲藉口，占領了馬耳他島，並一直留在那裡。這使義大利人非常懊喪，可馬耳他人卻不以爲然，因爲他們覺得如果自己管理這個島，可能就不會像現在這樣富庶。

我沒有注意到義大利東海岸，因爲這一地區並不很重要。首先，亞平寧山脈幾乎一直延伸到海邊，使這裡無法大規模地定居。另外，由於亞得里亞海岸另一邊山崖陡峭，不適宜居住，所以這裡的貿易也不發達。從北方的里米尼到南方的布林迪西（郵船從這裡出發前往非洲和印度），沒有一個稍微重要的港口。

義大利的「靴跟」部分叫做阿普利亞。就像卡拉布里亞一樣，這個地區也飽嘗蠻荒之苦，因爲它的農業水平也還停滯在漢尼拔統治時期。當時，他們苦苦等待迦太基人的支援達十二年之久。可是，迦太基人始終沒有來。這裡有一座世界上最好的天然良港之一——塔蘭托，可惜的是，它卻吸引不來顧客。人們還以「塔蘭托」來命名一種劇毒蜘蛛和一種舞蹈症，古人認爲，這種舞蹈可以防止被毒蜘蛛咬傷的人睡著後昏迷不醒。

第一次世界大戰使地理分布變得更加複雜。談到現代義大利，就不得不提到伊斯特拉半島，這個半島割讓給義大利，是對義大利人在大戰中倒戈的獎勵。的里雅斯特是昔日奧匈帝國的重要出口港，現在它已經喪失了它的內地貿易供應區的地位，所以這個港口日漸衰落。還有一個隱藏在瓜爾內羅灣最裡面的港口——阜姆港（今克羅地亞港口城市里耶卡），這也是哈布斯堡家族從前的產業。對於在整個亞得里亞海岸沒有其他良港的日耳曼人來說，阜姆就已經是個很好的對外窗口了。由於害怕阜姆會成爲的里雅斯特的競爭對手，義大利人一直叫嚷著要擁有這個港口。當締結《凡爾賽和約》的政治家要拒絕將其劃給義大利時，義大利人就乾脆去占領了它。更確切地說，是他們的詩人鄧南遮，大名鼎鼎的作家兼無賴，爲義大利人占領了它。於是，協約國只好先將這個港口變成一個「自由港」，但是經過南斯拉夫與義大利的曠日持久的談判，最後終於將這個港口割讓給了義大利。

這一章就剩下撒丁島了。這確實是一個很大的島，但是它地處偏遠，人口稀少以至於我們常常會忘記它的存在。然而，它確實存在著，它是歐洲的第六大島，面積達10.0013萬平方英里。它與亞平寧山一脈相承，是那座史前山脈的最遠端。它完全背離祖國大地，西海岸擁有優良的海港，而東海岸卻布滿懸崖峭壁，沒有一個方便的登陸港口。在過去的兩個世紀中，它在義大利歷史上扮演著一個奇怪的角色。在一七〇八年以前，它屬於西班牙。之後，它淪爲奧地利的殖民地。一七二〇年，奧地利人用撒丁島來交換西西里島，而當時西西里島屬於薩瓦公爵，他的公國首都是處於波河流域的都靈。得到撒丁島之後，薩瓦公爵便驕傲地自稱爲撒丁國王（從公爵到國王是晉升的關鍵一步），而現代義大利王國就是從這個島命名的王國成長起來的，只是在成千上萬個義大利人中沒有一個見過這個島的。

第三章 西班牙

——非洲與歐洲在這裡交鋒

居住在伊比利亞半島上的西班牙人向來以他們的種族特色而名揚天下。他們以他們的種族自豪感，他們的彬彬有禮，他們的驕傲和嚴肅而聞名，他們這些顯著的「民族」特徵使你能在任何地方、任何情況下一眼辨認出他們。甚至，你可以從彈吉他和打響板的水平識別出他們，因爲音樂也被用來支持這種「種族理論」了。

或許是這樣的，彈吉他和打響板能夠像他們的高傲和矜持一樣容易識別出西班牙人，但我對此卻有不同看法。西班牙人善於彈吉他和打響板，只不過是因爲西班牙的氣候溫暖乾燥，他們可以使用戶外的樂器。如果美國和德國的天氣適宜，那裡的人們也許會比西班牙人彈奏得更好。只是，他們的氣候條件不適宜室外樂器的發展，以至於他們沒有西班牙人那樣多的機會，你不可能在柏林寒冷的暴雨之夜打響板，就像你不可能在手指凍得發抖時彈吉他一樣。至於他們的矜持、驕傲與彬彬有禮，難道不是數個世紀以來嚴格的軍事訓練的結果嗎?西班牙從地理上講，更像是非洲的一部分，難道他們的軍事生活不正是這一事實的直接後果嗎？因此，它注定是歐洲人與非洲人的戰場，他們非要拼出個你死我活，難道這不是西班牙的命運嗎？最後，西班牙人勝利了，然而他們長期以來爲之戰鬥的土地卻給這個民族留下了深深的烙印。假如這個民族的發祥地是在哥本哈根或者伯爾尼的話，他們會發展成什麼樣呢？他們可能會成爲十足平凡、毫不起眼的丹麥人或者瑞士人。他們可能不打響板，而改用假聲高歌，因爲那裡陡峭的山谷裡美妙的回音會引發一個人學會用假聲來歌唱。而且，他們也不必靠精心而費力地去經營那些荒蕪的土地（荒蕪的主要原因是非洲與歐洲的衝突爭鬥）來寒酸度日了，也不必去啃那些乾癟的小麵包，去喝那些餿酒了，他們會吃大量的黃油（奶油），使他們足以抵抗北歐潮濕的氣候，他們還會喝北歐烈酒，因爲那裡有豐富廉價的糧食，可以讓這種酒幾乎成爲不可或缺的全民飲品。

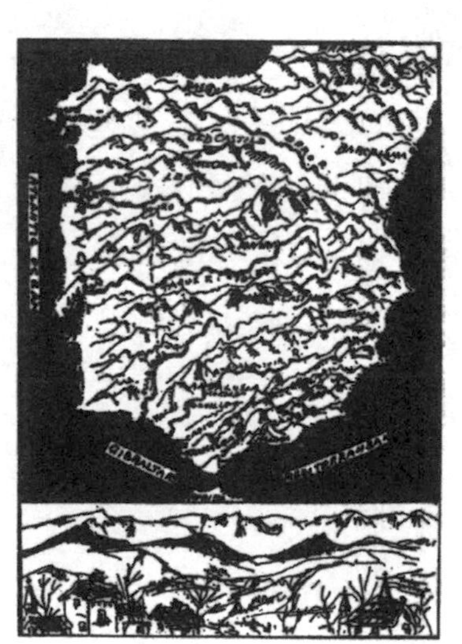

伊比利亞半島

下面請再來看看地圖。你還記得希臘和義大利的山脈吧。在希臘，那些山脈呈對角線形狀縱貫全國，在義大利，它們呈直線貫穿南北把這個國家一分爲二，又在兩邊留下足夠的空間來修築公路，將沿海各地連接起來，又有波河平原將亞平寧半島與歐洲大陸相連，使其成爲歐洲的一部分。

在西班牙，山脈呈水平走向，我們幾乎可以說它們是看得見的緯度。只要看一眼地圖，你就會理解爲什麼這些山脈會成爲任何有序發展的障礙。讓我們首先看比利牛斯山脈。

比利牛斯山脈，全長二百四十英里，從大西洋筆直連貫地通向地中海。這些山沒有阿爾卑斯山那麼高，看似能夠比較容易地從山口越過去，但事實並非如此。阿爾卑斯山儘管很高，但也很寬闊，山路雖然長，但坡度卻比較舒緩，不會給行人和貨運馬車造成多大困難。比利牛斯山雖僅有六十英里寬，但這裡的山口對於行人來說太陡峭了，只有山羊和騾子還勉強可行。按經驗豐富的旅行者的說法，就連騾子也很難攀過這些山口。訓練有素的山裡人（大多數都是職業走私販子）雖然能夠僥倖走過去，但是也只是在夏季的幾個月裡。那些修建連接西班牙與外界的鐵路的工程師們考慮到了這一點，於是從巴黎到馬德里和從巴黎到巴塞羅那的兩條鐵路線都是沿著大西洋和地中海的海岸線修建的。阿爾卑斯山脈上有許多條鐵路線翻山越嶺穿山而過。可是，在比利牛斯山脈，從西部的伊倫到東部的菲格拉斯

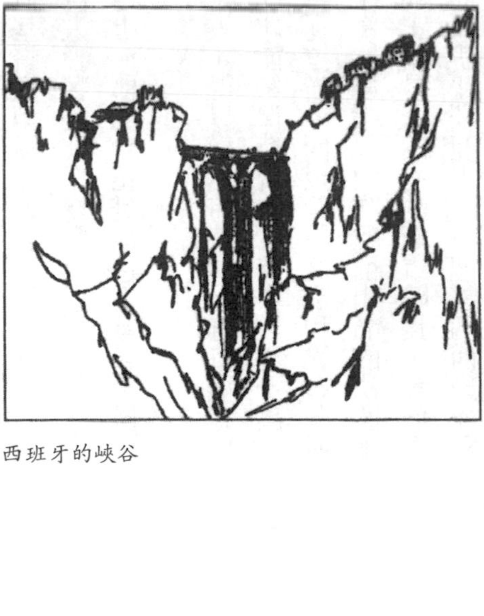

西班牙的峽谷

沒有一條鐵路線穿過。畢竟開鑿一條六十英里長的隧道是不容易的，也沒有人能夠把火車開到四十度的斜坡上。

在西部有個相當平坦、較容易通過的山口，即著名的龍塞斯瓦列斯山口。當年，查理曼大帝著名的十二武士之一的羅蘭爲了他主公的利益，與撒拉遜人戰鬥到最後一刻，終於在這裡倒下。七百年後，另一支法蘭西軍隊利用了這個關口進入了西班牙。但是，他們跨過山口後卻被潘普洛納擋住了南下之路。在守城戰鬥中，一名僑依納爵・羅耀拉的西班牙士兵，腿部遭受嚴重的槍傷，在養傷期間，他看到了一些異象，這就促使他建立了一個基督教組織，即著名的耶穌會。

後來，這個耶穌會對許多國家的疆域變遷發展都產生了巨大影響，其影響要遠遠超出其他宗教組織，甚至超過那些不知疲倦地四方游說的方濟各會的修道士。耶穌會正是從這裡發起，保衛這個穿越比利牛斯山脈中部的唯一山口的。

毫無疑問，正是憑藉比利牛斯的難以逾越，著名的巴斯克人才得以從史前時代一直持續到現在。也正是由於這一天然屏障，在東部山區高處的安道爾公國才能夠保持獨立。如今，七十萬巴斯克人居住在一個三角地帶，它北起比斯開灣，東抵西班牙納瓦拉省，西至桑坦德市和埃布羅河的洛格羅尼奧市之間。巴斯克的意思和英語中「吹噓者」（gascon原指以愛吹噓而出名的法國加斯科尼人）的意思差不多，但它與著名的達塔南隊長（法國國王路易十四的禁衛軍隊長，大仲馬小說中英雄的原型）的同胞們沒什麼關係。羅馬統治者稱他們爲伊比利亞人，並把整個西班牙稱作伊比利亞半島。至於巴斯克人自己則驕傲地稱自己爲埃斯卡爾杜納克人（Eskualdunak），這名字聽起來不像歐洲人，而非常像愛斯基摩人。

也許你的猜測與我的不相伯仲，爲了評估得當，我們還是來看看關於巴斯克人的起源最近的一些理論。有些教授通過頭蓋骨和發音方式來研究種族起源，得出一種理論：巴斯克人與柏柏爾人有某種關聯。我曾提過柏柏爾人是歐洲史前最早的人種之一，即克羅馬尼翁人。還有一部分人認爲，巴斯克人是那個傳說中的神秘之島——阿特蘭提斯島（大西島）——的倖存者。當他們的棲身之地大西島沉沒海底之後，那些幸運者逃到歐洲大陸。還有人認爲，巴斯克人一直就在他們現在的居住地，沒必要去追究他們到底從何而來。不管真相如何，巴斯克人總是能聰明地遠離塵囂，與外面的世界保持一定的安全距離。他們非常勤勞。大約有十萬巴斯克人移民到了南美洲。他們是優秀的漁夫、水手，是能幹的鐵匠，他們只是默默地關注自己的事，從不惹是生非，報紙的頭版也與他們從不沾邊。

他們國家最重要的城市是維多利亞，由一位哥特國王建於六世紀。這裡也是一場著名戰役的戰場。在那場戰役中有一位名叫亞瑟·韋斯利的愛爾蘭人（他以他的英文名字威靈頓公爵而知名）在此打敗了一位叫波拿巴的科西嘉將軍率領的軍隊，這位將軍的法國頭銜就是拿破崙皇帝。韋斯利將法國皇帝永遠地趕出了西班牙。

至於安道爾，這是一個奇妙的國家，只有五千居民。他們與外界聯繫的唯一方式是一條馬道。這個有趣的小國家是中世紀諸侯國倖存下來的唯一標本。它之所以能夠保持獨立，是因爲作爲前沿據點，他們樂意向遠方的君主貢獻珍貴的禮物。另外，因爲他們與外面喧囂的世界相距太遠，沒有引起任何人注意。安道爾的首都只有六百居民，但是在我們的美利堅合衆國試行民主制八百年前，這些安道爾人就已經像冰島人及義大利的聖馬力諾人一樣，開始按照自己的意願來治理自己的國家了。這樣一個歷史悠久的公國的確值得我們尊重與敬仰。八百年是段漫長的時光。等到二七三二年時，我們這些國家會怎麼樣呢？

在其他方面，比利牛斯山脈也與阿爾卑斯山脈大不相同。比利牛斯山脈沒有什麼冰川。這些大山曾一度被厚厚的冰雪覆蓋過，那些冰雪比瑞士山區的還要厚。但是，時時境遷，現存的只有幾平方英里的冰了。這裡的山脊上也沒有冰川了。這些山脊山勢陡峭，難以逾越，但是即使在南部的安達盧西亞山脈的內華達山，也只是在十月到次年三月間有少量的積雪覆蓋。

山脈的走向當然對西班牙的河流產生了直接影響。這裡幾乎所有的河流都發源於中部荒蕪的高原，這是一列高大的史前山脈在幾百年銷蝕過程中的殘存部分。這些河流由高原直奔大海，由於水流湍急，瀑布密集，以至於它們幾乎起不到商貿通道的作用。此外，漫長乾燥的夏季使河流水量驟減，正像你在馬德里看到的，曼薩納雷斯河的沙床每年至少有五個月可以爲首都的孩子們提供一片美妙的假想的海灘。

這就是爲什麼我沒有告訴你全部河流的名稱了。不過，葡萄牙首都里斯本的塔古斯河算是個例外。這條河的航道幾乎與西葡邊境線一樣長。西班牙北部的埃布羅河也可以通行小型船隻，大型船隻只在大部分河段卻只能在與河平行的一條運河中航行。瓜達爾基維爾河（「摩爾人的大河」之意）將塞維利亞市與大西洋連接，只能通行吃水小於十五英尺的船隻。從塞維利亞到科爾多瓦之間，瓜達爾基維爾河只能走小船。科爾多瓦曾以摩爾人的首都而揚名四海。據說，他們擁有的公共浴場不少於九百座。後來，基督徒攻占了這裡，人口從二十萬降到五萬，公共浴場從九百座降到零座。過了這段河道，瓜達爾基維爾河就與大部分西班牙河流一樣，成為峽谷河（就像美國科羅拉多河），這不僅嚴重影響陸地貿易，對水上商業也無任何幫助。

因此，總體而言，造物主對西班牙並無任何青睞。這個國家的中心地區是由高原構成的，並被一列低矮的山脈分為兩部分，北半部為老卡斯蒂利（Castile），南半部是新卡斯蒂利，水分嶺則叫做瓜達臘馬山。「Castile」是個很漂亮的名字，它的意思是「城堡」。但是，它就像西班牙雪茄煙的牌子一樣徒有其表。放眼望去，這裡滿眼蔓草寒煙，四處荒涼蕭條，這種景像在世界其他地方也可以看到。當年南北戰爭時，謝爾曼將軍率軍突破佐治亞州之後曾說過，一隻想飛越謝南多亞山谷的烏鴉要隨身帶上口糧才行。他有意無意地引用了二千多年前羅馬人的話。羅馬人曾說，一隻夜鶯要想飛越卡斯蒂利必須帶上糧食和水，否則就會飢渴而死。這是由於圍繞高原的群山太高，足以阻止從大西洋和地中海飄來的雨雲，結果造成了這塊難以逾越的高台。

就這樣，卡斯蒂利一年中就要忍受九個月陰森慘淡的日子，另外三個月則完全暴露在乾燥的寒風之下。大風無情地在這片廣闊的荒原上呼嘯而過，只有山羊才是倖存的動物，可它們一點兒也感不到舒服。這片土地唯一能夠茂盛生長的植物是茅草，由於非常堅韌，很適合編製籃子。

這片台地的大部分被西班牙人稱爲梅塞塔（即平頂山）。這種地方和沙漠簡直沒什麼區別。這就使你理解了這一問題：爲什麼西班牙和葡萄牙面積比英格蘭大得多，而人口卻只有不列顛群島人口的一半。

關於這一地區的貧苦破敗的情況，我推荐你去讀一讀米格爾·德·塞萬提斯·薩貝德拉的作品。你可能還記得他作品中的主人公，那位天眞無邪的西班牙小貴族，他有一個驕傲的名字，叫「堂·吉訶德·德·拉·曼查」。事實上，曼查便是卡斯蒂利高原星羅棋布的內陸沙漠的一個。這是位於西班牙古都托萊多附近的一片蕭瑟陰森的荒野。「托萊多」這個名字對於西班牙人來說就是不吉祥的，因爲它的阿拉伯語原意是指「荒野」，而那位擁有一個高貴頭銜的堂·吉訶德其實只是可憐的「荒野之王」罷了。

在這樣的一片國土上，大自然又吝嗇，又頑固，人要麼定居下來老老實實地艱苦奮鬥，讓大自然爲他生產賴以生存的必需品；要麼就得選擇像大多數西班牙人那樣的生活，他們的全部家當用一頭小毛驢就可以馱走。這就是惡劣的地理環境所造成的人間悲劇。

八百年前，這個國家屬於摩爾人。這並不是伊比利亞半島第一次遭受外族入侵，因爲這個國家擁有寶貴的礦藏。二千年前，銅、鋅和銀就像今天的石油一樣重要。哪裡發現了銅、鋅和銀，各國軍隊就要爲它們而戰。當地中海地區被劃分爲兩大軍事陣營後，並且當閃米特人（迦太基人的一支，屬腓尼基僑民，對附屬國施加殘酷剝削和壓迫）和羅馬人（雖然與閃米特人並非同宗同源，但是在對待附屬國的態度上是一致的）都開始密謀爭奪各國財富時，西班牙自然難逃厄運。和許多國家地區一樣，西班牙「不幸」擁有豐富的自然資源，於是就淪爲兩伙有組織的強盜集團的雇傭軍角斗的戰場。這兩伙強盜剛剛離開，這片國土又被北歐蠻族作爲一座便利的大陸橋，試圖通過這裡去攻打非洲。

接著，在七世紀初，一位阿拉伯駱駝騎手（指伊斯蘭教創始人穆罕默德）心懷遠志，帶領一大批人們從未聽說過的沙漠部落南征北戰，走向爭奪世界霸權的漫長征途。一個世紀之後，他們征服了全部北非地區，準備對歐洲下手。七百一十一年，有一個叫塔里克的人駕船駛向著名的猴子岩（歐洲唯一有野生猴子的地方），他的軍隊沒有遭遇到任何抵抗便順利地在直布羅陀（這塊地方過去二百年中一直被英國人占領著）登陸。

從此之後，直布羅陀海峽——這個據說因大力神赫爾克里斯將歐洲和非洲的大山拔至兩邊而形成的「世界盡頭」——就成爲穆斯林的囊中之物了。

難道西班牙人沒有可能抵抗入侵嗎？他們曾全力以赴，但是這個國家的地理環境妨礙了他們的統一行動。山脈是平行的，深谷中的河流將整個國家分隔成若干獨立的小方塊。到現在倒有大約五千個西班牙村莊無法與外界直接聯繫，隱蔽在自己的小天地裡。他們的對外出口只是一條令人頭暈目眩的羊腸小腸，而且也只能在某個特定的時間裡通行。

歷史和地理留給我們的確定規律為數不多，請記住其中一條：這類國家正是孕育宗派門閥的溫床。宗派門閥無疑是有一定好處的，至少可以使同一宗派的人彼此忠誠，共同維護宗派利益。但是，蘇格蘭和斯堪的納維亞的情況表明，門閥制度是一切經濟合作與國際聯盟的死敵。島國居民一向被視為目光褊狹、保守自私，除了自己小島上的事以外什麼也不關心，但是他們至少能和鄰國的人相安無事地共渡一舟，消磨一個下午，或者能夠去救援沉船的海員，並聽一聽大千世界的信息。然而，山谷居民被幾乎不可逾越的大山完全鎖在了塵世之外，除了他自己和他的鄰居就再也沒有人了，其他人也一樣，除了他們自己和左鄰右舍，他們再也不知道還有別人存在。

西班牙之所以能夠被穆斯林征服，是因為這些摩爾人雖然也是一個沙漠民族，雖然也是嚴格的「宗派」觀念的忠實信徒，但他們卻能一度在一些強大的領袖率領下齊心協力，共同戰鬥。他們被他們的領袖賦予了一個共同的民族目標，使他們放棄了自己的小算盤。可是，西班牙人卻為了自己的利益而互相鉤心鬥角，內部仇視比對外敵的憤慨梗加強烈，因此這些服從統一指揮的外敵就能把他們趕出家園。

接下來，偉大的西班牙獨立戰爭持續了七個世紀之久。在漫長的七百年中，那些北方基督教小國無休無止的鉤心鬥角、背信棄義，而這些小國之所以得以倖存，全賴於比利牛斯山這一天然屏障。在山的那一邊，是他們不敢招惹的法國人，而法國人在查理曼大帝做出一些含糊的姿態後，終於聽之任之，任憑他們受命運的擺布。

同樣的，在這七個世紀中，摩爾人卻把西班牙南部變成了一個名副其實的花園。這些沙漠居民十分珍惜來之不易的水資源，他們還非常喜愛在他們故土裡難得一見的花草樹木。他們修建了龐大的灌溉工程，並引進了橘樹、棗樹、杏樹、甘蔗和棉花。他們使瓜達爾基維爾河運作起來，將科爾多瓦到塞維利亞的山谷改造成一片巨大的花園，使這裡的農民一年能夠收獲四次。他們又進一步引用胡卡爾河水，使這條在巴倫西亞附近注入地中海的河流又爲他們增加了一千二百平方英里的沃土。他們還引進了工程師，建立了大學，對農業進行專業的科學研究。這些穆斯林還建造了這個國家至今仍在使用著的公路。他們對天文學和數學所作出的貢獻，在本書的前一部分已經提到了。另外，他們曾經是當時歐洲唯一關心醫藥與保健的民族。他們對這些問題的研究非常細緻而耐心，以致還將古希臘的作品譯成阿拉伯文重新介紹給西方世界。他們還使另一個民族作出了自己的貢獻，這對他們來說具有極大的價值。他們沒有迫使猶太人居住在保留地中，或者對他們採取更嚴厲的措施，相反他們給猶太人充分的自由，讓這個民族淋漓盡致地發揮他們的經商才能和組織才能，使國家受益匪淺。

隨後，悲劇還是不可避免的。穆斯林幾乎征服了西班牙的全部領土，基督徒們也不再是個威脅。那些仍在悲慘的沙漠中焦渴著的阿拉伯和柏柏爾部落的人聽到了有關這個人間天堂的消息。而且，既然穆斯林國家實行獨裁統治，所以統治的好壞完全取決於個人的能力。在這樣奢靡的環境中，由全副武裝的農夫建立起來的王朝在逐漸頹廢衰敗，而另一部分同樣全副武裝的農夫卻仍在自家耕牛後面揮汗如雨，不堪重負。他們向格拉納達的阿爾漢布拉宮和塞維利亞的阿爾卡扎宮裡尋歡作樂的人們投以嫉妒與羨慕的目光。於是，內戰爆發了，殺戮開始了。許多家族被斬草除根，其餘的家族又湧現出來。在北方，強權人物適時地挺身而出，部落被合併爲小諸侯國，小諸侯國又匯合爲小公國。卡斯蒂利、萊昂、阿拉貢和納瓦拉這些家族漸漸崛起。終於，西班牙人拋棄了長年的積怨，甚至阿拉貢的費迪南都可以娶城堡之邦的卡斯蒂利之女伊莎貝爾爲妻了。

在這場偉大的解放戰爭中，他們經歷了三千餘次艱苦卓絕的大小戰役。教會又將這場種族衝突演變爲一場宗教之戰。於是，西班牙人搖身變成了十字軍騎士——這種高貴的野心使其把毀滅整個國家當成他們最高尙的理想，爲此他們浴血奮戰。就在摩爾人最後的堡壘格拉納達被攻克的同一年，哥倫布發現了通往美洲的航路。六年之後，葡萄牙航海家達·伽馬駛過好望角，發現了直通印度之路。因此，就在西班牙人應該管理好自己的家園、應該繼續開發已由摩爾人發動起來的自然潛力時，一筆橫財從天而降。西班牙人高尙的宗教熱情使他們輕易地把自己假想成神聖的傳教士，可實際上，他們不過就是一伙不一般的（因爲他們不一般的殘忍、不一般的貪婪）強盜而已。一五一九年，西班牙征服了墨西哥。一五三二年，他們又強占了秘魯，自那以後，他們就成了輸家。因爲他們沉溺在滾滾的黃金中，所有的宏圖遠略都被淹沒了。這些黃金被笨重的大帆船源源不斷地運進了塞維利亞和加的斯的倉庫裡。當一個人能夠瓜分從阿茲特克和印加掠奪來的財物，從而成爲「金領階層」的一員時，就決不會再去用雙手勞動而自貶身價了。

摩爾人艱辛拼搏換來的成果付之東流了。他們被迫離開了這個國家。下一個是猶太人。他們被成批成批地扔進骯髒的船隻，然後聽憑船主發落，船長隨心所欲地把他們運到任何一個地方登陸，更何況，他們上岸時已經一文不名，赤貧如洗了。於是，這些猶太人胸中燃燒著復仇的火焰，心思卻被苦難磨煉得更加敏捷了。他們以牙還牙、以眼還眼，在所有有關他們反對的那個國家的事情上都插上一手，那個國家就是他們仇人——西班牙。甚至上帝也來推波助瀾，他賜給這些「黃金夢」的受害者一個國王，這位國王一生都隱居在他爲自己建造的伊斯科利爾宮中。這座宮殿是他爲自己在荒涼的卡斯蒂利平原邊上建造的，就在這裡，建立了新都——馬德里。

至此以後，三大洲的財富和全部國家的人力都被用來抑制異教徒的入侵，這些異教徒既包括北邊的新教徒，也包括南邊的穆斯林。西班牙人由於長達七個世紀的宗教之戰，就變成了這樣一種人：他們將超然的東西看成自然、心甘情願地服從他們的皇家主子。他們在急劇膨脹的財富中身心俱疲，甚至還爲此賠上了性命。

是伊比利亞半島造就了今天的西班牙人。那麼，在荒疏了幾個世紀之後，西班牙人能不能回過頭來按照自己的意願去改造這個半島呢，別去管它的過去，而只著眼於未來吧。

他們正在努力實現這個夢，在一些城市，如巴塞羅那，他們眞的十分努力。

然而，這是一項多麼艱難的事業啊！

第四章　法國

——包羅萬象的國家

我們常常聽說：法國向來超然物外，居住在大陸上的法國人，卻要比居住在淫雨霏霏、荒僻寂寥的小島上的英國人更加無比地富有「島民性」。總之，法國人由於一向固執地對國際事務漠不關心，他們已經成了所有民族中最以自我爲中心的一個，而且他們還成爲目前大多數事端的禍根。

那麼，爲了徹底了解這一切，我們必須追本溯源。任何一個民族的根都深植於其地理環境與靈魂當中。地理塑造了靈魂，靈魂也在改造著地理，它們是密不可分的。我們不能拋開其中任何一個，孤立地去研究另一個。如果我們眞正把握了兩者的本質，我們就有了一把開啓任何民族的特性的鑰匙。

對法國人的不斷指責正是基於這一事實，在第一次世界大戰期間對他們毫無保留地大肆頌揚也是由此而來。因爲，他們的美德與劣根性都直接產生於他們所處的地理環境。他們的自以爲是、自高自大的情緒源於他們占有的大西洋與地中海之間優越的地理位置，這使他們完全可以自給自足。如果在自家後院就可以享受到宜人的氣候與美麗的風景，又何必去其他國家尋求改變呢？如果只需乘坐幾小時的火車就可以從二十世紀返回到十二世紀，或者從賞心悅目、滿眼青翠的古堡田園，來到遍地沙丘蒼松的神秘之鄉，又何必奔波異國，學習不同的語言，熟悉不同的習慣與風俗呢？如果自家飲食起居和親朋故舊不比任何其他國家差，如果他們能把菠菜做成一道人人愛吃的菜餚，又何必去爲護照和支票之類的事情煩心，又何必去忍受糟糕的食物、酸酒以及北方農民那僵硬的呆頭呆腦的面孔呢？

當然，一個可憐的瑞士人可能一生除了山之外什麼也沒見過，而一個可憐的荷蘭人，除了一小塊平坦的綠草地和幾頭黑白花奶牛之外什麼也沒有見過，如果他們不經常到國外遊覽，肯定會無聊死了。一個德國人早晚也會厭倦自己一邊聽著美妙的音樂，一邊吃著乏味的香腸三明治的用餐習慣。一個義大利人也不可能一生都吃空心麵。一個俄國人肯定希望偶爾也能舒舒服服地吃上一頓飯，而不必爲買半磅人造黃油去排六個小時的長隊。

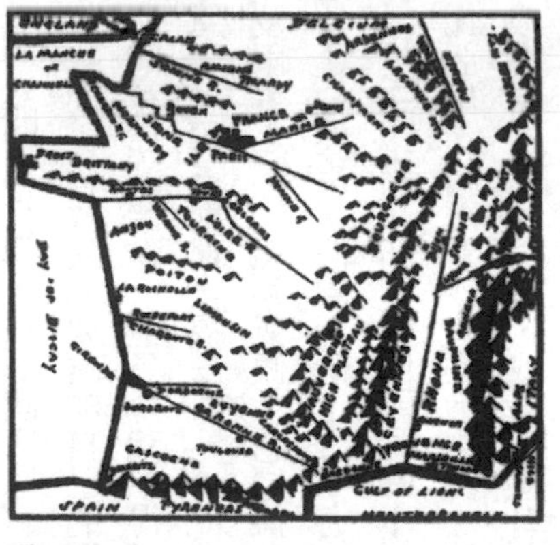

法國

與他們相比，法國人眞是太幸運了，他們簡直是生活在一個人間天堂裡。這個國家應有盡有，所要的東西隨手可得，而不需要再換一趟車。所以，法國人會問：「我何必要離開自己的國家呢？」你可以說他固執、片面，說他是不正確的。我希望我能同意你的觀點。但是，我不得不承認，法國人從許多方面的確是得天獨厚的，他們獨享上天之恩賜，獨占地理之福澤。

首先，法國有各種各樣的氣候——溫帶氣候、熱帶氣候以及兩者之間的溫和氣候。它還擁有引以爲榮的全歐洲最高的山，同時它還有在平坦的大地上四通八達地連接著法國各個工業中心的運河網。如果一個法國人喜歡在山坡上滑雪來消磨冬季，他可以去阿爾卑斯山西側薩瓦的小村莊。如果他喜歡游泳甚於滑雪，那麼他只需買一張去大西洋岸比亞里茨的車票或者去地中海之濱戛納的車票。如果他對人感興趣，想看看流亡中的君主和就要成爲君主的流亡者，或者那些有前途的男演員和大紅大紫的女演員，或者小提琴家和鋼琴高手，還有那些讓水銀燈下的君主和普通百姓都神魂顛倒的傾國傾城的舞蹈演員，看看他們的模樣，聆聽他們的聲音，那麼他只需坐在巴黎的和平咖啡店裡叫上一杯加奶咖啡，靜靜恭候。或早或晚，每一個曾成爲世界報紙頭版人物的男男女女老老少少都會經過這裡。而且，他們的出現從不會引起任何特別的關注，因爲這樣的事情在十五個世紀中每天上演，即使是一位國王、一位皇帝，甚至教皇本人，都不會比一位新生出現在校園裡更爲引人注目。

這裡，我們遇上了政治地理學上的一個不解之謎。二千年前，這片飄著共和國三色旗（這面旗幟日夜飄揚，因為法國人一旦舉起一面旗幟就永遠不會讓它飄落，除非它已被時間與風雨磨損得無法辨認）的大部分土地乃是大西洋與地中海之間的西歐平原的一部分，何以有一天，這裡會發展成為一個世界上最集權的國家？這裡顯然沒有任何地理的因素。

有一個地理學派認為，氣候與地理條件對塑造人類命運具有決定性的作用。毫無疑問，這兩種因素是在發揮著這個作用，但不是絕對的因素。有時，情況會截然相反。摩爾人與西班牙人曾生活在同一片土地上，一千二百年瓜達爾基維爾河谷上空的驕陽與一千六百年的太陽沒有什麼區別，可是一千二百年他賜福給人們一個花果樂園，而在一千六百年它詛咒的光芒卻灼燒在廢棄的水渠上、漫天的雜草上、乾焦的荒野上。瑞士有四個民族講著四種語言，但他們卻能感到自己是一個家庭的成員。比利時只有兩個民族，可是他們卻相互仇視，甚至把褻瀆對方士兵的墳墓當作每個周日下午的消遣。冰島人守著他們的彈丸小島，居然維持了一千多年的獨立與自由。同樣的島民愛爾蘭人卻忘記了什麼是獨立與民主。世事往往如此。不管機械、科學和各種標準化發展到什麼程度，在事情的總規劃中人性卻仍然是一切事物中最不可靠、最不穩定的因素，他要對許許多多不可思議、不可預期的變化負責，世界地圖便是活生生的例證，而法國的客觀情況剛好可以證明這一點。

從政治上看，法國是一個獨立完整的國家。可是，假如你再仔細觀察地圖，你會注意到法國實際上是由兩個背靠背的相對獨立的部分組成——東南部俯視地中海的羅訥河流域與西北方面向大西洋的廣袤平原。

讓我們先看一看這兩部分中最古老的那一部分——羅訥河流域。羅訥河發源於瑞士，但這條不起眼的小河直到離開日內瓦奔向法國紡織工業中心里昂，才發揮出重要的作用。在里昂它與發源於北方的索恩河匯合。索恩河的源頭與默茲河源頭只有幾英里，後者與北部歐洲的歷史是密切聯繫著的，就像索恩河（與羅訥河一道）對於南部歐洲的興衰也曾起過重要作用一樣。羅訥河不利於通航，當它注入利翁灣時，其落差已達六千英尺，這說明它水流湍急，使得現代汽船一直無法完全征服這條大河。

儘管如此，它還是爲古代腓尼基人和希臘人提供了一條進入歐洲心臟的便利通道，因爲當時的人力——奴隸資源——是非常廉價的。船隻必須依靠那些「古代伏爾加縴夫」（他們的命運一點兒也不比他們那些俄國同行好）逆流而上，如果只順流而下，則只需幾天時間。就這樣，古老的地中海文明通過羅訥河河谷首次敲開歐洲內陸的大門。奇怪的是，那一地區最早的商業區馬賽（至今仍是法國最重要的地中海港口）並沒有直接建立在羅訥河河口，而是建立在向東有幾英里遠的地方（現在有一條運河與羅訥河相接）。但是，馬賽作出了一個很好的選擇。因爲早在公元前三世紀，馬賽的錢幣就已經流通於奧地利的蒂羅爾和巴黎的周邊地區，不久這座城市就已經成爲一個重要的商貿中心了。而且，馬賽很快就成爲這一地區及其北部地區的首府。

後來，這座城市遭遇到不幸。該城的公民由於受到阿爾卑斯山蠻族的壓迫，便邀請羅馬人來此援助。羅馬人來了，而且按他們的一貫作風留了下來。羅訥河河口地區成爲羅馬的一個「行省」（provincia），即普羅旺斯省（provence）。它曾在歷史上扮演了一個重要角色，它默默見證了一個事實：是羅馬人，而不是腓尼基人和希臘人，認識到了這塊肥沃的三角洲的重要性。

於是，我們又遇到一個歷史學與地理學上最令人困惑的問題：普羅旺斯——融合了希臘文明與羅馬文明，擁有理想的氣候條件和廣袤的沃土，前有開闊的地中海，後有北歐廣袤的中部大平原，具備一切自然的優勢，似乎注定能夠成爲羅馬理所當然的繼承者——卻失掉了這場競爭。

在凱撒與龐培的鬥爭中，普羅旺斯站在了龐培一方，於是對方摧毀了這座城市。然而，這只是小事一樁。不久之後，馬賽人又在同一地方做起了生意，而羅馬的文學、藝術、科學和禮儀在羅馬已經無處容身，便跨過利古里亞海，逃到普羅旺斯，將這裡變成一個在蠻族層層包圍之下的文明孤島。

當富甲天下、大權在握的教皇也無法在台伯河上的那個城市（中世紀的羅馬暴民比豺狼強不到哪兒去，和我們美國的強盜們一樣凶殘）維護自己的地位時，他們將教廷遷到了阿維尼翁。這座城市以最早修建的巨型橋樑而聞名（現在，這座橋的大部分已淹沒於河底，但卻是十二世紀的一個世界奇觀）。在這裡，教皇們還擁有一座足以抗拒一百次圍攻的城堡。自此而後的一個世紀中，普羅旺斯就是基督教的領袖們的家園，教廷的騎士們在十字軍中非常顯赫，其中一個普羅旺斯的簪纓世家還成爲君士坦丁堡的世襲統治者。

然而，不知何故，普羅旺斯並沒有發揮出造物主在創造這片可愛的、肥沃的、浪漫的河谷時賜予她的神力。普羅旺斯產生過抒情詩人，然而他們儘管被公認爲是那種文學體裁的奠基人（他們創作的這種文學體裁至今在小說、戲劇、詩歌中仍占據著一席之地），他們卻從未能使柔和的普羅旺斯方言成爲整個法國的語言。是北方（與它的方言）——而不是擁有任何自然便利條件的南方——創立了法蘭西，造就了法蘭西民族，給全世界送去法蘭西文化五彩繽紛的精華。十六世紀前，沒有人能預見到這一點，因爲當時人們認爲，這片從比利牛斯山脈到波羅的海的大平原肯定將成爲條頓大帝國的一部分。是的，那是一種地理上的安排，而人類對這種安排不感興趣，所以情況就大不相同了。

對於凱撒時代的羅馬人來說，歐洲的這一部分就是遙遠的西部了。他們稱這裡爲高盧，因爲這裡居住著高盧人，一個長著一頭金髮的神秘民族，希臘人稱其爲凱爾特人。當時，那裡生活著兩支高盧人，一支居住在阿爾卑斯山與亞平寧山之間的波河流域，這是最早的一支。當凱撒孤注一

萊茵河與默茲河及其三角洲

擲、勇敢地跨過盧比孔河時，這部分高盧人就被留在了那裡，他們被稱爲「山南高盧」或「山這邊的高盧人」。另一支是「山外高盧」或「山那邊的高盧人」，在當時的歐洲，這一部分高盧人被排斥在外。但是，在公元前五十八—前五十一年凱撒那次著名的遠征之後，這部分高盧人就與今天的法國聯繫在一起。這是一片肥沃的土地，在這裡徵稅不會遭到當地人的反抗，因此這裡成爲羅馬強化殖民化的首遠之地。

北部的孚日山與南部的侏羅山之間的山口有著很好的通道，羅馬的軍隊（大部分爲步兵）可長驅直入此地。不久，法蘭西的大平原上就星羅棋布地分布著羅馬城堡、羅馬頂莊、羅馬市場、羅馬教堂、羅馬監獄、羅馬劇場和羅馬工廠。在塞納河上有一座小島——凱爾特人仍然在那裡生活，他們居住在用原木搭建的房屋中，這個小島就是魯特西亞（巴黎古稱）——它成爲建造供奉朱庇特的神廟的理想地點。當年神廟的所在之地便是今天巴黎聖母院矗立的地方。

由於這座島與大不列顛（公元一—四世紀羅馬最有利可圖的殖民地）可直接通航，並是可遏制萊茵河與默茲河之間動蕩的一個優良的戰略重心，因此這座小島自然發展成爲羅馬帝國統治西方的大本營。

正如我在前面討論地圖的一章所述，我們有時對羅馬人當時漂洋過海、翻山越嶺尋路的本事百思不得其解，其實這並不難理解。羅馬人在選擇精確地點方面有一種特殊的本能，無論築港口、建城堡、設商埠，他們都沒有失誤過。一位細心的觀察者在巴黎盆地中度過陰雨連綿的六個星期之後，可能會自問：「羅馬人爲什麼偏偏選中這麼個破地方作爲他統轄西方和北方殖民地的總部呢？」但是在你面前放上一幅法蘭西北部地圖，地理學家會告訴你問題的答案。

在幾百萬年的過程中，這一地區被頻繁的地震破壞得亂七八糟，山峰與山谷就像賭桌上的籌碼，被扔過來扔過去。不同時期的四層厚厚的岩層被顛個不停，最終一個疊一個，有點兒像常用來溫暖老祖母心靈的那些中國茶具中的茶托，摞在了一起。最下面，也是最巨大的一層「茶托」從孚日山脈一直伸展到布列塔尼，它的西部邊緣便深藏在英吉利海峽的水底。第二層從洛林直達諾曼底海岸。第三層是著名的香檳地區，它環繞著第四層，這裡曾被確切地稱爲法蘭西島。這個島呈圓形，被塞納河、馬恩河、泰韋河和瓦茲河包圍著，巴黎正處於這個島的中央。這意味著安全——絕對的安全——因爲它能最大限度地防御外敵入侵。因爲敵人不得不首先攻克這些「茶托」陡峭的外延，而此時，防守部隊早已占據了最佳防御位置。萬一失守，他們還可以從容地退守到下一道「茶托」防線，在退回到塞納河的小島之前，他們可以連退四次。最後，他們還可以焚燒小島周圍的幾座外橋，將這裡變成一座堅不可摧的要塞。

當然，一支意志堅定、裝備精良的敵軍是有可能攻克巴黎的。但是，那是極其艱難的，就像不久前的第一次世界大戰所證明的那樣。拒德軍於巴黎城外的不僅是英軍與法軍的勇敢善戰，還有幾百萬年前地質變化的功勞，它設置了重重天然屏障，阻擋了西進的敵軍。

爲了爭取民族獨立，法國人進行了將近十個世紀的鬥爭。但是，當大多數國家不得不去保衛各條不同的邊境時，法國人卻只需傾其全力守好西大門就可高枕無憂。這就解釋了法國為什麼比其他歐洲國家能夠更早地發展成為一個高度中央集權的現代國家。

整個法國西部地區位於塞文山脈、孚日山脈與大西洋之間，被低矮的山脊自然劃分為若干個相互獨立的半島和山谷。最西面是塞納河流域與瓦茲河流域，它們通過一條自然通道與比利時平原聯為一體，這個通道自古以來一直由聖昆廷城扼守。聖昆廷城後來發展成為一個重要的鐵路樞紐，因此它就在一九一四年德軍進軍巴黎時成為其主要攻擊目標之一。

塞納河流域經由奧爾良隘口與盧瓦爾河流域連成一片，使得這一地區注定要在法國歷史上扮演十分重要的角色。法國的民族英雄聖女貞德又被稱為「奧爾良貞女」，巴黎最大的火車站也被叫做奧爾良火車站，這兩個名稱的由來與該城正處於南北要衝的重要地理位置是密不可分的。中世紀，披甲騎士為這樣的重要關隘浴血奮戰，今天，鐵路公司也為這樣的重要樞紐你爭我奪。世界在改變，可是往往改變的越多，對過去的重複也就越多。

盧瓦爾河流域與加龍河流域之間現在有經由普瓦提埃的鐵路線相連，使彼此的交通變得很方

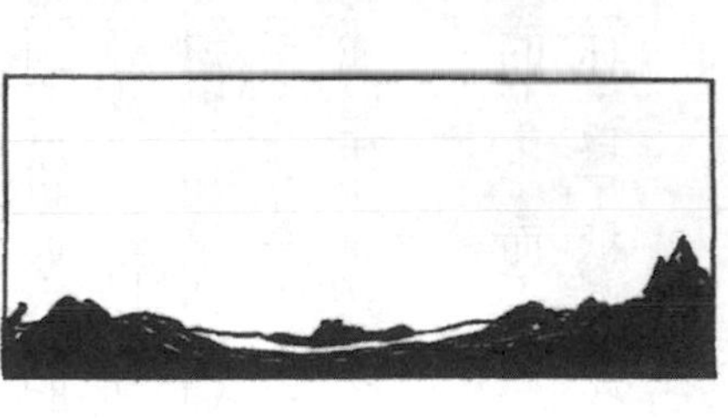

法蘭西的地質結構

便。公元七三二年，查理・馬特就是在普瓦提埃附近阻止了摩爾人向歐洲深入的腳步。也正是在這裡，公元一三五六年，黑王子（英王愛德華三世之子，英國著名將領）徹底消滅了法國軍隊，使英國對法國的統治又延長了一百年之久。

至於那寬廣的加龍河流域，它的南部是著名的加斯科涅地區，在那裡誕生了無畏的英雄達塔南隊長和英勇的國王亨利四世。這一地區由從加龍河上的圖盧茲到納博訥的河谷與普羅旺斯及羅訥河地區直接相通。納博訥坐落在地中海岸邊，曾是羅馬人在高盧地區最古老的聚居地。

正像所有這樣的古代商道一樣（這條路線在有文字記載的歷史開始前就已使用幾千年了），對某些人來說，它永遠是一棵搖錢樹。其敲詐勒索和牟取暴利的歷史與人類的歷史一樣古老。如果你對此表示懷疑，就請你去世界上任何一個山口關隘，去尋找一千年以前那條道路上最狹窄的地點，然後就是在那裡，你會發現幾處，甚至幾十處古堡的遺跡。如果你略通古代史，不同年代的石壁會告訴你：在公元前五十年、公元六百年、公元八百年、公元一千一百年、公元一千二百五十年、公元一千三百五十年、公元一百五百年，都有一些強盜在此建立過城堡，向過往行人勒索過路費。

有時候，你還會驚奇地發現，在那些地方會有一座繁榮的城市，而不是一堆荒涼的廢墟。但是，卡爾卡松市的那些塔樓、堡壘、護城河崖和要塞會告訴你，為了抵禦那些虎視眈眈的敵軍的進攻，一座山口堡壘要修築得多麼堅固才得以保全至今。

法國的地理概況就談到這兒吧。現在，我要簡要介紹一下生活在大西洋與地中海之間的這個民族的性格。他們有一個共同之處，即一種平衡感與協調意識。我幾乎可以說，法國人一直在努力做到「合乎邏輯」，希望這個詞不會使你聯想到枯燥、刻板和迂腐這類的詞。

不錯，法國是歐洲最高峰勃朗峰的家鄉，但是這只不過是一種巧合，普通法國人對那些冰雪根本就漠不關心，就像美國普通大衆對佩恩蒂德沙漠興味索然一樣。法國人最喜歡的莫過於默茲河、吉耶訥、諾曼底以及皮卡第的和諧起伏的丘陵，跌宕有致；令人心曠神怡的小河，蜿蜒曲折；河岸點綴著高聳的白楊，英姿挺拔；河岸上的駁船，信步悠然；晚間籠罩在河谷上的煙霧，氤氳朦朧……

這些美景再由華托（法國畫家，他的畫具有現實主義風格）盡數收入畫中，那是最好不過了。法國人最熟悉的莫過於那些千百年來永恆不變的村莊（任何國家中偉大的力量之所在）、那些小城鎮（這裡的人們仍然按照五千年前或五百年前他們祖先的方式在生活，或者試圖維持著那種生活），以及巴黎，在那裡，十多個世紀以來最美好的生活和最偉大的思想攜手同行。

巴黎

法國人並不是多愁善感，不切實際的夢想者，就像世界大戰期間那些強加於人的荒誕離奇的故事中所講述的那構。恰恰相反，他們是最明智、最熱忱的現實主義者，他們永遠能夠腳踏實地。法國人深知，人的生命只有一次，活到七十歲是他們最美好的願望。於是，他會力圖使自己安逸地享受現世的生活，決不浪費時間去幻想。生活就是這樣的，那就讓我們生活得更美好吧！既然飲食對於現代人是一件美事，那麼我們就讓哪怕最貧困的人也能掌握烹調的技巧吧。既然酒早在耶穌基督時代就被認爲是一個眞正的基督徒適宜的飲料，那麼我們就釀製最美好的酒吧。既然全能的上帝認爲應該讓地球充滿各種各樣的迎合視覺、聽覺和嗅覺的東西，那麼我們就不應該辜負了上天對我們的期望，而應充分享受這一切，因爲是全能的上帝要求我們這樣做的。既然集體的力量比個人的力量更強大，那麼我們就應緊密依靠這個社會的基礎單位——家庭，家庭會負責每個人的喜怒哀樂，而每個人也要對家庭的旦夕禍福負責。

這是法國人的生活理念，但是他的另一面卻不那麼理想了。這一面也是直接脫胎於我前文所講述的那些特徵。家庭生活往往會由一個愉快的美夢變成一場噩夢。無數大權在握的祖父祖母們成爲阻擋歷史進步的一塊塊絆腳石。他們留給兒孫節儉的美德退化成搜刮、偷竊、詐騙、勒索和慳吝等種種惡習，甚至退化成對生活中每一件必需品的錙銖必較的性格，甚至對他人的樂善好施也變成袖手旁觀的態度，而事實上，如果沒有人與人之間的友善慷慨，文明的存在必將黯然失色。

但是，大體上說，法國人不論出身有多麼卑微，處境有多麼艱難，他們都抱有某種實用主義的人生哲學，這種哲學是以最低限度的支出來獲得最高限度的滿足。至少有一點上，法國人決不好高騖遠，因爲他清楚，人生來就是不平等的。如果有人告訴法國人，在美國，每個年輕人都希望將來的某一天成爲其工作的那家銀行的總裁，法國人會說：「那又怎麼樣？」法國人可不願爲了這種事而費力費神！身負重任還能花三個小時去用午餐嗎？用同樣的三個小時工作賺錢當然好，可是放棄了舒適和快樂未免代價太大了。因此，法國人是在勤奮工作，他的妻子以及兒女們也工作，於是整個國家都在工作，在賺錢，在按照自己喜歡的那種方式工作著、生活著，他們從不去管別人是怎麼想的。這就是法國人的智慧，他們的這種智慧儘管不能讓人發大財，可是卻比其他國家所津津樂道的「成功」信條更能保證人們獲得最大的幸福。

當我們談到海洋時，我都不必告訴你海邊的居民總是一味地打魚。他們當然是以打魚爲生的。你還能期待他們能幹什麼別的工作嗎？擠牛奶還是挖煤窯？

但是，當我們涉及農業這個話題時，就會發現一個有趣的現象：正當大多數國家的人口在過去一百年中都被吸引進城市時，法國卻還有百分之六十的人口仍然繼續選擇生活在農村。法國是歐洲唯一一個能經得起長期圍困而無需從他國進口糧食的國家。現代先進的科學技術取代了古老的耕作方式，當法國農夫不再像他們那些在查理曼大帝時期和克洛維時期的祖先那樣耕種自己的土地時，法國就完全可以實現自給自足。

法國農民之所以能夠繼續留在自己的田地裡，是因爲他們都是自己的地主。他的農場可能小得算不上一個農場，但是那是屬於他自己的。在英格蘭和東普魯士這兩個歐洲舊世界的大國有著大量的農田土地，但這些土地卻屬於那些不知姓甚名誰、不知身在何方的大地主們，而法國革命徹底地消滅了大地主，無論是貴族還是教士，他的土地都被分給了小農。這個過程對於以往的土地所有者是很難接受的，但是他們的祖先們不也正是用同樣強制的手段才奪得那些土地的嗎？這有什麼區別呢？而且，事實證明，這場土地革命給整個法國帶來巨大的利益，它使法國一多半的人口與國家的利益息息相關。不過，正如一切事情一樣，這種情況也有不足之處，它使法國的民族主義情緒過度膨脹起來。這可以解釋爲什麼法國人即使遷居巴黎仍然依戀著自己的故土，這種地方主義還使巴黎大街小巷充斥了無數專爲某些地區的旅客提供服務的小旅館。這還可以解釋爲什麼法國人極不願意離開自己的國家而到世界上其他地方去。如果他對自己的國家已經心滿意足，他又何必移民去另一個國家呢？

下面介紹一下法國的農業。葡萄酒釀造業將很大一部分法國人附著於土地。整個加龍河流域都從事著葡萄酒文化產業。靠近加龍河河口的波爾多是葡萄酒出口中心，而地中海岸邊的塞特則是羅訥河流域的名酒港口。波爾多正南廣袤的遍地淤泥的朗德平原，那裡有踩著高蹺的牧羊人和可以四季待在戶外的羊群。來自勃艮第地區的全部葡萄酒都雲集於第戎，而香檳酒則集中在法國古老的加冕之城蘭斯。

當糧食生產與葡萄酒釀造不足以維繫國計民生時，工業就來助一臂之力。古代法蘭西的君主們不過是一群傲慢的低能兒，只知道如何殘暴地壓迫自己的臣民，並在凡爾賽宮漂亮的美人們身上揮金如土。他們使法國宮廷成爲文明與時尙生活的中心，全世界的人都蜂擁而至，學習嫻雅的禮儀，並了解吃飯與宴會的差別。時至今日，在法國最後一個舊時代統治者被身首異處地拋進巴黎墓地的生石灰中的一百五十年後，巴黎還在引導全世界的女性該穿戴什麼，該怎樣穿戴。爲整個歐洲和美洲供應著那些不可或缺的奢侈品（不過大部分人看成比必需品還要重要）的工業都以法國爲中心，或依靠著法國生產著供千百萬的婦女們使用的產品。里維埃拉一望無際的花圃是那些六美元或十美元一瓶（十分小的瓶子，這是我們明智地對那些我們美國不能生產的產品徵稅的結果）的香水的起源地。

後來，有法國的土地上發現了煤和鐵。皮卡第和阿圖瓦也由於那些工業大量的煤灰堆和礦渣堆而變得晦暗醜陋。這些垃圾山在英國人試圖阻止德國人進軍巴黎的蒙斯戰役中曾發揮過重大的作用。洛林成爲鋼鐵中心，中央高原也隨之成爲法國的鋼鐵工業基地。戰爭結束後，法國人趕緊收回了阿爾薩斯，因爲這裡可以給法國供應更多的鋼鐵。在過去由德國統治的五十年中，阿爾薩斯的紡織工業取得很大的進步。由於近年的發展，如今四分之一的法國人在從事工業，現在他們可以洋洋自得地宣稱，他們的工業城市在外觀上和那些英國、美國的工業城市沒有太大差別，一樣面目猙獰，一樣乏味，一樣缺乏人性。

第五章　比利時

——在文件中誕生的國家

現代比利時王國包括三個部分：北海沿岸的佛蘭德斯平原，佛蘭德斯平原與東部山區之間的富產煤鐵的那片地勢較低的高原，以及東部的阿登山脈。在這裡，默茲河劃出了一個美妙的弧線，然後流向北方不遠處的低地國家的沼澤。

煤礦和鐵礦主要集中在列日、沙勒羅瓦和蒙斯幾個城市附近（大凡爭取民主的偉大戰爭都有一個奇怪的習慣——將那些富產煤、鐵的城市推上報紙的頭版），儲量如此之豐富，以至於即使德國、法國和英國的煤礦、鐵礦全部採盡，比利時仍能在相當長的時

從地上到地下，從人到鼴鼠

期內向全世界供應這兩樣現代生活的必需品。

但是，這個有幸擁有德國人常說的「重工業」的國家卻沒有一個自己的現代良港。海峽沿岸不僅沙床、淺灘遍布，而且都很淺，情況極其複雜，根本沒有眞正意義上的港口。比利時人在奧斯坦德、澤布呂赫和尼烏波特開鑿了人工港口，但是比利時最重要的港口安特衛普卻距北海有四十英里的距離，而且斯海爾德河入海前的最後三十英里也流經荷蘭的領土。這一切都很不合情理。從地理學的觀點看，這種安排可能是「不經意的」，但是對於一個依靠一些出席莊嚴的國際會議的國家代表用幾頁文件來決定各國命運的世界，這些南機排又是必然的。因爲，比利時就是一個幾次國際會議的直接產物。讓我們首先了解一下歷史，看看是在什麼情況下，那些大人老爺們舒服地圍坐在綠色桌子前亂點乾坤的。

在羅馬帝國的領地——高盧，居住著高盧貝爾吉卡人（與英國、法國的最早居民屬同一民族）和一些日耳曼小部落。這些弱小民族在強大的羅馬統治者面前不得不低頭臣服。一路北上的羅馬人跨過了佛蘭德斯平原，翻過阿登山，直至不可逾越的沼澤地帶。就在這裡，孕育了後來的尼德蘭王國。查理曼大帝時期，佛蘭德斯成爲法蘭克人的一個小行省。公元八百四十三年，根據《凡爾登條約》，它又成爲洛泰爾中央王國的一部分。三個世紀之後，它又被分割成若干個半獨立的公爵領地、侯國和主教轄區。然後，中世紀最有才幹的地產經紀商哈布斯堡家族將其據爲己有。但是，哈布斯堡家族並不是來此尋找鐵砂煤礦的，他們需要的是穩定的農業收成和快速積累的貿易收入。所以，這個國家的東部（今天仍是最重要的地區）當時就被認為是塊荒蠻之地。不過，佛蘭德斯最終還是獲得了所有發展其潛力的機會。到十四世紀和十五世紀，這裡已是北歐最富饒的地區之一了。

這一切主要歸功於它優越的地理位置，使中世紀的那些中型船隻可以深入到內陸；另外，還要歸功於佛蘭德斯這塊土地上英明的早期統治者，他們積極鼓勵發展工業，而不像當時的其他封建領主那樣，一門心思發展農業，對資本主義極度鄙視，就像教會鄙視放貸取息的思想一樣。

由於這些英明的政策，布魯日、根特、伊珀爾和康布雷逐漸發展壯大、繁榮富庶起來。他們所做的工作，其他國家也一樣能夠做到，只要它們的統治者給予他們的人民足夠的機會和自由。

這些早期的資本主義工業中心的衰落主要是由地理與人為的綜合因素造成的，其中人為的因素更多一些。

地理影響主要在於北海潮流的改變。在十四—十五世紀，低地國家格外繁榮，中世紀的船隻吃水較淺，今天許多商船達不到的城鎮，當時就是主要的商業中心。後來，北海潮流改變，隨之布魯日和根特的港口意想不到地淤積了大量泥沙，於是這些港口完全被陸地淹沒了。工會雖然開始時表現得似一股強大的力量，可是後來卻逐漸退化為專制的鼠目寸光的組織，它們的存在似乎只是為了延緩或者阻礙任何已有的工業活動。當本地的舊王朝土崩瓦解之後，佛蘭德斯又暫時被法國兼併了。沒有人來干涉這一切。當時的形勢以及兩國之間的代表終於將佛蘭德斯轉變為一個安靜的鄉村：可愛的小農場、白色的農舍、美麗的廢墟，這一切或許可以激起英國老婦人的情懷，讓她們畫出最拙劣的水彩畫。但是，青草仍然會從老宅院中那些精心打磨的鵝卵石間冒出來，它們從未停止過生長。

後來，宗教改革運動發揮了重要的作用。經過一段短暫而尖銳的動蕩時期，佛蘭德斯還是摒棄了馬丁．路德教派，仍然忠於羅馬教廷。當它的北方的鄰居荷蘭獲得獨立之後，便很快封閉了老對手的最後一個港口，於是安特衛普與歐洲隔絕了，而整個比利時也從此進入了一個漫長的冬眠期，直到詹姆士．瓦特的飢腸轆轆的蒸汽機難以得到滿足，世人才想起比利時豐富的自然資源，又將它從冬眠中喚起。

隨後外國資本迅速地流入了默茲河谷，這裡有著豐富的煤礦，在不到二十年的時間裡，比利時已經成爲歐洲領先的工業國之一。就從那時開始，這個國家的瓦隆人地區或者法語地區（布魯塞爾以西）開始繁榮起來。雖然它只有全國百分之四十二的人口，但它卻很快成爲全國最富饒的地區。與此同時，佛蘭芒人卻成爲半受奴役的農民階級，

形成中的煤

文明家庭的客廳絕對不允許講佛蘭芒語，他們的語言只能在廚房和馬廄裡聽得到。

雖然國際會議曾被人們認爲可以一勞永遠地解決爭端，穩定和平（就像一個世紀前的凡爾賽會議），但是，一八一五年的維也納會議卻又進一步將事情複雜化。會議認爲，應該將比利時與荷蘭合併爲一個單一的王國，從而可以出現一股強大勢力與法國抗衡。

這場奇特的政治聯姻終於在一八三十年宣告結束，這是因爲比利時人起來反抗荷蘭人，而法國人（如預料的那樣）衝過來幫助比利時人。聯盟國家（總是稍遲一步）也進行了干預，於是科堡王室的王子、英國維多利亞女王的叔叔（利奧波德一世，比利時國王。他是一位十分嚴肅的紳士，對親愛的小侄女有著非常深刻的影響）被擁爲比利時國王。他那時剛剛拒絕了希臘人的類似的擁戴，並對此選擇沒有任何後悔，因爲這個新王國最終還是獲得了勝利，雖然斯海爾德河的河口仍然在荷蘭人手中，但是安特衛普卻再度成爲西歐最重要的港口之一。

接下來，歐洲列強正式宣布比利時爲「中立國」，但是利奧波德國王（王朝奠基者的兒子）非常聰明，對這種「請勿踐踏草坪」之類的紙上協議不抱任何幻想。他努力要使自己的國家擺脫那種仰人鼻息，靠周邊強國的恩惠才得以生存的三流小國地位。當一位名叫亨利．斯坦利的紳士從非洲中部歸來時，利奧波德國王盛情邀請他到布魯塞爾來，他們的會晤就產生了國際非洲協會，這個協會使比利時成爲現代世界最大的殖民強國之一。

比利時地處北歐最繁榮地區的中心，地理位置優越，所以它今天所面臨的問題不再是經濟問題了，而是民族問題。在基礎教育、科學和文化發展等方面，比利時第一大民族佛蘭芒人已經迅速地趕超上了第二大民族——講法語的瓦隆人。佛蘭芒人一直在爲爭取國家政權而鬥爭，因爲他們在王國建立以來就失去了應得的國家管理權。他們堅持要求佛蘭芒語與法語絕對平等。

這個問題的討論到此爲止。因爲，它使我感到困惑：我不明白爲什麼事情會發展到這一地步。佛蘭芒人與瓦隆人有著共同的種族起源，共享將近二千年的共同歷史，可是他們卻像貓和狗一樣，不能和平共贏。

在下面的有關章中，我會談到瑞士人，他們講四種語言——德語、法語、義大利語和列托－羅馬語（這是一種奇怪的羅馬方言，只在恩加丁山區才得以完整保留），可是他們卻和睦相處，沒有什麼根本矛盾。民族矛盾總有原因，但是我承認，它超出我的理解能力之外。

第六章　盧森堡

——歷史的玩笑

在談到瑞士之前，我還要爲一個奇特的獨立小諸侯國留點兒筆墨，那就是盧森堡（小城堡的意思）。這個小諸侯國如果不是在世界大戰的最初的日子曾經扮演過一個重要角色，直到現在它仍可能默默無聞。這個諸侯國擁有二十萬人口，當它還是比利時的天主教行省時，他們的祖先就居住在這附近了。在中世紀，這裡一度具有舉足輕重的意義，因爲它的首府被認爲是當時世界上「最堅不可摧」的要塞之一。

由於它的重要性，以及法國和普魯士之間的長期不和，它們曾爲這塊土地的所有權爭吵不休，最後一八一五年的維也納會議作出決定，允許這塊土地作爲一個獨立的小公國存在，並指定荷蘭王室爲其直接統治者，以補償他們喪失在德國人手裡的領土。

十九世紀這個小公國又先後兩次差點兒成了德國和法國之間進行戰爭的藉口。爲了避免類似的糾紛，這個大城堡終於自動解除防禦設施，正式宣布爲「中立國」——和比利時一樣。

當（第一次）世界大戰爆發時，德國人為了滿足其對領土的貪欲，撕毀了這個中立條約，因為他們要假道法國東北部的大平原長驅直入，而不想冒險從法國西部像茶杯一樣陡峭的險峻要塞進入法國。於是，直到一九一八年，盧森堡才從德國的鐵蹄下解放出來。即使在今天，這個小公國也沒有完全脫離險境，因為它有相當數量的鐵礦。目前，這個小公國的貿易是受到比利時的一項協議保護的。

第七章　瑞士

——四個不同語言的民族的統一國家

瑞士人一貫稱自己的國家為海爾維第聯邦，在瑞士二十二個獨立的小共和國（這些小共和國的代表常常聚在首都伯爾尼共商國是）的錢幣和郵票上，還常常出現一個不很美的婦女形象，她就是海爾維第。

在（第一次）世界大戰期間，由於這個國家大部分人（瑞士有百分之七十的人講德語，百分之二十的人講法語，百分之六的人講義大利語，還有百分之二的人講列托－羅馬語）多多少少傾向於德國（雖然還是小心翼翼地保持著中立），一個名叫威廉．特爾（瑞士的傳奇英雄，是為政治和個人自由而奮鬥的象徵）的理想化的青年英雄人物漸漸地取代了那個海爾維第女神。我不得不遺憾地說，這個在英格蘭維多利亞中葉由著名藝術家創作出來的女詩人形象，第一眼看上去非常像不列顛女神。錢幣與郵票頭像的更迭（這種現象不限於瑞士，幾乎每個國家都有類似的問題）清楚地表明了瑞士共和國的雙重本性。但是，對於其他國家，這一切都無關緊要。瑞士對我們這些非瑞士人來說，只是一個風景如畫的山地之國，這正是我在這一章要重點介紹的。

阿爾卑斯山從地中海伸展到亞得里亞海，其長度幾乎是大不列顛的兩倍，面積幾乎與大不列顛相等。這片土地有一萬六千平方英里屬於瑞士（與丹麥面積一樣大），其中有一萬二千萬平方英里的土地上覆蓋著森林、葡萄園或者小塊的牧場，可以種植多種農產品，另外還有四千平方英里的土地是由湖泊覆蓋著或者由壯麗的懸崖峭壁組成。其結果是，瑞士每平方英里只有二百五十人，而比利時爲六百五十五人，德國爲三百四十七人，挪威爲二十二人，瑞典爲三十五人；但是，不要以爲瑞士只是一個巨大的山區療養地，除了旅館就是遊客。瑞士除了生產乳製品，還把阿爾卑斯山與圖勞山之間廣闊的北部高原變成歐洲最繁盛的工業區之一，而且它只需要藉助於很少的原料。這個國家當然有相當豐富的水力資源，另外它還處於歐洲心臟部位的有利位置。這就使得海爾維第共和國的製成品平穩地、源源不斷地輸送到十幾個周邊國家。

我在前面一章提到，像阿爾卑斯山和比利牛斯山這樣巨大而複雜的山系是怎樣形成的。我當訴你拿出六條乾淨的手帕，將它們展平並一條一條地摞起來，然後，把它們團在一起，觀察這種團壓結果造成的褶皺、折痕和壓跡。你進行實驗的這張

瑞士

桌子就是地基或者是花崗岩地心（有著上千萬、上億年的歷史），在那上面較爲年輕的地層在幾百萬年時間中緩慢地折疊，形成了奇形怪狀的尖頂，再經過幾百萬年的風霜雨雪，才演變成今日形狀和景觀。

這些巨大的褶曲，高達一萬英尺甚至一萬二千英尺，逐漸被銷蝕成一系列平行的山脈。在瑞士的中心（即哥達山口的安德馬特村），它們聚集成一條巨大而複雜的山系（所謂的哥達山系），於是萊茵河從這裡被傾入北海，羅訥河從這裡被送往地中海，並且也造就了這樣一些山河，它們滋養著北部圖恩、盧塞恩和蘇黎世附近的大小湖泊以及南部著名的義大利湖泊群。正是在這遮天蔽日的冰川、峭壁與深谷附近，在這高山積雪、山澗激流與冰川寒水之間，誕生了瑞士共和國。

這又是現實政治與特殊的地理環境的結合，使得這個國家得以尋求獨立與自主。這些半開化農民世代居住在難以逾越的深山幽谷之中，大約有一千多年的歲月裡，他們強悍的鄰居從來沒有侵擾過他們。如果沒有外辱，又何必高舉帝國的驕傲旗幟呢？充其量不過就從這些野人手裡搶走兩張牛皮。但是，這些野人可是極其危險的，他們擅長游擊戰，還

山口

會把巨大的鵝卵石從山頂推下來，砸在盔甲上如撕破一張羊皮紙一般。出於這樣的原因，這些瑞士人就被看成和北美洲阿勒格尼山（北美阿巴拉契亞山系西北部的分支）後面的印第安人一樣，被外面的世界徹底遺忘了。

但是，隨著天主教教皇勢力的不斷擴大，又由於在十字軍東征期間義大利商業貿易激增，歐洲北部迫切需要一條從德國直達義大利的便利通道，以便避開聖伯納山口（這條經日內瓦湖從里昂到羅訥河河谷的商道要繞很長一段彎路）或者布倫納山口，這意味著人們必須經過被哈布斯堡家族把持著的領地，然後繳納幾乎難以承受的關稅才可通過。

就在這個時候，翁特瓦爾登、烏里和施維茨三個森林州（瑞士獨立小共和國和地區的名稱）的農民決定聯合起來各出一點兒錢（天知道，他們並沒有多少錢），修築一條從萊茵河流域到提契諾河流域的道路。他們從山石中開鑿道路，當岩石太堅硬，無法用手鎬來搬時（從山中開鑿道路卻沒有炸藥！），他們就用木頭做一些狹窄的裝置，從峭壁上吊下來搭上木棧道，繞過那些障礙。他們還在萊茵河上建了幾座原始的石橋，只是它們除了在盛夏可以步行，在其他時間是無法通過的。他們還循著查理曼大帝在四百年前派人勘察但是沒有修築的路線，修復了一部分未完成的道路。就這樣，到了十三世紀末，一位商人帶著騾隊可以從巴塞爾經由聖哥達山口直抵米蘭，而不必再擔心他的騾子會折斷腿或被山石所擊中。

早在一三三一年，人們就聽說在聖哥達山口有教會僧侶辦的客棧，雖然它直到一八二十年才開始向商人開放，但是這裡很快成爲南北商道中最熱鬧的一條路線。

當然，翁特瓦爾登、烏里和施維茨的善良的人們雖然付出了千辛萬苦，但他們只得到微薄的回報。這一份穩定的微薄收入，再加上這條國際商道對盧塞爾和蘇黎世這些城市所帶來的促進作用，都使這些小農業國獲得了一種獨立的全新感受。這種獨立感影響了他們公開反抗哈布斯堡家族。有趣的是，後者也有瑞士農民血統，只是他們在任何一本族譜中從不提起這一事實。哈布斯堡的族譜就保存在他們的老家哈比希茨堡（Habichtsburg-Hawk's nest，意即「鷹巢」），這個城堡就坐落在阿勒河與萊茵河的匯合點附近。

很抱歉，我所講的這一切都很乏味。但是，正是從阿爾卑斯山繁忙的國際商道中得來的這筆實實在在的收益，而不是那個神話中的威廉·特爾的勇敢，爲現代瑞士共和國的發展奠定了基礎。這個共和國是一個極其有趣的政治實驗品，因爲它牢固地建立在世界上最有效的「基礎教育」系統之上。這一套政治體制運行得如此順利而又有效，以至於如果你問一位瑞士公

穿越天險

民，誰是他們的總統，他們還不得不想一會兒才能回答出來。因爲，他們的國家是由類似於委員會的聯邦議會進行管理，議會由七名成員組成，每年推選一位新總統（通常由前一年的副總統擔任）。按照傳統，而並非法律，每任總統來自不同的地區，如第一年來自德語區，第二年來自法語區，第三年來自義大利語區，依此輪流下去。

瑞士總統與美國總統大不一樣。他只不過是聯邦議會的臨時主席，而聯邦委員會則通過七位成員的意志對國家進行管理。總統除了要主持聯邦會議外，還兼任外交部長。總統的地位是如此無足輕重，甚至都沒有固定的官邸，沒有瑞士的「白宮」。當需要款待貴賓時，宴會就得在外交部舉行。這些宴會就像是小山村裡的節日聚會，根本不像法國總統或美國總統舉辦招待會所應有的那種隆重盛大的場面。

瑞士行政管理體系太複雜，在此無法詳述。但是，到阿爾卑斯山的這面來訪問的人經常會發現，不論哪一個地方都有一個睿智而誠實的人始終在進行監管，看看事情是不是睿智而誠實地做好了。

讓我們再來看看這裡的鐵路運輸。當然，這項工作困難重重。兩條縱貫瑞士阿爾卑斯山的大幹線將義大利與北歐連接起來。塞尼斯山隧道連接著巴黎、第戎、里昂與都靈（薩瓦公國的古都）。布倫納鐵路線則在德國南部與維也納之間提供了一條直接的交通線，而且這條跨越阿爾卑斯山的鐵路線沒有開鑿任何隧道。然而，辛普朗鐵路線與聖哥達線不僅要穿隧道，還要爬山。聖哥達線是這兩條鐵路線中較早的一條，一八七二年就開始修建，十年之後才建成通車，其中用了八年的時間去開挖那條長達9.5英里、海拔高度達四千英尺的隧道。比這條隧道更值得一提的是從瓦森到格舍切的螺旋隧道。由於那裡的山谷太狹窄，甚至於無法鋪設單軌，所以鐵路線不得不從大山中間穿越過去。除了這些特殊的隧道外，這條鐵路線上還有五十九條其他的隧道（其中幾條長達一英里）、九座高架橋以及四十八座普通橋樑。

第二條重要的穿越阿爾卑斯山的幹線是辛普朗線。這條鐵路線從巴黎開始，經由第戎、洛桑、羅訥河流域以及布里格，直達米蘭。這條鐵路在一九〇六年正式通車，恰好在拿破崙的辛普朗公路完工的一百年後。那條著名的辛普朗公路包括二百五十座大型橋樑和三百五十座小型橋樑以及十條隧道，是當時世界上最浩大的道路建設工程。與聖哥達鐵路線相比，辛普朗線的工程就容易建造得多。它首先沿著羅訥河谷緩緩上升，直抵海拔二千英尺高的那座隧道的開端。這條隧道長達12.5英里，鋪設雙軌。勒奇山隧道也是雙軌（長九英里），它連接著瑞士北部與辛普朗線和義大利西部。

彭尼內山是這些山脈中最狹窄險要的，辛普朗線便由此經過。這裡環境極其複雜，在一片狹小的方形台地上有不下二十一座海拔高度在一萬二千英尺以上的山峰，還有一百四十座冰川造成的湍急的河流。這些激流有一個習慣，它們常常在一列國際列車到達前幾分鐘沖毀鐵路橋樑，但這些意外的水患卻從沒有造成車毀人亡的重大事故，這高度說明了瑞士鐵路工人的高效。正如我前面所說，在這個有些僵硬、有點兒官僚主義的共和國，什麼事情都不會聽天由命。由於這裡生活太艱苦，又危險，因此「得過且過」之類的溫和人生哲學在瑞士很不受歡迎。不論在什麼地方，在什麼情況下，總有人在監察、注視、小心地守護著一切。

然而，這種中學校長式的高效性與準確性的傳統卻無法創造出藝術的輝煌。這是眾所周知的事實。在文學藝術的天地裡——無論是繪畫、雕塑還是音樂——瑞士人都不曾有任何建樹。但是，我們的世界中已有太多的「藝術」國度，卻只有極少數國家能夠自詡穩定地保持著政治與經濟的增長與發展；而且，這種體制能夠使每一個瑞士家庭都心滿意足、洋洋自得。我們對此還能苛求什麼呢？

第八章　德國

——最後才建國的國家

爲了方便閱讀起見，我將歐洲各國按照民族與文化的不同，進行了劃分。在前面的章節，我已經介紹過一些羅馬的殖民地國家，即使在它們獨立之後還依稀可見羅馬文明的影子。

確實，羅馬也曾占領過巴爾幹地區。當時，那裡至少有一個國家（羅馬尼亞）保留了拉丁語作爲官方語言；但是，中世紀蒙古人、斯拉夫人和土耳其人的入侵，把這裡的一切羅馬文明的痕跡都摧毀了，所以把那些巴爾幹國家包括在目前的討論範圍之內顯然是錯誤的。因此，我現在要跟地中海沿岸的國家告別，轉而講述另一種文明類型，它起源於條頓民族，並以北海及大西洋爲中心逐漸發展起來。

在法國一章已講過，這一地區有一片廣闊的半環形平原，它從俄羅斯的東部山地（第聶伯河、德維納河、涅瓦河及伏爾加河的發源地）一直延伸到比利牛斯山脈。在日耳曼部落開始進行那次神秘的西移時，這片大平原的南部是歸羅馬人統治的；平原的東部也曾被斯拉夫游牧民族占領過，這些斯拉夫人剛被趕盡殺絕，馬上又冒了出來，並迅速壯大，他們就像澳大利亞的兔子一樣屢打不絕。當飢餓的條頓人闖進這片大平原時，剩下的是一片廣闊的方形地區——東起維斯瓦河，西達萊茵河三角洲，北抵波羅的海，而南部羅馬人築起的堡壘則提醒著所有新來的人：不要踏入「禁區」。

這一地區西部多是山區。首先是萊茵河西岸的阿登高原和孚日山脈，然後由東向西依次是黑森林、蒂羅爾山脈、厄爾士山脈、里森格勃格山，最後是幾乎延伸到黑海的喀爾巴阡山脈。由於山勢的走向，這裡的河流都向北奔流。從西向東爲序，首先是萊茵河。它是無數歌曲和傳說中的題材，是所有河流中最富詩情畫意的一條河流，沒有哪一條山間小河能夠像萊茵河那樣，使人們不斷地爲之征戰，爲之流血流淚。然而，萊茵河確實只是一條很普通的河流，因爲亞馬遜河的長度就有它的五倍，密西西比河與密蘇里河的長度是其六倍，甚至在我們美國根本算不上數的俄亥俄河也比萊茵河長五百英里。萊茵河以東是威悉河，威悉河河口之上就是現代化城市不來梅。再向東是易北河，這條河流造就了今日的漢堡。接下來是奧得河，它使什切青城有了今天繁榮的風貌，這是柏林城及其工業腹地的出口港。最後是維斯瓦河和但澤（今波蘭港口城市格但斯克）港，它是一個自由港，由國際聯盟任命的一位特派員進行監管。

幾百萬年前，這片土地被冰川覆蓋著，當冰川退卻之後，它們在這裡留下了大片沙石荒原，以及向著北海和波羅的海方向無限延展的沼澤。漸漸地，北部的沼澤逐漸發展出一條沙丘帶，這些沙丘從佛蘭芒海岸一直延伸到臨近俄羅斯的普魯士故都柯尼斯堡。一旦這些沙丘擴張，沼澤就享受一定的保護，便不再受到海潮的侵襲，這就意味著植被的出現，於是土壤漸漸適宜生長樹木，森林就出現了，就是這些古老的森林後來又成為泥炭礦藏，為我們的祖先提供了非常優質的燃料供應地。

這片平原的西北邊界北海和波羅的海，都被冠以「海」的名稱，其實完全是名不副實，它們實際上只是兩個巨大的淺池而已。北海的平均深度只有六十英尋（一英尋等於六英尺），其最深處還不過四百英尋，波羅的海深度不超過一百英尋，而大西洋平均深度為二千一百七十英尋，太平洋則為二千二百四十英尋。這些數據向你表明，你可以把這兩片海洋想像成下沉的山谷。地球表面只要稍稍隆起，這裡就會再一次變成乾燥的陸地。

現在讓我們看一看德國的陸地地形圖。不但是看現代地形圖，還應回到人類隨著冰川退卻的足跡進入這裡永久定居的年代，看看那時的地形圖。

這些早期的移民是野蠻部落。他們主要靠狩獵和種植一點點穀物為生。但是，他們卻有一種極強的審美感以及對美的執著的追求。當他們的本土缺少用以裝飾的金銀時，他們就不惜長途跋涉到外面去尋找。

下面的敘述可能會讓很多讀者感到吃驚。但是，這是千眞萬確的。所有原始的商道都是奢侈品的貿易通道。世界上早期的民族衝突也都源於對奢侈品的爭奪。就是那些深入到神秘的波羅的海沿岸去尋找琥珀的商人，使羅馬人了解到北歐地理概況的，而他們尋找的這種石化的樹脂不過是用來給羅馬貴婦們做頭飾的；那種堅硬的石灰石凝塊有時可以在牡蠣殼中找到，婦女們用此物來吸引別人注意她們耳朵可愛的曲線和手指的柔美與纖巧，對它們的渴求比任何理由都更有力地激發了人們去太平洋和印度洋探險航行，並因此作出更多的地理發現。與對奢侈品的需求相比，甚至那種促使許多虔誠的人要把《福音書》帶給異教徒的動力都顯得不足爲道。

爲了獲得龍涎香（可以在抹香鯨內臟找到，因此導致了對那種可憐的鯨類的瘋狂捕殺），更多的船隻湧向巴西、馬達加斯加和摩鹿加群島，其數量比捕撈鮭魚、沙丁魚或者任何其他食用魚類的船隻都要多。因爲龍涎香可以用來製作香水，用它製作的香水散發著鮮花般的芳香，別具異國風味，與之相比，食用魚只不過是食用魚，毫無情趣可言。

這一時尚的轉變使十七世紀的婦女都要在長裝裡面穿上讓人看不出的緊身衣（十二道菜的宴席太影響身段美了），這就使人類大大增加了對北冰洋的認識。一旦巴黎決定帽子上要有白鷺羽毛做裝飾時，那些捕獵者

德國

爲得到那種羽毛便深入到美國南方的環礁湖中追殺白鷺（這些獵人毫不考慮此舉意味著一切造物中最可愛、最高貴的一種鳥類絕種），他們深入的地區已遠遠超出了從前爲謀生到過的範圍。

這種例子不勝枚舉。物以稀爲貴，此類稀有物品都可能成爲一部分富人追求的目標，他們常以鋪張擺闊來炫耀自己的富有，引起周圍不那麼幸運的人的羨慕。自從人類歷史開始以來，就是奢侈品而不是必需品引導著人類探險的腳步。當我們仔細研究史前德國的地圖時，我們依然能夠追蹤那些古老的奢侈品貿易通道，因爲當時的大部分商道直到中世紀甚至現代仍在發揮著同樣的作用。

想想大約三千年前的情景。南部的山脈——哈茨山、厄爾士山和里森格勃格山——都坐落在距離海洋幾百英里以外的地方，向北延伸到北海和波羅的海的大平原，早已經由沼澤變爲乾燥的陸地，出今天又被茂密的森林覆蓋著。冰川漸漸向斯堪的納維亞半島與芬蘭方向退卻，隨之而至的人宣稱這莽莽荒野都要歸他所有。居住在南部山區山谷中的部落已經發現，如果他們砍伐樹木然後賣給占據著萊茵河與多瑙河戰略要點的羅馬人，就會得到合理的報酬。至於其他的條頓民族，不論是游牧人還是農夫，很少有人見過羅馬人。有一支羅馬探險隊曾經試圖深入到這個國家的腹地，但是這些探險者在一條黑暗的浸滿水的山谷中遭到伏擊，被殺得無一倖免，所以從此再沒有人敢進行第二次嘗試。然而，這並不意味著德國北部與外界就完全斷絕了聯繫。

史前時代那條重要的東西方商道從伊比利亞半島開始，沿著從比利牛斯山到巴黎的路線，直伸向俄羅斯大平原，穿過法國的普瓦提埃和圖爾河谷，這一點我在前面講「法國」的那一章已經提到。這條商道繞過德國境內的阿登高原，循著中歐高原的外延向前推進，一直到達現在蘇聯境內的北歐低地。這條商道在向東的行程中，有許多條河流阻止它，但它總能找到一個水淺的河段跨過去。正像羅馬是在台伯河淺水處發展起來的一樣，德國北部的許多早期城鎮也是那些史前時代或者古代人類聚居點的延續。今天熙熙攘攘的火車站和百貨商場也許恰好正是當年人類早期的居民點。漢諾威、柏林、馬格德堡和布雷斯勞（今波蘭西南城市弗羅茨瓦夫）這些城市都是在史前的原址上發展起來的。萊比錫儘管起初只是一個坐落在斯拉夫大地中央的小村落，但是它也曾是古代歐洲的商貿中心之一。因爲這裡聚集了從薩克森山區採來的礦物，如銀、鋁、銅和鐵，它們在這裡匯集之後再沿河順流而下，賣給那些在歐洲商道上南來北往、川流不息地做生意的商人們。

這條商道一經到達萊茵河後，陸路運輸的商隊就開始面臨來自水上運輸船隊的激烈競爭。水上運輸比陸地運輸更便宜更方便。早在凱撒發現萊茵河之前，這條大河上就早已有許多專門從事貨物運輸的木筏。他們從斯特拉斯堡（萊茵河在這裡與弗克蘭、巴伐利亞和符騰堡的內陸貿易區相連接）將貨物運往科隆，並由此到達低地國家甚至不列顚諸島。

柏林與耶路撒冷相隔很遠，但是這兩個城市都遵循了將城市建立在重要商道的交叉點上這一地理原則。耶路撒冷坐落在從巴比倫到腓尼基的商道與從大馬士革到埃及的商道的交叉點上。在猶太人聽說這個城市很久以前，它就已經是一個重要的商貿中心了。柏林建立在河畔，橫跨歐洲大陸的東西商道與西北到東南（從巴黎到彼得格勒，從漢堡到君士坦丁堡）的商道恰好在這裡匯合，於是柏林就成爲第二個耶路撒冷。

在整個中世紀，德國都包括無數個半自治的小公國，但是在三百年以前，還沒有跡象表明有朝一日這塊歐洲大平原的西部會成爲世界大國。有趣的是，現代德國幾乎就是從十字軍運動失敗中成長起來的。當人們肯定，西亞已經再沒有新領土可以被征服（穆斯林最終證明了自己完全可以與基督徒匹敵），沒有繼承權的歐洲人就開始尋找其他農業財富的來源。他們十分自然地就想到了正好坐落在奧得河與維斯瓦河之上的斯拉夫大平原，那裡居住的是野蠻的普魯士異教徒。有一個十字軍運動團一股腦兒地從巴勒斯坦搬到了東普魯士，把他們的商業中心從加利利的阿卡遷移到但澤以南三十千米處的馬爾堡。此後的二百年間，這些十字軍騎士們一直在與斯拉夫人作戰，這些來自西方的貴族和農夫霸占了那些可憐的斯拉夫人的田園。一四一〇年，他們在坦能堡慘敗於波蘭人之手，一九一四年，在這同一個地方，興登堡（德國元帥，總統）率軍殲滅了俄國軍隊。然而不管怎樣，那些十字軍騎士還是在此地倖存了下來，當宗教改革運動爆發時，他們仍然是一支相當重要的力量。

當時的情況是，這個十字軍正好由一位霍亨索倫家族的成員領導，這位大公不僅加入了新教一方，還在馬丁・路德的建議下，宣布自己爲世襲普魯士公爵，定都但澤灣的柯尼斯堡。十七世紀初，這個公國又落到了另一支勤奮而精明的霍亨索倫手中。這些霍亨索倫們從十五世紀中葉開始就一直統轄著勃蘭登堡那片荒涼的沙地。一百年後（即一七〇一年），這些霍亨索倫們感到自己已經足夠強大，應該有資格獲得比「選帝侯」（德國有權選舉神聖羅馬帝國皇帝的諸侯）更高的稱號了。於是，他們開始積極活動，想讓自己被承認爲國王。

神聖羅馬帝國的皇帝對此願意承認。自古以來，同類不相殘，布斯堡王朝很願意爲自己的好朋友霍亨索倫家族幫個小忙。一八七一年，普魯士國王霍亨索倫七世成爲統一德國的第一任皇帝。四十七年之後，普魯士的第九位國王、現代德國的第三任皇帝被迫離開皇位和家園，霍亨索倫家族龐大的持股集團終於垮台了。但是，這個由十字軍的殘兵敗將組成的國家已成長爲資本主義工業時代最強大最有效率的泱泱大國。

現在，一切都成爲過眼煙雲。最後一個霍亨索倫正在荷蘭伐木。但是，我們不得不承認，這些前蒂羅爾山山民的確具有驚人的才幹，或者至少聰明得足以組織起一批具有非凡才能的人爲他們服務。要知道，他們的故土根本就沒有任何天賜的財富。普魯士大地從來只有農田、森林、沙地和沼澤，這裡也沒有什麼可以出口的產品，而出口是所有國家獲得貿易順差的唯一辦法。

後來，當一個德國人發明甜菜製糖法之後，情況稍有改善。但是，由於蔗糖仍然比甜菜糖便宜許多，而且蔗糖可以從西印度群島進口，因此這意味著不論是普魯士人還是勃蘭登堡人都依舊寒酸拮据。然而，當拿破崙皇帝在特拉法爾加損失了他的海軍之後，決定用「反封鎖」的辦法來摧毀英國時，普魯士的甜菜糖變成歐洲人大量而且持續增長的需求。同時，德國化學家發現了鉀鹼的價值，既然普魯士的鉀鹼儲量巨大，那麼這個國家也終於開始了一些出口產品。

當時的霍亨索倫家族是幸運的。拿破崙戰敗之後，他們獲得了萊茵河地區。起初，這一地區並沒有什麼特殊的價值，直到工業革命對那些擁有鐵、煤的國家予以極大的眷顧時。當時，普魯士意外地發現自己擁有儲量豐富的煤礦和鐵礦。這個五百年的貧困戶總算翻身了！過去，貧困教育了德國人要認眞和勤勉，現在，它又告訴德國人怎樣大量生產和廉價銷售。當陸地再也無法爲這個小小的條頓民族的迅速膨脹提供充足的活動餘地時，他們便向海洋發展。在不到半個世紀的時間裡，他們已經成爲依靠海洋運輸業收入最多的國家之一了。

在發現美洲、大西洋成爲重要貿易通道之前，北海還是文明世界的中心時，漢堡和不來梅曾發揮過非常重要的作用，現在這兩個城市又恢復了生命力，嚴重威脅著倫敦和其他英國港口的獨一無二的顯赫地位。一八九五年，波羅的海和北海之間開鑿的可通行大型船隻的運河——基爾運河開通了。運河網還將萊茵河、威悉河、奧得河、維斯瓦河、美因河、多瑙河連接起來，使北海與黑海之間可以直接通航，柏林則有一條到什切青的運河可以直達波羅的海。

人類只要充分運用自己的智慧，就能保證讓大多數人過上比較體面的生活。在世界大戰之前，普通的德國的工人和農民雖然算不上富裕，而且還受著嚴格的紀律約束，但是與其他國家同一階層的人相比，他們卻吃得更好，住得更好，而且更加有社會保障和醫療保障。

所有這一切都隨著世界大戰的不幸結局而化爲烏有。這是一個悲劇，但是它不屬於本書要討論的範疇。由於德國戰敗，它失去了五十年前取自法國的繁榮的工業區阿爾薩斯和洛林（這兩個地區是一八七〇—一八七一年普法戰爭後戰敗國法國割讓給德國的，第一次世界大戰後又由法國收回），失去了全部的海外殖民地，失去了商船隊，還失去了一八六四年戰爭後從丹麥人手中奪來的石勒蘇益格－荷爾斯泰因州的一部分。另外，數千平方英里的前波蘭領土（已被德國徹底同化）也從普魯士劃走並歸還給波蘭。於是，這片沿著維斯瓦河從托倫到格丁尼亞和波羅的海的寬闊的長條地帶又重新置於波蘭王國的統治之下，這個國家又可以直接通向海洋了。十八世紀腓特烈大帝從奧地利搶來的西里西亞的一部分土地留給了德國。但是，許多寶貴的礦藏已經割讓給波蘭，儘管紡織業還由德國控制著。

至於其他方面，德國被剝奪了五十年中搶來的一切，它在亞洲和非洲的殖民地也被其他國家重新瓜分了，那些國家已經擁有太多的殖民地，甚至都沒有更多的人口可以向殖民地輸送。

從政治角度看，《凡爾賽和約》可能是一個完美的條約，但是從應用地理學的觀點看，它卻使人對歐洲的未來感到絕望。我以爲，那些持懷疑論的中立國家想給英國首相勞合·喬治和已故的克列孟梭（法國第三共和國總理）先生每人一本《基礎地理手冊》並沒有什麼錯。

第九章　奧地利

——無人祝福的國家

多瑙河——它的河水不是藍色的，而是灰色的——裹著泥漿，滾滾東去，辜負了那首著名的圓舞曲所賦予它的美名。河畔曾經了不起的古老城鎮正在緩慢地死去，那些心灰意冷的老人在往日光榮的廢墟中漫無目的地打發剩下的時光，年輕朝氣的年輕人則奔向國外，在比較愉悅的環境中追求新的生活，而國內剩下的年輕人，因不堪窒息的生活而自殺。這就是目前的奧地利共和國。在它的大約六百萬的人口中，有二百萬人生活在擁擠的首都維也納。維也納這座曾經的快樂之都（那裡的人們以一種天眞幼稚漫不經心的方式，就可以使自己過上幸福生活）在今後的一百年裡，它的古老而重要的科學、醫學和藝術中心的地位將逐漸地衰敗下去，重蹈威尼斯的覆轍。它將從一個統領五千萬人口的大帝國的京都淪落爲一個僅僅依賴旅遊業爲生的單純的村落。除了爲那些從波希米亞和巴伐利亞向羅馬尼亞和黑海運送貨物的船隻提供停泊碼頭之外，維也納再無任何存在的價值了。

奧地利的歷史可以追溯到古代多瑙河君主國時期。「多瑙河君主國」這個名字既反映了這個國家的性質，又泄露了它的野心。時過境遷，而今這個曾盛極一時的大帝國，在地理學意義上，已經變得極其複雜。它被歷史以一種任意的方式拆卸得面目全非，但是這個昔日的奧匈帝國卻是一個完美的範例，它以其自身的榮衰興亡，生動地說明了自然環境是如何影響中央集權國家的形成。讓我們暫時將邊界問題放在一邊，來看一下這個地區的地理概況。

奧地利幾乎正處於歐洲大陸的心臟部位，與義大利的腳尖和丹麥半島的鼻尖近乎同樣的距離。這是一塊遼闊的大平原，它西靠蒂羅爾山和瑞士的阿爾卑斯山，北接波希米亞的厄爾士山、里森格勃格山和喀爾巴阡山，坐落在崇山峻嶺的懷抱之中。多瑙河從喀爾巴阡山脈深處流出，隔開了南部的特蘭西瓦尼亞山與巴爾幹山。狄那里克阿爾卑斯山就像一道天然的屏障，為身後的大平原遮擋著來自亞得里亞海的寒風。

當初奧地利建國者的手中並沒有像今天這樣完備的地圖，而且他們的地理知識也是微不足道的，但是就像美國西部的拓荒者一樣，這批中世紀的征服者僅憑著本能和「當下可行」的原則，就占領了如此廣闊的土地。當然，大自然會為這種征服和占有的後果埋單，到那時人類不論如何聰慧狡黠，也要聽從自然的安排。

在公元一千年以前，匈牙利大平原是一個無人之境，許多部落從黑海向西沿著多瑙河進入這一地區，但是都沒有能夠在此確立起自己的穩定統治。查理曼大帝在與東方斯拉夫民族的長期戰爭中，在這裡建立了一塊東部歐洲的「邊境」。這塊「邊境」標誌著一個將最終統治這個部分的土地的公國的誕生。儘管它還不斷地受到匈牙利和土耳其人的侵擾（維也納最後一次遭到土耳其人圍攻的時間要比哈佛大學建校時間還晚得多），但是在巴奔堡家族（十～十三世紀奧地利的統治家）和瑞士的哈布斯堡家族的強大保護和有效治理之下，奧地利公國總能逢凶化吉，巍然屹立。後來，這個彈丸之地的統治者們居然還將自己推舉爲神聖羅馬帝國的皇帝，但他們這個所謂的神聖羅馬帝國既不神聖，又非羅馬，自然也算不上什麼帝國，只不過是一個由德國語種的民族組成的鬆散聯邦而已。這個帝國一直「神聖」到一八〇六年，這一年拿破崙這位無產者將神聖羅馬帝國的徽章扔進了歷史的垃圾堆，而把皇冠加在自己的頭上。

此後，這塊土地並沒有就此沉寂，甚至在故土不保的情況下，那個不是太聰明但不失爲頑固的哈布斯堡家族竟然還對德國的蛋糕垂涎三尺，想在這塊大蛋糕上切一塊下來。不過他們的美夢在一八六六年被徹底粉碎了——普魯士人將他們趕回了老巢，並命令他們永遠待在那片他們所屬的大山裡面。

時至今日，這個由查理曼大帝確立的古老的東方邊鎮已經淪爲一個七流國家了。它被內部紛爭所摧殘，昔日的集權帝國四分五裂，沒有前途，沒有希望。它的大半國土只不過是瑞士阿爾卑斯山的餘脈，以及著名的蒂羅爾山脈的一小部分。蒂羅爾山的其餘地區曾一度是古羅馬帝國的一部分。在奧地利的山區中有兩個稍微重要的城鎮，一個是因斯布魯克，另一個是薩爾茨堡。因斯布魯克是古代從布倫納山口通往義大利的必經之路，這裡處處瀰漫著中世紀的氣息。薩爾茨堡因誕生了莫扎特這位音樂大師而舉世聞名，它也是歐洲最美麗的城鎮之一。至今，它還保持著活力，爲世人貢獻出優雅的音樂和戲劇表演。

奧地利的連綿山區和北部的波希米亞平原都不能出產任何有價値的東西，那個所謂的維也納盆地也是如此。當年，羅馬人在這塊盆地上建起一座叫做文多博納的軍營，就是今日的維也納了。著名的羅馬哲學家皇帝馬克·奧勒留在抗擊北部日耳曼平原的蠻族的多次入侵後，公元一百八十年，他打完最後一戰，就在這裡一命嗚呼，並使這個據點也多少沾上了一些名氣。然而這座城直到一千年之後，才初具城鎮規模。這主要歸功於中世紀的那次人口大遷移，即十字軍東征。由於這些夢想到東方聖地發財的人不想受到熱那亞和威尼斯船主的敲詐勒索，他們以維也納爲出發地，沿著多瑙河東進，一路打到當初上帝賜予亞伯拉罕的希望之鄉。

一二七六年，維也納被哈布斯堡家族占領，成爲他們一個廣袤領地的中心。他們的地盤最後一直擴展到前文提到的各個山脈之間的所有土地。一四八五年，匈牙利人又奪取了這座城市。土耳其人在一五二九年和一六八三年又兩次圍攻這裡。然而，維也納卻能夠從每一次戰亂中倖存下來。直到十八世紀初，它才由於一個政策性錯誤開始漸漸瓦解。這一政策將公國的每一處領土，不論重要與否，盡數委托給了純種的日耳曼裔貴族。統治者的權力太大，對於所有人都是異常嚴峻的考驗。那些溫和可親的奧地利騎士也無一倖免地變得更加溫和，甚至變得脆弱怯懦起來。

昔日的奧匈帝國，百分之四十七的居民是斯拉夫人，只有百分之二十五是日耳曼人，其餘是匈牙利人（百分之十九），羅馬尼亞人（百分之七），還有大約六十萬義大利人（百分之1.5）和大約十萬吉普賽人。這些吉普賽人主要集中在緊鄰匈牙利的地區，因爲只有在那裡他們多多少少還受點兒尊重。

君主和貴族們只有自覺自願地承擔起領導責任來才能長治久安，而當他們只要求享受「服務」而不盡責「領導」時，他們的末日就要到了。歐洲的其他君主們正在開始慢慢接受這個教訓時，統治奧地利的日耳曼主子們顯然沒把這些教訓放在心上。由於奧地利的軍隊在抵抗拿破崙的戰爭中屢戰屢敗，潰不成軍，憤怒的維也納人民就將那些高貴的公爵男爵們全趕出了城，讓他們回到自己的領地中，去過那種單調乏味、與世隔絕的生活。

自此而後，維也納的地理條件就開始發揮重要的作用了。隨著貴族的離去，商人和製造商漸漸崛起。從古代防禦工事中解放出來的維也納，則迅速地發展成爲東部歐洲最重要的商業、科學和藝術中心。

然而，世界大戰給了這座城市致命的一擊。轉瞬之間，它的繁華與榮耀化爲灰燼，和幾年前它還統治著的那個奧匈帝國已經沒有任何相似之處了。這個國家前途渺茫，徒有虛名。當法國拒絕將它併入德國時，奧地利人徹底絕望了。

它也可以拿來拍賣，但是誰會要它呢？

第十章　丹麥

——小國也可以比大國優越

丹麥在近代國家中是如此之小（只有大約三百五十萬人口，其中七十五萬住在首都），以至於按照現代國家的標準，如果數量比質量更能說明人的重要意義的話，我們大可不必介紹這個國家。但是，丹麥與那些斯堪的納維亞國家一樣，作爲將聰明才智應用於現實美好生活（即古希臘人智慧的最高境界——中庸之道）而由平淡變爲神奇的範例，值得我們特別關注並致以最崇高的敬意。

這個國家只有一萬六千平方英里的土地，缺少自然資源，沒有陸軍，沒有海軍，沒有礦藏，也沒有山脈（這裡沒有一處地方高於六百英尺），但是它卻能抵得上十二個面積更廣、志向更遠、軍國主義野心更大的國家（如果我感到有必要的話，我會提及這些國家的名字）。丹麥人民完全靠自己的努力將文盲率降至零，他們將人均收入提高至全歐第二位。而且，他們還從實際上消除了世界其餘地方普遍存在的貧富差別，達到了共同富裕的水平，這種現象在世界其他地方是看不到的。

看一眼地圖你就可以知道，丹麥是由一個半島和被遼闊的海灣所隔開的許多獨立的小島組成，島嶼之間是開闊寬廣的海峽，火車須由輪渡跨越海峽。這裡的氣候條件非常惡劣。整個冬季，強烈的東風橫掃著丹麥平坦的大地，帶來陣陣寒雨，迫使丹麥人也像情況與他們相似的荷蘭人那樣，大部分時間只能待在室內。這種環境養成了他們愛讀書的習慣，使他們成爲學識最廣博的民族，他們的人均藏書量也高於其他國家的居民。

然而，風雨也滋潤了這裡的牧場，使草原繁茂、牛群肥壯，使丹麥一國就可供應全世界百分之三十的黃油。在世界上其他國家，他們的土地都被那些四處遊蕩的富豪地主占有，而眞正民主的（不是政治上，而是從社會與經濟角度看）丹麥人就從不鼓勵大地主的發展。

現在，丹麥有十五萬獨立農場主經營著各自的小牧場，這些小牧場從十英畝到一百英畝不等，面積超過一百英畝的牧場

丹麥與挪威及瑞典的關係

全國只有兩萬個。每天運往國外的乳製品都是按鄉村農業學校講授的最現代化的科學方法進行生產加工，而這類農業學校只是全國中學義務教育體制的延續。黃油加工的副產品乳酪被用來餵豬，然後豬肉再經過腌燻，供應給英國市場。

因爲黃油和鹹豬肉貿易帶來的利潤遠遠大於種植穀物，所以丹麥人寧願進口糧食。他們這樣做既方便又省錢，因爲從哥本哈根到但澤只有兩天的輪船，而但澤是波蘭和立陶宛這兩個大糧倉的老出口港。這類進口的穀物部分又可用來飼養家禽，於是丹麥每年又有數以百萬的雞蛋出口到英倫諸島。

爲了維持出口農副產品近乎壟斷的地位，丹麥政府對所有出口產品都採取嚴格的管制，從而爲自己建立起了貨眞價實的聲譽，他們的品牌被認爲是絕對純正的保證。

正像其他條頓民族一樣，丹麥人也是不可救藥的賭徒。最近幾年裡，他們在金融與股票投機生意中的冒險使他們損失了無數錢財。當銀行倒閉後，孩子們、牛群和豬群依然如舊，於是他們又重新投入到他們的工作中。現在，他們唯一擔心的是周圍國家不斷劇增的破產率，因爲這會使火腿、雞蛋這樣的簡單飯菜也在逐漸成爲普通人可望而不可即的奢侈品。

丹麥的陸上城市都沒有多少重要性。在日德蘭（此乃半島舊稱，英國最早的居民就是由此而來）的西海岸有一個港口叫埃斯比約，它是丹麥絕大多數農產品的出口港，也是這一地區最古老的基督教中心之一。在發現美洲的四百年前，這一地區的許多人依然崇拜他們英勇的異教神祈。

橫亙在日德蘭半島和菲英島之間的是小貝爾特海峽（據說現在已有一個修建跨海大橋的計劃）。菲英島是波羅的海群島中的第一島，在這個島的中心（有牛群、豬群和孩子們）是歐登塞市（紀念奧丁神的地方），安徒生就誕生在這裡。他是一個貧病交加的製鞋匠的兒子，但是他卻爲人類作出了最偉大最慷慨的貢獻。

然後我們跨過大貝爾特海峽，到達昔日丹麥王國的中心——西蘭島。這個國家美麗的首都哥本哈根就坐落在開闊的海灣之濱，小小的阿邁厄島（它是首都的植物園），正保護著它免受波羅的海的驚濤駭浪的衝擊。海灣上就是哥本哈根這座美麗的城市，它是中世紀「商人的海港」（Merchant's Harbor）。

在九世紀和十世紀時，丹麥人統治著包括了今天的英格蘭、挪威以及部分瑞典的地方。那時的哥本哈根只不過是個小漁村，而距此十五英里的內陸城市羅斯基勒則是當時皇家官邸所在地，丹麥人就是在這裡統轄著那些遙遠的城鎮。而今，羅斯基勒已經沒有重要性，哥本哈根則一躍成爲重要城市，而且規模還在擴大，現在它接納的居民占全國的五分之一。

哥本哈根目前是丹麥王室所在地，當國王外出去游泳、釣魚或者順便買一包香煙時，幾名身著漂亮制服的警衛會隨侍在側。除此以外，你在這個國家不會看到什麼威武的閱兵式的。這個小國曾經經歷過最艱難、最激烈的戰爭，甚至在一八〇四年，它還長期抵抗過普魯士。最後，它自願廢除了陸軍、海軍，由一支小型國家警察替代原有軍隊，以維護其中立地位，並保護這塊彈丸之地能在今後的歐洲大戰中倖免於難。

這就是丹麥，一個走和平道路的獨善其身的國家。這裡的王室一直避免出現在較爲敏感的報紙的頭條，這裡很少有人有三件以上的大衣，可是也沒有人缺少衣服穿，很少有人有汽車，可是幾乎每個人，男人、女人、孩子，都至少有兩部腳踏車。如果你在午餐時間前想穿過丹麥的任何一條馬路，你就可以親身感受到此情此景。

在以野心和霸權爲榮的世界中，丹麥難以有所作爲；在以崇高理想爲榮的世界中，丹麥卻占有相當重要的地位。如果爲最大多數人謀取最大的幸福是所有政權應該追求的最終目標，那麼丹麥的所作所爲都足以證明，它足以維護其獨立國家的地位並萬古長青。

第十一章　冰島

——北冰洋上的政治實驗室

丹麥仰仗她那昔日鼎盛一時的大帝國，保存下來了幾塊海外殖民地，其中包括世界第六大陸格陵蘭島。這塊大陸似乎還蘊藏著有價值的礦產資源（鐵、鋅和石墨）。但是，由於完全被冰川所覆蓋（格陵蘭只有三十分之一的土地沒有被冰雪覆蓋），所以這些礦藏對於任何人都毫無意義。除非地軸能稍微偏轉一點兒，讓格陵蘭再次享受到數百萬年前的熱帶氣候——從這個島蘊藏著幾處大煤礦可以認定，這裡曾是一片非常溫暖的大陸。

丹麥另一塊海外殖民地是法羅群島（Faroe），其字

冰雪覆蓋了什麼？

面意思是「綿羊群島」。它橫亙在設得蘭群島以北二百英里處，約有兩萬人口，首府是托爾斯港。當年，哈德遜（英國航海家和探險家）就是從這裡開始了他跨越大西洋的航行並最終抵達曼哈頓島的壯舉的。除了法羅群島，丹麥還有一塊殖民地，那就是冰島。這是一個有特殊韻味的國家。這裡有各種各樣的火山景觀，這些現象常常使人聯想到火神伏爾甘的爐子噴出的那些神奇的火焰；另外，這個島國的政治沿革也很獨特。它是世界上最古老的共和國，在美國獨立前八百年它的自治政府就開始工作了，並且幾乎不間斷地一直持續到現在。

第一批來這個島的居民是從挪威逃來的難民，他們披荊斬棘、歷盡千辛萬苦，在九世紀來到這個遙遠的孤島上。

雖然冰島四萬平方英里的總面積中，僅有五千平方英里的土地未被冰川和雪野永久覆蓋，全島只有十四分之一的土地適於農業耕作，但是這裡的生活條件還是比挪威本土更令人滿意，所以在九世紀初時，冰島就已出現了大大小小四千塊自耕地。這裡的自耕農沿襲了早期日耳曼部落的習慣，建立了一個鬆散的自治政府。它由「阿耳庭」（大議會）組成，「阿耳庭」又由各地方「會議人」組成。這個大議會每年仲夏時節在一個叫做辛格韋德利的火山大平原舉行，該平原距離現在僅有百年歷史的首都雷克雅未克僅有七英里。

在獨立之初的二百年中，冰島人民表現出了巨大的聰明才智，譜寫了人類史上最動人的一章。他們發現了格陵蘭和美洲（早於哥倫布五百年），使這個冬天只有四小時白晝的北歐島國成爲比挪威本土更重要的文明中心。

所有的日耳曼民族都有其致命的缺點——太強烈的個人主義使政治和經濟合作都成爲空中樓閣——於是，厄運接踵而來。

十三世紀，冰島被挪威人征服，接著挪威又被丹麥吞併，冰島也步其後塵。丹麥人對這個彈丸之地根本不感興趣，隨後冰島就處在法國甚至阿爾及利亞海盜的控制和蹂躪之下，直到古老的繁榮之地變得一貧如洗。所有異教時期的文學和建築藝術都被遺忘了，那些昔日貴族和自由民的木質建築也漸漸被泥炭做成的小棚所取代。

然而，從十九世紀中葉開始，古老的繁榮又重現了，接著要求完全獨立的呼聲也越來越高漲。現在的冰島又可以像十一個世紀之前那樣實行自治了，儘管他們對外還要承認丹麥國王爲其君主。島上最大的城市是雷克維未克，其人口雖然不足一萬，卻擁有一所大學。冰島全國人口不足十萬，但是他們卻創造出出色的文學作品。這個國家沒有村莊，只有一片片獨立的農場，孩子們由巡回教師授課，他們受到了很好的教育。

冰島

總體看來，這個海角之國十分耐人尋味。如同其他許多小國一樣，她又一次證明了在與外界不利的環境進行頑強的鬥爭中，人類的聰明才智會讓世界呈現出另一番天地。不過，冰島並非人間天堂。雖然有墨西哥灣暖流的影響，但是它的夏季卻太短，使穀物和水果無法生長。另外，這裡常年雨雪不斷。

全島二十九座火山中最出名的是海克拉火山。有史料記載以來，這些火山共噴發過二十八次，噴出的岩漿覆蓋了上千平方英里的土地。這裡還常常發生地震，它們毀壞了上百座農場，還常常從堅硬的岩層中劈開幾百英里長的巨大的裂縫。還有那些硫磺和滾燙的泥漿湖，都使得在冰島的旅行不那麼輕鬆。這裡最負盛名的間歇泉和熱水噴泉倒是十分有趣。其中名氣最大的是大噴泉，它噴出高達一百英尺的熱水，但是現在這些間歇泉的活動越來越弱了。

冰島人不僅現在以島爲家，他們還要世世代代在這裡安居。在過去六十年中，大約有兩萬多人移居美洲，主要聚居在馬尼托巴（加拿大的一個省），可是後來許多人又回到了他們的祖國。這裡的確陰雨連綿，令人感覺不舒服，但是這裡畢竟是自己的家園。

第十二章　斯堪的納維亞半島

——瑞典王國和挪威王國治下的領地

中世紀那些生活在快樂的神話世界中的人們，一定十分清楚斯堪的納維亞半島是如何變成今天這個奇怪的樣子的。據說，當上帝完成他的創世工作後，魔鬼前來窺探上帝在不足七天的時間裡都做了什麼。當魔鬼看到我們的人間是這樣朝氣蓬勃、清新旺盛時，他勃然大怒，向人間扔了一塊大石頭，這塊大石頭就落在北冰洋上，變成了斯堪的納維亞半島。這塊「巨石」看上去太貧瘠太荒蕪，根本不適宜人類居住，但是善良的上帝想起他在塑造其他大陸時還剩了一點兒肥沃的泥土，於是把剩下的這些泥土撒在挪威與瑞典的山脈上，但是這一點點泥土是遠遠不夠的，這就說明為什麼瑞典和挪威的大片領土至今仍是洞穴巨人、土地神和狼人們的家園，因為沒有人想在這片貧瘠的土地上謀生。

現代人也講述了一個「創世故事」，但是這個故事建立在一目了然的事實之上，比較科學。地理學家認為，斯堪的納維亞半島只是一塊十分古老而巨大的大陸的剩餘部分，這塊大陸早在煤形成前就橫亙在整個北冰洋之上，一直延展到美洲。

我們都知道，現在的大陸是「不久前」形成的——這些大陸仍在不斷地移動，就像水池中漂浮的樹葉。那兒塊被海洋分隔開的大陸曾是一塊完整的大陸。當挪威和瑞典所在的那塊大陸漸漸下沉之後，只有最東側的高地——斯堪的納維亞山系殘留了下來。至於冰島、法羅群島、設得蘭群島和蘇格蘭的成因都與此相仿，都是這塊大陸在水面的遺跡。大陸的其餘部分則躺在北冰洋的海底。也許有一天眞的會發生轉變，那時北冰洋也許變成乾燥的陸地，而挪威和瑞典則成爲供鯨類和魚類嬉戲的海洋。

挪威人對這種狀況可能並不在意，他們擔憂的是如何生存下去的問題。挪威可用於農業耕作的土地不足其全部領土面積的百分之四。瑞典情況稍微好一點兒，達到百分之十，但是仍然嚴重不足。

不過，大自然也對這兩個國家作了某些補償。瑞典有一半以上國土被森林覆蓋著，挪威也有四分之一的土地上遍布著松樹和冷杉。他們有計劃地而不是破壞性地採伐這些樹木，盡可能地用最科學的方法利用著這份資源，因爲他們清楚，自己的國家並沒有發展農業的有利條件。造成這裡資源匱乏的罪魁禍首是冰川，它們很久以前就覆蓋了從北角到林德

山區貧瘠的土地

斯奈斯的整個半島。這些冰川將山脊上的土壤徹底損壞，使整個半島就像一隻獵犬舔過的盤子一樣。冰川不僅剝蝕了山上寶貴的土壤（需要數百萬年才能使土壤覆蓋整片陸地），還將這些土壤帶走，將它們沉積在整個北歐大平原上。

四千年前入侵歐洲的亞洲尖兵對這裡的情況肯定有所了解。當他們跨過波羅的海來到斯堪的納維亞半島時，他們發現這裡棲息著帶有芬蘭血統的游牧民族。於是，亞洲人輕而易舉地就將這些芬蘭部落驅趕到北拉普蘭的荒野中。但是，在此之後，這些定居者們又是怎麼樣在此地謀生的呢？

有好幾種方式。首先，冰川入海使海岸的岩層上留下了一道道深溝，這就形成了今天大大小小的海灣、峽灣，它們使挪威曲曲折折的海岸線比平直的海岸線長六倍。所以，直到今天，打魚

挪威

仍是挪威人謀生的手段之一。墨西哥灣暖流給這裡所有的港灣帶來溫暖，甚至最北的哈默弗斯特也因此成爲全年不凍港。鄰近北冰洋的羅弗敦群島盛產鱈魚，這些鱈魚似乎很喜歡北冰洋冰冷潔淨的海水，每年都來這裡產卵繁殖，這樣一來，至少十萬漁民在此找到了生財之路，當他們的拖船滿載而歸時，又爲島上的十萬人提供了專門從事罐裝工作的機會。

其次，如果這些居民不喜歡以捕魚爲生，他們就去當海盜。遍布挪威海岸的星羅棋布的島嶼，占全國領土面積的百分之七，這些島嶼被無數淺灣、沙丘、峽灣和海灣隔開，由於航行路線複雜，一條船從斯塔萬格到瓦爾德，需由兩位領航員每六小時輪流領航，才能確保安全無誤。

在中世紀，當這一帶水域還沒有信號燈、浮標和燈塔時（林登斯納是挪威最早設立燈塔的地方，但那也是最近的事情），外地人根本不可能靠近這段危險的海岸。儘管關於挪威西海岸那個可怕的大漩渦的故事被大大誇張了，但是如果沒有當地人引路，連最有經驗的船長也不敢冒險進入這座水上迷宮。正因如此，這片錯綜複雜的水域就爲海盜們提供了基地，他們充分地利用著家鄉的這一自然優勢有恃無恐。這些海盜還改進了船隻，提高了作戰技術，以便可以一舉打到英格蘭、愛爾蘭和荷蘭這些地方。他們一步步地探索著前進的道路，一點點地擴大著勢範圍，直到法國、西班牙、義大利甚至君士坦丁堡都開始感到驚惶不安。這些國家的商人常常回來報告說他們在附近的海面上看到了北歐海盜船的龍旗。

在九世紀早期，這些北歐海盜至少三次洗劫過巴黎。他們沿萊茵河逆流而上，一直到達過時斗隆和美因茨。至於當時的英格蘭，來自挪威的不同部落正爲爭奪這個國家的所有權而戰，就像現在的歐洲各國爲了一塊石油產地就發動戰爭一樣。

大約在同時期，他們還發現了冰島，在北歐建立起第一個俄羅斯國家，在這裡進行了長達七個世紀的統治。再後來，他們又組織了一支多達二百條船（一旦需要，可以在陸地上抬著前進的小船）的遠征軍，橫渡波羅的海，一直打到黑海，使整個君士坦丁堡驚惶失措，於是東羅馬帝國的皇帝急忙收編這伙強盜，讓他們當自己的特殊警衛部隊。

這伙海盜們又從西邊進入地中海，在西西里、義大利和非洲沿海安家落戶，最後他們又拜倒在教皇的座前，爲教廷征伐異教徒效勞。

往昔榮耀風光一時的挪威現在又如何呢？

海盜之國已成歷史，今日的挪威是一個備受尊重的小王國。捕撈並出口大量的魚，還從事遠洋運輸業。另外，他們還爲將哪一種語言作爲官方語言而苦苦爭鬥。如果挪威政府沒有那種要命的毛病——兩三年就更改一次重要城市和火車站的名字——全世界恐怕都不會注意到他們國內的這些爭鬥。

講到挪威的城市，大多數不過就是過度膨脹了的村莊。在那裡甚至所有人的狗都互相認識。特隆赫姆是挪威古國的首都，它有一個天然良港，當波羅的海結冰之後，瑞典的大部分木材就是從這裡出口到世界各地的港口的。

挪威現在的首都是奧斯陸，是在一個古老的聚居點的廢墟上建立起來的，那個聚居點曾毀於大火。奧斯陸由丹麥國王克里斯蒂安四世所建，因而曾被稱爲克里斯蒂安娜，後來挪威人決定將所有帶有丹麥色彩的地名全部改爲挪威名字，於是就有了「奧斯陸」這個名字。奧斯陸緊臨奧斯陸峽灣，正處於挪威農業最發達的地區。峽灣延伸到寬闊的斯卡格拉克海峽，這個海峽其實是大西洋的一個支流，將丹麥與挪威遠遠隔開。

像斯格萬格、阿爾桑德和克里斯蒂安桑這些城市，直到每天早晨九點汽笛響過才會有一點兒生氣。卑爾根曾是古老的北歐商業同會——漢薩同盟（十三——十七世紀北歐城市結成的商業、政治同盟）的殖民地，一度掌管著整個挪威海岸的商業往來，現在，這個城市由一條鐵路與奧斯陸相連。特隆赫姆也有一條鐵路線直達瑞典的波羅的海沿岸。再往北，在北極圈以內，還有一個港口——納爾維克，它是瑞典拉普蘭鐵礦砂的輸出港。特羅姆瑟和哈默弗斯特這兩個城市不斷散發著魚腥味。我之所以提及這幾個港口城市，是因爲很少有人類在緯度七十度以上的地區還能生活得這樣舒適。

這是一塊神奇的土地，一片堅硬而難以生存的土地。它迫使成千上萬的人們去國離家，顛沛流離於茫茫海上。儘管如此，它的兒女們仍然保持著對故土的眷戀與忠誠。如果你有機會，不妨乘船去北方看看吧！所到之處大同小異。有一兩座荒涼的村莊，搖曳著幾棵只夠養活一頭羊的衰草，稀稀落落的五六間小屋，還有海邊搖搖欲墜的幾條破船。當一周只來一次的汽船又開進港口時，這裡的人們激動得熱淚盈眶——他們終於又看到了它。儘管如此，他們仍然生活在這裡，因爲，這是他們的家園；因爲，這是他們血和肉的組成部分。

人與人之間的親情是一個高貴的夢想。

可是，在遠離塵囂的博德或瓦爾德，情況往往會發生奇妙的變化。

當整個北極大平原消失在大西洋的萬頃碧波之中，瑞典是斯堪的納維亞殘留的另一端，這是一個與挪威截然不同的國家。人們感到奇怪：爲什麼這兩個國家不合併爲一國，這樣會節省一大筆管理費用。從理論上講，這種設想符合實際，可是這兩個國家的地理概況卻使這種設想成爲空談。由於受墨西哥灣暖流呵護，挪威是適宜的溫暖型氣候，夏季多雨，冬季少雪（在卑爾根，如果馬兒見到不帶雨傘和雨衣的人就會受驚）；瑞典是典型的大陸型氣候，冬季漫長寒冷，降雪豐沛。挪威有許多深入內地數英里的開闊的峽灣；瑞典海岸低平，很少天然港口，只有面臨卡特加特海峽的哥德堡比較重要，其餘都不值一提。挪威本土沒有什麼自然資源，瑞典卻擁有世界上最豐富的鐵礦。由於煤炭資源缺乏，迫使瑞典向德國和法國大量出口鐵礦砂。過去二十年中，瑞典開發利用了境內幾處重要的瀑布，建成幾座水力發電站，使這個國家減少了對煤炭的依賴。森林覆蓋了瑞典大面積的國土，這筆寶貴的財富使其火柴工業十分發達，造紙工業更是聲名遠揚。

瑞典人和挪威人以及丹麥人一樣（也許可以說：和英國人以外的所有日耳曼血統的民族一樣），堅信人類智力的潛能是無窮的。瑞典的科學家們有著自由地發揮其聰明才智的空間，因此他們的化學家就在木材加工的廢料中作出了許多重要發明和重要改進，他們變廢爲寶，從這些廢料中提煉出電影膠片和人造絲。

斯堪的納維亞山將半島分爲兩部分，瑞典恰好處於完全沒有遮擋的寒冷的那一面飽受了惡劣氣候之苦，所以它的農業發展水平還要比挪威略勝一籌。由於寒冷，這裡的人們特別喜愛鮮花。冬天漆黑而漫長，家家戶戶都用鮮花和綠色灌木來保持春天的明媚。

在許多方面，瑞典與挪威還有不同之處。在挪威，昔日的封建制度隨著黑死病一同消亡了，這場發生在中世紀末期的災難打消了北歐人的雄心與活力。在瑞典卻正好相反，土地高度集中所帶來的巨大利益使這個國家的貴族階級仍然保留至今。雖然這個國家現在是由社會黨控制（就像大部分歐洲國家一樣），但是斯德哥爾摩仍然是一個有貴族氣息的城市，它嚴格保持著優雅的宮廷禮儀，與高度民主化的奧斯陸和哥本哈根形成了以鮮明對比。

也許，它的政治體制發展也是這個國家的地理環境的一個直接結果。它的鄰國挪威面臨著廣闊的大西洋，而它所面對的只是一個內陸海，它的全部經濟發展與歷史文化都與波羅的海緊密相連。

當斯堪的納維亞半島還是一片人煙稀少的荒漠之地時，就很難把西部的挪威人與東部的瑞典人區分開來。對於外人而言，他們都是斯堪的納維亞人。如果可憐的人們在說那句著名的祈禱詞「仁慈的上帝，請從斯堪的納維亞人的怒火中解救我吧」，他們並不能區分是哪一部分斯堪的納維亞人使他們惶恐不安。

十世紀之後，情況有所轉變。居住在北方斯維阿蘭（其首府坐落在梅拉倫湖，現代瑞典首都斯德哥爾摩就建在該湖岸邊）的瑞典人與居住在南方哥得蘭的哥特人之間爆發了戰爭。這兩個民族血緣關係極近，並且還供奉相同的神（供奉該神的城市就在今日烏普薩拉的位置，而烏普薩拉是北歐最古老最重要的大學城），可是他們的內戰卻持續了二百多年。內戰嚴重削弱了國王的勢力，同時又大大增強了貴族的實力。就在這期間，基督教傳入了斯堪的納維亞半島，教士和僧侶站在貴族一邊（在大多數國家，情況剛好相反），最終，瑞典王室衰落了，丹麥王室開始了對這個國家長達一百五十年的統治。

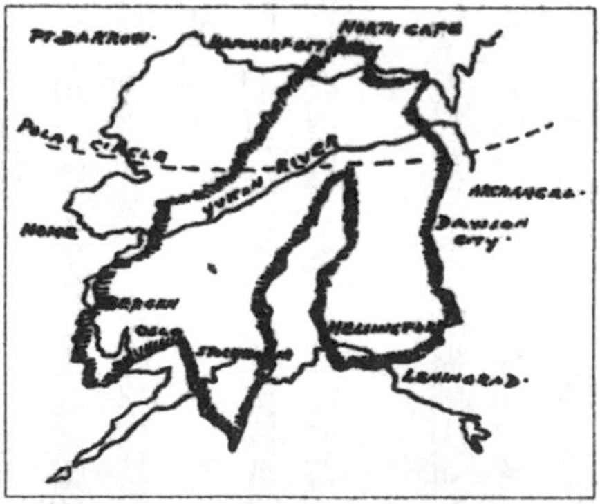

墨西哥灣暖流的傑作

五十九萬平方英里的阿拉斯加只有六萬人口，四十三萬平方英里的挪威、瑞典和芬蘭卻有一千二百萬人口。

歐洲這時幾乎都忘記了瑞典的存在，直到一五二〇年，西方世界被一件駭人聽聞、罪不容恕的謀殺案所震驚，這件罪行甚至使整個人類蒙羞。在那一年，丹麥國王克里斯蒂安二世邀請瑞典所有的貴族首腦參加一次盛大的宴會——這次宴會的目的是想一勞永逸地解決丹麥國王與其親愛的瑞典臣民之間全部的矛盾衝突。宴會結束後，所有的座上賓突然變成階下囚，他們要麼被斬首，要麼被溺死。只有一人倖免於難，他就是當時正在德國避難的古斯塔夫，他的父親埃里克．瓦薩在幾年前就已經被這位國王下令斬首。

古斯塔夫聽說這次謀殺後，立刻動身返回了故國，在自耕農中發動了一場革命，並最終將丹麥人趕出了瑞典。古斯塔夫自立爲王，成爲瑞典新一代國王。

自此而後，這個奇特的小國拉開了它在國際舞台上絢麗輝煌的一幕。這個曾經忍飢挨餓的國家不僅成爲歐洲捍衛新教最堅強的鬥士，還成爲抵禦不斷強大的斯拉夫人威脅的最後一道堡壘。這些俄羅斯人，經過默默無聞的幾個世紀之後，最終走上征戰討伐的歷程。他們渴求海洋，並不斷地向海洋進軍，時至今日，他們還是不達目的決不罷休。

顯然，瑞典是唯一一個感受到這種威脅的國家。於是，有整整兩個世紀裡，他們將全部精力都用來對付俄羅斯人，將俄羅斯人阻止在遠離波羅的海海岸的內陸地區。然而，瑞典最終還是要輸的。這場曠日持久的戰爭也耗盡了瑞典的全部財力，但只延緩了幾十年俄羅斯人

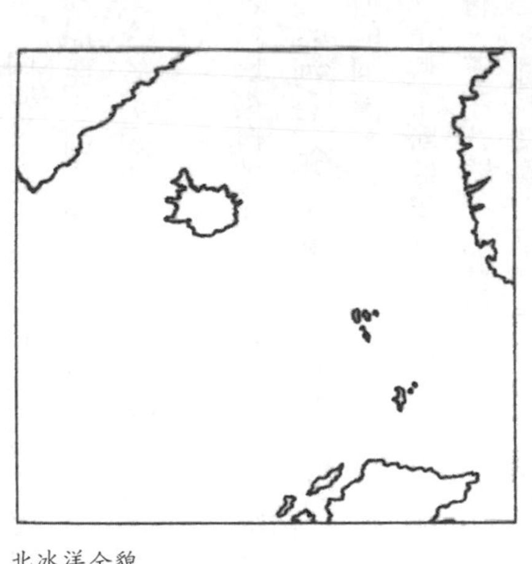

北冰洋全貌

強悍的進軍，他們最終還是來到了波羅的海。戰爭結束後，瑞典失去了大部分波羅的海的出海口，失去了對芬蘭、英格門蘭（今聖彼得堡所在地）、愛沙尼亞、利文蘭和波美拉尼亞的統治，淪爲二流國家。它的領土面積只剩下十七萬三千平方英里（介於美國亞利桑那州和得克薩斯州之間），人口略微超過六百萬。

瑞典國土一半以上由森林覆蓋，歐洲大陸將近一半的木材均來自瑞典。這些樹木都在冬季採伐後留在山裡，直到開春之後才從雪地拖到最近的河流，投進河谷之中。夏季來臨後，內地山區的積雪消融，小河變成了滾滾洪流，這些原木就被送到下游的河灣。

這些充當運輸工具的河流又爲鋸木場提供了動力來源。這些工廠收集河中的原木，把它們加工成各種各樣的成品——從小小的火柴棍到四英寸厚的板材，五花八門，品種繁多。這些木材加工品的成本十分低廉，僅僅是伐木工人和鋸木廠工人的工資費用。只要時間允許，汽船也是最廉價的運輸方式。這時，波羅的海冰雪融化，船隻可以抵達東海岸各個地區，於是這些木材成品就被來來往往的汽船運往世界各地。

這些汽船還身兼雙職。當它們返程時必定要滿載而歸，但人們不會買很貴的貨物回來，因此瑞典一直保持著合理的貿易順差。由於瑞典的鐵礦質量特別好，甚至那些有鐵礦的國家也大量求購瑞典的礦砂。他們在鐵礦進口貿易中也採取同樣的方式。

瑞典領土寬度不超過二百五十英里，內地也比較容易接近海洋。在瑞典北部拉普蘭的基律納和耶利瓦德附近，大自然賜予瑞典豐富的鐵礦寶藏，而且這些礦石就神奇地堆積在地表，形成兩座低矮的小山。夏季，這些礦砂被運往波的尼亞灣（波羅的海北部）的呂勒奧；冬季，當呂勒奧封凍時，它們就被送往挪威終年不凍的納爾維克港。

距鐵礦不遠處是瑞典的最高峰凱布訥峰（近七千英尺高），此處有全歐最重要的一家發電站，它在北極圈以內。但是，電力似乎並不在乎緯度的高低，因此這家電站正源源不斷地爲鐵路和礦山機械供應著廉價的電力。

斯堪的納維亞半島北部被冰川刮走很多的土壤，其中有一部分被帶到了南部，於是瑞典南方成爲整個半島土地最肥沃、人口最稠密的地區。瑞典境內湖水覆蓋面積達一萬四千平方英里，是僅次於芬蘭的「湖泊王國」。瑞典人在湖泊之間開鑿了密密麻麻的運河，它們又爲這個國家提供了最廉價的運輸方式。這不僅給北雪平這樣的工業中心帶來巨大的利益，甚至也使哥德堡和馬爾默這種重要港口大大受益。

在有些國家，人類是大自然的奴隸，完全聽憑自然的驅使；而在另一些國家，人類卻肆無忌憚地破壞自然。於是，這位創造一切的母親必然也會毀滅一切，這些國家便會失去自然母親的庇護。還有一些國家，人類與自然學會了相互尊重相互理解，共同維護雙方的利益。如果你想尋找後者，就去北方吧，去拜訪斯堪的納維亞三國。

第十三章　荷蘭

——沼澤上的帝國

荷蘭的正式英文名稱爲「Netherlands」（這個單詞的本意是指「地下的、下面的」）恰好說明這個國家的地理特徵：位於海平面以下二至六英尺的低窪地帶。假如再有一次史前規模的大洪水，阿姆斯特丹、鹿特丹和其他所有重要城市將全部葬身海底。

正是這種險惡的自然環境成爲荷蘭走向繁榮發展的動力源泉。在北海岸邊狹窄的沼澤地上，人們很難創造出更多的空間來立國興邦。但是，在人與自然艱苦卓絕的鬥爭中（這是一場鬥智鬥勇的惡仗），最終，荷蘭人取得了勝利。在對抗中，無情的大自然使他們堅忍不拔、居安思危。畢竟，我們所生活的這個世界並非一無是處。

當羅馬人在公元前五十年第一次踏入這片偏遠的土地時，這裡遍地沼澤，一條狹窄的海岸沙丘，從比利時延伸到丹麥，守護著這片沼澤地以抵擋北海的驚濤駭浪。無數大小河流穿過這條沙丘帶，奔向海洋。其中最爲著名的河流有萊茵河、默茲河及斯海爾德河。這些河流不受高壩河谷的阻隔，在低地上隨心所欲地縱橫交錯。每逢春季，它們都會任意改變河道，將陸地變成島嶼，將泥土沖刷得毫無痕跡。在十三世紀的一次洪災中，七十個村莊一夜之間化爲烏有，十萬居民轉眼間葬身水底。這絕不是聳人聽聞。

與相鄰生活在堅實土地上的佛蘭芒人相比，早期的荷蘭人生活的環境實在是太惡劣了，但是後來奇蹟發生了。也許是因爲波羅的海的水溫或者鹽度發生了奇異的變化，荷蘭人發展的機遇就來了。一天早晨醒來，出乎荷蘭人的意料，他們發現那種叫做鯡魚的波羅的海魚突然集體來到北海海域，並且從此定居下來。當時，幾乎所有歐洲人在每個星期五都要吃魚，而且魚類是那時人類的主食，於是鯡魚的集體搬遷導致了一大批波羅的海城市的衰亡，與此同時荷蘭港口卻因此繁榮發展起來了。從此，這些荷蘭城市就源源不斷地向南歐各國出口魚乾，就像現在出口罐裝魚一樣。然後，由鯡魚貿易產生糧食貿易，由糧食貿易又推動了與印度的香料交易。自然而然地，荷蘭這個貿易之國就迅速崛起了。

但是，命運之神又將這一切現實因素拋到九霄雲外，將所有這些低地國家併入了哈布斯堡大帝國之中，並且命令這些強壯的農民和漁夫服從哈布斯堡壞脾氣的軍官的命令。這些農民和漁夫雖然沒有得到上天的眷顧，但是他們卻有鐵拳以及實用主義，而統治他們的那些軍官們卻孤傲乖戾，不切實際，他們只是在一個絕對集權的宮廷中受過嚴格的訓練，生活在西班牙式的城堡中，離群索居。這兩類人當然水火難容，專制的統治必然導致反抗。於是，由此引發了荷蘭長達八十年的爲自由而戰的鬥爭，最終低地國家的人民迎來了自由。

新的統治者是一些實用主義者，他們深知「得道多助，失道寡助」的道理，尤其是在利益分配上，他們努力做到自己生存也讓別人生存。因此，他們向那些在其他國家因信仰等原因遭受迫害的人伸出了熱情之手，給他們以款待和保護。大部分得到蔭庇的人（除了一小撮卑微的英國持不同政見者）都對這個國家感恩戴德，他們逐漸成爲了這個國家的重要公民，在這裡獲得了新生。在他們的故國，那些統治者將他們的財產剝奪殆盡，將他們的固定財產全部沒收，但是知識和能力是剝奪不了的，於是他們逃亡來到荷蘭時還帶來了非凡的才幹與能力。他們無私地爲新祖國貢獻著自己的才智，爲荷蘭的貿易與文化發展帶來勃勃生機。當獨立戰爭結束後，擁有一百萬人口的荷蘭，從廢湖湖底的低地城鎮中迅速崛起，勇敢地擔當起統治歐亞大陸的重任，並保持了整整三代的霸業。

他們將大量的錢財用於置備家業，購買莊園和外國名畫（本國的作品理所當然遠遠不及外國的作品），過著養尊處優的生活，終日沉湎在歌舞升平中。他們儘量想使鄉人忘記他們這些財富是從何而來，但是不久，財

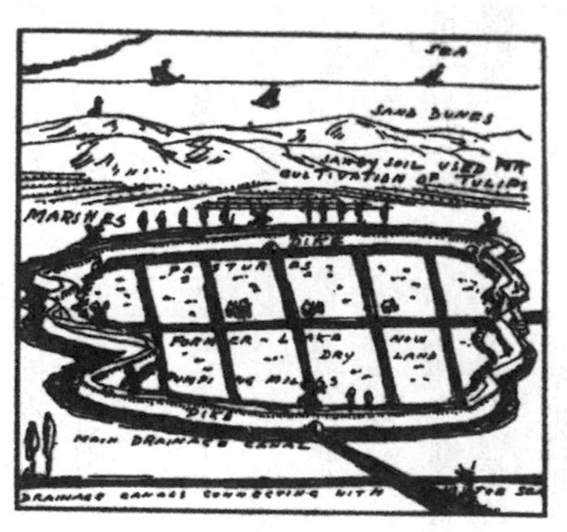

圍湖造田

富也不再來了。所謂「好花不常開，好景不常在」，凡事都是盛極而衰，尤其是人氣。當這些人不再保持積考進取的活力時，他們很快就會失去曾經擁有的一切，無論是財富還是思想。

十九世紀初，荷蘭的末日終於降臨了。拿破崙（這位法蘭西皇帝只在戰爭需要時才研究地理）宣布，低地國家只是法國三大河流萊茵河、默茲河和斯海爾德河沖積而成的一塊三角洲而已，因此從地理學的角度看，它們理應歸屬法蘭西帝國。拿破崙在一個文件上潦草地畫下一個大大的「N」（拿破崙的姓氏Napleon的開頭字母），就決定了低地三國（指荷蘭、盧森堡和比利時）的命運，從此荷蘭從地圖上消失了，而成爲波拿巴帝國的一個臣屬國。

一八一五年，荷蘭重獲獨立，並恢復了從前的活力。它的殖民地的面積比本國國土大六十二倍，阿姆斯特丹和鹿特丹成功地保持著印度產品集散中心的地位。這個國家從來就不是工業國家。荷蘭本土嚴重缺乏礦產資源，只是在最南部有質地一般的煤礦。所以，荷蘭爲其殖民地提供的材料尚不及這些地區進口總額的百分之六。但是，爪哇、蘇門答臘、摩鹿加、婆羅洲和西里伯斯這些地區都需要大量的資金以發展茶園、咖啡園、橡膠園以及奎寧種植業，因此它們對資金的需求鼓勵了阿

水閘

姆斯特丹的股票交易，使這座城市成爲當時歐洲的股票交易中心。各地的商賈甚至各國政府往來於此，到這裡來籌措資金，並進行各種商業交易，整個歐洲也是在這裡通過往來的商船與世界各地進行交易，並促使當時荷蘭的造船業躍居世界第八位。

荷蘭國內水路運輸的商船總噸位居世界第一。其境內河網密布，水道四通八達，十分便捷，所以在荷蘭，成本低廉的運河小船成爲鐵路運輸最危險的競爭對手。因爲，荷蘭人的時間觀念不強，在這個國家，無論是男人、女人、奶牛、馱馬還是家犬，都有著慢悠悠的生活節奏。

荷蘭境內的許多運河實際上只是排水渠而已，因爲這個國家四分之一的領土根本稱不上是什麼陸地，而是人們通過人工排水的方法，從魚兒和海豹手裡奪來的一小塊海底罷了。荷蘭人用人工方法將海水排乾，然後時刻留意著這些得之不易的土地，以防意外。

自從一四五〇年以來，他們已經增加了上千平方英里的國土面積，這些都是通過排乾沼澤、圍湖造田的方法獲得的。實際上，圍湖造田的工程並不難，只要你懂得方法。首先，你在選中的水域或者沼澤地周圍築上一道堤壩；然後，再到堤壩外開鑿一條又深又寬的運河，使之與最近的河流相通，以便今後運河可以通過一系列複雜的水閘系統將堤壩中的水排到河流中；最後，你還要在大壩上建造一些風車，並給這些風車裝上一台抽水泵，然後其餘的一切就由風和一個小小的汽油發電機解決了。當堤壩中的水被抽乾，排入運河之中，你還要在新的堤圍澤地中開挖許多平行的溝槽，讓你的風車與抽水泵繼續排乾地下的水，就這樣，乾燥的陸地出現了。

這些堤圍澤地的面積有的廣大到能供兩萬多人居住。如果能把艾瑟爾湖的水全部排乾，那裡至少可以居住十萬人，但是這個工程耗資太大，而目前幾乎所有的國家都瀕臨破產（作者寫此書的年代正值西方國家經濟大蕭條時期）。由於這個國家四分之一的領土是堤圍澤地，所以我們就不難理解為什麼荷蘭政府的「河流、運河與堤岸部」每年的開支都要遠遠高於政府其他部門的開支。

堤壩

奇怪的是，這個國家的東西兩部分形成了一個奇妙的對比。荷蘭東邊，海拔稍高一點兒，但是發展卻不盡如人意，很久以前它曾是歐洲大平原與海洋相接之處，而西邊的低窪地帶是後來由萊茵河、默茲河和斯海爾德河三大河流沖積而成的沼澤三角洲。現在，西部低地繁榮富裕，而東部「高地」卻幾乎是個不毛之地。這片東部「高地」在過去千百萬年中一直是北歐冰河卸放冰礫和卵石的地方，所以這裡的土質與新英格蘭（指美國東北的緬因、佛蒙特、新罕布什爾、馬薩諸塞、羅得島、康乃狄格六州）相似，沙性很大。這裡的面積占國土面積的四分之一，根本是不能用於農業生產的（法國只有不足百分之十五的土地不能用於農業生產，德國只有百分之九）。這就意味著，本已人滿爲患的荷蘭王國（荷蘭平均每平方英里居住六百二十五人，法國爲一百九十一人，俄國只有十七人）不得不背上這個沉重的包袱。

由於荷蘭東部與西部，繁榮地區與貧瘠地區之間存在著如此明顯的差距，因此荷蘭一些重要城市幾乎都分布在堤圍澤地中心的那一小塊三角地帶上。阿姆斯特丹、阿勒姆、萊頓、海牙、代爾夫特以及鹿特丹相互緊鄰，幾乎連成一片，與那條著名的沙丘帶也相隔不遠。就是在這道「堤防」的腳下，三個世紀前，荷蘭開始走向富強，而且正是在那時，荷蘭商人首次從波斯和亞美尼亞買回了一種球形花，它很像穆斯林婦女頭上纏著的圍巾，在荷蘭，人們叫它鬱金香。從此，這種可愛的小花便成爲荷蘭的「國花」。

荷蘭小得可憐，一輛老式的老爺車用幾小時就會帶你從一頭跑到另一頭。和阿提卡地區一樣，位於萊茵河、北海與艾瑟爾湖之間的這塊彈丸之地對世界藝術與科學作出了很大的貢獻，如果按照人口數量及國土面積的比例來計算，甚至比所有國家的貢獻都要大。雅典誕生於一座荒山的一塊頑石上，荷蘭則誕生於一片水澤泥沼中。但是，這兩個地方突然崛起的條件是相同的，它們都擁有優越的商業地理位置。在漫長的歲月中，兩個民族擁有自強不息的精神，並對世界產生了好奇心，由此引導希臘與荷蘭走向文明與輝煌，並造就了兩個民族旺盛的精神活力與不竭的探險精神。

第十四章　英國

——人滿為患的小島

如果在幾年前，這一章的標題還應該是「大不列顛與愛爾蘭」，那時人類強行改變了造物主的手工作品，將地理上連爲一體的一個國家分割成兩個單獨的實體。於是，所有循規蹈矩的作者不得不依從這一安排，並在單獨的兩章中介紹這兩個不同的國家。任何其他方法都可能引發更爲複雜的矛盾，我可不願意看到愛爾蘭海軍駛進哈德遜灣，爲「對愛爾蘭自由聯邦的尊嚴不能容忍的侮辱」要求道歉。

恐龍是不會畫地圖的，但是當時的岩石卻留存下來講述恐龍的故事。因爲岩石無處不在——火成岩，是岩漿在地表冷卻所形成的；花崗岩，是在重壓之下形成的；沉積岩，是慢慢沉積在海洋江湖底部；還有形似板岩和大理石的變質岩，它們的實際成分仍是石灰石和黏土。

各種各樣的岩石覆蓋著整個地球，雜亂無章，就像一間堆滿家具的房間突然遭了旋風。這些岩石就是人類的地質實驗室，而且是一個非常有趣的實驗室。這也許可以解釋，爲什麼那些對打野兔充滿熱忱卻對探索科學興趣寡淡的英國人中會出現這麼多第一流的地質學家。不過，也可以這麼說，正因爲英國有這麼多優秀的地質學家，所以我們對英國的地質構造也比對世界任何其他地方都有更多的了解。游泳冠軍往往生於水鄉，而不會來自卡拉哈里沙漠腹地。

那麼，對於自己國家的起源，英國地質學家們是怎樣描述的呢？

不妨先去忘掉你所了解的歐洲地圖，去想像一個最近才從海面浮現的世界。它還在新生的陣痛中顫抖。一片廣闊的大陸不斷升高，漸漸地聳立在水平面上，突如其來的爆炸又將其撕成碎片，就像紐約市地下管道的爆炸會將水泥路面炸開花一樣。其間，大自然的鬼斧神工正在一點一點地塑造著這個新世界。從海洋上不斷吹來的風，從西到東夾裹著大量的水氣潤濕著乾渴的陸地，給它鋪上一層廣袤無垠的禾本科植物與蕨類植物，並慢慢生出各種各樣的灌木和喬木叢。

日日夜夜，年復一年，那不知疲倦的海浪不斷地拍打著、撞擊著、研磨著、損蝕著、撕扯著海岸。直到海岸像烈日下消融的雪，漸漸凋零、碎裂。突然，轟隆隆——從大陸最高峰陡峭的懸崖頂部，冰雪呼嘯而下，如一面死亡之牆殘酷地沖下寬谷的斜坡，冰凍的水、山頂落下的碎石，霎時充塞了又深又窄的峽谷山澗。

陽光普照，大雨滂沱，冰雪崩裂，海潮侵蝕，寒來暑往，季節更換，當人類出現在這個星球上時，這便是他見到的情形。一道河谷將這條狹窄的土地與外面的世界隔絕了。這道鴻溝從北冰洋直至比斯開灣，縱貫南北。與這道波濤洶湧的狹窄水域隔海相望的，是一座孤零零的高原地區。那邊海面上還有幾塊孤獨的礁石，似乎不是給人類居住的，它們是海鳥的栖息地。

這就是英格蘭的產生。

現在，讓我們看一看現代地圖。

從設得蘭群島到蘭茲角與從美國哈德遜灣或南阿拉斯加到美加邊境的距離是相等的。如果以歐洲爲例，它的長度相當於從挪威的奧斯陸到捷克的布拉格。換言之，在北緯五十度到六十度之間，生活著四千五百萬英國人，因此英國是這個世界上人口最稠密的國家之一。在同一緯度上的堪察加半島的人口卻不到七千人，他們不得不靠吃魚來維持生存，僅以此免除飢餓而已。

讓我們還是來看地圖，看圖比讀文字更清晰明了。

英國東臨北海（北海只是一個年深日久積了水的窪地而已），向東還面對法國，在兩國之間有一條跨越陸地的小溝，那就是英吉利海峽。在英格蘭平原最深的低谷中躺著大倫敦，再過去就是威爾斯的高山。愛爾蘭海是另一個窪地，這裡還有愛爾蘭平原、愛爾蘭山脈，以及西邊淺海上的一些孤獨的岩石。最後是聖基爾島（因爲路途艱險，那裡荒無人煙）。然後，地勢突然下降，一直下降、下降，在那裡，就是眞正的海洋起點，巨大的亞歐大陸板塊在這裡才完全讓位給眞正

得天獨厚的英格蘭
——正處於大陸群中央

的大洋。

至於英國的內海、海灣和海峽，我應該詳細介紹一下，但我盡量避免羅列出一大堆毫無意義的名字，免得你看了後面忘了前面。但是，我們面對的這個國家是世界著名的大國之一。它雖然只是一個彈丸小島，但是四個世紀以來，它卻對世界上無數男女老少有著重要的影響。而且，它的成功既不是由於機遇，也不是由於種族優越，而是大自然的匠心安排，將這個可愛的小島堂堂正正地放在了東半球大陸群的中央，而這些島民充分利用了他們的機會。如果你想了解這意味著什麼，請看看可憐的澳大利亞，它被孤零零地遺棄在浩渺的海洋之中，完全任其自行其是，沒有鄰居，沒有從外面獲得新思想的機會。再看看英格蘭的地理位置，它就像一隻網中央的蜘蛛，到任何地方的距離都是相等的，而且它的四周就像一道護城河，保護著它免遭外族的侵犯。

當然，當地中海依舊是文明的中心時，英國這個地理位置毫無價值，直到十五世紀末，它還只是一個偏僻的小島，在人們心目中和今天的冰島一樣遙不可及。「你去過冰島嗎？」「沒有，但是我有一個姑姑去過一次。那是一個有趣可愛的小島，可是太遠了，去一趟要暈五天船。」暈上三四天船——這就是一千年前英國在人們心目中的地位。而且，要記住，當時的羅馬帆船遠遠沒有現在從利思到雷克雅未克的七百噸汽船舒服。

不過，漸漸地，人們對這個處於文明世界之外的小島增加了一些了解。那些住在半埋在地下的圓形小屋中的野蠻人，臉上畫著奇形怪狀的花紋，屋子四周圍上低矮的土牆。是羅馬人將他們最終馴化，羅馬人從他們的語言斷定他們與北高盧的凱爾特人屬於同一種族，而且羅馬人還發現這些野蠻人都很順從，從不談自己是否享有「權利」。不過，這些人是否眞的享有對這片土地的「權利」還很難說，因爲這些土地也是他們從先來的一個種族手中奪來的，至於那些更早的居民，我們只能在島嶼的東西兩側一些十分閉塞的地方，還可以發現他們的蛛絲馬跡。

粗略說來，羅馬人占領英國長達四個世紀，幾乎和白種人成爲美洲的優勢民族的時間差不多。突然有一天，他們的末日降臨了。在那之前的五百年中，羅馬人一直在阻止野蠻的條頓民族進入羅馬帝國在歐洲的勢力範圍。但是，他們的防線終於崩潰了，整個西南歐洲很快被蠻族席捲了。羅馬人急忙召回他們在歐洲各國的駐外軍團，只在英國東部留下幾個軍團保衛身後的不列顛大平原免受蘇格蘭蠻族的侵襲，其餘還有幾個要塞保衛著威爾斯的平安。他們像世界上任何一個大帝國一樣，並沒有意識到大勢已去，直到覆亡多年之

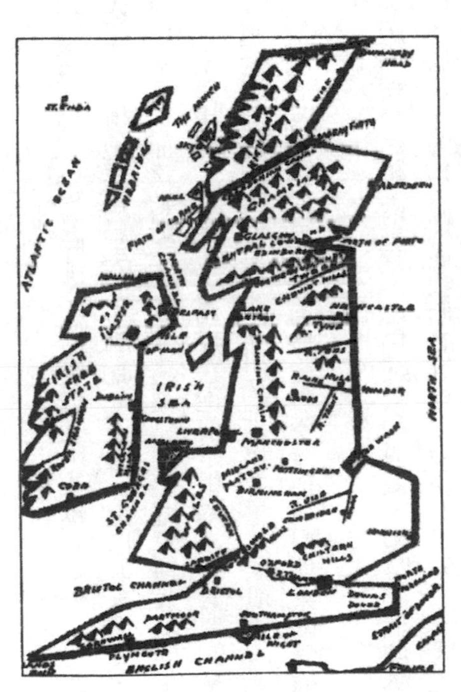

英格蘭、蘇格蘭和愛爾蘭

後，他們才猛然醒悟——國非其國。

有一天，定期補給的船隻沒有按時抵達英國，這意味著，高盧已經落入敵人之手。從此之後，這些在英國的羅馬士兵就與母國隔斷，永遠地與羅馬失去了聯繫。不久，港口傳來消息，一些外國船隻出現在亨伯河與泰晤士河河口附近，而達勒姆、約克、諾福克和艾塞克斯等地的村莊都受到襲擊並被洗劫一空。羅馬人從未在東海岸線上設防，因爲那在從前是根本沒有必要的。現在，那個曾經推動條頓人跨過多瑙河、越過巴爾幹和阿爾卑斯山山口的神秘力量（是飢餓，或是流浪的習性，還是後有追兵？我們無從知曉）又推動撒克遜的海盜從丹麥、從荷爾斯泰因蜂擁來到不列顛的海岸。

那時，那些住在漂亮的別墅區中的羅馬總督、羅馬軍隊、羅馬婦女和兒童，頓時灰飛煙滅，就像美國弗吉尼亞州和緬因州最早的白種居民無聲無息地從我們的世界中神秘地消失了一樣，直到今天，我們還在尋找那些別墅的遺跡。這些羅馬人也消失得無影無蹤。其中的一些人被自己的僕人殺死了，婦女則婦給了好心的當地人——這就是那些驕傲的征服者的民族的離奇命運，這隻命運的巨手將那些沒有及時打道回府的人驟然攫住，再也沒有放開過。

隨後，暴亂開始了。那些來自蘇格蘭和喀里多尼亞的手持大斧的蠻族，肆無忌憚地殺戮他們的凱爾特同胞，因爲這些凱爾特人在羅馬人充當世界警察的幾個世紀中，曾經做過他們的走狗。於是，在這樣悲慘的情況下，人們通常會犯下致命的錯誤——一個念頭便造成萬劫不復的災難：

「我們到別的地方去找一些驍勇善戰的人，雇佣他們來幫我們打仗吧。」於是，這些強人來了，他們來自艾德河與易北河之間的那些沼澤和平原，他們屬於一個名叫撒克遜的部落，但我們不知道他們部落的具體來源，因爲，德國北部全是撒克遜人。

他們爲什麼又要稱自己爲盎格魯呢？這又是一個不解之謎。「盎格魯—撒克遜」這個詞是在他們來到英國幾個世紀之後產生的。這個詞現在是一個戰鬥口號：「盎格魯—撒克遜」或「盎格魯—撒克遜傳統」。如今「盎格魯—撒克遜」已經成爲一個神話，這個神話的主人公得意地認爲自己比所有人都優越。那又何必太認眞呢？然而，歷史學家不得不遺憾地宣稱，盎格魯人不過是以色列王國失散的部落中的一支，這些失散的部落常常在編年史中被提起，但沒有人能確定他們的來源。至於撒克遜人，他們也不過就是北歐外來的游牧部落，三十年前，人們可能還會在遠洋輪船的下等艙中見到他們。這些人非常強壯，他們對工作、戰鬥、娛樂和劫掠，永遠熱情高漲，精力旺盛。盎格魯－撒克遜人用了整整五個世紀才完成統一大業，這塊土地今日已經成爲他們的世襲領地。他們還強迫可憐的凱爾特人使用他們的語言，於是這些凱爾特土著又很快將他們從羅馬貴婦人廚房裡揀來的那幾句拉丁文拋到腦後。後來，當條頓的移民大潮湧到這個小島時，盎格魯－撒克遜人又被趕出家園。

到一〇六六年，英國又成爲諾曼底的附屬國，因而這個島國不得不第三次承認海外強國的統治權。然而不久，情況很快發生了逆轉。諾曼底人感到英國殖民地比法國本土更有價值，於是他們拋開了暫時的落腳之地——法國，永久地在英倫三島定居。

然而，到最後，諾曼底人不僅失去了在法國的全部領地，還喪失了在英國的統治權，他們的不幸恰恰是英國的幸運。英國人開始意識到大西洋的存在而不必再向往大陸。即便如此，如果不是亨利八世的情事，英國也不能走上開拓遠洋的道路。讓亨利八世墜入情網的那位安娜．博琳聲稱，想走進她的心靈必須要先走進一座輝煌的教堂——和她結婚。那就意味著亨利八世必須要和他的西班牙王后——血腥瑪麗（英國都鐸王朝女王，曾殘酷迫害新教徒）的母親——離婚。這引發了英國與羅馬教廷的爭吵，甚至觸及到教皇在整個基督教世界至高無上的權力。由於西班牙站在教皇一邊，英國人就必須學會自力更生，學會如何航海，並打敗西班牙海軍，否則它只能淪爲西班牙的一個行省。就在這種情況下，時機來臨了，一場婚變成爲英國人駕馭大海的契機，並使他們從此開始了新的貿易，而他們優越的地理位置起到了重要的作用。

外在的轉變必須要經歷內部的鬥爭。任何有理性的人都不願意看到一個階級爲了另一個階級的利益而自取滅亡，所以那些從諾曼底人離開之後就掌握了國家最高權力的封建大地主們，開始組織起來反對國家丟棄農業，反對政府去開拓世界貿易，這也是情理之中的事。封建主義與資本主義從來都是死敵，所以在中世紀的騎士眼裡，商人就像美國今天的私酒販子，你可以差遣他們，但決不能允許他們踏進你的家門，他們對商業貿易不屑一顧，認爲這不是自由人應該幹的事情。因此，當時的生意人都是外國人，尤以德國人居多，還有著名的伊斯特利斯人——來自北海和波羅的海的民族。是他們首次讓英國人認識到錢幣有著不容置疑的價值，今天的英鎊就是從「伊斯特利斯鎊」發展來的。但是，有經商頭腦的猶太人全被驅逐出了英國，不許他們踏入英國的土地，甚至當莎士比亞創作夏洛克這一形象時，他的素材也只是道聽途說。

雖然英國港口也做一點兒漁業貿易，但是內地絕大部分土地當時是以農業生產爲主，在那之前數百年一直如此。大自然非常青睞這塊土地，使它特別適合畜牧業發展，多沙石的土壤雖然不宜種穀物，但卻能生長茂盛的青草，飼養牲畜。

英國全年有三分之二的時間都在不斷地刮西風，給這裡帶來豐沛的降雨。如果有人曾在冬季去過倫敦，就不能不想到那連綿不斷的陰雨。正如我介紹北歐各國時所講，現在的農業已不再完全依賴大自然。雖然那時我們還不會人工降雨，但是化學工程師們已經教會人們如何克服各種自然災害，而在喬叟（英國詩人，人文主義的最早代表）和伊麗莎白女王（英國都鐸王朝女王，在位時建英國海上霸權）的時代，人們將一切自然災害全看成是上帝的旨意，根本無法違反。這個島的地質結構也使東部的土地所有者們受益匪淺。英倫三島的橫斷面看上去就像一個巨大的湯盤，略有傾斜，西部高高翹起，東部舒緩平坦。這是由於不列顛島的前身是一塊古老的大陸的一部分，東部最古老的山脈都被風雨銷蝕殆盡，而西部年輕的山脈卻仍屹然挺立，再過一千萬年或更久的時間才有可能被海潮和颶風磨平。這些年輕的山脈蜿蜒著一個叫做威爾斯（凱爾特語中少數幾個倖存的詞匯之一）的地方，這些大山像一道屏障，保護著東部的低地免受大西洋狂風暴雨的侵襲，使得東部大平原享受著宜人的氣候，不僅適合發展種植業，還適合發展畜牧業。

由於汽船的發明，我們可以從阿根廷或芝加哥訂購糧食，冷藏法的廣泛應用又使凍肉可以從世界的一端運到另一端。富裕國家都不必再完全依賴本國的農田養活自己的國民，但是一百年前，那些糧食供應商還可以支配整個世界。只要他們鎖上糧倉的大門，數百萬人就會慢慢地飢餓而死。英國卻無飢饉之憂。躺在南面的英吉利海峽、西面的塞文河（這條河把威爾斯與英格蘭隔開，最後流入英吉利海峽）、北面的亨伯河與默西河以及東面的北海懷抱之中的不列顛大平原，就成為英國最重要的地區，給這個國家供應著豐富的食品。

當然，我所說的這塊「平原」和通常意義上的平原並不完全一樣。英吉利的中央大平原不像美國堪薩斯大平原那樣平坦得如同一塊烙餅，而是像一幅卷曲的風景畫，起伏不平，跌宕有致。在平原中間流淌著泰晤士河，它幾乎和哈德遜河一樣長，達二百十五英里。這條河發源於坎特伍德山，一個盛產綿羊的地區。這裡還有一座著名的城市——巴斯。早在羅馬統治的時代，那些受盡英國「飲食折磨」的人就

如果英吉利海峽乾涸

常來這裡，在熱滾滾的鈣鈉礦泉洗完澡後，再繼續吃一些半生不熟的牛排和蔬菜，以「增強」他們的體質。

泰晤士河流經奇爾頓山和懷特霍斯丘陵之間，爲牛津大學的划船比賽提供了足夠方便的河水。最後，這條河就進入位於東盎格魯山與北當山之間的泰晤士河谷。如果不是連接大西洋與北海的多佛爾海峽將這部分白堊石地區攔腰斬斷，泰晤士河有可能一直流向法國。

就在這條河上，屹立著世界上最大的城市。倫敦的誕生絕非偶然，也不是統治者異想天開的產物，就像羅馬或者其他許多已經淹沒在歷史長河中的城市一樣，它之所以出現在這裡，完全是由於經濟的需要。爲了使南北交通不必受制於那些無恥的渡船夫，人們決定在河上建一座橋。橋址選擇在河運的終點處，河面又不很寬，足可以讓二千多年前的建築師造出一座安全穩固的橋樑，使商賈、貨物可以輕鬆渡河。倫敦城就出現在這裡。

當羅馬人離開之後，整個英倫三島已經面目全非，但倫敦依然挺立。時至今日，這座城市已擁有八百多萬人口，比紐約多整整一百萬人。面積爲古代最大的城市巴比倫城的五倍，是巴黎城的四倍。倫敦城內高層建築不多，英國人不喜歡住在鴿子籠一樣的高樓大廈之中，這樣可以維護個人的小天地，不受他人干擾，因此整個城市一直在向水平方向擴展，而美國的城市恰恰相反，始終在向上成長。

倫敦的中心地區，即「城區」，現在只是一個工場，或者辦公地區。在一八○○年，這裡還有十三萬居民，現在僅剩下不到一萬四千人了。英國有龐大的資金用於對外投資，每天有大約五十萬人從四面八方來到城區辦公，監察著幾百億資金的流通與運作，同時還要支配從殖民地運來的數不清的貨物。這些產品從倫敦塔一直延伸到二十英里以外的倫敦橋下。

爲了保證泰晤士河隨時隨地暢通無阻，人們沿河兩岸修建了許多船塢和倉庫，以管理船舶，解決貨物運輸的問題。如果你想了解國際貿易是怎麼回事，你就應當去這些倉庫參觀一下。然後，你會遺憾地發現，美國紐約不過就是一個偏僻的村莊而已，離國際貿易主幹線還有很遠的一段距離。不過，這種情況很可能會改變的。因爲，國際貿易的中心已經有了向西遷移的傾向，但是倫敦仍是國際貿易的領頭羊，對外貿易技巧的知識仍具優勢，而紐約則剛剛起步，只能望其項背。

大不列顛：燈塔之國

我們已經偏離主題了，現在回到我們的話題上來，讓我們去看看一千五百多年前的英國平原。它的整個南部邊緣群山環繞，在最西端是康沃爾半島，隔著英吉利海峽與法國的布列塔尼遙遙相對。康沃爾是個神奇的地方，直到二百年前，當地的凱爾特人還保留著自己的語言。那裡許多奇怪的石柱與布列塔尼的石柱極為相似，以致人們認為從前居住在這兩個地方的居民本是同根。另外，康沃爾半島還是被地中海水手發現的英格蘭土地的第一個地方。腓尼基人尋找鉛、鋅、銅（請記住，這個民族最為鼎盛的時期就是在銅器時代和鐵器時代）的探險隊在遠征路上曾到過錫利群島。在那裡，他們遇到了一群來自大務瀰漫的大陸的野蠻人，還和他們進行過物物交換的貿易。這一半島上最重要的城市是軍港普利茅斯，這裡除了偶爾有幾艘大西洋汽船往來，極少能見到其他船隻。

在康沃爾半島的另一側是布里斯托爾灣，它在十七世紀的地圖上被標注為「錯誤的海峽」，因為從美洲返回的船長們常常將這裡誤認為是英吉利海峽，從而進入這片惡浪滔天的水域，導致船毀人亡。

布里斯托爾灣北邊靜臥著威爾斯群山。從前，這是座毫無用處的大山，由於人們在這裡發現了煤、鐵礦藏，並在安格爾西島附近發現了銅礦，所以這片寂寥的大山現在成為英國最富裕的工業基地之一。加的夫原本是古代羅馬人修築的要塞，現在已經成為世界最大的煤炭中心之一。與倫敦之間靠一條從塞文河下穿過的鐵路相連，

北海

這個隧道工程可以與連接威爾斯大陸和安格爾西島及霍利黑德島的跨海大橋工程相媲美。從霍利黑德島出發，人們可以直接到達愛爾蘭首都都柏林的港口金斯敦。

英格蘭的地形呈四邊形，每一個城市和村鎮都因年代久遠、歷史悠久而飽經滄桑。我們幾乎都不敢提及它們的名字，因爲這會使這部世界歷史寫成整捲的英國地理。這一片古老的土地至今仍是英國地主階級的支柱。法國幾乎沒有大地主，在那裡，小地產所有者的數量是英格蘭的十倍。丹麥的小地主就更多了。這樣的鄉紳階級的地位已江河日下，作爲一個遺老集團，他們除了讓別人學會怎麼穿高爾夫球褲，就是靠打獵來消磨時光，除此之外，再沒有什麼重要的價值。但是，這種退步並不是他們自己造成的，而是由於詹姆士・瓦特發明了那實用而有效的蒸汽機，使我們的社會經濟格局發生了天翻地覆的變革。格拉斯哥大學的這位工具制作者從小就偏愛數學，當他開始擺弄祖母的小茶壺時，蒸汽還只局限於緩慢而又費力的水泵裡。可是，在他去世後，蒸汽簡直成了世界的主宰，而土地卻不再是致富的主要源泉。

正是從那時起——即十九世紀上半葉——英國的經濟重心從自古以來的南方開始向北遷移。

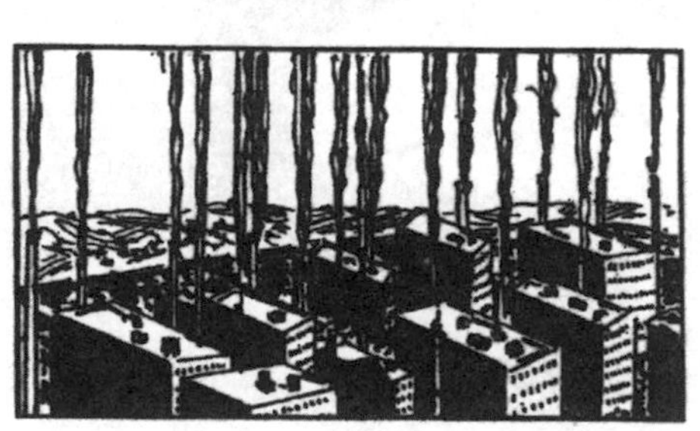

工廠征服了農田

在蘭開夏郡，蒸汽驅動著曼徹斯特的棉紡機快速飛轉；蒸汽千又光臨約克郡，將利茲和布拉德福德推上世界毛紡織工業中心的地位；在所謂的「黑鄉」，蒸汽又使伯明翰開足馬力生產出數以百萬噸的鋼板與鋼樑，這些鋼材是造船必需的，這些鋼材製造出的船又將英倫三島的產品送往世界各地。

蒸汽代替人力的這次巨大轉變是人類歷史上最偉大的一次變革。當然，發動機本身沒有思想，它需要人來操縱，告訴它何時開始工作，何時應該停止工作。作爲一項簡單的勞動回報，城裡人對農場工人作出保證，他們也可以以此致富。於是，在城市的誘惑下，百分之八十的農村人口蜂擁進城，轉眼間城市飛躍起來，出租公寓的地產商也一夜暴富。英格蘭積聚了大量的財富，這筆財富足以使它維持很多年。

如今，許多人都在自問：英國還能支撐多久？也許，這只有時間能作出回答——這個時間就是十年或者二十年。英國的前景很值得我們去研究。

這個大帝國的崛起是與衰敗和一連串的事件聯繫在一起的。它的命運與羅馬帝國的命運極爲相似。作爲地中海文明的中心，羅馬帝國爲了保全自身的獨立地位，不得不四方侵略討伐，而當英格蘭登上大西洋文明的頂端時，也在走羅馬人的老路。如今，世界性的大掠奪似乎已造一段落了。幾年前的一個大帝國的核心總部，也許很快就會衰落，就像現在荷蘭對面的一個人滿爲患的小島。

這似乎是場悲劇，但這正是我們這個星球的規律。

一、歐洲的魅力：蘇格蘭

羅馬統治者對蘇格蘭人的了解就像美國最早的殖民者對五個開化部落（切羅基、奇卡索、喬克托、克里克和塞米諾爾）的了解：在北部的某地，在帝國防線與諾森伯蘭郡最後一片茅舍的荒涼山區，有一群由牧羊人組成的不好惹的剽悍部落，他們的居住環境極其原始簡單，他們是母系社會，不像世界其他民族那樣處於父系社會。他們的大山中除了馬兒都畏步不前的陡峭的羊腸小道，就沒有眞正的道路了，他們極力抵制對他們進行文明教化，因爲他們激烈地反對一切文明形式，所以最好的辦法就是讓他們自行其是。但是，這群人還是可怕的盜賊，他們會突然從山上衝下來，偷走切維厄特丘陵上的羊群，掠走坎伯蘭的牛群。對這些人的最好的防範辦法就是從泰恩河到索爾灣一路築起高牆，並以刀砍劍刺或者上十字架等死亡的痛苦來制止他們再次冒犯。

這些辦法果然奏效，而且在羅馬人統治英格蘭的四個世紀中，蘇格蘭人除了幾次大規模的進犯，很少與文明世界有瓜葛。他們和愛爾蘭島的凱爾特兄弟們保持持久的商業關係，而且他們物質需求很少，因而從不和外面的世界打交道。

古羅馬的城牆雖然已經消失，但是今天的蘇格蘭人仍然過著他們自己獨特的生活，發展著他們自己的蘇格蘭式的文明。

蘇格蘭的窮鄉僻壤是使他們保持自己個性的眞正原因。這裡絕大部分是山區，在人類出現很遠之前，這些山幾乎同阿爾卑斯山一樣高。風雨的緩慢侵蝕使高山漸漸變矮，激烈的地殼上升又將它們震得七零八落，接下來大規模的冰川入侵將積聚在山谷中的微薄的泥土沖得一乾二淨，難怪蘇格蘭只有百分之十的人口居住在高原地區，而其餘百分之九十的人口都擁擠在蘇格蘭低地地區——這是一條不足五十英里的狹長地帶，從西邊的克萊德灣到東面的弗思灣。蘇格蘭最大的兩座城市——愛丁堡和格拉斯哥在兩座火山（從前多數要塞都是建在死火山口上）噴發形成的山脈之間佇立。愛丁堡是古代蘇格蘭首府，格拉斯哥則是現代鋼鐵、煤炭、造船和製造業中心。這兩座城市之間還有運河聯絡。另一條運河從洛恩灣通向馬里灣，小型船隻可以從大西洋直抵北海，無須從約翰奧格羅茨、奧克尼群島和設得蘭群島之間的艱險水域冒險航行，不過這條運河很少被利用。

儘管格拉斯哥出現繁榮，但並不意味著整個蘇格蘭就能出現繁榮。普通的蘇格蘭農民儘管終日勞動，還依然掙扎在溫飽線上，他們的勞動所得只能保證不致餓死，卻不足以使他們感受到活著的眞正幸福。極端的貧困使蘇格蘭人謹小愼微，對他們辛辛苦苦攢下的幾先令「財產」視若珍寶，絕不輕易花自己的錢。同時，也使他們懂得自力更生，依賴自己的聰明才智和堅毅勇敢，在惡劣的生存環境中苦苦掙扎而不管別人怎樣說。

由於伊麗莎白女王在死前將英格蘭的王冠傳給了她的蘇格蘭表兄詹姆士・斯圖加特，這個歷史的偶然卻將蘇格蘭從此納入英格蘭王國的版圖。就這樣，蘇格蘭人便可以自由進入英格蘭境內。如果他們覺得自己的小島太小不能裝下他們遠大的野心，他們完全可以在整個王國的大地上到處闖蕩。勤儉、聰明而節制的蘇格蘭人是完全適合在那些邊遠地區擔任領導職務的。

二、自由的國度：愛爾蘭

現在，要講述的是一個特別的故事，有關人類命運的難以解釋的悲劇故事——一個本來前途遠大、有無限希望的民族，居然會心甘情願地放棄眼前的光明追求，為一個毫無意義的理由徒勞地奔向了渺茫的黑暗歷程，而他們心懷仇恨的鄰國卻在隨時準備著去羞辱並奴役他們，因為這些盲目衝動的人還沒有明白獨立的自身權益才是人類生存的首要原則。

這個悲劇的罪魁禍首是誰呢？我不知道。沒有人知道。

是地質構造嗎？也很難說。愛爾蘭也是史前時代北極大陸的殘存部分。地質變遷使島的中心下沉到海岸山脈以下，使整個島嶼的地貌呈現為湯盤的形狀，而流向海洋的幾條河流也因此形成了千回百轉、曲曲折折的河道，航行十分不便。如果沒有後來的地質變遷，這個島也許會更加富饒繁榮。

是氣候嗎？不，因爲這裡的氣候與英格蘭的氣候並無很大的差異，或許只是更潮濕一點兒，更多霧一點兒。

那麼，是地理位置嗎？回答仍然是不。自從發現美洲之後，愛爾蘭在所有與新大陸通商的歐洲國家中地理位置最近，地理條件也最爲便利。

那麼，到底是什麼該爲這個民族的悲劇承擔責任呢？恐怕還是那難以捉摸的人性。在這裡，人類又一次自毀前程，將有利的條件變爲無能爲力，將勝利變成失敗，將勇敢消磨爲消沉，對沮喪的命運只能默默承受。

民族傳統和這個悲劇有關係嗎？我們都知道，愛爾蘭人十分喜歡他們自己的神話故事。幾乎每個愛爾蘭戲劇和民間故事中都會提到小精靈、狼人和指點寶藏所在的小妖精。說實話，在現在這種枯燥乏味的時代，我們眞是厭倦了愛爾蘭人那些精靈小鬼親戚們。

愛爾蘭

你可能會說，離題太遠了。這些又和「地理」有什麼關係呢？如果地理只限於山川河流、城市分布，只限於統計煤炭出口量、棉花進口量的話，這些的確和地理沒有關係。可是，人類不僅是饕餮之徒，他還會思深慮遠，有天然的想像力。這個愛爾蘭就有一種不尋常的氣氛，這是一個單純爲思慮與浮想而存在的國家。當你從海上眺望別的國家時，你會說：「這是一片陸地，看上去是隆起的山脈，或者平坦的平原，大地是棕色的、黑色的或者是綠色的。那裡生活著許多人，他們要吃要喝，有人美麗，有人醜陋，有人幸福，有人悲哀，有人活著或者死去，有人死後得到了牧師的祝福，有人死後不需要牧師。」

然而，對愛爾蘭來說，這一切大不相同。這個國家有點兒與衆不同，或者說完全與衆不同。這裡到處瀰漫著孤獨寂寞的空氣，孤寂的氣氛甚至伸手可觸。昨天的眞實到今天就布滿疑雲，幾小時前簡單的事，轉眼就會變得錯綜複雜。島嶼的西側是變幻莫測的大海，可是你腳下的這片土地卻比這潭沉默的深淵更加神秘。

愛爾蘭遭受奴役的時間比任何一個民族都長，他們因爲背負著沉重的歷史而不斷地怨天尤人。他們本應該從自身找出不足，可是在他們的思想深處，定有某種認識錯誤使他們千百年來始終落落寡合。這種弱點植根於愛爾蘭這塊沃土。在這片土地上，愛爾蘭人時刻準備爲之流血犧牲，卻從不考慮怎樣生活下去。

當年諾曼底的征服者們（一〇六六年諾曼底公爵威廉入侵英國）把他們新獲得的住所稍加安

排，就將他們貪婪的目光投向了愛爾蘭海彼岸。所謂的愛爾蘭海和北海一樣，只是一個下陷在海洋中的山谷，並不是海洋的眞正的組成部分。而且，當時這個富饒的小島的內部情況也大大助長了侵略者的野心。當地部族首領彼此紛爭不已，將全島統一爲一個單一王國的努力都失敗了。對於同時代的征服者威廉，愛爾蘭就像「一塊顫抖的荒地」。這裡的神父都睜大了眼睛，狂熱地要將基督的福音帶給全世界的異教徒，而他們的故國卻沒有道路、沒有橋樑、沒有任何交通工具，一切使日常生活更舒適、更和諧的重要條件都不具備。島嶼的中央由於比四周邊緣低許多，形成了一個大沼澤，而沼澤有個怪習性，就是自己排水，因此沼澤永遠是沼澤，根本沒有人去治理。因爲，充滿詩意的靈魂怎麼肯動手去洗碗刷碟呢？

當時，英法的統治者們都是叱咤風雲的國王，他們與主宰世界的列強們維持一種非常體面的關係。羅馬教皇英諾森三世曾緊急援助他親愛的教子約翰，宣布《自由大憲章》（一二五一年英國封建領主聯合騎士和平民迫使英王簽署的文件）無效，並詛咒那些逼迫國王簽署這樣一份文件的貴族永墮地獄，不得翻身。當一位在內戰中被打得狼狽不堪的愛爾蘭酋長向英格蘭的亨利二世求助，幫助他打敗自己的強敵時（我已忘記當時到底有多少交戰方），羅馬便暗中牽線，一隻看不見的手又從羅馬伸到英格蘭，英國籍教皇阿德利安四世熱心地簽署了一張文書，封英格蘭國王陛下爲愛爾蘭世襲君主。於是，一支由不足一千人的雜牌軍和二百名騎士組成的軍隊占領了愛爾蘭島，原來那些過著原始而愉快生活的愛爾蘭人不得不放棄早已在其他國家絕跡的部族制度，被迫接受英格蘭人強加給他們的封建制度。這就是紛爭的開始，自此之後，這個小島就永無寧日了。圍繞主權問題的爭端直到數年前才算結束，但是說不定哪一天它又像火山一樣突然爆發，成爲世界各地報紙的頭版頭條新聞。

愛爾蘭的地形，正如愛爾蘭精神，全然是爲屠殺與伏擊而存在的。在這裡，崇高的理想與卑鄙的行徑絕望地糾纏在一起，似乎不把所有愛爾蘭人滅絕，衝突就永遠不會停止，問題就永遠無法解決。這絕不是痴人說夢。當時的征服者們曾多次試圖斬草除根，進行大規模的屠殺和放逐，然後再將這些不幸的人們所有的財產奉獻給國王及其親信。例如，克倫威爾（十七世紀英國資產階級革命的代表人物）在一六五〇年毫不留情地鎮壓的那次起義對愛爾蘭人犯下的滔天罪行，仍然深深地刻印在幾個世紀後的愛爾蘭人腦海之中。

當時，愛爾蘭人又憑著他們超凡的空想與奇妙的直覺，在錯誤的時間幹出錯誤的事情——站在一文不值的查爾斯國王（英王查王一世）這邊。克倫威爾這次企圖一勞永遠地最終解決愛爾蘭問題的嘗試，其結果就是使這個島上的居民銳減到八十萬，餓死率增長到這種嚴重程度（愛爾蘭的生存率一向不高），以至於那些能討到錢、借到錢或者乾脆偷到錢的人，只要能夠攢到一張船票的錢，就慌忙離開故土，逃亡國外。其餘留下來的人，滿懷仇恨地守著死者的墳墓，靠馬鈴薯和一絲希望生活下去。可是，他們一直等到世界大戰才得以最終解脫。

從地理方位上說，愛爾蘭屬於北歐；從精神狀態上說，愛爾蘭好像不久以前還停留在古地中海時代。甚至今天，當它已取得自治權，享有與加拿大、澳大利亞和南非這些國家平起平坐的權利時，它還與整個世界有一段差距。那裡的人民並沒有為全島統一而努力，相反他們分成兩個相互仇視的派別。占全部人口百分之七十五的南部天主教徒組建了「自由國家」，定都都柏林。北部愛爾蘭由阿爾斯特六郡組成，主要居住著外來的新教徒後裔，繼續留在英國，仍為聯合王國的一部分，並不斷派出自己的代表出席倫敦的議會。

以上所述就是目前愛爾蘭的情況。從現在起一年之後或者十年之後它會怎樣呢？誰也不能預見。但是，這是一千多年來愛爾蘭人第一次將自己的命運掌握在自己手中。現在，他們終於可以自由開發這裡的港口了。他們將科克、利默里克和戈爾韋建設成真正的海港。他們還實行在丹麥已經證明卓有成效的農業合作制。他們的奶製品完全可以和其他國家相媲美。作為一個獨立自由的國家，愛爾蘭終於可以屹立於世界民族之林。

但是，他們真的能忘記過去而明智地去為明天奮鬥嗎？

第十五章　俄國

——是歐洲、還是亞洲？

就美國政府而言，俄國並不存在。它的領導人是不法分子，它的外交使節被拒之門外，美國政府還警告美國公民，如果他們冒險去俄國訪問，華盛頓對他們的安危概不負責。然而，俄國就在那裡，占有世界陸地的七分之一，其領土面積是歐洲的兩倍多，比美國大三倍，其人口數量相當於歐洲最大的四個國家的人口總和。可是，美國雖然在利比里亞首都蒙羅維亞和埃塞俄比亞首都亞的斯亞貝巴都派駐了外交官，但對莫斯科卻熟視無睹。

所有這一切總有一個原因。外表看來，這裡似乎是一個政治原因，可是，實際上，這個原因很大一部分出於地理因素。俄國比任何一個國家更具有地理背景。這個國家難以決定自己到底屬於歐洲還是屬於亞洲。由於這種含混的態度，導致了文化矛盾衝突，而文化矛盾衝突又導致了這個國家的現狀。關於這一切，我要用一張簡單的地圖來講明白。

我們首先還是來回答這個問題：俄國到底是歐洲國家還是亞洲國家？爲了便於論證，你可以假設自己屬於楚科奇部落，住在白令海峽之濱，假設你不喜歡自己的生活方式（人們不會怪你，因爲在東西伯利亞的冰天雪地之中謀生很艱難），再假設你決定聽從霍勒斯·格里利（美國報紙編輯，改革家）的勸告——「到西部去」，而且你不喜歡山區，你是一個不安分的人，你向往著一塊像你兒時所居的大平原，這樣你就開始向西前進。你將順暢無阻地走上兩年時間，路上除了要渡過十幾條寬闊的大河之外並沒有任何障礙。最後，你將來到烏拉爾山腳下。在許多地圖中都標注爲亞洲和歐洲分界線的烏拉爾山，是亞歐兩大洲之間的天然屏障。其實，這座山並不足以成爲一道很大的屏障，因爲第一批到西伯利亞來的俄羅斯探險家（實際上逃犯，一旦他們發現了有價值的東西，就立刻被抬舉成了「探險家」）是抬著他們的船跨過烏拉爾山而進入廣袤的西伯利亞大平原的。

當你越過烏拉爾山之後，你還要經過半年或更長時間的艱難跋涉，就可以到達波羅的海。從太平洋到大西洋（因爲波羅的海其實是大西洋的一部分）的漫長征途中，你所經過的地區都是大平原的一部分。這一大片平原幾乎覆蓋了三分之一亞洲和半個歐洲

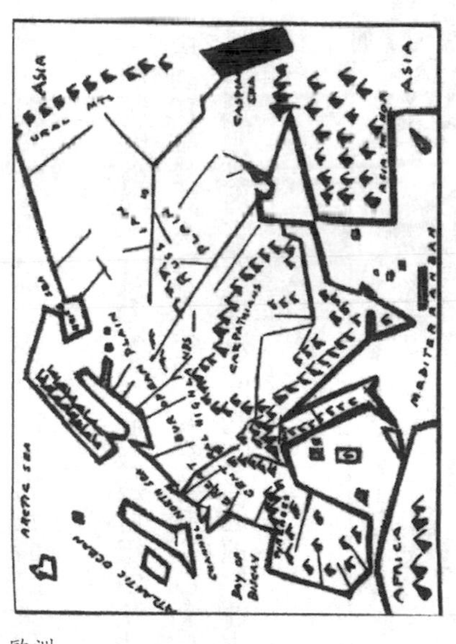

歐洲

（因爲這片大平原與德國大平原相連接，直抵北海）。但是，它也使俄國不得不面對致命的天然缺憾，那就是它直接面臨北冰洋。

這是昔日俄羅斯大帝國的一大禍根。爲了接近「溫暖的海洋」，俄國人在過去數百年中花費了大量的生命和錢財。這也是蘇聯的最大的不幸。這個在羅曼諾夫王朝垮台之後建立起來的新政權，就像一幢有八千個房間、八十層高的大樓，除了兩個小窗子與三樓後面的防火通道相連之外，再無任何其他出入的通道了。

也許，你以爲我們美國已經足夠大了，其實那只是和小得可憐的英國或者法國比較而言。這片到處飄揚著蘇聯國旗的俄羅斯大平原是法國總面積的四十倍，是英國的一百六十倍。它的主要河流鄂畢河和亞馬遜河幾乎一樣長，它的第二大河流勒拿河的長度與密蘇里河相同。在內陸海和湖泊當中，俄羅斯西部的裡海總面積幾乎與美國的休倫湖、蘇必利爾湖、密歇根湖及伊利湖的面積總

歐洲：海岸、島嶼及河流豐富的大陸

和相當。它中部的鹹海比休倫湖大約四千平方英里，而東部的貝加爾湖面積幾乎是安大略湖的兩倍，是歐亞大陸最大的淡水盆地。

這個國家南部的山峰將這個平原與亞洲其餘地區隔絕，它的高度幾乎與我們國家的最高峰相匹敵，因為阿拉斯加的麥金利山有2.03萬英尺高，高加索的厄爾布魯士山高1.82萬英尺。地球上最寒冷的地方則在西伯利亞的東北部，這個國家在北極圈以內的國土面積有法國、英國、德國和西班牙四國面積總和那麼大。

不論從哪個角度看，這個區域都促使俄國人走極端。毫無疑問，這些常年生活在光禿的荒原以及凍土上的人深受其生存環境影響，他們的思維方式和行動模式在其他國家人眼中肯定荒誕不經。無怪乎他們千百年來一直虔誠地向上帝祈禱，而突然有一天卻拋棄了上帝的一切，將神和神的名字徹底地趕出了學校。幾百年來，他們始終心甘情願地服從沙皇一個人的統治，在他們心目中，沙皇的地位至高無上、神聖不可侵犯。但是，突然有一天，他們會揭竿而起，將這個統治者消滅掉，去接受另一種經濟學說的專制。他們以為這種學說會給他們帶來巨大的幸福。

羅馬人顯然未曾聽說過「俄羅斯」這個名字。希臘人去黑海淘金（還記得「金羊毛」的故事嗎？）時曾經與一些野蠻部落遭遇過，他們稱這些人為「擠馬奶的人」。從現在流傳下來的希臘花瓶中的古畫可以判斷，他們當時遇到的大概就是哥薩克人的祖先。當俄羅斯人首次在歷史舞台上嶄露頭角時，他們居住在一塊方形的平原上。南部以喀爾巴阡山和德涅斯特河為界，西部以維斯瓦河為界，北部和東部分別是普里佩特沼澤及第聶伯河。在他們這塊方形地的北部，在波羅的海沿岸的大平原上，住著他們的同族——立陶宛人、列特人（拉脫維亞的一個民族）以及普魯士人。後者作為現代德國的統治者，細究起來，它本來不過就是斯拉夫人的一個部落。在方形地的東部居住著芬蘭人，現在他們的領土被陷在北冰洋、白海和波羅的海之間的那一小塊地方。在南部，還有凱爾特人、日耳曼人或者這兩個民族的混血民族。

後來，在中歐平原上四處遊蕩的日耳曼部落發現，每當他們需要奴隸時，就可以去搶劫那些北方鄰居的營地。這些北方鄰居是一個溫馴的民族，不管命運如何對待他們，他們總是任其擺布，然後低聲說：「算了，這就是人生。」

俄國風景

這個相鄰的北方民族似乎有他們自己的名字，希臘人聽起來那名字就像斯拉夫尼（Sclaveni）。那些經常在喀爾巴阡山地區劫掠人口當做活商品的奴隸販子也常說，他們又捉住了許多「slaves」（奴隸）或者「slavs」（斯拉夫人）。後來「slave」這個詞逐漸演變，就成爲一個商品名稱，專指那些成爲別人合法財產的不幸的人。那些最早的「奴隸」或者「斯拉夫人」則漸漸強大起來，發展成爲現代世界最強大的中央集權國家。他們和歷史開了一個不小的玩笑，而且不幸的是，這個玩笑是對我們的嘲笑。如果我們的祖先稍微有一點兒遠見，我們就不至於處於現在的困境。對此，我將要進一步說明。

開始，斯拉夫人還安安靜靜地定居在他們那一小塊故土上，後來由於人口急劇膨脹，他們需要越來越多的土地。強大的日耳曼部落阻塞了他們西進的道路，而通往地中海的門戶則被羅馬和拜占庭隔絕，因此只有東方有一條出路。於是，斯拉夫人蜂擁向東尋找更廣闊的土地。他們跨過德涅斯特河與第聶伯河，一直到達伏爾加河。俄羅斯農民稱伏爾加河爲「母親河」，因爲這條大河爲他們提供了豐富的漁產，養育了成千上萬的俄羅斯人。

伏爾加河是歐洲最長的河流，它發源於俄羅斯北部中央高原的群山之間。這些山爲建築提供了極好的機會，最早的俄羅斯人就是在這裡修築了大量的城堡、要塞，俄國早期城市也大多建於此地。伏爾加河爲了最終注入大海，在山間盤旋曲折，繞了一個大彎才掉頭東去。它小心翼翼地沿著山的外廓流瀉，由於山勢擠壓，大河東岸高聳陡峭，西岸卻低矮平坦。由於山脈而造成的彎路很長。雖然從源頭附近的特維爾到終點裡海的直線距離只有一千英里，但是曲折蜿蜒的伏爾加河卻足有二千三百英里長。這條歐洲最大的河流流域面積達56.3萬平方英里，比密蘇里河流域大四千平方英里，相當於德國、法國以及英國的總面積。

但是，和俄國的其他一切事物一樣，這條河也有其古怪之處。伏爾加河是條舉世聞名的便於航運的河流（在世界大戰前，這條河上就有四千多條船的艦隊），但當它抵達薩拉托夫時，河面就已經降到與海平面持平，下游的幾百英里航程完全是在海平面以下。這聽起來很奇怪，其實這種情況是有可能發生的，因爲伏爾加河所注入的是位於多鹽沙漠中央的裡海，裡海目前的海拔高度低於地中海八十五英尺，再過一百萬年後，裡海大概可以與死海一爭高低。死海目前保持著世界最低紀錄——在海平面以上一千二百九十英尺。

順便說一句，我們餐桌上的魚子醬幾乎全部來自伏爾加河，伏爾加河被認爲是魚子醬的母親河。我之所以用「被認爲」這種說法，是因爲伏爾加河只是魚子醬的「繼母」，它並不能生產魚子醬，是金槍魚爲我們提供了這道聲名遠揚的俄羅斯佳餚，而不是鱘魚。

在鋪設鐵路之前，河流與海洋是人們外出經商或者劫掠征戰的天然道路。在沒有找到新疆域之前，由於通往大海的道路被西方的敵人條頓部落切斷了，另一夥競爭對手拜占庭人又擋住了南下的道路，所以俄羅斯人尋找土地時只能依靠自己的河流。因而從公元六百年直到現在，俄羅斯的歷史始終與兩條大河密切相關，一條是伏爾加河，我在上面剛剛說過。另一條是第聶伯河，第聶伯河更爲重要。因爲，這條大河是從波羅的海通向黑海的重要商道的一部分。這條商道無疑和貫穿德國平原上的那條商道一樣古老。請看下面的地圖，然後聽我來講。

從北方開始，我們看到的首先是芬蘭灣與拉多加湖（和安大略湖面積相仿）被涅瓦河連接起來。這條河上有座著名的城市——列寧格勒。有一條叫做沃爾霍夫河的小河從拉多加湖向南流，它將拉多加湖與伊爾門湖連接起來。在伊爾門湖南面是洛瓦季河，它到多瑙河的距離很短，兩河之間地勢非常平坦，人們可以進行水陸聯運。

就這樣，旅行者可以從北方出發，從谷地一路順流南下，再由北面通過第聶伯河，直達黑海。第聶伯河在此的入海口距克里木半島只有幾英里之遙。

貿易是不分國界的，商業也沒有種族區別。爲了牟取利潤，商人把斯堪的納維亞的貨物千里迢迢地帶往拜占庭帝國，也正是由於有利可圖，人們才在這些地方安家立業。公元五世紀末六世紀初，這是一條便捷的商道，直達俄羅斯大平原，途中經過加利西亞和波多利亞（喀爾巴阡山外圍）之間地質下陷形成的

昔日的俄國商道

低谷。

但是，當這一地區充滿了斯拉夫移民時，情況就變了。那時，商人們已經搖身變成了君臨天下的政治霸主，他們不再漫遊四方，卻雄踞一方成爲王朝的奠基者。這些俄羅斯人雖然聰慧絕倫，卻從來不善治國安邦。他們缺乏條頓民族那種縝密細緻的邏輯思維。他們太多疑，不能集中精力而迅速作出決定。他們熱衷爭辯和空談，最喜歡沉思和猜測，卻不擅長集中權力，果斷處事。但是，做個地方諸侯就比較容易。一開始，這些人的野心並不大，他們只是需要一個能夠居住的地方，他們建起了初具王家氣質的宮廷。他們的侍從臣民也需要住所，於是古代第一批俄羅斯城市就這樣產生了。

城市，尤其是生機勃勃的新興城市，特別引人注目。君士坦丁堡的教士們聽說又出現一批拯救靈魂的好地方，於是他們就急急忙忙划著小船沿著第聶伯河北上，猶如幾個世紀前斯堪的納維亞人划船南下的情景一樣。他們很快就和地方統治者打成一片，修道院變成了王宮的一部分。之後，羅曼諾夫王朝登上了俄羅斯的歷史舞台。這時，南部的基輔和富有的商業城市大諾夫哥羅德（和下諾夫哥羅德無關，這座城市建在伏爾加河上與奧卡河匯合處）已聲名大振，甚至西歐各國都聽說過這裡的繁榮景象。

與此同時，耐心的俄羅斯農民還像過去幾千年中他們所做的那樣，在不斷地生兒育女。當他們發現自己的人口又需要更多的土地時，就再次拓展疆域，告別歐洲最富庶的大糧倉——烏克蘭河谷，向俄羅斯大平原進軍。當他們到達平原高地之後，隨即沿河東進。他們沿著奧卡河谷不慌不忙（對俄羅斯農民來說，時間沒有意義）地前進，最後他們到達了伏爾加河，建立了另一座新城諾夫哥羅德，這座城市將永遠統轄著周邊的平原地區。

但是，對歷史而言，「永遠」並不意味著能夠恆久。在十三世紀初，一場災難暫時遏制了他們的雄心壯志。沿著烏拉爾山與裡海之間的寬谷（布滿鹽鹼地的烏拉爾河流域），不計其數的矮小的黃種人從東向西疾馳而來，他們源源不斷的騎隊就像亞洲全部人口都遷到了歐洲的中心一樣。西方的那些挪威－斯拉夫小侯國異常震驚。不到三年時間，俄羅斯所有的平原、河流、內海、山區都落入蒙古國手中。德國、法國和其他西歐國家之所以能夠倖免於難完全是出於幸運（蒙古國人的馬蹄患了傳染病）。

後來，蒙古人又培育出新的一批戰馬，他們再次西進。但是，德國和波希米亞的堡壘堅不可摧，這些入侵者只好望「城」興嘆，他們繞了個大圈，在匈牙利一路燒殺劫掠，接著又回到俄羅斯東南部定居下來，開始享受勝利的戰果。

在此後的二百年中，信仰基督教的男女老少只要見到成吉思汗的那些子孫，就聞風喪膽，匍匐在地，親吻他們腳下的泥土，誰敢違抗都將被立即處死。

歐洲歐知這一切行徑，卻對此只是袖手旁觀。因為斯拉夫人是按照希臘的儀式供奉上帝，而西歐各國則是按照羅馬的禮儀供奉上帝。因此，就讓異教徒的怒火肆意燃燒吧，就讓卑賤的俄羅斯人在異教徒的皮鞭下變成奴隸吧，誰讓他們是異教徒呢。受人奴役的命運雖然悲慘，但那是他們命該如此。最終，歐洲爲他們自己的冷漠無情付出了沉重的代價。這些堅忍的俄國人用他們寬厚的肩膀擔負起當權者強加給他們的一切重負，他們在蒙古人統治的二百五十年中養成了逆來順受的壞習性。

就讓他們背著這副枷鎖吧，他們永遠也不能擺脫不幸命運的擺布。在俄羅斯平原的東部邊疆，有一個古老的前沿哨所，後來發展成爲莫斯科公園，這個小公園的統治者爲解放自己的國家立下了汗馬功勞。一四八〇年，約翰三世（即俄國歷史上著名的伊凡大帝）拒絕向金帳汗國（成吉思汗長子尤赤的封地）的主子繳納年貢，從此公開的反抗開始了。半個世紀之後，這些外國侵略者倒台了。然而，這些暴君雖然消亡了，他們的制度卻保留了下來。

新的統治者是個頭腦十分「現實」的人。大約三十年前，君士坦丁堡被土耳其人攻陷，東羅馬帝國最後一個皇帝被殺於聖索菲亞大教堂的台階上。但是，他還有一個遠親，是個叫做佐伊·帕里奧洛加斯的女人，她剛好是羅馬天主教徒。羅馬教皇看到這是一個大好時機，可以將希臘教廷迷途的羔羊領回他自己的羊圈，於是他便撮合伊凡與佐伊的婚事。婚禮順利舉行，佐伊改名爲索菲亞。但是，教皇的如意算盤卻落空了。相反，伊凡比以往更加桀驁不馴。他意識到這是自己取代拜占庭統治者的天賜良機，於是他採用了君士坦丁堡代表東西羅馬帝國的盾形紋章——著名的雙頭鷹——作爲自己的紋章，使自己成爲至高無上、神聖不可侵犯的君主，視朝臣貴族爲奴役。他認爲自己是當今世上僅有的「凱撒大帝」式的強權人物，他還在這個小小的莫斯科宮廷裡實行從前的拜占庭禮儀。他的孫子在家族榮譽的鼓舞下，宣告自己爲俄羅斯所有能征服的地區的皇帝。

一五八九年，魯雷克王朝的末代後裔死去了，古代斯堪的納維亞入侵者在俄國的統治終告結束。經過十五年的內戰之後，羅曼諾夫一個貴族家庭的一位成員自立爲沙皇，從那時起，俄國的疆域就隨著羅曼諾夫們的政治野心漸漸擴大。這個家族的統治者們有許多明顯的劣跡，但他們又有同樣多的美德，所以我們最好還是忘記他們的錯誤吧。

在這件事上，他們都有一個共同的堅定信念，那就是只要能爲他的臣民打出一條直接出海的通道，即使付出任何代價都在所不惜。他們在南部殺出一條血路，直通黑海、亞速海和塞瓦斯托波爾，結果發現土耳其人遏制住了他們前往地中海的道路。但是，這場戰爭卻使他們贏得了十個哥薩克部族的加盟。這些哥薩克人是哈薩克人的後裔，他們就是在過去的五百年中，爲了逃避波蘭或者蒙古統治者的奴役，一直藏匿於荒野之中的海盜、流浪漢或者逃奴。俄國人又和瑞典人開戰了，瑞典人在「三十年戰爭」（一六一八—一六四八年發生在歐洲的一場國際性戰爭）中占領了波羅的海周邊所有的土地。最後，俄國人又經過五十年的征戰，打敗了瑞典人。於是，彼得大帝終於可以命令成千上萬的臣民在涅瓦河的沼澤之中爲他建起了新都聖彼得堡。但是，芬蘭灣每年有四個月處於封凍期，所以「開闊的大海」仍然是個遙不可及的夢想。他們又沿著冰原中心的奧涅加河與德維納河北上，在北冰洋沼澤荒原地帶的盡頭——白海之濱——建立了另一座城市，取名阿爾漢格爾斯克。但是，卡寧半島的不毛之地就像哈德遜灣的冰雪海岸一樣遠離歐洲，甚至荷蘭和英格蘭的商船都小心翼翼地避開摩爾曼的海岸。看來，俄國人的努力又付諸東流了。除了向東的路線之外他們別無選擇。

一五八一年，來自歐洲各國的大約一千六百名逃奴、流浪漢和戰俘越過了烏拉爾山。在東進的途中，他們被迫與遇到的第一個韃靼首領進行了殊死拼殺，居然大獲全勝，還把戰敗者的財產瓜分得一乾二淨。但是，當他們得知莫斯科軍隊的勢力範圍十分廣大，與其坐等沙皇的軍隊追上來，將他們作爲叛徒或者逃兵吊死，還不如將這片土地獻給沙皇，這樣一來，他們還可以憑著對國家的貢獻，贏得一份犒賞和一個眞正愛國者的美名。

這種奇怪的殖民方式持續了一百五十多年。展現在這些惡棍腳下的大平原幾乎沒有人煙，但是土地卻非常肥沃——北部是廣袤的平原，南部覆蓋著密林。不久，這些人就將鄂畢河甩在了後面，來到了葉尼塞河岸邊。早在一六二八年，這支聲名狼藉的先鋒軍到達勒拿河，一六三九年，他們來到鄂霍次克海岸邊，在一六四〇年之後不久，他們又在南部的貝加爾湖建立

東西伯利亞

了第一座要塞。一六四八年，他們又抵達阿穆爾河（即黑龍江）。同年一個名叫德日涅夫的哥薩克人在西伯利亞北部的科雷馬河順流而下，沿著北冰洋的海岸線來到分隔亞洲與美洲的海峽。當他返回後向人們講述這一發現時，並沒有引起人們的興趣。八十年之後，一個受雇於俄國的丹麥航海家維丘斯·白令再次發現這個海峽時，他獲准以他的名字命名這個海峽，即白令海峽。

從一五八一年到一六四八年不過短短六十七年的時間，俄羅斯人就擁有了整個西伯利亞。相對而言，美國的殖民者卻用了整整兩個世紀才從阿勒格尼山走到太平洋海岸。顯而易見，俄國人並不像我們所認爲的那樣遲鈍。而且，他們並不滿足於整個西伯利亞，最終這些俄羅斯人還從亞洲進入了美洲。在喬治·華盛頓去世之前，美國就已經有很繁榮的俄國殖民地了，他們的一個以大天使加百里列的名字命名的要塞，就是現在的矽特卡。就是在這座城市，一八六七年，俄國正式將阿拉斯加移交給美國。

如果論精力、膽識和勇敢的冒險精神，早期俄羅斯殖民者遠遠勝於我們美國的早期移民。但是，亞洲式的帝王觀念卻仍然主宰著莫斯科和彼得堡的當權者。他們廣袤的國土上豐富的寶藏還在靜靜地等待著有識之士來開發利用，而且他們對牧場、森林和礦藏資源熟視無睹，反而將西伯利亞變成了一座巨大的監獄。

在哥薩克逃亡者葉爾馬克翻過烏拉爾山的五十年後，大約十七世紀中葉，首批罪犯被遣往西伯利亞。他們是一些拒絕按照希臘教會的規矩作彌撒的教士，因此就被發配到阿穆爾河畔，以致凍死餓死。從那以後，流放大軍從未中斷過。無數男男女女（常常包括兒童）被迫成群結隊地趕到西伯利亞的大荒原中，只是因爲他們以歐洲的個人意志去冒犯俄國沙皇政府實行的亞洲大一統暴政。一八六三年，集體流放達到高峰。在波蘭最後一次大革命後，俄國人將五萬波蘭愛國者從維斯瓦河流放到托木斯克和伊爾庫茨克地區。沒有確切的統計數據表明有多少人被強制流放，但是從一八〇〇年到一九〇〇年，由於國外政府施加了壓力，流放政策稍有放鬆，不過流放人數每年仍能達到兩萬人。而且，其中還未將普通罪犯、殺人犯、小偷、竊賊之類的人計算在內。這些被流放者通常是那些精神境界高尚、不受約束的人們，他們的唯一錯誤就是對他們那些並不值得熱愛的同胞付出了太多的熱情。

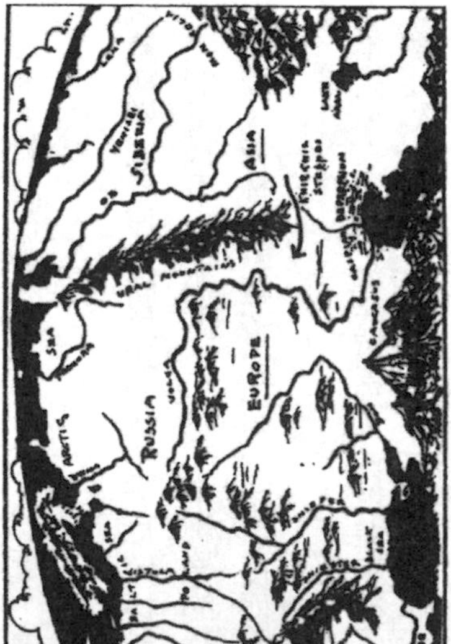

廣闊的俄羅斯大平原

當服刑期滿，倖存者們就會在流放的村莊附近獲得一小塊耕地，成爲自耕農。理論上，這是一個非凡的計劃——使白人遍布整個國家，它使帝國政府也可以向那些歐洲股東們展示，西伯利亞的情形並不像報紙上形容得那麼糟糕。西伯利亞的瘋狂中也有理智，「罪犯」經過改造可以變成對社會有益的勞動者。可是，實際上這個計劃執行得如此完美，以至於那些所謂的「自由移民」都從地球表面消失了。或許，他們跑到土著部落中生活去了，成爲穆斯林或者異教徒，永遠與基督教文明告別了。或許，他們在逃跑途中被狼吃掉了。我們不得而知。俄國警察的統計數據顯示，始終有三~四萬逃犯逍遙法外，不知去向。他們躲進深山老林，寧願忍受大自然的各種折磨，也不願回到沙皇的監獄中受罪。

隨著俄國昔日的農奴體制和物物交換制度被資本主義和大工業生產迅速取而代之，俄國的變化是衆所周知的。在林肯簽署《解放黑奴宣言》之前，俄國農奴已經獲得了解放。爲了讓他們謀生，俄國政府還給他們每個人分配了一小塊土地，但是土地太少遠遠不足以維持生計，並且這些分給農奴的土地是從農奴主手中奪來的。結果，無論是農奴還是地王都怨聲載道，因爲沒有足夠的土地維持償付能力。同時，當俄羅斯廣袤的大平原埋藏的豐富的礦藏被發現，外國資本就源源不斷地流入俄國。鐵路建起來了，汽船航線也開闢出來了。當歐洲的工程師們穿越一串半原始的村莊，趟著泥水來到一座和巴黎大劇院相仿的豪華劇院的門前時，同時又對自己建造的究竟是什麼東西感到疑惑。

這時，那種曾經驅使俄國王朝的締造者們戰無不勝攻無不克的勇猛銳氣已經消耗殆盡了。一個身體虛弱、被教士和女人擺布的軟弱之輩（羅曼諾夫王朝末代沙皇尼克拉二世）登上了當年彼得大帝的寶座。當他以王位爲抵押，被迫接受倫敦、巴黎那些放貸者的條件，參加一場大多數臣民都不贊成的戰爭時，這就等於宣告了自己的死刑。

一個禿頂的小個子男人，從西伯利亞流放地歸來的畢業生，推翻了舊世界，開始重建家園。他摒棄了歐洲的舊體制和亞洲的舊模式，他摒棄了一切陳舊腐朽的東西，以面向未來的眼光建設新的家園。

不管怎樣，這片俄羅斯大平原總算甦醒過來，而全世界其他地方都將拭目以待。布爾什維克主義也許只是一個神秘的夢想，而在俄國卻是一個現實。

第十六章　波蘭

——「波蘭沒有滅亡」（編按：波蘭國歌）

波蘭有兩大不幸。一個是糟糕的地理位置，一個是選錯了民族。對兩個人而言，兄弟之間往往手足情深，但是就兩個國家而言，同宗同族卻很難保持眞正的友情，而波蘭人恰恰就與俄羅斯人同屬斯拉夫民族。

我們已無從考證波蘭人的來歷，像愛爾蘭人一樣（實際上這兩個民族有許多相似之處），波蘭人也是堅定的愛國主義者，他們時刻準備爲自己的國家獻身，但就是不願意好好生活和工作。據他們自己的歷史學家說，關於波蘭祖先最早的英雄事蹟，可以追溯到諾亞時代。據說，隱藏在諾亞方舟中的英雄就是波蘭人的祖先。然而，在值得信賴的歷史文獻中首次發現波蘭人的名字時，就已經是查理曼大帝和他的勇士入土二百年之後了。在著名的黑斯廷斯戰役（發生於一〇六六年十月十四日，諾曼底的「征服者」威廉戰勝英格蘭國王哈羅德）結束後五十年，人們才對波蘭略有所知，而在此之前，人們還以爲波蘭是遠東的某個荒野地帶的國家。

據我們現在所知，波蘭人原來生活在多瑙河河口，由於不斷受到來自東方的侵略，他們不得不背井離鄉，向西遷移，一直到喀爾巴阡山腳下。他們穿越被另一支斯拉夫族的俄羅斯人放棄了的地區，最後在奧得河與維斯瓦河之間的那塊歐洲大平原上發現了一塊適宜的土地，在沼澤與森林之間找到了棲身之地。

然而，新的生存地卻是他們最糟糕的選擇。一個生活在這塊土地上的農民就和一個坐在紐約的中央火車站出口正中間的人一樣，是不可能尋求到安寧與靜謐的。這片土地實際上是歐洲的前哨和通向俄羅斯的走廊，具有舉足輕重的地位。那些想去西面攻打歐洲占有北海的人必須得從這裡起步，而那些想去東面搶劫俄國的人也得在這裡借路。波蘭是他們唯一的通道。處於常年的敵意和對抗之中的波蘭將每一個農民鍛煉成隨時待命的戰士，將每一座莊園轉變成歸戰的堅固堡壘。結果，軍事化生活使這個國家付出了沉重的代價。在一個常年備戰作戰的國家，商業發展根本無從談起。

波蘭有幾座大城市，它們都坐落在國家的中心位置——維斯瓦河岸邊。南方的克拉科夫恰好位於喀爾巴阡山腳下的加利西亞（今波蘭東南部維斯瓦河上游河谷）的平原上；華沙則在波蘭平原的正中央；而但澤坐落在維斯瓦河河口，靠外國商賈維持著本地的經濟。與這幾座河畔城市的繁榮形成鮮明對比的是，波蘭內陸荒涼乾燥，人煙稀少。除了在俄羅斯境內的第聶伯河，這片平原上就沒有什麼其他河流。

波蘭國內許多經濟命脈操縱在猶太人手中。當年十字軍騎士們帶著神聖的熱情洗劫了萊茵河地區許多著名的猶太區，以致這些猶太人逃到這片荒僻的土地上避難。那些發現俄國的、吃苦耐勞的斯堪的納維亞人也許能給這個國家發展作出一些貢獻，但是他們從來沒有成爲眞正的波蘭人。那麼，他們爲什麼要來這裡呢？波蘭並沒有四通八達的便捷的商業通道，也沒有君士坦丁堡那樣的城市可以安慰他們長途跋涉的艱辛與疲憊。

就這樣，波蘭人左右都不逢源，陷於水火之中。日耳曼人恨他們，因爲他們儘管自己的羅馬天主教兄弟，但卻是斯拉夫民族。俄國人瞧不起他們，因爲他們儘管是自己的斯拉夫手足，但卻不是希臘天主教徒。土耳其人厭惡他們，因爲土耳其人是信奉天主教的斯拉夫民族。

北極

在中世紀，立陶宛皇室曾爲波蘭作出過許多貢獻。如果這個卓有成績的王朝還一息尚存，這個國家的命運可能會有極大的改善，可是亞蓋沃家族治下的許多大地主、大貴族不僅靠南征北戰積聚錢財，還在自己廣闊而荒僻的莊園中施行暴政。一五七二年，隨著最後一位亞蓋沃國王的去世，這些地主貴族終於將這個國家轉變為選舉制的君主政體。這種政體從一五七二年一直持續到一七九一年，新體制下的波蘭逐漸走向衰敗和沒落。

波蘭就這樣輕而易舉地將主權賣給了出價最高的人，沒有人對此提出質疑。法國人、匈牙利人和瑞典人輪流成為這裡的主人，這片土地對他們只不過是一塊可以榨取不義之財的肥肉而已。當那些外國君主們越來越忽視曾經忠誠於他們的波蘭走狗時，這些波蘭貴族頓感委屈，他們就像一千多年前的愛爾蘭人所做的那樣，請鄰居來幫助自己得到「應得到的權利」。他們的鄰人，普魯士人、俄國人和奧地利人很樂意「伸出援助之手」，自此之後，波蘭作為一個獨立國家就已經不復存在了。

一七九五年，波蘭被三國瓜分，俄國人從波蘭劃走了十八萬平方英里土地和六百萬人口，奧地利搶到四萬五千平方英里土地和三百七十萬人口，普魯士獲得五萬七千平方英里土地和二百五十萬人口。一百二十五萬人口。一百二十五年後，這種可怕的掠奪才得以糾正。協約國由於害怕俄國勢力極度擴張，矯枉過正，而走到另一個極端。它們不僅將新的波蘭共和國的領地擴大到空前的規模，還割讓給波蘭一些原來不屬於它們的土地。為了讓波蘭有一個直接的出海口，它們建立了一個所謂的「波蘭走廊」，從原來的波茲省延伸到波羅的海，這條狹長地帶將普魯士的領土攔腰斬斷，使它的兩個部分從此再也沒有直接的聯繫。

無需什麼深奧的地理和歷史知識，人們就可以預見到這條所謂的走廊的未來命運。這塊土地使德國與波蘭之間永遠互相憎恨、互不信信，一旦一方強大起來，另一方就會拼命摧毀，而可憐的波蘭將再次淪爲俄國與歐洲爭奪的獵物。

波蘭看似取得了輝煌的勝利。但是，在國與國之間充滿著仇恨，尤其是在某個國家的邊界築起仇恨的堡壘，並不能最終解決我們這個時代的經濟與社會問題。

第十七章　捷克斯洛伐克

——《凡爾賽和約》的產品

如果從經濟學角度以及城市大部分居民的文化程度來衡量，在所有現代斯拉夫國家中，捷克斯洛伐克是處境最好的國家。然而，它卻是一個人爲拼湊出來的國家。作爲在世界大戰中脫離奧匈帝國的回報，這個國家終於享有了自治權，不過它卻由波希米亞、摩拉維亞和斯洛伐克三部分組成。它們能否長期共存，就不得而知了。

首先，這個國家地處內陸。其次，信奉天主教的捷克人與信奉新教的斯洛伐克人之間毫無感情可言。捷克人曾作爲講德語的奧匈帝國的一部分，歷來與其他國家一直保持著密切聯繫；而斯洛伐克人在匈牙利主子多年的殘暴奴役下，從未擺脫過賤民的社會地位。

至於摩拉維亞人，他們的國家處於波希米亞和斯洛伐克之間，擁有整個捷克斯洛伐克聯合體中最肥沃的土地但是他們的政治地位卻無足輕重，因此，在無休無止的世仇爭鬥中，九百萬捷克人就像從前匈牙利那樣對待四百萬斯洛伐克人。而匈牙利人對少數民族權利的尊重只是最近才有的事情。

任何研究種族問題的人，都會禮貌地舉出中歐國家作爲例證。這裡的形勢的確使人感到無可救藥，看不到出路。捷克斯洛伐克還不是這裡最糟糕的國家，但是它的三個斯拉夫民族卻互相仇視、矛盾重重。除此之外，還有三百萬日耳曼人——中世紀時一些來到波希米亞幫助開發厄爾士山和波希米亞森林山中礦產資源的條頓人後裔——又使情況更加複雜並進一步惡化。

一五二六年，波希米亞在中歐的全部地產都落到了哈布斯堡家族手中。在以後的三百八十八年中，波希米亞是奧地利的一塊殖民地，不過波希米亞人並沒有受到虐待。日耳曼人的學校、日耳曼人的一絲不苟和嚴謹周到的作風，使捷克民族成爲斯拉夫人種中唯一知道如何目的明確、意志堅定地工作的民族。但是，沒有任何受壓迫的民族會因爲主子對他們不錯，甚至看在偶爾的幾件聖誕禮物的份兒上就不計前嫌而喜歡他們的主子。既然復仇已經成爲這些受壓迫民族的本能，那麼一旦他們獲得自由，他們就會對過去的壓迫者反戈一擊，這不足爲怪。捷克語被指定爲國家的官方語言，而德語像匈牙利語在斯洛伐克的待遇一樣，淪爲勉強被接受的方言之一。捷克的新生一代完全是嚴格地用捷克民族傳統的文學食糧哺育成長的。從愛國主義觀點看，這無疑是正確而美好的。但是在從前，每個波希米亞兒童都學習德語，這至少可以使一千萬人聽懂他講話，而現在能夠聽懂新一代兒童語言的人被限制在幾百萬講捷克語的人群中。如果一走出自己的國家他們就會茫然無措。誰會費勁兒地去學一種既沒有商業價值又沒有文學價值的語言呢？捷克政府領導人的政治水平要高於其他中歐國家的領導人，他們會漸漸鼓勵教育體制恢復原來的雙語教學。不過，他們的計劃將遇到極大的阻力，因爲那些語言學家們憎惡使用兩種通用的語言，就像政府鼓動家不喜歡看到所有的黨派聯合到一起一樣。

波希米亞不只是老哈布斯堡家族獨裁統治下的一個富庶的農業地區，它還是一個高度工業化的省份。除了擁有煤、鐵之外，還有著聞名於世的複雜的玻璃製造工藝。另外，勤勞的捷克農民歷來精於家庭手工業，他們每天在十二小時的田間勞動之後，回到家裡也還要做點兒東西。波希米亞紡織品、波希米亞地毯和波希米亞鞋都舉世聞名。過去，這些產品運往奧匈帝國的任何地方都是免稅的——這是哈布斯堡家族少有的優點之一——而現在，帝國四分五裂，每個小國都築起重稅壁壘，企圖使鄰國的貿易垮掉。從前，一車啤酒從比爾森運到阜姆，一路暢通無阻，不用接受海關檢查，也不用付一分錢的稅；可是現在，卻要在六個關卡換六次車交六次稅，等到經過幾周的奔波，終於到達目的地時，啤酒早就變味了。

從理想主義的角度看，小國自治是一件好事。但是，當這些小國與嚴峻的經濟現實苦苦抗爭，爲了生存作著原始的的掙扎時，可就不那麼美好了。當一九三二年的人們還在按照一四三二年的方式去思考問題，我們對此也就無能爲力了。

爲了方便那些要到捷克斯洛伐克的旅行者，我還要加上幾句。布拉格的名字不再是布拉格（Prague），而是改爲布拉哈（Praha），那個流向易北河的莫爾道河（Moldall），現在的名字叫沃爾塔瓦（Vltava）。喝啤酒的好地方比爾森（Pilsen）也改名爲Plzen，但你仍然可以到那裡喝啤酒。對於那些不想喝啤酒而控制不住飲食欲的人，治療的好地方是在卡爾斯巴德（Cavlsbad），那個地方現在改名叫卡羅維發利（Karlovy-Vavy），過去這裡的馬里安溫泉（Marienbad）現在已變成瑪麗亞溫泉（Marianske Lazne）了。還要記住，當你想乘車從布魯諾（Bruna）去普雷斯堡（Pressbury）時，你一定要找從布爾諾（Brno）到布拉迪斯拉發（Bratislava）的列車。如果你向列車員打聽，而他恰好是在布達佩斯統治斯洛伐克時留下來的匈牙利人，他會一直茫然地看著你，除非你解釋清楚你問的其實是波若尼（Pozsony）。

由此可見，我們這個半球上的那些荷蘭、瑞典和法國殖民地，大約都不會維持得比捷克斯洛伐克更長久。

第十八章 南斯拉夫

——《凡爾賽和約》的另一件作品

這個國家的正式名稱應該是塞爾維亞－克羅地亞－斯洛文尼亞王國。它的三個民族（「部落」這個詞不太合適，因爲太像是在講非洲土著人，這樣會傷害他們的自尊心）中最主要的是塞爾維亞人，他們居住在東部薩瓦河兩岸，貝爾格萊德是這個國家的首都，它處於薩瓦河與多瑙河的交匯處；克羅地亞人居住在多瑙河的另一支流——德拉瓦河與亞得里亞海之間；而斯洛文尼亞人則占據著德拉瓦河、伊斯特拉半島和克羅地亞之間的那個小三角地帶。然而現代塞爾維亞還包括若干其他民族，其中就有風景如畫的小山國黑山。這個民族曾因與土耳其侵略者進行了四百年的戰爭而聞名於世，還有當我們跳起「快樂寡婦」的華爾滋時，也會甜蜜地想起這個地方。塞爾維亞還吞併了昔日奧匈帝國的著名遺產——波斯尼亞和黑塞哥維那。這兩塊土地本來就是屬於塞爾維亞人的，後來奧地利人把它從土耳其人手裡奪回來，所以塞爾維亞人與奧地利人之間相互仇恨，最後終於演變爲一九一四年薩拉窩刺殺事件，並由此引發了世界大戰（儘管這並不是世界大戰爆發的眞正原因）。

塞爾維亞（其實我指的是南斯拉夫王國）歸根結底是巴爾幹國家，它們曾有五百年受穆斯林奴役的歷史。世界大戰之後，它獲得了亞得里亞海的海岸線，但是它的出海口卻被狄克阿爾卑斯山隔開。即使可以修建穿越山脈的鐵路（修鐵路要花許多錢），也許除了拉古扎（現名杜布羅夫尼克）之外卻再也沒有便利的港口了。拉古扎是中世紀殖民地最大的商品集散地之一，它也是地中海世界唯一一個拒絕接受美洲及印度新航線的港口。在發現新航線之後，拉古扎的大商船仍然固執地堅持走印度西南港口城市卡利卡特和古巴的航線，直至它們愚蠢地參加了命中注定要失敗的無敵艦隊而陪葬了自己最後的海上力量。

遺憾的是，杜布羅夫尼克並不能爲現代輪船提供方便。至於這裡的另外兩個港口——阜姆和的里雅斯特——雖然是南斯拉夫的天然良港，但是其中一個被巴黎和會的那些老爺們送給了義大利，另一個留給了自己。其實它們並不眞正需要這個只能與威尼斯媲美的港口，但義大利的威尼斯卻正熱切地希望能夠重獲昔日「地中海女皇」的地位，而這個港口只能成爲它的對手。因此，南斯拉夫只能聽任的里雅斯特和阜姆碼頭上的雜草叢生，它卻只能和從前一樣，通過三條舊路線將農產品送往國外。一條路是沿多瑙河將農產品運到黑海，就像紐約將它的商品經過艾爾湖和聖勞倫斯河運往倫敦一樣，捨近求遠；另一條路線是沿多瑙河逆流而上，到達維也納，再從維也納出發，經過一個山口，到達不來梅、漢堡或者鹿特丹，這當然是一趟費時費力、代價高昂的旅行；最後，也許可以用火車將這些農產品運至阜姆，可是義大利人自然會使出渾身解數去打擊他們的南斯拉夫對手。

在世界大戰前，由於奧匈帝國作祟，南斯拉夫與大海隔絕，變成了一個內陸國，可是時至今日，它卻並未因爲擺脫奧匈帝國而改變自己的處境。令人傷心的是，當年導致這場災難的主要因素居然是豬。因爲豬是當時南斯拉夫唯一的大宗出口產品，而奧地利人和匈牙利人就是通過對豬課以沉重的關稅，來毀滅南斯拉夫可以獲利的唯一生計的。奧地利大公的遇刺身亡不過是調動全歐武裝力量的藉口而已。巴爾幹半島東北角各民族之間眞正的矛盾所在就是對豬課以重稅。

提到豬，我要告訴你們，這裡的豬的主要飼料是櫟樹子。這就是爲什麼在亞得里亞海、多瑙河和馬其頓山區之間的這個三角地帶會盛產豬，因爲這裡到處覆蓋著繁茂的櫟樹林。如果不是當初羅馬人和威尼斯人不計後果地將許多山上的樹亂砍濫伐，今天這裡會有更加茂盛的森林。

除了豬以外，這個國家還有什麼其他資源可爲一千二百萬人口提供衣食之用嗎？這裡有煤、鐵資源，但現在世界各地到處都有煤、鐵資源了，將這裡的煤和鐵用火車運到德國的港口代價太高昂了，而正如我前面所說，南斯拉夫沒有一個屬於自己的像樣的港口。

世界大戰後南斯拉夫得到了一大片匈牙利平原，即所謂的沃伊沃迪卡平原，這裡非常適合發展農業。德拉瓦河和薩瓦河谷地出產的玉米、穀物可以爲整個南斯拉夫的人提供食品，與瓦爾達爾河相連的摩拉瓦河又是一條良好的商貿通道，將北歐與愛琴海上的塞薩洛尼基港連接起來。這片平原實際上是歐洲鐵路主幹線的一個分支，這條主幹線將尼什（君士坦丁大帝誕生地，德皇「紅鬍子」腓特烈一世在那次倒霉的遠征「聖地」途中，也曾在此短暫停留，接受塞爾維亞王子斯蒂芬的熱情款待）與君士坦丁堡及小亞細亞連接起來。

不過，總體來說，南斯拉夫沒有希望發展成為一個發達的工業國。像保加利亞一樣，它寧肯做一個相當富裕的斯拉夫農業國。誰要是把來自斯科普里和米特羅維察身高六英尺的農民與曼徹斯特或者謝菲爾德那些典型工人作比較，就會懷疑，這樣的命運是否能夠得到補償。貝爾格萊德也許永遠就像奧斯陸或者波恩那樣，安寧做一個怡人可愛的小鎮，但是也許有一天它眞的會去和伯明翰或者芝加哥一爭高低。

也許，它會有這個願望。現代人的靈魂是不可捉摸的東西。受到好萊塢虛構文化的蠱惑而去顚覆祖先的根深蒂固的價值觀念，塞爾維亞農民絕不會是第一人。

第十九章　保加利亞

——最正統的巴爾幹國家

這是二千多年前斯拉夫人入侵歐洲而興起的小君主國家中的最後一個國家。如果在世界大戰中這個國家沒有站錯隊的話，那麼它現在的面積會大得多，人口也會更多。不過，這種站錯隊的事情即使在最循規蹈矩的國家也在所難免。但願下一次它能幸運一些。在巴爾幹半島，「下一次」就意味著六年或者十二年以後。我們這樣講時，其實是以一種蔑視的口吻談論那些好鬥成性、野性未馴的巴爾幹人。然而，我們是否真的清楚，一個普通的塞爾維亞或者保加利亞孩子在開始自己的人生時，到底是帶著祖先的哪種遺產？是仇殺、殘忍、流血、奴役、搶劫、強姦，還是縱火？

應於保加利亞的最早居民，我們一無所知。我們發現了他們的頭蓋骨，可是頭蓋骨不會講話。難道他們和神秘的阿爾巴尼亞人（即希臘歷史上的伊利里亞人）以及多災多難的奧德修斯的同胞有什麼血緣關係嗎（據說奧德修斯來自一個神秘的民族，他們的語言與世界上所有的語言都不相同，他們有史以來世代居住在亞得里亞海沿岸的狄那里克阿爾卑斯山中。今天，他們成立了獨立的國家，由當地部族首領統治著。這位首領一等到維也納裁縫將他的漂亮制服送到，就急不可耐地在他的新首都地拉那登上了王座，他的臣民百分之九十八是文盲）？或者，難道保加利亞是吉普賽人的祖國？這些被稱爲「Wlachs」的吉普賽人四處漂泊，足跡遍布歐洲。英國的威爾斯（Wales）和比時而時的瓦隆（Walloons）等地區都是以他們的名字命名的。關於這個疑問，我們得承認自己一無所知，還是將它留給哲學家們去解釋吧。

然而自從他們進入編年史時代，我們看到無窮無盡的戰爭、侵略和滅亡！在保加利亞，正如我已經談到的，在烏拉爾山和裡海之間的峽谷有兩條通向西方的交通要道。一條向北越過喀爾巴阡山，通往北歐充滿茂密的大森林的平原；另一條沿多瑙河，穿過布倫納山口，將飢餓的野蠻人帶入義大利腹地。

羅馬人清楚地明白這意味著什麼，因此他們將巴爾幹作爲義大利的第一道防線，以抵禦那些「外國渣滓」——他們喜歡這樣稱呼那些野蠻人，然而正是這些「外國渣滓」的野蠻人最終總能把他們的一切摧毀。由於兵源匱乏，義大利人不得不逐漸退回到自己的半島，而將巴爾千扔到那裡聽天由命。

當大遷徙終於告一段落，保加利亞人的祖先沒能留下一點兒蛛絲馬跡。斯拉夫人將他們徹底同化，以至於保加利亞古語沒有一個詞能夠保留在現代「保加利亞人」所講的斯拉夫方言中。

當然，這些新征服者總是根基不穩固，地位岌岌可危。在南方，他們要防著拜占庭人（拜占庭人雖然是羅馬帝國在東部的殘餘，但他們雖有羅馬之名卻心在希臘）；在北方和西方，新征服者還時刻受到匈牙利人和阿爾巴尼亞人的威脅；另外，還有穿越保加利亞的十字軍鐵騎，這是由一群聖徒組成的不聖潔之師，這些來自歐洲各國被剝奪繼承權的世家子弟，時刻準備用同樣凶殘野蠻的方法進行洗劫，不管是土耳其還是其他任何一個斯拉夫國家。最後，當土耳其人的金戈鐵馬鋪天蓋地殺向這裡時，絕望的保加利亞人不得不向歐洲祈求緊急救援，請他們來共同保衛基督徒的土地免遭異教徒的褻瀆。當博斯普魯斯的難民講述那些穆斯林惡魔是如何將他們的鐵蹄踏上聖索菲亞大教堂的台階去玷污這個東正教聖地之後，整個保加利亞突然死寂了。接下來是極度的驚恐。被焚毀村莊的熊熊烈火染成的血色天空告訴人們，土耳其大軍正在沿著被鮮血浸透的馬里查河步步西進。於是，長達四個世紀的土耳其暴政開始了。

直到十九世紀初，人們才看到了一線希望。塞爾維亞的一個放豬娃發動了一場叛變，並最終登上了王位。接著是希臘與土耳其人進行殊死的最後一搏，這場戰爭還因一個名叫拜倫的英國詩人而變成了重大的歐洲問題，這個詩人在傳染病流行的小村邁索隆吉翁一瘸一拐地擁抱了死亡。最後，保加利亞人開始了一百年的艱苦卓絕的爭取自由的戰爭，並終於贏得了解放。讓我們慈悲為懷，憐恤我們的那些巴爾幹朋友吧，因為他們在人類受苦受難的悲劇中一直扮演著主角。

在現代巴爾幹諸國，保加利亞是最為重要的一個。它擁有兩塊非常適宜農業發展的肥沃土地，一塊是處於巴爾幹山脈與多瑙河之間山脊上的北方平原，另一塊是位於巴爾幹山脈與羅多彼山脈之間的菲里普波利斯平原。菲里普波利斯平原在兩座大山的屏障下，享受著溫和的地中海氣候，那裡的農作物通過布爾加斯港送出國外，而北方平原所產的穀物、玉米就可以從瓦爾納港出口了。

保加利亞基本是個農業國家，所以大城市不多。首都索菲亞坐落於四通八達的商道中心，這個城市就是當年土耳其統治者的大本營。

在四百年的漫長歲月中，歷屆土耳其統治者就是從坐落在斯特魯馬河畔固若金湯的王宮裡向所有巴爾幹半島發號施令的，只有波斯尼亞和希臘除外。

歐洲終於意識到了它們的教友正在侵略者的鐵蹄下任人宰割。英國的格萊斯頓首相的議會曾多次竭力呼籲制止發生在保加利亞的暴行，但是最先採取行動的卻是俄國，它們的大軍曾兩次越過巴爾幹山脈揮師南下。

人們終於認識到，只要人類要擺脫受壓迫被奴役的階段，向相對自由的世界前進，戰爭就不可避免。他們攻打希普卡關和攻克普列文要塞的戰役已經長存史冊了。

一八七七—一八七八年的俄土戰爭是解放斯拉夫的最後一戰，最後終於將保加利亞從土耳其人的枷鎖下解放出來。這次戰爭之後，保加利亞成為一個獨立的小公國，而它的統治者卻是一個日耳曼人。這意味著，這些聰明而堅韌的保加利亞農民將從條頓人那裡受到條理分明、邏輯嚴謹的思維方式的訓練。也許，這就是爲什麼現在巴爾幹國家中保加利亞的學校是最優秀的。戰爭使這裡所有的大地主都消滅了，像丹麥、法國的農民一樣，農民們可以擁有自己的土地。文盲的比例大大下降，每個人都在積極地工作和學習。這個由農民和伐木工組成的小國，卻積蓄了無窮的堅韌與能量，也許它和塞爾維亞一樣，永遠也競爭不過西歐那些工業大國，但是當其他國家都煙消雲散之後，保加利亞卻能依然屹立。

第二十章 羅巴尼亞

——一個有石油和王室的國家

巴爾幹半島的斯拉夫諸國已經介紹完了，但是這裡還有一個巴爾幹國家我們誰也不會將它忘記，因爲它常常帶著悲哀的消息衝上報紙的頭版。這並不是羅馬尼亞農民的錯。他們和世界各地的農民一樣，在自己的田園裡從生到死，耕耕不止，與世無爭。這個國家一切不幸的根源在於他們的統治者——那個野蠻得難以名狀而又粗俗不堪的盎格魯—日耳曼王室。三十年前，他們繼承霍亨索倫王朝德高望重的查爾斯王子登上王位，而這個新王朝不過是由德國首相俾斯麥（普魯士的「鐵血宰相」，任首相期間推行鐵血政策，逐漸實現了德國統一）和英國首相狄斯累利（英國保守黨領袖、首相，在托利黨改組爲保守黨時起過重大作用）建立起來的。

那是在一八七八年，這兩位先生一起在柏林禮拜了上帝之後，決定將瓦拉幾亞（Walachia，吉普賽人稱做「Wlachs」的地方）提升爲一個獨立的君王國家。巴黎是個好地方，那裡的人不會在意你家裡有什麼醜事，如果當時的羅馬尼亞家族同意遷居巴黎，羅馬尼亞肯定會另有一番前景，因爲上帝對這片位於喀爾巴阡山、老山（Transylvania Alps）和黑海之間的大平原十分眷顧。它可能會變成一個富裕的糧倉，就如它鄰近的烏克蘭一樣，而且在老山與瓦拉幾亞平原相交的普洛耶什蒂市附近，人們還可以找到歐洲第二大的石油儲藏庫。

不幸的是，比薩拉比亞平原和位於多瑙河與普魯特河之間的瓦拉幾亞均掌握在大地主的手裡，這些大地主們大部分不居住在當地，他們在首都布加勒斯特或者巴黎花天酒地，卻從不把這些土地收入花費在那些爲他們積累財富的農民身上。

至於石油，都是由外國人投資開採，西本伯根和特蘭西瓦尼亞的鐵礦也是如此。這片莽莽山區本屬於匈牙利，是世界大戰中作爲加入協約國的回報從匈牙利劃給羅馬尼亞的。但是，這裡原本就是羅馬尼亞達契亞省的一部分，在十二世紀被匈牙利人奪走，另外，既然當今羅馬尼亞舊王國的人對待這裡的匈牙利人就像匈牙利人對待特蘭西瓦尼亞的羅馬尼亞人一樣，我們還是將孰對孰錯的爭論拋在腦後吧。除非有一天地球上一切民族主義的念頭全部消失，否則這些錯綜複雜而又令人絕望的民族難題就永遠無法解決。

據最新資料統計，前羅馬尼亞王國有五百五十萬羅馬尼亞人，五十萬吉普賽人、猶太人、保加利亞人、匈牙利人、亞美尼亞人以及希臘人。現在這個新王國，也就是所謂的大羅馬尼亞，人口一千七百萬，其中百分之七十三是羅馬尼亞人，另外還有百分之十一是匈牙利人，4.8%烏克蘭人，4.3%日耳曼人，以及3.3%的居住在多瑙河三角洲南部的比薩拉比亞和杜布羅夫的俄羅斯人。

由於這些民族不屬於同一個種族，他們毫無血緣關係，而是被一紙和約強扭到一起的，而且互相仇視，所以這裡隨時有可能發生激烈的內戰，除非那些外國投資者干預，以挽救他們在這塊土地上的投資。

俾斯麥曾說，整個巴爾幹加在一起，還不如一個波米蘭尼亞（舊德國一地區名）擲彈兵的命值錢。的確如此。許多事實證明，這位脾氣暴躁的老頭兒——前德意志帝國的締造者說得沒錯。

第二十一章　匈牙利

——或說是剩下的匈牙利

匈牙利人，或者說是馬扎爾人（他們更喜歡這樣稱呼自己）很爲自己的民族感到自豪，因爲他們是唯一能夠在歐洲大陸生存下來並且建立起自己王國的蒙古族後裔，而他們的遠親芬蘭人，直到不久前還是別國的附庸。或許，處在自己悲劇中的匈牙利表現出很不必要的好鬥性；但是，沒有人能夠否認，匈牙利作爲一道抵禦土耳其人入侵的天然屏障，爲歐洲其他地區作出了十分重要的貢獻。教皇也充分認識到這個緩衝國的重要地位，所以他指定馬扎爾人首領史蒂芬（指史蒂芬一世，馬扎爾大酋長之子）爲匈牙利帝國國王。

當土耳其人意欲侵犯歐洲時，是匈牙利將他們擋在了門外。匈牙利是歐洲的第一道屏障，一旦這道屏障被摧毀，波蘭就成爲第二道屏障。在一位出身並不高貴的符拉迪克貴族約翰·匈雅提的領導下，匈牙利成爲一個爲數不多的衛道士之一，而且名副其實地爲了維護宗教的正統而戰鬥。不過，蒂薩河和多瑙河兩岸遼闊的大平原，當年曾那般強烈地吸引韃靼騎兵，使他們在此安居樂業，樂不思蜀，今天卻成為許多內亂的根源。

遼闊廣袤的空間更容易滋生強權人物，使奴役自己的鄰居變得更加容易，因為這裡既不臨海又不靠山，貧苦的農民能躲到哪兒去哪？由於這種地理優勢，匈牙利便成為大地主的王國。天高皇帝遠的大地王們如此殘酷地壓榨他們的農民，到後來受壓迫的人就不再在乎他們的統治者到底是馬扎爾人還是土耳其人了。

一五二六年，當蘇丹蘇萊曼一世向西進軍時，匈牙利的末代國王只招募一支不到二萬五千人的軍隊去抵抗穆斯林的入侵。在莫哈奇大平原上，匈牙利全軍覆沒，二萬五千人中有二萬四千人命喪黃泉，國王本人和他的王公大臣們也都陣亡殉國，有十多萬匈牙利人被押到君士坦丁堡，賣給小亞細亞的奴隸販子。匈牙利的大部分領土被土耳其人吞併，其餘部分又被奧地利的哈布斯堡家族占領。為了這塊不幸的土地哈布斯堡家族又與穆斯林展開了曠日持久的戰爭，直到十八世紀初，匈牙利疆土全部歸入哈布斯堡家族，雙方才算罷休。

然而，戰火並沒有就此熄滅。新一輪爭取獨立的戰爭又拉開了帷幕，這場反抗日耳曼人奴役的戰爭整整持續了二百年。匈牙利人的奮不顧身、驍勇善戰為他們贏得了獨立，當然只是表面上的獨立。他們接受奧地利皇帝做匈牙利的國王，按教皇的旨意統治匈牙利，同時匈牙利人也獲得了一定的統治權。

可是，馬扎爾人剛獲得了這個來之不易的他們認為只屬於他們自己的權力，就開始對所有非馬扎爾血統的民族進行民族壓迫。其結果是，他們衆叛親離。在弗塞勒管理議會對匈牙利進行托管期間，這個古老的教皇治下國的居民已從二百一十萬下降到八百萬，其領土的四分之三都被拱手讓給了那些有功的鄰國。匈牙利人自己也意識到，他們的民族政策目光短淺和缺乏理性。

這一切給匈牙利昔日的輝煌蒙上了一層陰影，像孤城奥地利一樣，一個沒有內陸的大城市。匈牙利從來算不上是工業國，這個國家的大地主們對工廠裡必不可少的大煙囪簡直無法忍受，他們不喜歡煤煙的味道。

因此，匈牙利大平原還仍然保持著農業傳統，其農用地比例是世界上最高的。經過世世代代精耕細作，匈牙利應該是比較富庶的國家，可實際上，這裡的人民卻一窮二白。以至於在一八九六—一九一〇年間，這個國家就有一百萬人通過移民方式逃離自己的國家。

種族問題令這個國家狼狽不堪，馬扎爾人是最清楚這個原因的。結果，他們也加入了逃離的行列，乘車坐船，漂洋過海，很多人到美國參與發展我們的建設。其實還有一些數據表明：匈牙利的遭遇在那些由一小撮地主階級掌權的國家也曾發生過，只是匈牙利更典型罷了。

在十六世紀初土耳其戰爭開始前，匈牙利大平原上生活著五百多萬人口，是個人丁興旺的地區。後來，土耳其人占領了這裡。在他們的統治期間，不到兩個世紀這個地區的人口減少到三百萬。當匈牙利人最終將土耳其人趕出普斯陶（馬扎爾人對這一平原的稱呼）時，這裡已是一片荒蕪，人口少得可憐，於是中歐各國移民紛紛湧入，搶占被遺棄的田地。但是，馬扎爾貴族們認爲自己才是這片土地的統治民族，是高貴的騎士階級，因此他們不肯將任何自己所享有的權利賦予新移民。總數占全國人口一半的新移民，那些被剝奪了權利的階級，自然也就無法對他們的新祖國產生由衷的熱愛。

正因如此，在世界大戰中，匈牙利人深切體會到了民族凝聚力的缺乏，這一切最終導致了雙重皇權制度的土崩瓦解，就如一座百年老屋突遭了地震一樣。這個結局難道還算意外嗎？

第二十二章　芬蘭

——勤勞與智慧戰勝了惡劣的環境

歐洲只有一個國家還沒有敘述。除了君士坦丁堡和一小塊色雷斯平原，現代土耳其在歐洲早年的戰利品所剩無幾，我們還是將它留到明天吧。芬蘭是歐洲的一部分，這可是不爭的事實。

芬蘭人曾散居在俄羅斯，但是人數衆多的斯拉夫人不斷地將他們向北驅趕，直到把他們趕到俄羅斯與斯堪的納維亞之間的那條狹窄的乾土地帶。芬蘭人在那裡定居下來，直至現在。生活有森林裡的拉普蘭人並不爲難他們，因爲拉普蘭人遷徙到斯堪的納維亞半島的拉普蘭地區正是爲了遠遠地離開歐洲文明，他們對於自己能夠離群索居而樂得其所。

芬蘭與歐洲任何其他國家迥然不同。千百萬年來，它的地表被冰川覆蓋著，巨大的冰川將土壤層銷蝕殆盡，到今天芬蘭全國只有百分之十的土地適於耕作。冰川留下的冰磧，也就是那些石塊和泥土，被緩慢流淌的冰河沖擊到巨大的深谷中，沉積下來。在冰川期結束，暖流到來時，這些山谷便積滿了水，形成芬蘭境內大大小小星羅棋布的高山湖泊。然而這些「高山湖泊」並未給人一種瑞典的印象，因為芬蘭是個低地國家，海拔超過五百英尺的地區很少見。全國有四萬多個湖泊。再加上湖泊之間的沼澤，芬蘭全國大約有百分之三十的濕地面積。這些湖泊被占全國土地總面積百分之六十二或者三分之二的森林環繞著，這些森林為世界大部分地區提供著必需的紙漿，用來製造書和雜誌用紙，其中一部分木材在當地就被加工成紙張。不過，芬蘭沒有煤炭。它有一些湍急的河流，可以用於發展水力，但是芬蘭的氣候和瑞典一樣，河流每年的封凍期達五個月，在這期間，水電站當然就無法使用了。所以，木材不得不用船隻運往國外。首都赫爾辛基（直到戰前還稱赫爾辛福斯）不僅是全國的政治中心，而且還是芬蘭木材的主要輸出港口。

在結束本章之前，我還希望你們了解教育對一個民族所產生的作用。這是一個令人感興趣的實例，在斯堪的納維亞與俄羅斯之間花崗岩地帶居住的幾乎全部是蒙古族後裔。後來，這一地區的西半部，也就是講芬蘭語的那部分，被瑞典人所征服。居住著卡累利阿人的東半部成為俄羅斯的附庸。經過瑞典人五個世紀的統治和影響，來自西方的芬蘭人已經成為文明開化的歐洲民族，在許多方面已經超過了那些地理條件更優越的國家。同宗同源的卡累利阿人在俄國人統治下經過同樣漫長的五個世紀，卻仍在俄國沙皇當年征服他們的地方原地踏步，雖然他們希望有一天能開發利用科拉半島和摩爾曼斯克海岸豐富的資源。在芬蘭這邊，直到一八〇九年瑞典將它作為一個省割讓給俄國時，才接觸到斯拉夫文化。當時，芬蘭的文盲為百分之一，而一直處於俄國影響下的卡累利阿人中目不識丁者居然高達百分之九十七。兩地人民同屬於一個民族，他們拼寫c—a—t和t—a—l的能力也應該是一樣的吧。

第二十三章 亞洲脫穎而出

早在二千年前，希臘的地理學家就對「亞洲」一詞的來歷爭論不休。有一種理論認爲Ereb，即「黑暗」，是小亞細亞水手稱呼日落的西方的名字；Acu，即「光明」，是他們稱呼日出的東方的名字。這個說法也和其他說法差不多，聽上去也沒有高明多少。不過，時至今日，這場爭辯對於解決今天的問題已經毫無意義。

下面我們要談論的才是更值得我們關注的問題，那就是：究竟從何時起，以何種方式，歐洲人開始懷疑自己並非是世界的中心，又是怎樣開始意識到他們的家園不過是廣袤無邊的土地上一個小小的半島？在那片無邊的大陸上，居住著許許多多的人們，遠遠超過他們，而且大部分人的文化程度遠遠高於歐洲。當特洛伊的英雄們手持各種原始的武器時，智慧的中國人早已把這些史前的「兵刃」當做古董保存到了歷史博物館。

馬可・波羅通常被視爲第一個到亞洲旅行的歐洲人，然而實際上，在他之前，已經有人到過亞洲了，不過我們對那些人的具體情況所知甚少。地理學的發展往往是這樣：是戰爭而不是和平在引導著我們去了解亞洲的地理知識。希臘人與大洋彼岸的貿易往來使他們熟悉了小亞細亞；特洛伊戰爭使歐洲人加深了對亞洲的認識；波斯人的三次大規模西征對歐洲人地理知識的拓展更是有著很大的作用。我懷疑波斯人是否知道他們所去的是什麼地方。希臘對波斯的意義勝過西印度群島對進攻迪凱納堡（指地處今美國匹茲堡的戰略要衝，一七五四年法國人興建，一七五八年被英國人奪取）的布雷多克（指一七五四年被任命爲駐美洲的英軍司令官愛德華·布雷多克）將軍的意義嗎？兩個世紀之後，亞歷山大大帝對亞洲進行「回訪」已不是純粹的軍事行動，實際上它使歐洲人得以首次科學地了解綿延於地中海與印度洋之間的那片大陸。

羅馬人的驕傲自大使他們對「外面的」世界並不真正有興趣，他們只是盡量奴役一切可能奴役的國家，榨取他們的稅賦以維持自己紙醉金迷的奢侈生活。至於那些被奴役的人們，羅馬主子根本毫不在意，只要老老實實地納稅，修路，他們的羅馬主子就對生生死死、吵吵鬧鬧聽之任之，不聞不問。羅馬人甚至從未勞神弄清楚在那些國家發生過什麼。一旦他們在那些地方的統治遇到麻煩，他們就調集士兵，任意屠殺，以武力重建秩序，當一切平靜下來，他們回去繼續大肆享樂。

本丟·彼拉多（公元一世紀羅馬派駐猶太和撒馬利亞地區的總督）既不是懦弱無用之徒，也不是恃強淩弱之輩，他只是一位典型的羅馬殖民地的行政官員。在他統治之下的羅馬殖民地「秩序井然」。他採取對殖民地民眾不管不顧、不理不睬的巧妙政策，贏得了羅馬家鄉人的高度評價。後來，怪人馬克·奧勒留登上皇位，派遣外交使團出使到遠東神秘的地區以滿足自己的好奇心。當使團回來講述所見的奇聞怪事時，引起一時的轟動，但不久羅馬人很快便厭倦了陳詞濫調，又天天坐到圓形劇場去觀看令人興奮的表演。

後來，十字軍東征使得歐洲人對小亞細亞、巴勒斯坦和埃及略有了解，但在當時，他們依然認爲世界的盡頭在死海的東岸。

最後，使歐洲人終於意識到亞洲存在的，並不是嚴肅認眞的科學探險的結果，而應歸功於一位作家。這位夢想一夜成名的貧窮的文人找到了一個好題材，在一本書中描繪了一個從未目睹的國家。

馬可・波羅的父親和叔叔是威尼斯商人。由於商業往來，他們與成吉思汗的孫子忽必烈汗沾上了邊兒。忽必烈汗是個非常睿智的人，他認爲若能引進一些西方講求實效的精神，他的臣民定會獲益匪淺。於是，當他聽說有兩位威尼斯商人經常來到阿爾泰山腳下，位於阿姆河與錫爾河之間的土耳其斯坦的布哈拉之後，便邀請二人前往北京——當時的元大都。兩位威尼斯商人在那裡受到隆重的接待。幾年之後，他們的家人祈盼他們能早日還鄉，他們便決定回去。忽必烈允許二人回國小住後重返大都，交代他們屆時把他們時常提起的聰明伶俐的孩子一併帶來。

經過三年半的長途跋涉，一二七五年，波羅一家重返大都。年輕的馬可果然如他父親和叔叔所讚揚的那樣。不久之後，他就受到大都朝廷的極度恩寵，被敕封爲一省大員，授予各種官銜和榮譽。二十四年之後，馬可思鄉情切，便經由印度（乘船）、波斯和敘利亞回到家鄉威尼斯。

他的鄰居們將他講的故事視爲「無稽之談」，並給他起了一個綽號「馬可百萬」，因爲馬可總對他們說起忽必烈大汗如何的富有，講到廟宇中的尊尊金像，以及朝廷官員妻妾們的件件絲綢。當時的人們都不相信這種奇談怪論。因爲，誰不知道，就連君士坦丁堡的帝國皇后也才只有一雙絲綢襪子。

如果不是威尼斯與熱那亞之間挑起小小的爭端，如果「馬可百萬」沒有當威尼斯一條戰艦上的指揮官，不曾被戰勝方熱那亞浮獲而淪爲階下囚，那麼他的傳奇故事也許會和他一起湮沒無聞。馬可·波羅在監獄裡關了一年，他的獄友是一位名叫魯思梯謙的比薩公民。這位魯思梯謙是個經驗豐富的作家，曾把亞瑟王的故事和法國騎士小說一個中世紀的尼克·卡特的故事改寫爲義大利語通俗讀物，風行一時。當他聽到馬可的故事，立即意識到馬可·波羅的所見所聞具有極大的發表價值。於是，在監獄生活中，他記錄下了馬可講述的全部故事。就這樣，他爲世人奉獻了一部著作。人們今天對這本書的興趣仍然不減，就像十四世紀初版時一樣。

這本書之所以獲得成功，也許是因爲書中不斷提起的黃金和其他各種財富。羅馬人和希臘人

亞洲

也曾模糊地提到東方國家的豪富，可是馬可・波羅卻是親臨其境，目睹一切。從此，歐洲人尋找一條通往印度捷徑的計劃便提上了日程。但是，完成這項計劃也是一件非常困難的事。

到一四九八年，葡萄牙人終於到達好望角。十年之後，他們到了印度。又過了四十年，他們登上日本海岸。同時，由西向東航行的麥哲倫發現了菲律賓群島。從此，歐洲人開發南亞的熱情空前高漲。

——以上是關於這個話題的總綱。關於西伯利亞的發現，上文已有論述。下面將逐一介紹其他亞洲國家的最初發現。

第二十四章　亞洲與世界

歐洲奉獻世界以文明，亞洲奉獻世界以宗教。更有意思的是，當今人類社會的世界三大宗教——猶太教、基督教和伊斯蘭教——全部起源於亞洲大陸。當年異端裁判所（為天主教廷的司法機關，用以鎮壓所謂「異端」）焚燒那些猶太教教徒時，無論是施刑者還是受害者，雙方信奉的神靈都源於亞洲。當十字軍的騎士們屠殺伊斯蘭教教徒，或者伊斯蘭教教徒殺戮十字軍騎士時，也是因為他們信仰的不同教義，而他們互相殘殺的信條也均來自亞洲。當一位天主教的傳教士與一位儒家信徒發生爭辯時，他們各自所堅持的也不過都是亞洲的思想信念而已。

亞洲不僅是宗教信仰的源泉，它還為人類建造了全部文明框架的基礎。當我們在大肆吹噓我們西方的科技發明和社會進步時，請不要忘記，西方引以為豪的這種進步不過就是東方早已開始的進步的延續而已。我們不禁懷疑，如果西方沒有在學校裡學到東方貢獻的基本知識和基本原理，它是否還能走在世界的前列？

希臘的智慧並非來自一時的靈感。數學、天文學、建築學和醫藥學並不是像雅典娜那樣，從宙斯的腦袋裡跳出來就全身披掛，時刻準備為消滅人類愚昧進行光榮的戰斗。所有這些知識的獲得都經過了一個漫長、痛苦而深思熟慮的發展過程。它們的眞正開拓工作的完成，不是在歐洲的希臘，而是在亞洲的幼發拉底河與底格里斯河岸邊。

藝術與科學從巴比倫攜手到達非洲。在這裡，深色皮膚的埃及人接受了它們，直到希臘人的文化達到較高的水平，能夠欣賞幾何圖形的精妙與完全方程式的美妙。從那以後，我們才可以談到眞正的「歐洲科學」。而且，這所謂眞正的歐洲科學的老祖宗在亞洲，在兩千多年前就已經在那裡生根發芽並發揚光大了。

亞洲對人類的貢獻還遠遠不止於此。所有的家畜，狗、貓以及所有能夠爲人類服務的四足動物，溫馴的牛、忠實的馬，還有羊和豬，全部是由亞洲人馴化的。如果我們能夠想到這些家畜在蒸汽機時代之前對人類的貢獻，我們就會認識到東方所賜予我們的恩惠了。在我們的食譜中，還有大部分的果蔬也是亞洲人的奉獻。西方人家居生活中必不可少的鮮花大部分也是來自亞洲，甚至所有的家禽也是希臘人、羅馬人或者十字軍的騎士們把它們從亞洲帶回到歐洲的。

然而，亞洲並非總是一位慷慨慈悲、樂善好施的東

廣袤的歐亞大陸

方聖人，不斷地將恆河與黃河岸邊的幸福和財富帶給西方可憐的野蠻人。亞洲還是一個可怕的魔王。在五世紀，蹂躪整個中部歐洲的匈奴人就來自亞洲。接著，步匈奴人後塵在七世紀後來到歐洲的韃靼人原本也是來自中亞的沙漠地帶，他們將俄國變成了亞洲的屬地，並對歐洲所有其他國家構成了長久的威脅。還有，在長達五世紀的時間裡，造成生靈塗炭、民生凋敝，使東歐至今仍然瘡痍滿目的土耳其人也是亞洲的一個民族。再過幾百年，也許我們會看到一個統一的亞洲又走上戰爭之路，急切地要我們血債血還，為那些在伯索德．施瓦茨發明火藥槍之後犧牲的亞洲同胞們報仇雪恨。

第二十五章　亞洲中部高原

總面積達一千七百萬平方英里的亞洲分爲五個不相等的部分。

首先是我在「俄國」一章已提及的離北冰洋最近的那個大平原，然後是中部高原、西南高原、南部半島，最後是東部半島。臨北冰洋的大平原我已講過了，所以我要從中部高原開始我們在亞洲的行程。亞洲中部高原以一系列地勢平緩的山脈開始，這些山脈一律由東向西或者由東南向西北平行伸展，橫亙在亞洲中部，但沒有從南到北伸展的。由於猛烈的火山噴發導致地殼斷裂、褶皺、扭曲或者變形，產生了諸如貝加爾湖以東的雅布洛諾夫山脈，貝加爾湖以西的杭愛山脈和阿爾泰山脈以及貝加爾湖以南的天山山脈。這些山脈的西側是遼闊的平原，東部則是蒙古高原，成吉思汗祖先的故鄉——戈壁沙漠就在這裡。

從戈壁沙漠向西就是地勢略低的新疆高原。這裡還有塔里木河谷，這條河漫無目的地流入羅布泊附近的沙漠之中。羅布泊因爲瑞典旅行家斯文・赫定的發現而見聞於西方。從地圖上看，塔里木河就像一條乾涸的小溪，然而它卻比萊茵河長1.5倍。你要知道，亞洲的一切都很巨大。

在新疆北部，阿爾泰山與天山之間有一條通道。這個在地圖上被稱爲準噶爾的地方，直通吉爾吉斯大平原。這是一個幅員遼闊，廣袤無邊的盆地，是那些去歐洲燒殺劫掠的沙漠民族，如匈奴人、韃靼人和突厥人當年向歐洲遠征的必經之路。

塔里木盆地以南，更確切地說是西南之處，地勢變得極其複雜。塔里木盆地與注入鹹減的阿姆河河谷之間橫亙著一片巨大的高原，即帕米爾高原，也就是世界屋脊。人們可以通過希臘人很早就聽說過的帕米爾山，然後從小亞細亞和美索不達米亞直達中國。這些天山確實是重重壁壘，但是人們可以通過中山崎嶇小道以及山口越過它們。

這些山口的平均海拔高度都在一萬五千英尺到一萬六千英尺之間。要知道，雷尼爾山才不過一萬四千英尺，阿爾卑斯山的最高峰勃朗峰才不過一萬五千英尺，美洲和歐洲的最高峰與這裡的山口相比是小巫見大巫了。這些大山使一切地表的褶皺都相形見絀。

但是，帕米爾高原只不過是個開端。以這個高原為起點，許多巍峨高山向四面八方輻射。北面有前面提及的天山山脈，它是向東北延伸的，還有作為西藏與塔里木盆地分界線的昆崙山脈，還有雖然不長卻十分險峻的喀喇昆崙山，最後是喜馬拉雅山。這座大山將印度與中國的西藏隔開，並打破世界海拔最高紀錄，平均海拔高度達二萬九千英尺或者5.5英里。其中它的最高峰有埃佛勒斯峰（即珠穆朗瑪碼）和千城章嘉峰。

西藏高原平均海拔高度為一萬五千英尺，是全世界最高的地方，占地面積是整個俄羅斯的五分之二。南美的玻利維亞高原，平均海拔高度是一萬一千英尺到一萬三千英尺，是一片人煙稀少的地區，而西藏則不同，它卻有常住人口約二百萬。

這表明人體所能承受氣壓的極限也可以隨環境變化。那些美洲旅遊者，從巴西的里奧格蘭德渡過格蘭得河，到墨西哥可愛的首都小住幾天，都會感到十分不舒適，而墨西哥城的海拔高度只有七千四百英尺。他們預先就會得到警告，走路不要太匆忙，如果走上半個街區都要停下來，因爲他們的心臟會跳得厲害，必須得休息一會兒才能穩定。與他們相比，那些西藏人不僅每天要走上長達一百個街區的路程，而且要馱著所有西藏政府強加給他們的重負。他們翻過險峻的山路，爬過許多令騾馬都畏葸不前的陡峭的山口，但是對於西藏人來說，這是他們通往外部世界的唯一道路。西藏雖然比處於亞熱帶的西西里島還要偏南六十英里，可是這裡每年的積雪卻至少達六個月，溫度也常常降到負30度C以下。這裡常常有可怕的暴風掠過南部荒涼的鹽湖，積雪遍地、飛沙飄揚，給生活蒙上暗淡的灰影。

但是，對於那些雄心勃勃的登山者，喜馬拉雅山確實是個理想的地方。屹立在「巨人國」——亞洲——中央的這片大山使阿爾卑斯山相形見絀。相比之下，阿爾卑斯山如同是沙灘上小孩子們堆出來的小沙丘。這些永遠積雪的山脈比阿爾卑斯山寬一倍，覆蓋面積是它的十三倍，山上有幾條冰川，它們的長度是瑞再那些著名冰川的四倍。喜馬拉雅山中有四十座高峰，海拔高度均在二萬二千英尺以上，許多山口的海拔高度要比阿爾卑斯山山口高兩倍。

就像西班牙和新西蘭的那些大山一樣，喜馬拉雅山也是年輕的山脈（比阿爾卑斯山還年幼），它的年齡只能以百萬年計算而不是以千萬年計算。如果要將這座大山磨平、將它夷為平地，就需要更久的日照與更多的風雨。但是，有著偉大力量的自然力卻沒有閑著，她正在夜以繼日地進行著這項破壞岩石結構的工作。事實上，喜馬拉雅山已經被幾十條山澗沖刷出無數不規則的深谷。印度三大河流——印度河、恆河與布拉馬普特拉河（其上游在我國境內，稱雅魯藏布江）——正在緩慢地幫忙對這座大山進行瓦解。

從政治上說，這條長達一千五百英里的喜馬拉雅山與其他大山相比自是別有天地。它不僅是兩個毗鄰國家（中國和印度）的天然疆界，而且在它寬廣的懷抱中還藏匿著幾個獨立的國家。其中有尼泊爾，是著名的廓爾喀人（西方國家對尼泊爾人的通稱）的故鄉。這個獨立的國家有居民六百萬，面積則是瑞士共和國的四倍。這裡還有克什米爾，這個擁有三百多萬人口，面積達八萬五千平方英里的地區。

最後，如果你再瀏覽一下地圖，

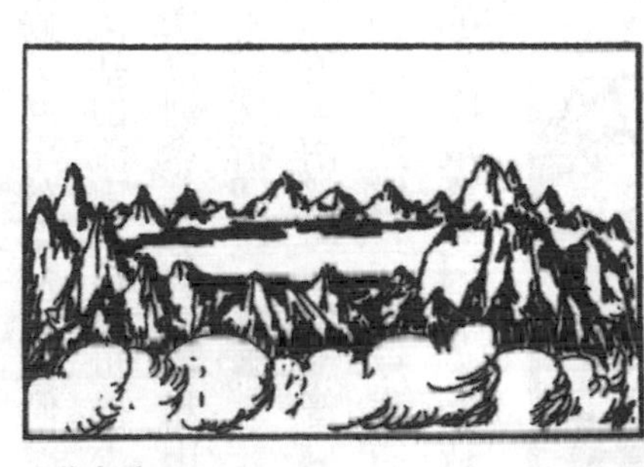

西藏高原

高山深谷

你將會發現印度河和布拉馬普特拉河這兩條大河十分獨特。它們流出的路線，與萊茵河從阿爾卑斯山流出的路線很不一樣，和密蘇里河從落基山流出的路線也很不同。這兩條大河的源頭並不是在喜馬拉雅山之中，而是在山脈的背後。印度河發源於喜馬拉雅山與喀喇昆崙山之間，布拉馬普特拉河則先是由西向東橫跨西藏高原，然後突然折回做一急轉，又由東向西匯入恆河。恆河從喜馬拉雅山與印度半島中心的德干高原之間奔流向南，與布拉馬普特拉河匯合，最後注入大海。

有些地質學家聲稱，喜馬拉雅山現在仍在不斷增長。因爲我們地球薄薄的外殼，也和人的皮膚一樣能夠伸縮變化，所以這些地質學家的判斷或許是對的。據我們所知，瑞士的阿爾卑斯山在緩慢地由西向東移動，而喜馬拉雅山則像南美的安第斯山脈那樣，在一點點地向上增高。大自然的實驗室只有一條原則——一切都在不斷地運動、變化和發展。物競天擇、適者生存。這就是造物的自然法則。

世界最高峰峰頂距海洋最深處11.5英里，是地球直徑的七百分之一。

第二十六章　亞洲西部高原

帕米爾高原西部，是巍巍高山構成的一系列高原，高原向西伸展，一直到達黑海和愛琴海。這些高原的名字對於現代的人們並不陌生，因爲這些高原在人類歷史上起過十分重要的作用，甚至最重要的作用。如果有關人種起源的推斷沒有錯誤，那麼在印度河與東地中海之間的這些高原與河谷，不僅僅孕育了我們西方人所屬的人種，而且它還是人類文明的起點。正是在這裡，人類掌握了最基本的科學知識，建立了道德規範的首要原則，正是有了這些原則，才使人與動物有了本質的區別。

從東向西，按順序來說，首先是伊朗高原。這是一片群山懷抱之中的三千英尺高的鹽鹹沙漠。雖然這片高原北臨裡海與卡拉庫姆沙漠，南依波斯灣與阿拉伯海，但是這一地區的降雨卻十分稀少，以至於整個高原沒有一條值得一提的河流。這裡的吉爾特爾山將俾路支地區與印度隔開，一八八七年起就被英國占領的俾路支地區，倒是有幾條不起眼的小河，最後統統匯入印度河。這裡的沙漠使人談虎色變，因爲當年亞歷山大大帝的軍隊在從印度返回歐洲的途中就是在這裡因缺水而全軍覆沒的。

說起阿富汗，幾年前曾一度引起轟動。因爲這個國家新上任的統治者到歐洲來了一趟，並且一路招搖過市，使他和他的國家借這次旅行大大地出了一回風頭。這個國家有一條重要河流，叫赫爾曼德河，發源於興都庫什山。興都庫什山是帕米爾高原向南延伸的一座大山，最終消失在伊朗與阿富汗交界處的錫斯坦鹽湖之中。阿富汗的氣候比俾路支地區要好得多，而且從許多方面講，這個國家都極爲重要。古代從印度到北亞及歐洲的商道就要經過這個國家的腹地。這條商道從西北邊疆的首府白沙瓦起始，通往阿富汗首都喀布爾，然後經過著名的開伯爾山口，跨過阿富汗高原，最後抵達西部的赫拉特。

大約五十年前，俄國與英國爲爭取對這個國家的絕對控制權而開戰。恰巧阿富汗人民也驍勇善戰，於是那些英國人——他們曾企圖由南向北和平滲入——不得不更加小心謹愼。一八三八—一八四二年爆發的第一次阿富汗戰爭，給人們留下了難以磨滅的印象——英國人試圖強加給阿富汗人民一個不得人心的領袖，結果以失敗告終。據有幸返回英國的人報告，同去的其他英國人已全部被殺死。自此以後，英國人進入開伯爾山口時總是如履薄冰。然而當俄國人在一八七三年占領希瓦，並向

地球上陸地與海洋的總數

塔什干與撒馬爾罕挺進時，英國人害怕有一天早晨醒來他們會聽到沙皇的軍隊在蘇萊曼山那一邊進行軍演習的槍聲，於是英國軍隊也不得不有所行動。最後，沙皇陛下派往倫敦的代表、女王陛下派往聖彼得堡的代表，分別向對方的政府保證，自己國家在阿富汗的行動完全沒有什麼私欲，相反那只是一項高尚的和值得頌揚的善舉。另一方面，他們的工程師在爲一個重要的計劃努力工作——他們要爲「被殘酷的大自然剝奪了出海口的」阿富汗修建鐵路，幫助可憐的阿富汗人民直接走向海洋，分享西部文明。

不幸的是，世界大戰使這一偉大的工程破了產。俄國人的鐵路一直擴展到赫拉特。今天，你可以從那裡乘火車出發，經過土庫曼蘇維埃社會主義共和國的馬雷，到達裡海之濱的克拉斯諾沃茨克港，然後再從這裡乘船前往巴庫和西歐。另一條路線是從馬雷出發，取道烏茲別克共和國的布哈拉和浩罕，最後到達阿富汗的巴爾克。巴爾克坐落在巴克特利亞古國（中亞古國，美國史書稱大夏）巨大的廢墟中央，現在已經淪爲三流村鎮，但誰能想到，這個地方在三千年前竟和當今的巴黎一樣重要。它是那個具有完善道德體系的宗教運動——拜火教（又稱波斯教）——的發源地，拜火教不僅完全控制了波斯，還滲透到地中海地區，改頭換面之後的拜火教甚至在羅馬還廣爲流行，以至於在相當長的一段時間，這個宗教組織都是基督教的有力對手。

與此同時，英國人的鐵路從俾路支的海德拉巴修到奎達，又從那裡通到阿富汗的坎大哈。一八八〇年，英國人在坎大哈爲他們在第一次阿富汗戰爭中的失敗而大肆報復，終於洗刷了恥辱。

伊朗高原還有一個值得我們一提的地方，那就是波斯（即今天的伊朗）。所謂「月圓則虧」，這個國家曾一度輝煌，今天卻成爲如血殘陽。當年，「波斯」這個名稱代表著繪畫和文學的最高境界，是生活藝術的最高準則的代表，那是一個充滿魅力而令人神往的國度。波斯最早的輝煌時期是在公元前六世紀。那時，這裡是一個泱泱帝國的中心，它橫跨歐亞大陸，西起馬其頓東到印度，幅員十分遼闊，但是最終被亞歷山大大帝所摧毀。然而，五百年後，在薩桑王朝統治下，又光復了薛西斯與岡比西斯（古波斯帝國國王）時期的疆域，並且重振拜火教，恢復了最純正的信仰。他們還將所有的拜火教經典收集整理爲一卷，就是大名鼎鼎的《亞吠陀》經解合刊。伊斯法罕城的玫瑰終於在沙漠之中綻放了。

公元七世紀初，阿拉伯人征服了波斯，穆斯林打敗了拜火教教徒。如果人們能夠通過文學來了解一個國家，那麼一個尼沙普爾做帳篷人家的兒子——奧瑪開陽（波斯詩人，天文學家）——的作品可以爲一度在庫爾德斯坦與呼羅珊省之間的這片沙漠上繁榮興盛的高雅藝術作證。一位數學家（指花拉子密，原名穆罕默德・伊本・穆薩，其著作《積分和方程計算法》是世界第一部代數學著作）能夠用代數學與四行詩構建出他整個人生，歌頌愛情的歡愉與陳年紅酒之甘美。那種情形實在不多見，只有極其明智與成熟的文明才能啓用這樣睿智的人物在教育的聖堂上授業解惑。

今天，人們之所以對波斯感興趣卻是出於私欲。這個國家發現了石油。對於一個怯懦得沒有能力保護自己權益的國家來說，這也許是最糟糕不過的事情了。從理論上說，任何地方的地下寶藏都應歸屬於祖居此地的當地人，但事實並非如此。那些住在油井附近成千上萬的男男女女卻只能偶爾在那裡找到一份掙錢不多的工作，而蘇丹的幾個居住在遠方的德黑蘭的密友，卻憑藉具有採油特許經營權而大發橫財。至於利潤，則全落到了那些外國投資商手裡，在他們眼裡，「波斯」只不過是一種地毯的名稱。

不幸的是，波斯似乎是那種永遠擺脫不了貧苦而又綱紀廢弛、管理不善的國家。他的地理位置實在可悲，非但沒有給它帶來任何好處，相反，卻使它深受其害。這個國家本身就是一片沙漠，可是既然它是一片連接東西方、溝通兩大洲的沙漠，這就意味著，它將永遠是一片戰場，永遠是利益衝突的策源地，永遠是敵對雙方爭奪的目標。這不僅是波斯的不幸，也是整個亞洲西部的不幸。

從帕米爾綿延到地中海的高原的最後一部分，就是亞美尼亞和小亞細亞。這裡的火山岩地表已年深日久，這裡的人們很久以前就在這裡受難。因爲，亞美尼亞也是一個被當做路上橋樑的國家，無論誰要從歐洲前往印度，必須要穿過這裡高聳入雲的庫爾德山。那些長途跋涉旅行的人中肯定有一些臭名昭著、殺人不眨眼的家伙。這一地區的最高峰是阿拉加茨山，海拔高達一萬七千英尺，比埃里溫平原高出整整一萬英尺。據《聖經》記載，昔年洪水退後，諾亞方舟就是在阿拉加茨山靠岸的。我們對此確定無疑，因爲比利時物理學家約翰·德·曼德維爾先生在十四世紀曾對此地作過詳細考察，發現方舟的殘骸仍然留在山頂的附近。但是，這些亞美尼亞人到底是什麼時候來到此地的，我們仍然不能確定。亞美尼亞人屬於地中海人種，是我們的近親。不過，按照最近的死亡速率來算，這些亞美尼亞人很快就將滅絕。因爲，僅在一八九五年至一八九六年一年之中，統治這片高原的土耳其人就屠殺了成千上萬的亞美尼亞人，而且土耳其人還不是最殘暴的凶手，庫爾德人的凶殘程度是他們的兩倍。

亞美尼亞人都是虔誠的基督徒。讓他們自豪的是，他們皈依基督教的時間比羅馬人還早，因此，他們的教堂保留了一些古老的體制，包括神職世襲制。這一制度在那些西方正統的天主教徒眼中，簡直大逆不道。所以，當庫爾德的穆斯林對這一地區大肆燒殺搶掠時，歐洲只是袖手旁觀，無動於衷。

在世界大戰期間，亞美尼亞又一次遭殃——協約國爲了替美索不達米亞的英國部隊解圍，便從亞美尼亞包括土耳其軍隊的後路。凡湖、烏爾米耶湖——它們雖可躋身世界最大高山湖泊之列卻一向鮮爲人知——的地名也突然出現在時事新聞之中，甚至古拜占庭的亞洲前沿重鎮——埃爾祖魯姆——自十字軍之後也從沒有受到過這麼多的關注。

當戰爭結束時，苟延殘喘的亞美尼亞人帶著對所有踐踏過他們的民族的詛咒加入了蘇聯的陣營，在高加索山腳下的黑海與裡海之間，建立了阿塞拜疆與亞美尼亞加盟共和國。這讓全世界大吃一驚。

下面，讓我們繼續向西進入小亞細亞高原。

介紹完土耳其的殘暴統治的犧牲品，我們該介紹土耳其自己本身了。

小亞細亞原來只是奧斯曼大帝國的小小行省，今日則是土耳其人統治世界的一個美夢的遺產。這片高原北起黑海，西隔馬爾馬拉海、博斯普魯斯海峽和達達尼爾海峽，與歐洲相望，南瀕地中海，托羅斯山橫亙整個南部，將地中海與內地隔開。在這片地勢較低的高原上，橫貫著一條著名的鐵路線，就是所謂的巴格達鐵路。在過去三十年的歷史中，這條鐵路線一直發揮著極其重要的作用。這條重要的鐵路線始終是英國與德國爭奪的對象，因爲它將伊斯坦布爾與底格里斯河上的巴格達連接起來，在這條鐵路線上還有西亞重要港口士麥那、敘利亞的大馬士革和阿拉伯世界的聖城麥地那（位於沙特阿拉伯西部，穆罕默德曾在此傳教，是伊斯蘭教第二聖城）。

英、德兩國剛就此事達成協議，法國也要堅持在未來的鐵路收益中分得一杯羹。最終，它獲得了在小亞細亞北部的鐵路控制權。由於那裡的特拉不宗是亞美尼亞和波斯的出口港，當時還沒有便捷的通往西方的交通線，所以外國工程師們開始在這片古老的大地上勘測地形，準備再修建一條鐵路。就是在這塊古老的土地上，雅典殖民地的希臘哲學家們首次對人類的本性與世界的起源進行探討；還是在這裡，莊嚴的教會將宗教信仰賜予了世人，這個信仰已經支撐歐洲人生活了一千年；就是在這裡，塔爾蘇斯誕生了聖徒保羅，他在此不知疲倦地布道救人；這裡還是土耳其人與歐洲人爲爭奪地中海控制權而搏鬥的戰場；也是在這裡，一位阿拉伯趕駝人（指穆罕默德），在一個被人遺棄的沙漠小村產生了要做安拉唯一的使者與先知的夢想。

按照計劃，這條鐵路避開了沿海地區，繞過那些古代和中世紀的帶有神話色彩的港口——阿達納、亞歷山大勒達、安蒂奧克、特里波利、貝魯特、蒂雷、西頓，以及巴勒斯坦岩石海岸上唯一的港口、主要爲山區進出口貨物的雅法，投身到大山之中。

當戰爭爆發後，該鐵路正如德國人所希望的，發揮了極大的作用。這條鐵路採用了德國人最好的設備，再加上德國在伊斯坦布爾還停泊著兩艘大軍艦，因此土耳其人經過最實際、最認眞的「考慮」，還是決定加入了同盟國。在其後的四年中，從戰略角度來看，這條鐵路建得恰到好處。因爲戰爭的勝負主要取決於海上和西線，當西線全面崩潰之後很久，東線還固若金湯。讓世界感到奇怪的是，土耳其軍隊在一九一八年的驍勇善戰絲毫不遜於他們的塞爾柱祖先（土耳其人的一支，十三世紀前期達到鼎盛）。一二八八年，塞爾柱土耳其人征服了整個亞洲之後，又將他們渴求的目光投向了博斯普魯斯海峽對岸君士坦丁堡那堅不可摧的城牆後面。

直到那時，這片多山的高原還相當富饒。因爲，小亞細亞儘管也是歐亞大陸橋的一部分，但它從未遭受過亞美尼亞和波斯的伊朗高原的厄運。這主要是因爲，小亞細亞不僅是最好的商道的重要組成部分，而且還是印度和中國通往希臘和羅馬的商道終點。當這個世界初現崢嶸時，地中海地區的學術活動和商業活動最發達的並不在希臘本土，而是活躍在西亞各城市，這些地區當時已經是希臘的殖民地了。就是在那裡，古老的亞洲血統與歐洲新的民族融爲一體，產生出一個舉世無雙、睿智和敏捷出衆的混合體。即使在現在聲譽不佳的地中海東部各民族中，在買賣公平、忠誠老實等方面聲名狼藉，我們還是能夠從中窺見那古老血統的品格。因爲，數百年來，它始終面對衆多強敵而立於不敗之地。

塞爾柱王朝的土崩瓦解是不可避免的。這支沒有人性的退化的軍隊永遠處於四面楚歌聲中。今天，昔日輝煌的奧斯曼大帝國只剩下了這個小小的半島。不可一世的蘇丹們也不復存在了。他們的祖先在亞得里安堡居住了近一百年後，終於在一四五三年離開了這座城市，遷都到君士坦丁堡。當時，他們還統領著整個巴爾幹半島、匈牙利全境和俄國南部的大部分地區。

長達四百年暗無天日的拙劣導致了泱泱帝國的毀滅以及今日土耳其的頹敗。而今，這兩

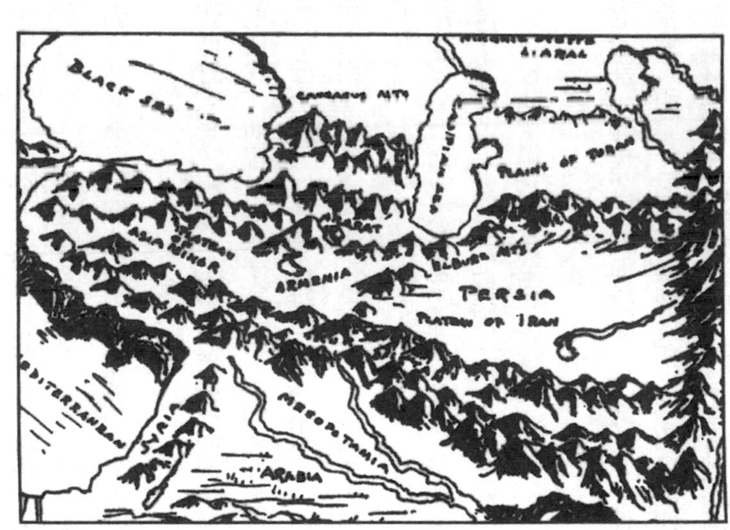

歐亞大陸橋

座古都成爲土耳其人在歐洲僅存的領地。君士坦丁堡，那個曾在數千年的時間裡充當俄國南部穀物集散地的城市，也是世界上最古老、最重要的商業壟斷城市；還是這個君士坦丁堡，曾備受大自然的青睞，其海港擁有「黃金角」、「富饒角」的美稱，港口魚蝦成群，足以養活天下人，如今，卻已經淪爲一個三流省會城市。

戰後，力圖重整河山的新土耳其國家領導人明智地意識到，由於君士坦丁堡已經破敗，城中變成了一個民族大雜燴，裡面充斥了希臘人、亞美尼亞人、斯拉夫人和十字軍留下的各種社會渣滓以及東地中海沿岸形形色色的人種，因此已不適合重振土耳其民族昔日雄風，無法再完成使他們的國家發展成爲一個現代化國家的重任，所以他們作出了一個決定——選擇了一個新都，這就是君士坦丁堡以東二百英里，安納托利亞高原腹地中的安卡拉城。

安卡拉也是一個歷史悠久的城市。公元前四百年，曾有一個叫做高盧的部落生活在這裡，就是這個民族，後來占據了法蘭西大平原。安卡拉就像重要商道上的其他城市一樣，也曾飽經滄桑，歷經幾度榮辱興衰。十字軍曾占領過它，韃靼人也曾蹂躪過它。甚至到了一八三二年，一支埃及軍隊還曾摧毀過這裡整個城區。

但是，就是在這個地方，凱末爾·帕桑決定建立新都，光復故國。他排除了一切困難，他把不能同化的成分全部清理出去，用居住在土耳其的希臘人和亞美尼亞人換回了在這些國家居住的土耳其人。他還出色地重建了軍隊，並同樣出色地爲土耳其恢復了信譽。凱末爾使土耳其不斷受到世人關注。只是，經過十五世紀的戰亂與政荒，安納托利亞大山能否引起華爾街金融投資家的重視還很難說，因爲他們要尋找的是那些眞正有價值的投資對象。

毋庸置疑，小亞細亞永遠是亞歐兩大洲商貿往來最重要的地區。士麥那正在恢復昔日的地位。自從古代女戰士——亞馬遜人在這裡統治並建立起國家之後，這個港口城市就一直久盛不衰。亞馬遜人的國家有一個奇異的風俗，男性嬰兒一生下來就將被處死，男人只能一年一次被允許進入這個國家，這樣做唯一的目的就是延續亞馬遜女戰士的傳統。

當年，聖徒保羅曾在以弗所（在小亞細亞西岸，古希臘殖民城市）發現，當地人仍在供奉處女守護神狄安娜——亞馬遜女戰士的神靈。而今，以弗所已經從地球上消失了，但是這座古城的相鄰地區很有可能發展成爲世界上收益最大的無花果種植區。

從以弗所向西，經過古希臘城市拍加馬的廢墟（這個古代世界的文學藝術中心爲後人貢獻了豐富的羊皮書資料），鐵路線繞過特洛伊平原，與馬爾馬拉海岸邊的班德爾馬相連，從班德爾馬乘船，到於斯屈達爾只需一天時間。東方特別快車（倫敦—加萊—巴黎—維也納—貝爾格萊德—索非亞—君士坦丁堡）經過於斯屈達爾通向安卡拉和麥地那，再經過阿勒頗—大馬士革—拿撒勒—盧德（在這裡換乘汽車前往耶路撒冷和迦法）—加沙—伊斯梅利亞—坎拿哈，在這裡跨過蘇伊士運河，再沿尼羅河溯流而上，最遠可達蘇丹。

如果不是發生了世界大戰，西歐國家完全可以通過這條路線向印度、中國以及日本運送五湖四海的旅客和四面八方的貨物，並從中獲得巨大利潤。但是，在四年戰火造成的巨大破壞未得到徹底修復之前，人們還是寧願乘坐飛機旅行。

小亞細亞東部居住著庫爾德人，他們是亞美尼亞人的宿敵。和蘇格蘭或者大部分山區民族一樣，庫爾德人也是有著極重的血統觀念的民族，部族之間各自爲政，過分注重個人榮譽與民族傳統，對大工業生產和商業活動則唯恐避之不及。庫爾德還是個相當古老的民族。據巴比倫的楔形碑文記載，以及色諾芬（蘇格拉底的弟子，古希臘雅典城邦的貴族奴隸主、歷史學家）在其枯燥無味的作品中的記錄，庫爾德人與西歐人屬同一種族，只是他們後來皈依了伊斯蘭教。正因如此，他們絲毫不信任那些基督教鄰居。世界大戰之後建立起來的那些穆斯林國家也對周圍的基督教國家不屑一顧。不過，他們這樣做自有他們的道理。所有我們生活的時代的人都知道，當西方大國將「官方謊言」當作一種策略時，人們有理由對此耿耿於懷。

當最終和平的曙光出現時，人們並沒有爲此歡呼雀躍。舊仇未去，新恨又生。幾個歐洲大國以「委托管理者」的身份對昔日土耳其大帝國的一些地區指手畫腳，他們對當地民族的所作所爲一點兒也不比當年的土耳其人更「仁慈」。

法國人本來就在敘利亞有很大一筆投資，所以戰後法國很快就控制了敘利亞，並成立了一個「法國高級委員會」，帶著大量的資金和大批的軍隊開始對三百萬極不情願被「委托管理」的敘利亞人進行「管理」，而「委托管理」實際上就是殖民地，只是名字稍微好聽一點兒罷了。沒多久，前敘利亞的幾個大民族就將彼此的舊恨拋諸腦後。庫爾德人與他們的宿敵——黎巴嫩馬龍教派天主教徒言歸於好，基督徒也不再虐待猶太人了，而猶太人也不再蔑視基督徒和穆斯林了。現在，他們有了一個共同的敵人，那就是法國。為了維護在敘利亞的統治地位，法國人不得不到處建起絞刑架，於是秩序得以恢復，敘利亞很快又淪為第二個阿爾及利亞。但是，這並不意味著敘利亞人已經接受了這一現實，而不去痛恨他們的「管理者」了。只不過，他們的領袖已經被絞死，其他人還沒有足夠的勇氣繼續戰鬥罷了。

至於幼發拉底河和底格里斯河流域，那裡現在已被抬舉為一個王國，巴比倫的廢墟和尼尼微（古代亞述國首都）的遺址現在都已成為伊拉克王國的一部分了。但是，這個王國新任的君主很難眞正享有漢謨拉比（古巴比倫第一王朝第六任國王）或者亞述的納西拔（古代亞述國君主）的自由，因為這個王國已被迫淪為英國的附庸。費舍國王如果要作出比挖掘古巴比倫排水管更重要的決定，就必須得等待倫敦的恩准。

巴勒斯坦（腓力斯人的土地）也在這一地區。這是一個十分奇怪的國度，但是我不敢對其作長篇大論，因為這樣也許會使本書剩下的篇章變成對一個小國的專題討論。這片比歐洲最不起眼的小公國石勒蘇益格—荷爾斯泰因還小的國家卻在人類歷史上發揮著比任何頭等大國都重要的作用。

猶太人的祖先離開他們在東美索不達美亞的荒涼村莊之後，穿過阿拉伯沙漠的北部，跨過西奈山與地中海之間的平原，先在埃及逗留了幾個世紀，最後他們流浪的腳步到達朱迪亞山與地中海之間那一小塊狹長的沃土上，便停留了下來。經過與當地土著人幾次激烈的交戰，他們終於奪得了大量的村莊和城市，建起了一個獨立的猶太國家。

然而他們在這裡的生活一定非常不如意。在西側，腓力斯人和來自克里特島的非閃米特民族占據了整個海岸地帶，使猶太人無法接近大海；在東側，一道巨大的大裂谷從南到北將他們與亞洲其他地區隔絕，最深在海平面以下一千三百英尺。當初施洗約翰曾選擇定居於此地。這條大裂縫北起黎巴嫩和前黎巴嫩之間，沿著約旦河河谷南下，經過太巴列湖（又稱加利利海，低於海平面五百二十英尺）、死海（低於海平面一千二百九十二英尺，美洲大陸最低點——加利福尼亞的死谷也不過在海平面以下二百七十六英尺），再穿過伊多姆古國（莫阿布人曾經居住的地方）的舊地，最後到達紅海北部的亞喀巴灣。

這條裂谷的南部是世界上最炎熱、最荒涼的地區。這裡遍地是瀝青、硫磺、磷礦石和其他令人生畏的礦物質。現代化學工業可以從中提取十分有價值的東西，就在戰前，德國人曾在此成立過一家實力強大的「死海瀝青公司」，但是在古時時，人們卻對此地望而生畏。因為當時的人相信，這座城市之所以被摧毀，不是由於一次尋常的地震，而是因為罪孽深重，耶和華用火和硫磺將它夷為平地。

當東方第一批入侵者越過與大裂谷平行的朱迪亞山，發現那裡的氣候與景象和南部大不相同，而是呈現出另一番風光時，他們一定爲自己找到了一塊「流淌著牛奶與蜂蜜的土地」歡呼雀躍。現在去巴勒斯坦，人們已經很難發現牛奶時一者蜂蜜了，因爲這裡幾乎沒有鮮花，但這並不是因爲人們常說的氣候變化造成的，現在的氣候與當年耶穌的信徒四方傳道時的氣候相比，並沒有多大的不同。當年這些信徒從北部的達恩到南部的貝爾謝巴跋涉，一路上都不愁吃喝，因爲這裡有充足的椰棗和家釀酒來滿足旅行者的需求。是土耳其人和十字軍騎士的巨手改變了整個巴勒斯坦的面貌。十字軍先破壞了猶太國時期和後來羅馬統治時期修建的大量灌溉工程，後來的土耳其人又摧毀了倖存的部分。於是，一片只要有水源就能豐收的土地就這樣乾涸而死了。最後，這裡十室九空，人們只有背井離鄉，或者坐以待斃。耶路撒冷淪爲貝都因（沙漠地區阿拉伯游牧民族）式的村莊，生活在這裡的基督教派與鄰居穆斯林們爭吵不休。因爲耶路撒冷也是穆斯林的聖城。當年，亞伯拉罕在悍妻薩拉的逼迫下，不得以將庶子以實瑪利及生母夏甲趕到了荒漠之中，阿拉伯人認爲自己就是那個可憐的以實瑪利的後裔。

薩拉的陰謀落空了，以實瑪利和他的母親沒有像薩拉希望的在沙漠中飢渴而死，相反地他還娶了一個埃及姑娘，並成爲整個阿拉伯民族的鼻祖。今天，以實瑪利和他的母親就葬在天房（一座方形石殿，內有黑色聖石，是麥加所有禮拜寺中最神聖的卡巴神殿）之外，這裡成爲麥加最神聖的地方，所有的伊斯蘭教徒不論旅程多麼艱險、多麼遙遠，有生之年至少要來朝覲一次聖地。

阿拉伯人一征以耶路撒冷就在那塊黑色聖石上修建了一座清真寺。據傳說，他們的遠親，亞伯拉罕的另一直系後代所羅門就曾在同一地方建有著名的寺廟，但那已是幾千年前發生的事情了。可是，這兩個民族還是爲爭奪這塊石頭和建在石頭周圍的那道有名的「哭牆」而爭吵不休，致使阿拉伯人與正統猶太教徒之間結下了深仇大恨。現如今，這兩個民族卻被強行捏在一塊，組成了巴勒斯坦托管國。

所以，對這個國家的未來，你還能指望什麼呢？當英國人進駐耶路撒冷時，發現這座城市中有百分之八十的穆斯林（敘利亞人和阿拉伯人）以及百分之二十的猶太人和非猶太基督徒。作爲現代世界最大的穆斯林帝國的統治者，英國人當然不願意傷害他們忠實的臣民的感情，將五十萬巴勒斯坦穆斯林交到十萬猶太人手裡，任憑擺布，而另有企圖的猶太人有太多的理由可以對穆斯林們爲所欲爲。

其結果就是又炮製出一份巴黎合會之後的那個妥協方案，而且這些「和約」「調解」永遠不會使任何人滿意。今天的巴勒斯坦是英國的托管國，英國軍隊負責調整這兩個敵對民族之間的爭端，總督也是從英國最知名的猶太人中選舉產生。這個國家成爲一個不折不扣的殖民地，一點兒也享受不到貝爾福先生（英國首相、外交大臣。支持猶太人在巴勒

耶路撒冷

斯坦建立一個和阿拉伯對抗的猶太居留地，以保持英國在近東地區的殖民統治）所說的「完全的政治獨立」。貝爾福先生在巴勒斯坦運動（猶太復國運動）之初曾說，這一地區將成為猶太民族未來的家園，這些話很有蠱惑力，但今天看來卻是不實之詞。

如果猶太人清楚自己究竟要在古老的祖國幹些什麼，事情也就變得簡單多了。東歐正統猶太教徒，特別是那些俄國猶太人希望這裡仍然維持現狀，成為一個裡面有小型希伯來博物館的巨大的神學院。年輕一代牢記著那句著名的預言——讓死者埋葬死者吧。他們認為一味對過去的榮耀與輝煌念念不忘會有礙於建設明天的榮耀與輝煌。他們希望將這裡建設成為一個和瑞士或者丹麥一樣的現代化國家。這個國家應該使國民將精力放在築路、修渠這些現代化建設之上，而不是沉浸於多年流離失所、寄人籬下的痛苦回憶，為了幾塊年代久遠的石頭與阿拉伯鄰居爭吵不休。這幾塊石頭是不是當年利百加（《聖經》中的人物，以色列人祖先雅各的母親）汲水的井石還在兩說之間，而今卻成為她這些後代子孫前進的絆腳石。

巴勒斯坦大部分土地連綿起伏，呈由東向西的坡形，每天從海上吹來的風給整個大地帶來滋潤的甘露。如果將這裡廢棄的農田開墾出來，無花果樹將會給這一地區帶來豐厚的收益。死海地區唯一的重要城市傑里科，也可能會再次成為椰棗的貿易中心。

由於巴勒斯坦地下既沒有煤礦也沒有石油，所以它不會成為外國開發商的獵物。他們完全可以安心地去解決自己的問題，只要耶和華和占大多數人口的穆斯林們允許。

第二十七章 阿拉伯

根據普通地圖冊中的地圖或者地理手冊所示，阿拉伯是亞洲的一部分。但是，如果一位不了解我們地球人的歷史的火星上的來客，就很可能得出不同的結論，認爲那片著名的內夫得沙漠，不過就是撒哈拉沙漠的延續，只是有一條微不足道的印度洋淺灣——也就是大家都知道的紅海——將兩者阻隔。

紅海的長度幾乎是其寬度的六倍，其中暗礁密布。它的平均深度約三百英尋，但是在與印度洋上的亞丁灣相接的地方，深度只有二——十六英尋。所以，這片到處是火山島的紅海很可能在波斯灣形成之前只是一個內陸湖，就像直到英吉利海峽形成之後，北海才可以稱得上是海一樣。

至於阿拉伯人自己，他們既不想屬於亞洲也不想屬於非洲，他們稱自己的家鄉爲「阿拉伯島」。那是一個面積比德國大六倍的國家，但是它的人口與面積卻不相稱，這裡的人口只有七百萬，尚不及英國的大倫敦區的人口。然而，這七百萬現代阿拉伯人的祖先卻具有強健的體魄與頑強的精神，他們非凡的表現曾在全世界人心目中留下了難以磨滅的印象，而且他們沒有得助於造物主的絲毫恩惠，就獲得了世界霸權。

首先，他們生活的這一地區的氣候條件根本不適合人類生存。這裡不僅和撒哈拉沙漠一樣，沒有什麼河流，而且還是地球上最炎熱的地方之一。只有最南端和最東端的沿海地區潮濕多雨，但由於過分潮濕，歐洲人還是無法適應那裡的環境。在半島的中部和西南部山區，海拔高達六千英尺以上，溫差很大，只要太陽一下山，溫度立刻下降，不到半小時，溫度計的水銀柱就從原來的八十華氏度降到二十華氏度，在這樣的環境下，人和動物都無法適應。

如果沒有地下水，這個國家整個內陸就不能住人，而沿海地區也只有亞丁灣英國移民居住區以北還比較富庶。

雖然在商業地位方面，整個半島尚不及曼哈頓南部一塊低地地區，但在對世界文化發展的影響方面，它卻遠遠超過了曼哈頓。

有趣的是，阿拉伯半島從來沒有像法國或者瑞典那樣出現一個完整的國家。大戰期間，由於缺乏人力的協約國向周圍每一個人亂許願，結果戰後從波斯灣到亞喀巴灣，一連串出現了十三個所謂的獨立國家。甚至北方的約旦河兩岸也出現了一個獨立國家，由一位聽命於耶路撒冷的埃米爾（即穆斯林國家的酋長、高級官員）進行統治。這個國家橫亙在巴勒斯坦與敘利亞沙漠之間。這些獨立國家大多數空有其名，不過就是波斯灣沿岸的哈薩（今沙特阿拉伯東部省份）、阿曼，南部的哈德拉毛（今也門共和國東南部地區），紅海岸邊的也門和阿西爾（今沙特阿拉伯西部省份）以及漢志（今沙特阿拉伯西部省份）。其中只有漢志還算得上比較重要，因爲這個地區不僅有自己的鐵路（巴格達鐵路線的終點已通到麥地那，今後還要延至麥加），還掌握著伊斯蘭世界的兩座聖城，這就是穆罕默德的誕生地麥加以及穆罕默德的安息地麥地那。

這兩座沙漠綠洲城市在七世紀初期還默默無聞，給它們帶來巨大聲譽的是穆罕默德。穆罕默德大約出生在公元五百六十七年或五百六十九年。他的父親在他出生前幾個月就已去世，襁褓中的他又很快失去了母親，他是由貧窮的祖父撫養成人的。穆罕默德小小年紀就開始為別人趕駱駝，跟隨著雇傭他的商隊走遍了整個阿拉伯半島。他還曾渡過紅海到達非洲，甚至還去過阿比西尼亞（埃塞俄比亞舊稱）。當時，阿比西尼亞正企圖將阿拉伯半島變成它的一塊殖民地（當時是個絕佳時機，因為素來不合的沙漠部落那會兒正打得不可開交，根本不會一致對外）。

後來，穆罕默德娶了一位寡婦，由於女方的家境還算富裕，他的財產漸漸增多，於是他不再四處奔波，而是留在家鄉開了一家自己的小商店，專門經營糧食和駱駝飼料。後來，穆罕默德在麥地那開始了嚴肅認真的傳教生涯。

我不想詳細介紹穆罕默德的教義，如果你有興趣，可以去買一本《古蘭經》試著讀一讀。

可以說，是穆罕默德的努力，使阿拉伯沙漠中一直鉤心鬥角的閃米特部落突然團結起來，他們意識到要完成一項使命。不到一個世紀，他們征服了整個小亞細亞，占令了敘利亞、巴勒斯坦，得到了非洲北部沿海地區和西班牙。一直到十八世紀末，這些穆斯林們已經對歐洲的安全構成長久威脅。

一個能在極短時間內獲得這樣成就的民族，他們的人民一定具有非凡的智慧和超人的體魄。據那些和他們打過交道的人講（包括拿破崙，別看他對女人毫無品味，卻對優秀的戰士獨具慧眼），阿拉伯人是令人生畏的戰士，可怕的對手。阿拉伯人在中世紀的大學足以證明這個民族他們對學術和科學的重視，但是最終他們還是凋零衰敗了。這是爲什麼？我無從知曉。津津樂道於地理因素對民族性格的影響倒是容易，並且可以順理成章地證明沙漠民族一向是偉大的征服者，世界的霸主。但是，也有許多沙漠民族始終湮沒無聞，就像許多山地民族成就了許多轟轟烈烈的事業，但還有許多山地民族卻是好吃懶做之徒，一直在無所事事中蹉跎。我實在無法從任何一個民族的興衰成敗中總結出一條基本規律。

然而，歷史往往會重演。十八世紀中葉興起的宗教改革運動，使伊斯蘭教擺脫了一切繁複的禮儀和偶像崇拜，清教徒式艱苦樸素的瓦哈比派使他們的生活變得樸素而簡單。這次改頭換面也許有可能把阿拉伯人再次推上戰爭之路。如果歐洲繼續讓他們的精力耗費在內戰之中，那麼這些穆斯林會和一千二百年前一樣，對歐洲人構成威脅。他們這個可怕的半島儲藏著一個難對付的民族。這些人不苟言笑、清心寡欲，他們總是威嚴地板著臉，任何物質財富都不會使他們動心，因爲他們的生活需求本就十分簡樸，他們從不覺得自己缺少什麼。

這樣的民族從來就是巨大的潛在威脅，特別是當他們有正當理由認爲自己受到傷害時。在阿拉伯、亞洲、非洲、美洲和澳大利亞這些地方，白人至上的觀點並不條我們期望的那樣毫不動搖。

第二十八章　印度

——人與自然的互動

是馬其頓國王亞歷山大大帝發現了印度。但是，亞歷山大雖然跨過了印度河，穿過了錫克族的故鄉——旁遮普平原，卻沒有向眞正的印度人所居住的印度腹地——恆河流域深入。這些印度人，從那時直到現在，一直居住在喜馬拉雅山與德干高原之間的那片恆河流域。馬可・波羅把這個地方描繪成人間仙境。直到一千八百年後，葡萄牙航海家達・迦馬來到馬拉巴爾海岸的果河，並在此登陸，歐洲人才首次揭開這個奇異王國的神秘面紗。

一旦由歐洲到這個香料、大象和黃金寺廟之國的海上通道被打開，地理學的新知識就紛紛湧來，以至於阿姆斯特丹的地圖繪製者們不得不加班加點來滿足市場需求。從那時起，這塊富饒的半島的每個角落都被歐洲人翻了個底兒朝天。下面簡單介紹一下印度地貌。

在西北部，從阿拉伯海一直到興都庫什山，縱貫印度西北的吉爾特爾山和蘇席曼山將印度與外面的世界隔開。北部又有從興都庫什山直到孟加拉灣的喜馬拉雅山，形成一個半圓形的屛障，使這個國家完全與世隔絕。

請注意，歐洲地理中的大小概念與印度地理中的大小概念完全不同。與印度相比，歐洲的一切都顯得渺小。印度的面積幾乎與除了俄國之外的歐洲面積相匹敵。如果把喜馬拉雅山挪到歐洲，那麼它就會從法國的加萊一直延伸到黑海，喜馬拉雅山中至少有四十座山峰比歐洲最高峰還要高，山上冰川的長度是阿爾卑斯山冰川長度的四倍。

印度是世界上最炎熱的地區之一，同時它還有一些地區的年平均降雨量也保持著世界最高紀錄（年平均降水一千二百七十厘米）。印度有三億五千萬人口，講一百五十種不同的語言。這裡十分之九的人仍然靠天吃飯，如果有一年降雨量不足，因飢荒而死的人數會達到二百萬（我提供的是一八九〇—一九〇〇年的統計數據）。現在，由於英國人已經控制住瘟疫的蔓延，平息了種族混戰，興修了許多水利灌溉設施，改進了衛生條件（這些當然要印

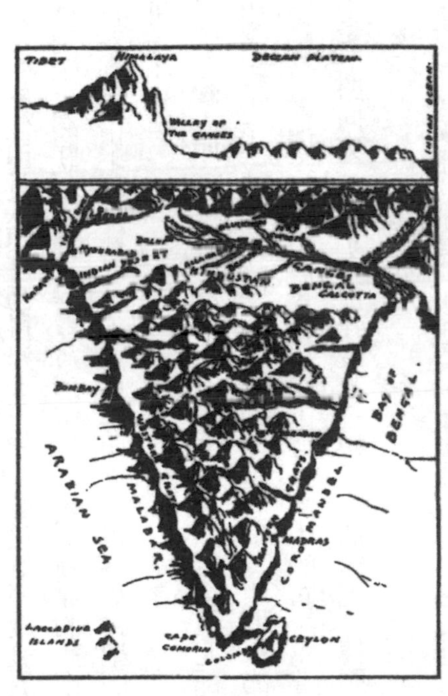

印度

度人自己出錢），印度的人口又迅速增長起來，而且其速度高得驚人。如果照這個速度發展下去，用不了多久，他們就又將回到從前貧困不堪的狀況，當飢荒、瘟疫再度降臨，嬰兒的死亡率又將回升，每天二十四小時都會有人往貝拿勒撒山上抬屍體（貝拿勒撒被印度人視爲最神聖的地方，死在那裡便可以解脫永無休止的轉世……）。

印度的主要河流走向都與山脈平行。西邊，印度河上游流經旁遮普全境，然後突破北部山區，爲來自亞洲北部的那些貪婪的征服者提供了一條通往印度腹地的便利通道。印度人的聖河——恆河，則基本由西向東，在注入孟加拉灣前，同發源於喜馬拉雅山群峰之中的布拉馬普特拉河匯合。布拉馬普特拉河上游也幾乎是一路向東，到了卡西丘陵被迫轉了一個彎，才掉頭向西，並很快匯入恆河。

恆河與布拉馬普特拉河流域是全印度人口最稠密的地區。大概只有中國還有那麼幾塊地方和這裡一樣，成千上萬的人擠在狹小的一塊土地上，爲了本就少得可憐的生存資料而相互爭奪。在兩條大河交匯處潮濕而泥濘的三角洲西岸，坐落著印度最重要的製造業中心——加爾各答。

恆河流域又被稱爲印度斯坦，或者眞正印度人的土地，那裡物產豐富，如果不是整個地區長期承受著人口嚴重過剩的重負，這裡本應是塊自給有餘的地方。首先，該地出產大米。印度、日本、爪哇居民吃大米並不是因爲他們喜歡大米，而是因爲大米的產量很高。每英尺、每英守甚至每平方英里生產的大米要比在同一塊土地上種植其他作物收獲更多。

然而，種植稻米卻是一件又苦又髒的活兒。說它髒聽起來很不舒服，但是這的確是描繪種植稻米的過程最恰當的詞。上億的男男女女，一生中大部分時間在泥水和糞肥中趟來趟去。這些稻苗先在泥土中培育，等它長到八九英寸高時再用手拔出來移植到水田裡。到了收獲季節，收割完稻穀之後，又要用一種很複雜的排水系統將水田裡惡臭的泥漿排入恆河。這時的恆河水又要供那些聚集在貝拿勒撒的虔誠信徒們飲用和沐浴。貝拿勒撒是印度的羅馬，也是世界上最古老的城市。這裡的信徒認爲，水田的泥漿匯入恆河就變得神聖了，比任何形式的洗禮都更能洗淨人類的罪惡。

稻田

恆河流域的另一種農產品是黃麻。這是一種植物纖維。一個世紀以前它被首次送到歐洲，被當作棉花和亞麻的替代用品。黃麻是一種植物內莖的皮，它的生長和水稻一樣需要大量的水。收獲後，先要把黃麻在水裡浸泡數周，然後再抽出纖維，最後送到加爾各答的工廠中加工成繩子、黃麻口袋或者織成一種供當地人穿的粗布衣服。

這裡還出產一種植物——靛藍。我們可以從這種植物中提取出藍色染料。不過，最近人們才發現，從煤焦油中提取藍色染料要比從植物中提取更加經濟實惠。

最後一種物產就是鴉片。它本是用來減輕風濕病人痛苦的一種藥物。在印度這個國家，大部分人大多數時間都是在沒膝深的泥淖中耕作，爲種植供養他們所需的稻穀而忙碌，因此患上風濕病在所難免。

恆河流域平原外側的山坡上，茶園取代了原來古老的森林。茶樹葉雖小，價值卻很高，生長這種小樹葉的灌木需要濕熱的環境，而根莖又很脆弱，所以最適宜種植的地方就是山坡。在這裡，流水不會傷及植物柔軟的根莖。

恆河流域的南部是呈三角形的德干高原。這裡出產三種不同的植物。北部山區和西部山區是柚木的重要產地。柚木是一種質地堅硬的木材，不變形，不彎曲，還不腐蝕金屬。在鐵製蒸汽船發明之前，這種木料大量應用於造船業。即使現在，它還廣泛應用於其他行業。德干高原的中部降雨量極少，是另一個經常發生飢荒的地方。這裡主要生產棉花，也種植一些小麥。

至於沿海地區，西部是馬拉巴爾海岸，東部是科羅曼德爾海岸，那裡降水充沛，盛產大米和小米，完全能養活這裡大量的人口。小米是我們拿來餵雞的作物，但印度人卻把它當做主食。

德干高原是印度唯一發現了煤、鐵和金礦的地方，但是這些礦藏並沒有被認眞勘探，因爲德干高原上的河流多急流險灘，無法航行。鐵路建設也沒有什麼價值，因爲根本就不會有人乘坐火車。這地方的居民沒有什麼有價值的商品可以買賣，所以他們從不離開祖祖輩輩居住的村莊。

科摩林角以東的錫蘭島（即斯里蘭卡），也是印度半島的一部分，橫亙在大陸與錫蘭島之間的保克海峽暗礁密布，只能不斷疏浚才能確保航運安全。暗礁與淺灘在錫蘭島與大陸之間架起了一道奇特的大陸橋，被稱爲「亞當橋」。據說，當年亞當和夏娃違忤天意，上帝動怒之後，就是通過這座橋從伊甸園逃往塵世的。按印度當地人的說法，錫蘭島就是昔日的伊甸園。而且，與印度其他地方相比，錫蘭島現在仍然是座人間天堂。這裡不僅氣候怡人，風調雨順，土地肥沃，物產豐富，而且它還遠遠避開了印度最邪惡的東西之一——種姓等級制度。印度內陸居民認爲佛教那種崇高的精神力量非常人所能及，因此他們背離了佛教，而錫蘭島的居民卻仍然忠實也信奉著佛教，並因此逃離了至今在印度宗教中仍占重要地位的森嚴的種姓制度。

地理與宗教的關係，遠比我們通常想像得要密切得多。在印度這個國家，千百年來，宗教對人的支配是徹底和絕對的，宗教的影響無所不在。它指導著人們應該說什麼，應該想什麼，應該做什麼，應該吃什麼，應該喝什麼，它規定著人們不該做，不該想，不該吃，不該喝的一切。

在其他國家，宗教也經常干預人類正常的生活發展。中國人爲了表示對去世的祖先的尊敬，常常把他們埋葬在向南的山坡，卻把寒冷當風的北坡留作自己養家糊口的耕地。結果，人們在對死去的親人克盡人子之孝的同時，他們自己的孩子卻有可能餓死或被賣爲奴。的確，幾乎每個民族（包括我們自己）都會受到一些奇怪的清規戒律、禁忌以及祖宗法規的禁錮，這些會對整個民族的進步產生消極影響。

爲了理解宗教對印度所產生的影響，我們有必要回到史前時期，至少回到第一批希臘人到達愛琴海的三千年前的時代。那時，印度半島上居住著一個深色皮膚的種族，即達羅毗茶人。他們可能就是德干高原最早的居民。原本居住在亞洲中部的雅利安人（與我們的祖先同宗同源）爲尋找更理想的水土，紛紛離開故土。他們分成兩部分，一部分向西遷徙，在歐洲定居，後來還漂洋過海，占據了北美大陸。另一部分則一路向南跋涉，越過興都庫什山脈和喜馬拉雅山之間的山口，在印度河、恆河和布拉馬普特拉河流域定居下來，然後深入到德干高原，再沿著西高止山與阿拉伯海之間的海岸，最終到達印度半島南部和錫蘭島。

印度有太多的人

與原來的居民相比，這些新移民武器精良，他們對待土著人就像所有強大民族對待弱小民族一樣。他們諷刺這些達羅毗茶人是黑鬼，奪走他們的稻田，當自己的女人不夠用時，就掠去他們的女人（越過開伯爾山口的路途太艱險，他們無法從中亞帶那麼多女人同）。當土著人稍微露出一點兒要反抗的地方，讓他們在那裡聽天由命，不管他們的死活。但是，當地的達羅毗茶人在人數上要比雅利安人更占優勢，因此文明程度低的民族對文明程度高的民族影響力更大。爲避免這一危險發生，唯一的辦法就是將黑鬼們畫地爲牢，嚴格地控制在他們原來居住的地方，不讓他們出來。

現在的雅利安人也像我們西方人一樣，總有那麼一種傾向，就是將社會分割成幾個界限分明、等級森嚴的不同階層或者等級。「等級觀念」風行於世界的各個角落，甚至文明程度較高的美國也未能倖免。在歐洲，等級觀念在不成文的社會偏見的縱容下迫害著猶太人；在美國，等級觀念又在正式法律規定的支持下，強迫南方各州的黑人乘坐種族隔離的汽車。紐約被認爲以兼收並蓄而聞名的城市，但是在這裡，我從來也找不到一個可以與深色皮膚的朋友（黑人也好，印度人也好，爪哇人也好）共進晚餐的飯店。我們的鐵路也通過專爲白人提供臥車或坐式臥車的方式來對等級觀念表示擁護。關於美國黑人的「等級觀念」，我不太了解，但是在某個所謂的偉大的國家裡，當看到德籍猶太家庭的女兒嫁給了波蘭籍猶太家庭的兒子，女方的家庭會感到深深的恥辱時，我就意識到「出類拔萃、出人頭地」的思想在我們的人性中是多麼的普遍。

不過在美國，「等級觀念」還沒有徹底地主宰社會與經濟生活。從一個階級通往另一個階級的大門雖然被小心地鎖住，但是我們大家都知道，只要用力去推，或者有一把小小的金鑰匙，或者乾脆使勁敲外面的窗子，總會有一天被接納進去。然而在印度，作爲統治階級的雅利安人卻將各個等級之間的大門用巨石封死了。從那時起，每一個階級都被永遠禁錮在自己的小圈子裡，並且被迫永遠留在那裡。

這種制度的出現絕非偶然。人們「發明」這種制度既不是爲了一時興起也不是因爲與自己的鄰居鬧了彆扭。在印度，等級制度的建立是恐懼的產物。僧侶、士兵、農民、手工業者——這些最早的雅利安征服者們絕望地看到，與他們征服過、掠奪過的達羅毗荼人相比，他們在數量上已遠遠少於被征服者，因此他們決心採取一種極端的措施，強迫那些黑人「待在他們應該待的地方」。然而，他們不僅這樣做了，而且他們走得更遠。他們建立了其他民族從未敢建立的一種森嚴的「種姓等級制度」——把宗教也拈進了他們製造的等級制度，規定婆羅門教只爲三個上層階級所獨有，將那些位卑的國人排斥在神聖的精神世界之外。就這樣，爲了保持本階級的純正血統，免受出身更低微的人的玷污，每個上層階級都爲自己建立了一整套繁冗的宗教儀式以及神秘的風俗，他們以此作爲保護自己的屏障，最後只有本地人能夠進入由一大套毫無意義卻又令人不知所措的禁忌所組成的迷宮。

如果你想了解這種制度在日常生活中是如何發生作用的，不妨這樣設想一下：如果在過去的三千年中，不允許任何人超過其父親、祖父或者曾祖父，我們的文明會是怎樣？我們個人的創造精神又將會怎樣呢？

各種跡象表明，印度正處在偉大的社會與精神復甦的前夜。但是，直到不久以前，印度等級社會的最高階級、統治著所有階層的婆羅門世襲僧侶們仍在竭力阻撓此類變革的發生。那個使他們成爲無可爭辯的領袖的正統宗教有一個含糊不清的名字——婆羅門教。他們所尊崇的神就是梵天。就像希臘奧林匹斯山的宙斯和朱庇特，梵天也是衆生之父，是萬物的起源和終結。但是，這個梵天只是一種抽象化的概念，對於凡夫俗子，它卻太含糊不清，太虛幻不具體。

雖然印度也有幾座大城市，但至今仍然還有百分之七十的人口生活在農村，其餘的人分布在你至少能叫得出名字的那幾座城市中。加爾各答坐落在恆河和布拉馬普特拉河河口。最早這裡只是一個無足輕重的小漁村，十八世紀，它發展成爲克萊武（指羅伯特・克萊武，英國殖民主義者）的東印度公司反法運動的交易中心，最終晉升爲印度最重要的港口。當蘇伊士運河開通以後，加爾各答失去了往日的重要性，因爲如果有貨物要運往印度地區或旁遮普地區時，汽船可以直接開往孟買或者卡拉奇，比去加爾各答更方便。建在一座小島上的孟買也是東印度公司的傑作。最初，東印度公司只是把孟買當作海軍基地和德干高原棉花的輸出港口。這個港口建得正是地方，繁榮的商業吸引了亞洲各地的人來此定居，其中還包括波斯最後一批拜火教教徒。這些波斯人成了當地最富有、最聰明的一個階層。他們崇拜火，把火當成聖物來崇拜，不允許對火有任何玷污，所以他們從不用火焚化死者。因此，孟買成了一個奇異的地方。在那裡，波斯的死者實行天葬，他們把死後的屍體扔給老鷹去呑噬，似乎讓禿鷲來解決死者是最完美的辦法。孟買也因此而聞名。

德干高原的東部是馬德拉斯，它是科羅曼德爾海岸最主要的港口。稍微往南一點兒是充滿法國情調的城市本地治里。這個城市是當年英法爲爭奪對印度半島的控制權激烈交鋒的遺跡，它還讓人聯想起法屬印度總督迪普萊克斯與克萊武短兵相見的日子，在那次戰爭中，曾發生讓人毛骨悚然的加爾各答黑洞事件（一七五六年，加爾各答被孟加拉納瓦卜攻克後，有一百四十六名英國俘虜被關在一間被稱爲黑洞的小房間裡，其中有一百二十三人因窒息而死）。

印度最重要的城市當然都在恆河流域。首先是西部的德里。這是莫臥兒王朝的舊都。莫臥兒王朝的國王之所以選中這座城市作爲首都，是因爲它地處要衝，可以完全遏制住從中亞進入恆河流域的主要門戶。誰控制了德里，誰就是整個印度的主人。再往南是亞格拉。莫臥兒王朝曾有四位國王居住在這裡，其中包括那位爲自己深愛的女人修建泰姬陵的國王（指莫臥兒王朝的沙傑汗）。順河而下就是安拉阿巴德，正如其名，這是穆斯林的一座聖城。在它附近有勒克瑙和坎普爾，這兩座城市因一八五七年大暴動（指一八五七—一八五九年印度民族大起義）而聞名。

再沿河南下，我們就到了貝拿勒撒，這是所有印度教徒的羅馬和麥加。印度教徒不僅在這裡的恆河聖水中沐浴，還希望在這裡辭世，將屍體在此地岸的山上焚燒，並把骨灰灑在他們所向往的神聖的恆河之中。

我最好就此打住。無論何時，只要一涉及印度這個題目，不管你是歷史學家、化學家、地理學家、工程師，還是一個單純的旅遊者，都會感到自己陷在深奧的道德與精神問題的漩渦之中。當我們作爲陌生人踏入這片神秘莫測的土地時，我們應該格外小心謹慎。

第二十九章　亞洲南部半島的主人

中南半島包括四個古老王國，其中有獨立的，也有半獨立的，還有完全附屬於別國的半島，它的總面積是巴爾幹半島的四倍。最西邊是緬甸。緬甸在一八八五年以前始終是獨立國家，後來英國在徵得當地人的同意與全世界的支持之後，放逐了緬甸的最後一個統治者，吞併了這個國家，將其納入大英帝國的版圖。對此，除了國王本人，沒有人提出反對意見。但是，這位臭名遠揚的國王是那種沒有任何理由繼續存在下去的人，除非他像電影《東方君主》中的那位國王一樣發瘋。他甚至不是土生土長的緬甸人，而是來自北方的舶來品。整個半島都受夠了他們這種北方貴族的壓迫。這個國家的山脈地勢要為此負主要責任。北部邊境一座從東到西伸展的座座高山將印度阻在了門外，起到了一定的天然屏障的作用。而中南半島境內的五座大山卻一律縱貫南北，為那些生活在中亞大平原上的民族提供了便利的通道，他們可以順利地由此到達孟加拉灣、暹羅灣以及中國南海等富庶的沿海地區。他們所到之處不僅留下了無數斷壁殘垣、被掠奪的村莊、被焚毀的城市，還留下了許多後裔。這位末代君主就是其中一個。

你不必為那個緬甸君主的不幸感到難過。我可以告訴你，正是此人，為了慶祝自己登基，竟然重演古老亞洲的悲劇——殺光了他所有的親戚。從前土耳其帝國的蘇丹們常常這樣幹，那是以防萬一。就像在南美國家，如果有朝一日你被選上某個共和國總統時，一定要上意外死亡保險一樣。在十九世紀八〇年代，發生這種將上百名兄弟、子侄斬盡殺絕、血流成河的事情，聽起來可就讓人無法忍受了。於是，英國總督將這個暴君取而代之。從那以後，這個擁有百分之九十佛教徒和百分之三印度教徒的國家迅速繁榮起來。從仰光到曼德勒可以一路通航的伊洛瓦底江很快成爲貿易運輸大動脈，江上無數船隻運載著大米、石油等物資來來往往，盛況空前。

緬甸正東是暹羅（泰國的舊稱），兩國之間的邊界是多納山脈和他念他翁山脈。暹羅能夠繼續享有獨立地位有若干原因，其西側是英國占領地，東側是法國殖民地，兩國相互猜測、提防，無疑使暹羅從中得以保全。另外，暹羅一個聰明的國王也是這個國家倖存的另一重要因素。老國王朱拉隆功是十八世紀後期將暹羅以緬甸分出去的那位中國人的後裔。朱拉隆功執掌朝政近四十年，他小心巧妙地利用西邊的鄰居和東邊的鄰居的矛盾，還會在適當時候做出微小的讓步來換取更大的利益，而且他的顧問既不是來自英國，也不是來自法國，而是從對自己威脅不大的小國中挑選出來的。這位睿智的國王將自己國家的文盲率由原來的百分之九十降低到百分之二十，他還開辦了大學，修築了鐵路，疏浚了湄南河，使其通航路線長達四百英里。他還建成了一個出色的郵政電報系統。他的軍隊也訓練有素，使這個國家不僅成爲一個十分可靠的盟友，而且還有可能成爲一個潛在危險性的對手。

位於湄南河三角洲上的曼谷已經擴展到一百萬人口，但那裡的多數人仍住在河邊的小船上，使人感到這裡像東方的威尼斯。這個國家不僅不將外國移民拒之門外，而且允許勤勞的中國人自由地到首都定居。中國人現在已占暹羅總人口的九分之一，並使暹羅很快建設成爲最重要的大米出口國。暹羅內地覆蓋的茂密的森林也具有很可觀的經濟價値，柚木就是一種很重要的出口產品。憑著運氣和智慧，暹羅至少保住了馬來半島的一部分，那裡蘊藏著世界上最豐富的錫礦。

然而，總的來說，暹羅政府是反對國家工業化的。所有熱帶地區的居民如果要生存，就不得不從事基本的農業和其他一些簡單的手工業。有幾個亞洲國家充分了解這一政策的意義，暹羅就是其中之一。讓歐洲享有工廠和貧民窟吧，亞洲只想永遠保留村莊和農田，暹羅的村莊可能是西方人不喜歡的那種村莊，但它們符合東方人的性情，而工廠就不在此列。

順便說一下，暹羅的農產品與其他多數農業發達國家有些不同。除了中國人在那裡飼養的一百萬頭豬以外，這個國家還有六百萬頭馴化的水牛和六千八百多頭大象。這些大象不僅可以在自家田裡幹活兒，也可以租出去當作起重機和載重卡車使用。

法屬印度支那是指中南半島所有法國人占領的那部分，大體可分爲五個部分。從南向北看，首先是在湄公河三角洲大平原上的柬埔寨。這裡種植棉花和胡椒。柬埔寨雖然名義上是一個王國，但卻處於法國的監管之下。在柬埔寨的腹地，洞裡薩湖以北茂密的森林之中，還有一處非常讓人感興趣的歷史遺跡——吳哥窟。它是由一個神秘的民族——高棉族——留下來的，關於這個民族，我們所知甚少。公元九世紀，這些高棉人在柬埔寨北部吳哥建立了首都。這個工程十分浩大，城牆四邊，每一邊至少長達二英里、高三十英尺。最初，在印度教徒的影響下，高棉人開始信仰婆羅門教，但是到了十世紀時，他們又改信佛教，並將佛教定爲法定宗教。由婆羅門教轉而信仰佛教也是導致了他們精神世界的重大轉變，這種變化也體現在建於公元十二世紀到十五世紀之間的大量的寺廟和殿堂結構之中。在吳哥被摧毀時，這些建築給後人留下了令人驚嘆的建築廢墟。如果拿我們美洲那些舉世聞名的瑪雅遺產與這裡相比，瑪雅建築就像是頭腦簡單的初學者的作品。

有一種說法認爲，吳哥最初是建在海上，早在湄公河三角洲形成之前就已存在。如果眞是那樣的話，那就意味著大海向後退卻了三百英里之多。那簡直是世界奇蹟！在歷史上，曾記錄過納拉文海岸線向後退卻了約五英里，而比薩的海岸線後退約七英里。關於吳哥過去的種種情況、來龍去脈恐怕永遠是個謎。可以肯定的是，這裡曾經有過這麼一個城市，它在當時的地位比今天的紐約還重要，而它現在消失了，成了明信片上的風景，在巴黎殖民地展覽會上，花上一個便士就可以買到這樣的卡片。當巴黎還是一個由氣味難聞的簡陋房子湊成的漁村時，吳哥已經成爲世界文明中心。這多麼讓人覺得不可思議。

現在的湄公河三角洲已經是法國在印度支那殖民地的一部分了。由於法國在墨西哥的遠征遭受重挫，爲了給帝國挽回一點兒面子，他們於一八六七年占領了這塊地方。這裡有一個突然良巷——西貢（今胡志明市）。在這裡，數千名法國官員管理著四百萬印度支那居民，心力交瘁的他們熱切地盼望著盡早結束這份苦差，能夠早日榮歸故里，過著平靜而體面的生活。

印度支那的東方就是安南（現在越南的中部）。儘管它自一八八六年以來就受法國「保護」，但它仍然維持著王國的地位。這個國家的內地主要出產木材，但是這個國家多山，幾乎沒有道路，因此仍然處於未開發的原始狀態。

這個地區的北部（即現在的越南北部）是一個非常重要的地方，這裡不僅有一條重要的河流——紅河，而且還盛產煤和水泥。它實際上是中國的一部分，並和那個國家一樣，生產並出口棉花、糖和絲綢。自從一九〇二年以來，首都河內就成了法國統治整個印度支那的行政中心。法屬印度支那還包括內地的一塊狹長地帶，叫做老撾，是法國人在一八九三年呑併的。半島最南端被分爲兩部分，那個所謂的「馬來聯邦」包括四個在英國保護下的半獨立的小公國。半島的另一部分就是英國皇家殖民地，官方成爲「海峽殖民地」。

對於英國人來說，控制馬來半島至關重要，因爲這片海拔高達八千英尺的山區，蘊藏著豐富的錫礦。這裡的氣候也適合種植各種各樣的熱帶產品，而且幾乎不需要付出任何代價。在馬六甲海峽沿岸的檳城和新加坡，大量出口橡膠、咖啡、胡椒、木薯澱粉、檳榔膏等產品。坐落在一座小島上的新加坡是一個人口超過五十萬的城市。其戰略地位十分重要，因爲這個城市控制著所有從南到北，從東到西的重要海上通道。

新加坡又名獅城。一八一九年，新加坡還是一個灌木叢生的地方。它的建城歷史幾乎與芝加哥差不多。最早是由著名的荷蘭殖民官員斯坦福德·萊佛士所建，他預見到該地在戰略上的重要性，就竭力說服英國和印度政府從法國人手中奪回爪哇島。今天，這裡已是種族和語言的大雜燴，東方的各種風俗、各種語言、各種人種都可以在這裡找到。新加坡也是一座像直布羅陀一樣堅固的堡壘。一條連接著暹羅的曼谷的鐵路線從這裡開始，但這條鐵路線目前還沒有通到緬甸的仰光。當東西方最終發生不可避免的衝突時，新加坡將發揮其重要的作用。由於預見到這種情況的出現，新加坡湧現出一大批聞名遐邇的豪華酒吧，它們的富麗堂皇見聞於整個東方世界。另外，像都柏林一樣，這座城市把巨資花在一年一度的跑馬會上。

第三十章　中國

——東亞大半島

中國是個泱泱大國。

中國人口約占地球總人口的五分之一。當歐洲人的祖先臉上塗得五顏六色，還在用石斧打野豬時，中國人就已經知道怎樣使用火器，知道如何寫信了。在很短的篇幅內要把這樣一個國家講述清楚，是絕對不可能的，我僅僅能給你界定一個框架，勾畫一個輪廓。至於更爲詳細的內容，如果你有興趣，可以自己慢慢去了解。有關中國的文字，足可以把兩三個圖書館裝得滿滿的。

和印度一樣，中國也是一個半島，只不過這個半島呈半圓形。但是，中國並不像印度周圍有那麼多的高山，因此與世隔絕。中國的山脈就如同叉開的手指，由西一路延伸過來，使其直抵黃海之濱的那個富庶的大平原，幾乎毫無遮擋地面對著中亞凶猛的衝鋒軍。

爲了克服這個地理上沒有天然屏障的不利條件，在公元前三世紀（羅馬人和迦太基人爭奪地中海控制權的時候），一位中國皇帝修建了一道一千五百英里長、二十英尺寬、三十英尺高的巨大城牆，從東邊的遼東一直延伸到西邊的嘉峪關，即甘肅以西的戈壁沙漠的邊緣。

這道人造屏障出色地履行著自己的職責，直到十七世紀滿洲人攻入中原時，這道萬里城牆才開始崩潰。不管怎樣，一座傲然挺立了將近二千年的壁壘，畢竟不可等閑視之。我們在十年前修築的一些堡壘不僅現在已經無法使用了，還得開支一大筆錢進行翻修。

在這個巨大的圓圈中，南部的長江和北部的黃河把這個國家分成三個部分。北京所在的華北地區，夏季比較炎熱，冬季非常寒冷，這樣的氣候使當地人習慣吃小米而不是大米。中部地區，由於祁連山脈擋住了從北方刮來的寒風，氣候比較溫暖，人口也更稠密。這裡的老百姓喜愛吃大米，卻不知穀子爲何物。華南地區夏季濕熱，冬季也不冷，可以種植熱帶地區所有的作物。

華北地區又分兩部分——東部的平原和西部的山區。山區是著名的黃土高坡，那是一種非常肥沃的土壤，土質極爲疏鬆，雨水落到地面立即就滲透進去了。河流和小溪將這一地區沖得千溝萬壑，給交通運輸帶來極大的不便，就像西班牙那樣。

直隸灣（今渤海）邊上的華北平原，是一個由黃河攜帶的大量泥沙沖積而成的平原。黃河沒有什麼重要港口，也幾乎無法通航。黃河北邊還有一條很小的河流，即運河，也一樣不能通航，它的功用就是北京的排水系統，專門爲這座城市排泄污水。至於北京，因爲現在中國的局勢每小時都在變化，所以我只能說北京是九百年的天朝帝都，或者說自從征服者威廉登陸英國的那個時候起，北京就一直是中國的京都。但是，我們還無法知道，當這部書出版時，它是否還是中國的首都，或者只是中國的一座城市，或者成爲某個日本將軍臨時或永久的駐地。

北京歷史悠久，見證過無數興衰榮辱。在公元九百八十六年，韃靼人征服了北京，將它易名爲南京，也就是「南方的都城」。十二世紀，漢人光復了這座城市，但並沒有在此定都，只把這裡當做一個二流的省會城市，稱之爲「燕京府」。又過了五百年，另一支韃靼人占領該城，改稱「中都」，即「中部都城」。

一百年後，成吉思汗的大軍占領了「中都」，但是成吉思汗本人卻仍然鍾情於蒙古沙漠中的帳篷，拒絕在城內居住。他的繼承人——著名的忽必烈大汗——則與他的祖父截然相反。他對這座城市的廢墟進行了全面的修繕，再次給這座城市更名爲燕京，又稱「大都」。不過，當時這座城市還有一個名氣更大的蒙古名稱——「甘巴努克」，意爲「大汗之都」。

後來，漢族人又把韃靼人趕出了中原，自己做了皇帝，這就是明朝的建立。燕京又變成了北京，即爲「北方的朝廷」。從那時起，一直到一八六〇年，北京就一直是中國的統治中心，但是它與外界的聯繫很少。那一年，一位歐洲使節（指埃爾金伯爵，第二次鴉片戰爭期間任英國侵華軍全權代表，與法軍侵華，迫使清政府簽訂《中央天津條約》和《中英北京條約》。以官方身份被允許進入北京拜見皇帝。那位將古希臘大理石雕刻（指埃爾金石雕，古希臘大理石雕刻品，是老埃爾金在雅典購買的）獻給大英博物館的埃爾金就是這位威儀堂堂的大使的父親。

北京城在鼎盛時期一定固若金湯，僅城牆厚度就達六十英尺、高五十英尺，城牆上面還建有方塔和通道，這本身就是一道要塞。北京城內的建造結構就像一座迷宮，有許多一個套著一個的內城，其中有皇宮、滿洲人城、漢族人城，到了十九世紀中葉，又多了一座外國城。

北京的寺院廟宇很多，但中國人卻不是像印度人那樣虔誠的佛教徒。這兩個民族有著截然不同的性格，這就可以理解為什麼這兩個國家除了在人口過度膨脹之外，再沒有其他共同之處。印度人十分崇敬神佛，他們修建了最宏偉、最富麗、最豪華的寺廟，這些寺廟建築幾乎將貧苦農民辛辛苦苦賺來的錢財全部耗盡。「寧擲百萬造神廟，不費分毫在黎民」是婆羅門僧侶們提出的口號。中國人看上去是佛教徒，但是他們從上到下，從老到幼，每一個人都受到那個精明的孔夫子的影響。孔子是一位東方哲學大師，生活在公元前六世紀後半期，他提出一條普遍眞理：不要把時間荒廢在關於來世的虛無模糊的辯論中。中國人完全遵循孔夫子的信條，去做那些「看得見、摸得著」的事。因此，中國的統治者把大部分賦稅用於公共設施上，比如挖運河、修水渠、築長城、疏浚河道等，而至於廟宇和神殿，只要做到神靈不會感到未被輕視就行了。

古代中國人是一個具有傑出藝術才能的民族。與恆河流域的民族相比，中國人付出的是小得多的代價，但提取得的成就更令人滿意。到中國的遊客不管在什麼地方都不可能發現像印度那樣龐大的神殿建築群。在北京以北六十英里的明皇陵中，幾隻大型動物雕塑守衛著那些長眠於地下的帝王，還有為數不多的幾座廟宇，供奉著幾尊大佛像，僅此而已。中國的其他神像都是比例和諧，不大不小。比起印度來，西方人更喜歡中國的藝術品，因為中國的繪畫、雕塑、瓷器和眞漆等藝術品都更適合進入歐洲或者美國的家庭，而印度的藝術品看上去很不協調，讓人有一種不舒服的感覺，即使放在博物館中也是如此。

現代中國的商業地位也不可小覷。中國的煤儲量位居世界第一，鐵儲量位居世界第二，假如有朝一日英國、德國和美國的煤礦枯竭，我們仍然能夠從山西省那裡獲得溫暖。

山東省位於直隸的東南方，它所在的山東半島是直隸灣和黃河的分界線。這一地區除了直隸灣附近的黃河平原以外，其餘大部分都是山區。黃河曾經是注入黃河的，但在一八五二年卻突然改道，北上直隸灣，那次黃河改道造成的洪災才讓人們見識到什麼是眞正的洪災。如果你想明白黃河改道究竟意味著什麼，就不妨作個假設：萊茵河有一天突發奇想，決定改道注入波羅的海，塞納河也突發奇想，決定從比斯開灣轉向北海，結果就一目了然了。自十七世紀末以來，黃河已經十度改道，我們不能斷定目前的河道是否還會改變。在世界其他地區，大河的堤壩很容易把河水控制住，但是對黃河和長江這樣的河流，堤壩卻顯得力不從心了。一八五二年，當時黃河的堤壩足有五十英尺高，而洪水沖毀它們就如同撕毀一張紙片一樣毫不費力。

你可能聽說過中國人被稱爲黃種人的說法，也一定在報紙上看到過有關「黃禍」之類的文章。我們常常將中國人的面色與黃色等表示中國事物的某些概念扯在一塊兒。但是，在很久之前，中國的統治者就自稱爲「黃皇」，與「黃帝」同音，當然不能理解爲黃皮膚臣民的「皇帝」，而是臣民居住的這塊黃土地的「皇帝」，即「黃土地之帝」。黃河攜帶的大量的黃泥將整個華北地區染成黃色——河水、海水、道路、房屋、土地，甚至男女老少的衣服也是黃色的。這個民族正因這些黃色的泥土而得名，而事實上，他們的膚色並不明顯黃於西方人。

爲了讓自己的臣民不必冒險作海上長途旅行，而能夠順利地從北部到達中部和南部，十三世紀，中國的一位皇帝下令開鑿了一條連通黃河與長江的大運河。運河長達一千多英里，自建成之日起，一直恪盡職守，運輸著南來北往的船隻。直到一八五二年黃河從黃海改道直隸灣，將運河連同黃河故道一起被摧毀，這條運河才廢棄。但是，這條世界上最長的運河還表明，這塊土地的統治者是一些具有開明思想的帝王。

現在我們要重新回到山東半島。半南山海岸線上堅硬的花崗岩形成了幾個非常重要的港口城市。威海衛就是其中之一。直到不久前，這個港口還被英國人控制著。當年，俄國人占領直隸灣對岸的旅順港，把它作爲軍港和通往西伯利亞鐵路的起點，從那時起，英國人就從中國人那裡「租借」了威海衛，「租借合同」上規定，只有俄國人撤出遼東半島，英國人才會歸還威海衛。但是，當一九〇五年日本人打敗俄國人，占領了旅

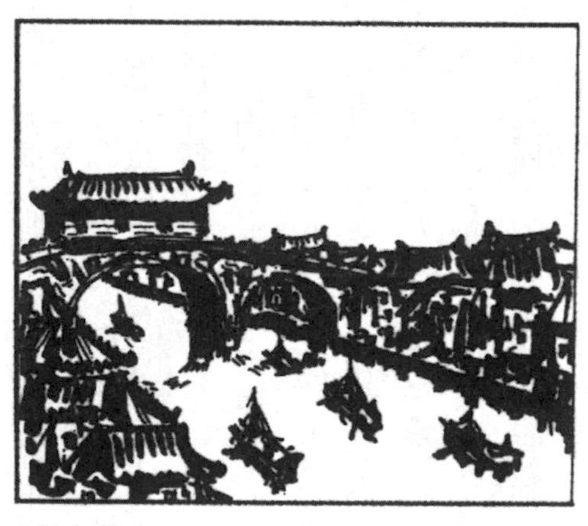
中國大運河

順港後，英國人卻沒有從威海衛撤走。德國人也不甘人後，很快攻占了半島南部的膠州灣和青島港。這也是世界大戰在遠東引起的連鎖反應，那就是爲了某些並不屬於他們的東西，英國和德國你爭我奪，而正如經常發生的那樣，日本這個第三方坐收漁翁之利。

爲了重新博得中國人的好感，世界大戰後，威海衛和膠州灣都歸還了中國。但是，如果這一回日本占領了滿洲，從前的那套遊戲必定會重玩一遍。

華中地區東部是一片廣袤富庶的平原，與華北平原連成一片。中部爲山區，長江在這些大山中間蜿蜒流過，最終投進了東海的懷抱。四川位於長江上游，這是個面積幾乎與法國相當的省份，那裡肥沃的紅土地養活著比法國總人口還多的中國人。幾條南北走向的高山將四川與外部世界隔絕了，只有寥寥幾個白種人曾進入過四川，顯然這個地方比中國其他地方保留了更多的中國民族傳統。

長江從四川向東奔流出來後，就進入湖北省。著名的港口城市漢口就在這個省，它是一九一一年把清朝末代皇帝趕下台的那場革命（指孫中山領導的辛亥革命）的發祥地。那場革命將世界上最古老的王國變成了一個共和國（即中華民國）。長江自漢口以下的河段是中國中部的主要商業運輸大動脈，直接與中國的外貿中心和第一大港口——上海——相連。排水量在一千噸以內的海輪可以航行。上海是中國的貿易中心，直到一八四〇——一八四二年那場「鴉片戰爭」結束後才被迫對外國商人開放。

長江三角洲以南是杭州，馬可・波羅把它稱爲「金山」，三角洲以東是蘇州，以盛產茶葉聞名於世。長江三角洲最西端的南京（不是韃靼人所指的南京），長期以來不僅是中國中部最重要的城市，而且還是許多朝代的都城。這是因爲長江中下游地勢平坦，土地肥沃，物產富饒，極爲富庶。

南京被選做中國新政府的所在地，至少在我寫此書時（一九三二年一月二日零時七分）它還是中國中央政府的官邸，部分由於歷史原因，部分由於戰略位置，它處於從廣州到北京的中轉站位置，再就是這裡不會受到海上外國軍艦大炮的直接威脅。

華南地區是一個多山地區，而且丘陵遍布，雖然也盛產茶葉、絲綢和棉花，但相對來說，依然是一個貧窮的地方。從前，這裡曾經森林密布，後來森林被砍伐殆盡，山上只剩下光禿禿的石頭，水土流失嚴重，因此這一地區出現了大規模移民潮，大批中國人湧向那些還未

中國的兩條大河

限制中國移民進入的國家。

廣州是華南地區最重要的城市，是中國從歐洲進口的中心，而上海是中國對歐洲的出口港。在珠江入海口（廣州市距離海岸還有幾英里遠）有兩個外國占領區。右側是澳門，葡萄牙曾在中國占有衆多殖民地，最後就只剩這個地方了；左側是香港，早在鴉片戰爭中就被英國人占領了。

華南沿海有兩個島嶼，一個是海南島，現在還在中國人手中，另一個是台灣，原屬荷蘭殖民地，從一八九四—一八九五年中日戰爭後就被割讓給日本人了。

百分之九十的中國人都是農民，他們都靠天吃飯，年成不好就忍飢挨餓。但是，中國還有四十八個港口城市與外國通商，主要出口茶葉、棉花和絲綢。奇怪的是，中國從不出口鴉片。鴉片是一種讓人上癮的毒藥，中國皇帝一直在努力禁止臣民吸食這種毒藥，於是原來那業罌粟田變成了棉花種植園。

至於鐵路，中國人修建它的過程比任何一個民族都困難，這是因爲，中國人特別尊崇他們的列祖列宗。老祖宗安息在地下，他們恐怕火車沿著鐵路呼嘯而過驚擾了他們。一八七五年，有人要在上海到吳淞口之間修建一條幾英里長的鐵路，結果招致了強烈的反對，最後不得不停工。直到今天，中國在修建鐵路時如果遇到祖墳仍要繞道而行。目前，中國建成通行的鐵路已超過一萬英里，濟南附近跨越黃河的大橋是當今世界上最大的鐵路橋之一。

至於中國的對外貿易，仍有百分之六十控制在英國及其殖民地手中，這可以解釋爲何英國一直強烈要求各國取消從前那些歧視、虐待中國人的政策。與代表世界五分之一人口利益的顧客保持友好關係才是上策。萬一這些聰明的中國人起來抵制英國的產品，英國人每天的損失就會高達數百萬美元。

在朦朦朧朧的遠古時代，中國人最早的祖先就出現了，他們生活在黃河兩岸的黃土地上。對於從事農業生產的人來說，最稱心如意的莫過於有一片肥沃的土地了，更何況黃土地還給他們解決了居住問題。人們在山的側面挖出一個個窯洞，住在這種舒適的房子裡根本不必擔心牆壁透風或者屋頂漏雨。

據那些對黃土地情況比較熟悉的旅遊者講，這個地區本來人口十分稠密，可在夜晚竟絲毫看不出人類居住的跡象。當清晨第一縷陽光出現，無數男女老少一下子從窯洞裡冒了出來，就像兔子從洞中躥出來晒太陽一樣，他們開始了一天的辛勤勞作，直到暮色蒼茫之際，才又全部消失在窯洞之中。

中國人占領了西部的高山地區之後，又開始慢慢向東部擴展。洶湧的黃河激流攜帶著數百萬噸黃泥，沉積到下游平原，使那裡的土地變得更加肥沃，足以養活不斷膨脹的人口。隨著黃河的變遷，中國人也跟著遷徙，在公元前二千年（羅馬出現的一千五百年前），中國人就已經到達長江流域，他們的帝國中心也開始從黃河流域慢慢轉移到東部大平原上。

公元前六世紀至前三世紀，中國出現了三位偉大的道德大師：孔子、孟子和老子。這三位聖人出現之前，中國人的宗教思想如何，我們不得而知。當然，身爲造物力量的淵源，大自然理應受到膜拜，絕不敢產生一絲一毫的不敬。孔子、孟子和老子與耶穌、釋迦牟尼以及穆罕默德不能相提並論，因爲他們並不是宗教創始人。

首先，他們的道德教義是建立在「人非聖賢，孰能無過」的基礎之上，認爲人並非天生就是大智大勇的人，只是凡夫俗子而已，但是如果一個人能勤奮好學，謙虛謹慎，認眞聆聽長者與智者的教誨，肯定會有所作爲的。從我們基督徒的角度看，這三個人所宣揚的觀點是過於世俗化和功利化的唯物主義思想。他們都沒有宣揚過人以善報惡或者逆來順受之類的思想，他們不相信凡夫俗子會有這樣的高尙情操以至達到這樣的精神境界，而且他們自己也在懷疑，這樣的行爲準則是否能夠眞正成爲整個社會的最高利益。所以，他們說，惡人自有惡報，好人應該達則兼濟天下，窮則獨善其身，做到忠信仁義，尊崇先人。

這三位中國哲學家所宣揚的道德思想內容不多，而且每一位都有自身的不足之處。我並不是說這種道德體系比我們的好，或者不好，但這種思想的確具有某些非常明顯的優點，它至少使這個講數種方言（中國北方人與南方人交流就如瑞士人與義大利人交流一樣困難）、生活在各式各樣環境中的四億中國人能夠擁有一個共性，那就是對人生榮辱沉浮的達觀態度，也就是一種實際的人生哲學。正是這種哲學態度支撐著無數境遇悲慘的下層人民承受很大的勞苦，走完自己的一生，而如果一個歐洲人或者美國人面對同樣的磨難，就會垮掉或者自殺了事。

孔子、老子和孟子的這些樸素的哲學思想，幾乎每個人都能理解。如果你不信，你可以看一下中國人四千年的同化奇蹟。這種同化奇蹟是非常反常和難以置信的。在公元十世紀時，中國被一個更大的帝國——蒙古大帝國呑併，這個大帝國的疆域遼闊廣大，東起太平洋，西抵波羅的海，但是這些蒙古帝王卻都和忽必烈一個下場，最後都被同化成漢人。蒙古王朝滅亡後，繼之而起的是中國最後一個漢家王朝——明朝（一三六八—一六四四年）。後來，這個王朝又被滿洲一個韃靼國王推翻，建起了大清帝國。雖然當時的滿洲統治者征服了漢人，強迫漢人留起了辮子，剃光了前面的頭髮，以作爲對滿族人的屈服。但是，他們仍然被同化得比漢人還更像漢人。

自從滿洲人入主中原，中國就天下太平了。大清王朝只需把海港守住以防範西方的外國侵略者，便可高枕無憂。於是，中國的文明進程終於有了一時的靜息，但是它一旦停歇下來，整個國家就立即失去了活力，比任何其他國家都僵化保守。它的政治專制化比十月革命之前的俄國政治體制還嚴厲，文學被凍結了，甚至那曾經無與倫比的科學也不再發展，如果還有人發明什麼新玩意兒，他立即就會遭到他人的恥笑，甚至中國無可比擬的藝術也墨守成規，就像古老的拜占庭鑲嵌畫一樣，開始流於形式。

中國完全與世隔絕了，他們沒有機會知道外面的世界在做什麼。閉關鎖國的民族總是夜郎自大、盲目樂觀地認爲自己是最強大的，認爲他們的軍隊是戰無不勝、天下無敵的，認爲他們的藝術也是人類一切藝術中最精彩絕倫的，還認爲他們的風俗習慣、風土人情也遠遠比別國優越，如果拿外國作標準來衡量中國，簡直是荒唐透頂。然而，所有試圖排外的國家，最終的結局只能是不幸。

自十六世紀上半葉以來，中國才允許少數幾個「洋鬼子」進入太平洋沿岸的幾個貿易港口城市。這些主要來自葡萄牙、英國和荷蘭的不幸的「洋鬼子」在這裡的社會地立很低，他們在中國的地位，如同剛好與弗吉尼亞州早期殖民的後裔搭乘同一條船的黑人醫生。

英國在一八一六年派阿默斯特勛爵（他在一八一七年去聖赫勒拿島拜訪過拿破崙）來覲見天子，希望中國天子對英國商人給予庇護，改善他們在廣州的待遇。阿默斯特勛爵被告知，他能否上朝覲見天子決定於他是否願意在御殿前磕頭。所謂「磕頭」，講文雅一點兒，就是「在皇帝的宮殿中，以頭三次觸地」。這對一個荷蘭船長來說是辦得到的，因爲他明白，只要他在皇帝面前磕了頭，他就能把大量的茶葉和香料帶回去，一生享用不盡。但是，阿默斯特不是船長，他是英國國王的代表，於是他斷然拒絕了這一要求，結果他甚至連北京的城門都沒進去。

這時的歐洲，詹姆士·瓦特發明的蒸氣機被廣泛應用，因此而富強起來的歐洲急切地要去征服新的世界，中國理所當然地被列在榜首。對驕傲的白種人來說，以突然爆發的事件爲藉口挑起戰爭很不光彩。一八〇七年，馬禮遜博士作爲歐洲第一位傳教士來到廣州，開始不斷地對中國人宣傳基督教如何如何好，爲何要信仰基督，因此要必須給它一個機會。

但那時，即使那些最迂腐、最狹隘的滿洲官員都能夠積極地固守孔子的教義，以此來阻撓滾滾而來的鴉片狂潮，不過，英國東印度公司卻在不斷地從罌粟籽中提煉著數百萬磅的鴉片，將它們賣給黃河流域和長江流域的居民。英國東印度公司堅持要把鴉片輸送到中國，中國當局則堅決拒絕讓鴉片上岸，於是鴉片和受傷害的感情引起了一八四〇年的鴉片戰爭，這場戰爭讓中國人目瞪口呆，因爲他們發現，自己絕對不是那些被他們看不起的外國人的對手，經過幾個世紀的閉關鎖國，中國已經遠遠落後於世界了。

這種擔憂最終變爲現實。自從鴉片戰爭的不幸時期開始，中國就完全聽憑外國人的擺布。那些一味埋首於田園而不問世事的中國人通過偶爾目睹的事實，也開始認識到他們自己的國家出了問題。中國人把在這片土地上發生的一切災難歸咎於由外族統治的滿清政府，於是中國人開始揭竿而起。大約八十年前爆發了第一次起義，中國人希望以革命換自由。

鴉片戰爭後，當清政府正與英國和法國開戰時，「太平天國運動」在華南地區風起雲湧。這些人拒絕剃頭，把辮子也剪掉了。但是，對於那些因貧困而造反的老百姓來說，滿清王朝的大軍太強大了。他們推舉出來準備取代滿洲人的漢人皇帝（指洪秀全），最後在南京自己的宮殿中自焚，還把所有的嬪妃活活燒死（編按：洪秀全是病死的，而不是自焚而死。湘軍攻陷南京時，洪秀全已死了一個多月了。由於太平軍戰士誓與南京共存亡，故點火自焚）。在這場革命中，被殺者達數十萬人。剿滅這場革命的清朝統領是兩個外國人，一個是美國工程師華爾，另一個則是虔誠的基督徒、深邃的神秘主義者戈登。戈登返回英國後，專心從事慈善和宗教事業，過著退伍之後的悠閑生活，爲他的悲慘結局作準備。有關戈登的故事，你可以在「非洲」那一章裡了解到。

一八七五年，清政府與德國之間出現分歧，於是德國就向中國派出了一個中隊，理由是幫助中國清除沿海的海盜。一八八四年至一八八五年，發生了中法戰爭，結果，中國失去了南部的安南和東京灣。一八九四年，他們和已經西方化的日本又打了一仗，結果喪失了台灣。

隨後歐洲人開始對中國的軍事戰略要地進行爭奪。俄國人強占了東北的旅順，英國人奪取了威海衛，德國人進駐了膠州灣，法國人則分到了湄公河左岸的金蘭灣，而至於在外交政策上帶點兒感情作用的美國，他們只是含含糊糊地提出了「門戶開放」之類的意見。其實，那些歐洲人把搶到手的土地變成了堅不可摧的堡壘，不管什麼時候，只要美國的山姆大叔探過頭去（當然不是爲了看熱鬧），他們就急忙把大門關上。

中國人民雖然天生吃苦耐勞，但也開始看到，他們不僅在受政府的壓迫，也受到外國人的欺凌。看清了這樣的事實之後，他們再次把所受的屈辱與苦難統統歸罪於外族統治者——滿洲政府。一九〇一年爆發了義和團運動。他們先是刺殺了德國大使（理由是這位大使先殺害中國人），然後圍攻在北京的外國使團。結果，由俄、日、英、法、奧、德、義、美八國組成的一支聯合軍隊進入北京，來援救被圍困的外交使團，把這些絕望中的大使及其家屬解救出來。援軍爲了進行報復，在北京城內大肆搶劫，使這座富裕的城市遭受到空前洗劫，不管是多麼神聖不可侵犯的事物都被侵犯了，甚至皇帝居住的紫禁城也不曾倖免於難。德軍司令率領地他的二萬名士兵

（雖然停止了射擊，但搶劫仍在大肆進行）奉德國皇帝的指令——「就像匈奴人那樣幹吧」。這是一個不幸的命令，是老威廉皇帝在他執政生涯中發出的最糟糕的指令。十幾年後他就在自己國內遭了報應。

巨額的戰爭賠款，歐洲各國的得寸進尺，政府的奴顏婢膝，這一切使中國人民再也無法忍受。一九一一年，他們再次發動革命。這一次，他們成功地推翻了滿清政府，成立了共和國。

這一次，中國人已經得到了教訓，知道西方國家到中國來，並不是對孔夫子的道德文章感興趣，而是對中國的煤炭、鐵礦和石油等珍貴礦藏感興趣。中國人要麼努力保護好這些礦藏，否則就把它們沉到太平洋裡去。很快，他們開始認識到應該向日本人學習，在短時間內認識到「西方化」的重要性。爲此，他們從世界各地請來了許多老師。尤其是請日本人當自己的老師，因爲兩國人民比鄰而居，交流極爲方便。

同時，俄國人已經按照馬克思理論進行管理，開始了把占地球六分之一面積的國家轉變爲工業化國家的進程。它作爲中國的近鄰，可以悄悄地把一些新思想傳到這些長期遭受折磨的中國苦力耳中。在從前，不論誰在主宰著中國人的命運，不管是英國人還是法國人還是日本人，這些中國人似乎逃脫不了生來就得當牛做馬的命運。

自世界大戰結束以後，所有這些相互矛盾的思想、計劃和情感在中國造成了前所未有的混亂。在那場世界大戰中，中國是被迫加入協約國的。和以前一樣，戰爭結束後，他們不僅沒有任何收獲，反而又蒙受很大損失。

我不是一個預言家，無法預料在未來十年、十五年中，中國會出現什麼樣的局面。可能現狀不會有太大改善，也不可能很快就趕上世界的前進步伐，因爲貧困的中國覺悟得太晚了。但是，如果有朝一日他們眞的趕上我們，那麼就請上帝憐憫我們吧，因爲我們那時不知要還一筆怎樣的債啊！

第三十一章　朝鮮與蒙古

——前途未卜

讓我們學一學簡單、實用的經濟學。

就像義大利人一樣，禁錮在小島上的日本人人口急劇膨脹，所以他們渴望擁有更多的土地。有一條亙古不變的自然法則，世界上所有漂亮的言辭、最美麗的條約、所有心地善良的女士和先生的甜言蜜語都改變不了，那就是——我很強壯，但飢腸轆轆，一無所有。我在大海中間的一個小木筏上漂泊，與我同船的還有一人。比起我來，他羸弱不堪，但是口袋裡卻裝滿了火腿三明治。於是，我要麼拼命去搶他的火腿三明治塡飽肚子，要麼就是等著慢慢地餓死。作爲一個體面人，受敬畏神靈的父母悉心教養，我一直在努力克制自己犯罪的欲望。一天、兩天，甚至三天，但欲望終於還是忍不住爆發了：「給我一塊三明治，否則我就把你扔進大海——趕快！」

我早年所受的教育使我對三明治的所有者或多或少還比較仁慈，允許他留一份三明治給他自己，但是如果不把他殺死，我仍然得忍受飢餓的痛苦。如果將木筏上的人的情況放大百萬倍、千萬倍，你就會理解日本人所面臨的問題了。

日本人生活在一片面積很小的土地上，比加利福尼亞還小（加利福尼亞州的面積是十五萬五千六百五十二平方英里，日本是十四萬八千七百五十六平方英里），農業用地只有一千六百萬平方英畝，還不到美國農業用地總量的百分之二。如果想拿一個距我們比較近的地方進行比較，就拿紐約州經過改造的土地好了。即使請來世界上最好的農業專家，只要讓他到日本轉一圈，他就會對那個貧窮的島國所面臨的問題一目了然。由於臨海，日本人以捕魚為生，儘管他們的農業已經達到在稻田的泥水裡養魚的程度，但是要解決吃飯問題還要假以時日。因為，這個國家每年要增加六十五萬人口。

自然而然，日本急需尋找更多的土地。他們首先把目光投向了中國海（指日本海）對面那塊管理不善、棄置不問的土地。美國最合他們的胃口，但是太遠了，而且也太強大。澳大利亞也不近，而且那塊大陸百分之九十的地方一片荒蕪，人跡罕至，根本就沒有什麼用處。相比之下，滿洲近在咫尺，朝鮮半島恰好起到一個陸地橋樑的作用，而在朝鮮半島與日本本土之間只有一條狹窄的朝鮮海峽相隔，其寬度只有一百零二英里，日本的對馬島正好把朝鮮海峽分為兩半。一九〇五年，日本艦隊就在這個島嶼附近一舉摧毀了俄國艦隊，把遠東的一個潛在勁敵幹掉了。

朝鮮半島與義大利南部的西西里島的緯度大體上一致，但是卻比那裡寒冷，因為這裡沒有起保護作用的天然屏障。古代，朝鮮半島也叫高麗，之所以叫朝鮮，他們的解釋是「靜謐的向陽之地」。朝鮮人是中國移民的後裔，他們是公元前十二世紀占領這片土地的。他們來到這裡輕而易舉地征服了住在中部石穴中的原始部族。這些新來的中國人建立了自己的王國，但從未從它的宗主國——中國——那裡獲得眞正的獨立自主權，而且他們還時常受到日本海盜的襲擊。

一五九二年，日本首次企圖控制朝鮮。沒有充分的準備，日本人向來是不會貿然行動的。他們事先從葡萄牙人手中購置了幾百支大口徑散彈槍，利用裝備的優勢，派遣三十萬大軍渡過朝鮮海峽。這場戰爭持續了五年之久，最後，日本還是敗在前來援助朝鮮的中國優勢兵力下。

在這次侵略中，朝鮮的首都漢城（即首爾）被毀，日本人還製造了許多令人髮指的殘暴事件，所以朝鮮人對日本人恨之入骨。朝鮮弱小，而日本強大，在十九世紀的最後二十五年，朝鮮的政治和經濟各方面都被迫屈從於俄國時，日本人就找到了一個再次發動侵略戰爭的藉口。

引發戰爭的表面原因往往平淡無奇，而眞正的動機常常潛藏在幕後。日本對朝鮮的侵略和一五九二年的那次遠征一樣，最直接、最絕對的原因就是——日本政府需要更多的糧食來養活國內迅速膨脹的人口。

日本打敗了俄國，將莫斯科的軍隊從中朝邊界的鴨綠

如果太平洋乾涸

江邊趕走，朝鮮從此淪爲日本的保護國。一九一〇年，它又被併入日本帝國的版圖，和台灣及庫頁島一樣。台灣是日本在一八九五年從中國清廷手中奪取的，庫頁島是一九〇五年日俄戰爭後俄國對日本的戰爭賠償。現在，居住在朝鮮半島上有五十萬日本移民和二千萬朝鮮人，而且，還會有更多的日本移民湧進朝鮮半島。

蒙古是一個很大的地方，總面積達一百四十萬平方英里，大約是英倫三島的十一倍，但其總人口還不到二百萬。南部地區是戈壁沙漠的一部分，人煙稀少，其他地區則是廣袤的大草原，非常適合畜牧。如果沒有這些草原，依靠騎射技術獲得成功的蒙古人就不可能騎著戰馬從太平洋一路打到大西洋了。

如果太平洋乾涸

許多人似乎對日本的野蠻行徑表示義憤，對「日本野心」進行痛斥。我倒寧願稱之爲「日本生存需要」。在國際政策上，一種健全的利己主義，是一種合乎需要的品質，日本需要爲國內過多的人口尋找一條出路，因此，它在北亞的行動也就順理成章的了。那裡地廣人稀，政治腐敗，居民處境惡劣，給日本一個很好的機會尋找出路。

如果北亞這個安全閥不復存在，菲律賓、荷屬東印度、澳大利亞、新西蘭和美國西海岸將永面臨著日本侵略者的威脅，美國將不得不在波利尼西亞群島每個島嶼前部署一艘戰艦，以防某個晚上被日本巡洋艦趁黑「拖走」了……

總之，從全局來看，目前這種格局似乎更有利。如果有人要因我這番冷酷且自私的話而傷心落淚，請趴在美國印第安人的肩膀上哭泣吧！

第三十二章　日本帝國

日本，在它開始侵略鄰國、征服世界之前，是由五百多個島嶼組成的一個半圓長形島國。這些島嶼的總面積與英格蘭、蘇格蘭和曼哈頓面積之和差不多，其中五百一十八個島嶼上共居住著六千萬人。據最新統計數字表明，日本的總人口已接近九千萬，不過這其中包括二千萬朝鮮人和一些波利尼西亞島上的居民在內。自世界大戰以來，這些波利尼西亞島嶼就一直是日本的領地。

其實，只要記得本州、北海道、四國和九州這幾個島嶼的名字就足夠了。本州是日本中部的主要島嶼。北海道是北部僅次於本州的第二大島嶼。四國和九州這兩大島嶼緊鄰本州南部。日本的首都東京，坐落在本州中部肥沃的平原上，居民二百萬。橫濱是東京的港口。

最大的城市是大阪，位於本州南部，是日本重要的紡織工業中心。大阪以北是日本帝國的舊都。其他一些城市的名字你偶爾在報紙上能夠看到，比如大阪的港口神戶，還有位於南部的九州島上的長崎是最方便歐洲各式船隻出入的港口。

你可能在歷史書上經常見到江戶這個名字，它是幕府時代東京府舊稱。一八六六年，幕府失勢，明治天皇就從京都移居到江戶，並改稱爲東京。東京從此進入了一個巨大發展時期，而成爲現代世界最大的城市之一。

然而，這些城市都處於隨時被徹底摧毀的危險之中。這是由於日本列島地處大亞洲山脈的邊緣（日本海、東海和黃海形成的時間都不長，就像使英國成爲一個島嶼的北海），是從薩哈林島到荷屬東印度群島（舊時西方國家使用的一個名稱，指馬來群島）的爪哇這條火山帶的一部分。這條火山幾乎一直處於運動之中。地震儀觀察到的統計數據表明，自一八八五年至一九〇三年間，日本發生過二萬七千四百八十五次地震，年均地震一千四百四十七次，日均四次。當然，其中大多數地震都不太嚴重。茶杯輕微地晃動，椅子碰到牆上搖晃一下，僅此而已。如果你知道，日本的古都京都在過去的十多個世紀中曾發生過地震一千三百一十八次，這個島國的危險處境就可想而知了。在這一千三百一十八次地震中，「強烈地震」有一百九十四次，純粹「毀滅性」的地震有三十四次。其中，一九二三年九月的那次大地震，幾乎將東京夷爲平地，十五萬餘人喪生，有幾個小島只露出水面幾英尺，其餘部分都沉到大海之中。由於地震發生時間距現在不遠，所以人們仍記憶猶新。

人們經常把地震與火山活動聯繫在一起。當然，一些地震無疑是由火山爆發引起的，但大多數地震，是人類生活的表土層下面的岩石層突然坍塌而造成的。如果這些岩層移動不過二三英尺，其後果不過是弄倒幾棵樹而已，但如果這種情況恰好發生在人口密集的地方，那麼就可能發生像一七七五年里斯本那樣的大災難，六萬人遇難；或者像一九二〇年中國廣東大地震，喪生人數可能高達二十萬人。據某位最權威的地震專家的保守估計，在過去四千年間，也就是所謂人類的「有史以來」時期，至少有一千三百萬人死於地震，不管怎麼看，這個數字相當可觀。

當然，地震幾乎任何地方都可能發生。就在一年前，北海的海底發生強烈地震，萊茵河和斯海爾特河河口島嶼上的泥灘震動得厲害，引起了當時上面的掘蛤人一陣恐慌，但是北海海面上卻風平浪靜。日本地震頻發，還有另一方面的原因。日本列島地處山脊項部，該山脊東部一直向下，延伸至我們的科學家目前所能測定出的最深海溝，著名的塔斯卡羅拉海溝深達二萬八千餘英尺，僅比目前最深的海溝——菲律賓和馬里亞納之間的海溝淺六千英尺，日本一半以上的災難性地震都發生在海岸下沉約六英里的東部沿岸地區，這絕非偶然。

然而，像居住在地震帶的大多數人一樣，日本人並未因這一永遠威脅他們安全的現象而夜不能寐。與我們一樣，他們照常播種耕耘，一日三餐照吃不誤，和孩子玩耍，看到查理・卓別林的演出也會大笑。他們從多年的教訓和實踐中摸索出一條經驗：用薄紙板造房子。這種房子雖然冬天可能有穿堂風，但當房子突然倒塌時，對居住者而言，危險能降至最低。當然，如果他們模仿西方，比如在東京建的摩天大樓，碰到大地震，損失將不可估量。總的說來，在適應並克服這一不可避免的地理缺陷方面，日本做得比其他任何國家都好，而且他們還成功地把生活安排得比大多數西方國家更協調也更具冒險性。我指的不是日本藝妓在櫻花樹下喝茶的漂亮明信片，也不是蝴蝶夫人那些美麗的木偶玩具，我只是在複述那些旅遊者告訴我們的一切。他們看到的是昔日的日本，那時日本還承襲著祖宗傳下來的風俗習慣和生活方式（其生活方式尤其高雅），也沒有試圖將這個島國變成芝加哥和威爾克斯－巴里（美國賓夕法尼亞州東北部城市）的郊區。日本從舊到新這一令人難以置信的轉變，對我們美國的安全和幸福無疑產生了巨大影響，並將以突飛猛進的勢頭繼續下去。所以，我們美國人應該至少對日本人有些認識，不管我們是否喜歡他們，只要太平洋沒有乾涸，我們就是比鄰。

與中國歷史相比，日本的歷史並不長。中國的大事可以追溯至公元前二千六百三十七年（大約是古埃及第四王朝法老基奧普斯建金字塔的時期），而日本的最早紀年不過始於公元四百年。那時目前所謂的日本族已經出現了。其實，嚴格說來，並沒有「日本人種」，正如英國人一樣，日本人也是一個混合民族。日本島上最早的居民是阿伊努人，後來被來自中國南部和馬來半島、中國中部、滿洲和朝鮮的三批入侵者逐漸驅趕到了比較偏遠的北部島嶼。因此，日本最初的文明其實是中國文明的延伸，日本人的一切，都是從中國人那裡學來的。

當日本仿效中國皈依佛教時，兩國關係就更密切了。當一種新教義代替了舊教義時，新教義不可避免地至少在一定程度上要受原教義的影響。所以傳教士，不論他傳播的是基督教，還是伊斯蘭教或佛教，都應懂得這個教訓。

公元六世紀，第一位佛教高僧到日本傳教。他發現日本創立了一種本土宗教體系，也可以說是一種非常適合他們需要的宗教體系。該本土宗教叫「神道教」，來源於「神道」一詞，相當於我們所說的「神聖的道路」。較之於亞洲普遍流行的鬼神崇拜，神道教高雅得多。它認爲世界是一種不可毀滅的力量，教導人們爲自己對這個世界的所作所爲負責，因爲不管這結果是多麼微不足道，它永遠是個結果。日本現在的國教就是佛教與神道教的混合產物。神道教特別強調個人對整個社會的責任與義務。日本人與英國人一樣，也是島上居民（未必是孤僻的人）有一種非常眞摯而且根深蒂固的信念，即認爲他應該對他的國家負有某種非常明確的責任。神道教還強調尊崇祖先，但這種尊重和恭敬在日本沒像中國那樣發展到荒唐的地步。偌大的中國，把大量土地變成了大量的墳墓——死人統治著活人，墳地占據了本應是生產糧食養活活人的土地。

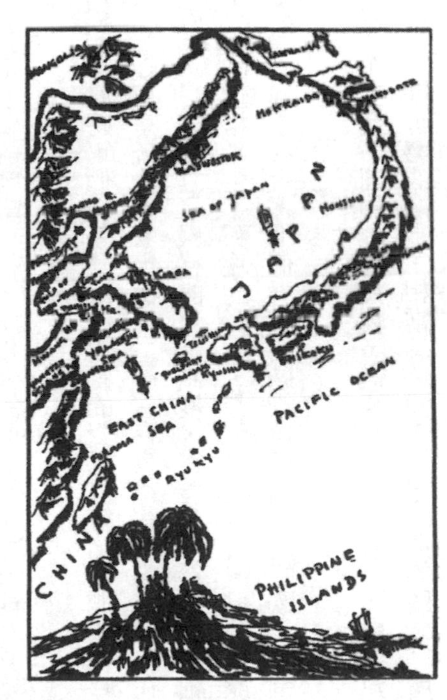

日本

然而，中國文明與日本文明出現巨大分歧，已經是十六世紀晚期的事情了，當時日本國內諸侯割據，擁兵自重，對天皇的重視還不及神聖羅馬帝國的騎士對其皇帝的尊重。各派勢力在經過一段無休止的爭吵和戰爭之後，政府終於被一個鐵腕人物控制了。

在遙遠的歐洲八百年前，古法蘭克國王的男總管們把他們的主人推進了寺院，而自己行使統治國家的權利。因爲這些總管們比那些國王們更精於統治之道，所以沒人對此提出異議。日本人民受夠了幾乎長達四百年的內戰，只要能得到安寧，他們並不關心誰來當統治者。因而，當帝國的總管，富有且頗具影響力的德川家族首領成爲帝國的最高統治者時，他們並不反對，也不出來奮起捍衛正統的君主。這位日本大管家宣揚天皇是地球上的某種神靈，是全日本人的精神之父，但他又是那麼遙遠而神秘、那麼完美，就像西藏的喇嘛一樣，所以他的眞面目永遠不能在其臣民面前顯現。

這種格局維持了幾個整整兩個世紀。幕府將軍們（就是衆所周知的對那些統治者們的稱呼，相當於美國的「總司令或最高總司令」）在東京統治國家，而天皇居住在京都寂靜的宮殿，在豪華的屏風後面消磨光陰。在幕府統治時代，日本建立了嚴格的封建制度，完善這一新制度的細節花費了很長一段時間。這一制度對日本人的性格產生了深遠的影響，甚至直到今日，已經經歷了近八十年的工業化的日本，本質上依然是封建主義者。他們考慮問題的角度和他們的歐美競爭者們截然不同。

一六〇〇年後，日本社會明顯地分成了三個不同的社會集團，最高層是「大名」，由封建貴族成員組成，是大地主；第二階層是武士，即世襲的鬥士，相當於歐洲中世紀時期的騎士；所有其他人屬第三等級，即平民。

這一制度並不理想，但歷史證明是行之有效的，因爲廣大老百姓從未對政府的任何理論產生過濃厚的興趣。所有平民百姓關心的是：這個政府行嗎？能給我安寧與和平嗎？能確保我辛苦勞動換來的果實確實屬於我，沒人能非法奪走它嗎？在兩百多年裡，這一制度一直運轉得很好。幕府將軍是這個國家的政治領導人，天皇被視爲國家的精神領袖。大名和武士被迫堅持遵守著非常嚴厲的貴族信條，那就是恪盡職責。如果不按宣誓的規定行事，就得在最莊嚴的剖腹儀式中剖腹自殺。

那時日本人口開始過分擁擠，人們只能勉強維持生活。他們向來非常有節制而且節儉，不奢求太多。大自然似乎也是個忠實的朋友，發源於荷屬東印度北部赤道地區的黑潮（即日本暖流，墨西哥灣流的旁支）先流經菲律賓，然後又跨越太平洋賜福於美國的西海岸，這股暖流使日本的氣候溫和適中。同時，另一條狹窄的寒流正好流經日本東海岸不遠處，使得日本沒有加利福尼亞那樣溫暖潮濕。不過儘管如此，日本的氣候也還是要比中國大陸強多了。

昔日日本

似乎一切都有利於那個幸福島嶼的正常和合理的發展，當一個叫門登斯·平托的葡萄牙航海家因迷失方向而登上這個群島時，日本歷史的未來進程完全改變了。因爲，這個葡萄牙人不只訪問遙遠的國家，與他們進行貿易通商，還給這個國家帶來宗教信仰。

那時，基督教傳教士的總部設在印度果阿和中國廣東附近的澳門，他們受到了極高的禮遇，日本當局也給他們提供了一切機會和方便，讓他們宣揚其教義比處於至高無上地位的日本宗教更優越。他們到處布道，使許多日本人皈依。後來，其他的一些教派的傳教士從屬於西班牙的菲律賓群島來到了日本，他們同樣也受到了歡迎。但是，幕府將軍發現，陪伴這些傳教士前來的人並不太神聖，而且他們身穿鐵甲，手持奇形怪狀的鐵棍，鐵棍射出的沉重鉛彈能同時穿透三名日本普通士兵，於是將軍開始對這些外國傳教士的存在感到不安了。

日本人對當時所發生的那些痛心事件的觀點和看法，美國人直至最近五十年才開始有所了解。這些事件使日本人背上了一個冷酷無情的名聲，這與美國人從其他方面了解到的情況完全不同。幕府將軍決定禁止基督教傳教士在日本活動，這樣做並不是他們突然討厭西方人了，而是因爲他們恐懼。他們擔心整個國家被宗教紛爭搞得四分五裂，國家的財富被那些既是船長也是商人的人們搶去。後者載著和平和祝福的使者們來到日本海岸，然後又滿載著分文未付的日本貨物離去了。

九州是耶穌影響最大的地方，該島離葡萄牙在中國的殖民地最近。起初，教父們還謙卑地宣講著耶穌基督如何如何，可當他們一旦得勢，就開始拆毀日本人的廟宇，搗壞日本人的偶像，逼迫數千萬的農民和貴族在槍口下接受十字架。

豐臣秀吉是當時的鐵腕人物，當他了解所有情況後，意識到了這是不可避免的後果。

於是，他聲明：「那些牧師們來我國傳道，而其實他們的道德卻是掩蓋他們對我們帝國險惡用心的工具。」

一五八七年七月二十五日，即首位日本使節覲見了教皇以及西班牙和葡萄牙國王之後第五年，所有的基督教傳教士都被驅逐出日本國境。商人們可以像以前一樣在日本經商，但必須置於日本政府的監督之下。葡萄牙傳教士剛一離開，他們的位置就被來自菲律賓的西班牙方濟各會和多名我會的修士修女們塡補了上去。他們喬裝成覲見豐秀吉的特別大使來到日本，不過他們的詭計很快就被識破了。可是他們也沒受到什麼非難，只被警告不要再布道，但他們並沒有遵守此令，還在江戶建了一座教堂，給來自四面八方的人施洗。接著他們又在大阪建了教堂。然後，他們又搶占了長崎的一座耶穌會教堂。之後，他們開始公開反對他們的競爭對手耶穌會，並指責耶穌會，說他們給日本人民傳播福音的過程中使用的方法一直太過於諂媚。

簡而言之，他們的判斷完全錯了，他們那些專門隱藏那些職業入教者的倉庫被發現了。根據豐臣秀吉的命令，他們最終被驅逐出境，但他們走得快，返回得也快。經過數年徒然的警告後，日本人對那些不受歡迎的西班牙人表現了極大的耐心和容忍，他們最終得出結論：除非採取極端手段，否則別無他法了。

他們沒有重蹈以前的四百年中給他們的國家帶來極大災難的內戰，他們吸取了教訓，自發地齊心協力，一致對抗一切外國侵略者，那些以身試法的基督教傳教士被宣布處以死刑。

在接下來的近一個半世紀裡，日本心甘情願地與世界其他國家斷絕往來。可以說日本幾乎處於完全自我封閉狀態，但不是徹底。還有一小扇窗戶對外開放，通過這個小窗口，大量的日本黃金流到西方；也是通過這個小窗口，一些西方先進科學技術悄悄潛入了這個奇怪的國家。荷屬東印度公司曾是葡萄牙人在日本的商業競爭對手，但荷蘭人是純粹的商人，對別國人民的靈魂並不太感興趣，英國人也是如此。這兩個國家誰會獨占日本市場是件難以求奪的事。在相當長的一段時間裡，英國人由於經營不善，失去了日本市場。

自從葡萄牙派往日本的一連串外交使團的最後一名成員被處死後（這其實是證據確鑿的官方謀殺），荷蘭人先前享受的許多特權也被剝奪了，但只要他們在日本的企業每年能獲得近百分之八十的回報，他們就決不放棄日本。他們被迫居住在一個叫出島的小島上，這是長崎港口的一個長三百碼、寬八十碼的石頭島，小得幾乎連遛狗的地方都沒有，而且還不許他們攜妻帶子，更不許他們踏上陸地一步。

僅僅這一次，荷蘭人修煉了天使般的耐心（不一定是民族性格），因為只要他們對日本當局制定的數百條規章中的任何一條稍有違犯，就會立刻遭到拘押。一天，東印度公司決定建一座新倉庫，遵照那個時代的習俗，建造日期是刻在建築物正面的，而且通常前面要加上「A.D」也就是「公元」。這一符號直接涉及了那些基督徒們的上帝，日本人對此就好像我們美國人對待剛從莫斯科來的布爾什維克鼓動家們一樣，所以結果可想而知了。幕府將軍們下令不僅要將那些令人不快的字母去掉，而且要把整座建築物拆掉，夷為平地。為了讓荷蘭人記住葡萄牙人被驅逐出境的下場，他們可怕的敕令裡面有這樣幾句話：「只要太陽照耀大地，就不允許基督教徒如此大膽地踏上日本的土地。我們要讓所有人知道——即使是菲利普國王本人甚至是基督徒的上帝違背了這條法令，也要用他們的頭顱來抵罪。」

荷屬東印度公司的官員們似乎把這個教訓牢記心中，因為出島繼續在荷蘭人手裡達二百一十七年之久。在這二百一十七年當中，日本的黃金和白銀不斷地外流，因為荷蘭人是現金交易者，不管日本人從國外定購什麼，必須付出匯費。也是通過這個渠道，歐洲人從這些太平洋的隱士們口中，零散地了解到了一些與日本人有關的消息。所有這些消息讓人得出一致結論：日本帝國的情況遠遠不盡如人意。日本很快成為「沒有國家能期望它完全自給自足」這一理論的實例。而且，日本的青年也變得越來越難以管束。他們隱約聽說了西歐國家一些了不起的科學知識，便開始經由出島這個小窗口接觸科學和醫學方面的書籍。他們費了很大勁終於理解了那些奇怪的荷蘭文字，同時了解到整個世界在以驚人的速度發展，只有日本依然在原地踏步。

一八四七年，荷蘭國王給江戶的日本皇宮送去了滿滿一箱科學書籍作為禮物，並附有一份世界地圖，警告日本人不要採取這種閉關自守的愚蠢政策。這時，中國與歐美之間的商業關係迅速發展，從舊金山開往中國廣東的貨船有時在日本沿海遇險失事，船員們沒有領事或外交保護，他們的處境就可想而知了。

一八四九年，一艘美國軍艦的艦長威脅說，除非日本人馬上移交十八名美國水手，否則就要炸毀長崎。荷蘭國王又一次警告他的日本同僚，不要再繼續執行這種孤立政策，否則等待日本的只有災難。這些來自海牙的信件只不過說明了全世界很久以前就知道的事。只是早晚的事，日本肯定會向西方商界打開它的大門，如果它拒絕和平開放，那麼等待它的就是武力強迫開放。

這時，一直向阿拉斯加海岸步步推進的俄國，正在慢慢地計劃加強它對西太平洋的控制。當時，唯一可以採取行動而又不會被懷疑有領土野心的國家只有美國。一八五三年，美國佩里將軍率領四艘軍艦和五百六十名船員進入了浦賀灣。對美國海軍的首次來訪，給日本帶來了前所未有的恐慌，天皇正式地祈求上天保佑。佩里一離開（他只待了十天，把美國總統的信轉交了日本天皇），日本就請求荷蘭人提供一艘軍艦，各要塞配備人員守衛，還架好了以前的葡萄牙火槍，一切安排就緒，以防大洋彼岸那些由蒸汽機推動的怪物們再次造訪。

當時全日本的人分成了兩派。大多數人贊成不惜一切代價繼續閉關鎖國，但另一部分人則支持開放政策。支持後者的幕府將軍從此失勢了，被痛斥爲崇洋媚外。然而，從佩里那次著名的訪問中受益最多的卻是天皇。

幕府將軍作爲封建政府無可爭議的首腦，走過了其繁榮的黃金時期，很早就開始走向衰落了。就像那些大名和武士們的境況一樣，他們仍堅持佩帶刀劍，忙於鎮壓內亂的光榮使命，好像是生活在一六五三年似的，而不是一八五三年。進行全面改革的時代來臨了。

機緣巧合。當時的天皇，也就是名義上的國家首腦，正是一位非常智慧、才識過人的年輕人。他說服幕府將軍自動辭職，重新掌握了國家的統治權。他認爲再繼續閉關鎖國下去無異於自殺。他熱情歡迎所有的外國人回來，就像當初驅逐他們那樣熱誠。這就是明治時代，或稱維新時代。將日本從十六世紀的一個封建小國變成了一個現代化工業強國。

如果要問這樣一種大規模的、徹底的感情改變是否是件令人愉快的好事，那麼這個問題問得實在多餘。工廠、龐大的陸軍和海軍、煤礦和鋼鐵鑄造是否能給人帶來幸福，我不知道。一些人的回答是肯定的，另一些人的回答是否定的。這在很大程度上在於從什麼角度看。十年前，我國人培育他們的精神，熱愛他們的聖徒。如今，他們在廚房的壁爐裡焚燒他們的聖徒，而他們的靈魂非常滿意地待在機器的排氣管裡。

我個人認爲，這種發展是完全不可避免的。就其本身來看，它們既非絕對錯誤，也非絕對正確，而是必要的，是我們把自己從對飢餓和經濟變幻無常的擔憂和恐懼中解脫出來的一個必經步驟。在這場變革中，機器既充當父親角色又充當母親角色，但也同樣摧毀了許多美好的令人愉快的東西。這一點無人能夠否認。北齋（日本畫家、木刻家）和歌磨（日本浮世繪畫家）筆下的日本會比到處是汽油廠和煤氣廠的日本有趣得多，這是毋庸置疑的。不過，北齋和歌磨早已作古，而東京的家庭主婦們更願意用煤氣做飯，而不是在炭火上慢慢地煮飯，這就是回答。

自一七〇七年以來，白雪皚皚的富士山，這座古老而歷史悠久的火山就一直沉默不語。它俯瞰孩子們向路邊的神道廟敬獻鮮花的那個地方，如今卻只見香煙廣告牌了。寺廟院內的神鹿的腿也被遊人們亂扔的罐頭盒砸壞了。

但是，富士山知道——總有一天，這些會結束。

今日日本

第三十三章　菲律賓

——曾是墨西哥的領地

亞洲大陸向東伸向太平洋，露出海平面的前緣部分，形成了一個從堪察加半島至爪哇島的半圓形列島，菲律賓群島就是其中一部分。太平洋的海水淹沒了這個半弧形島嶼群和大陸之間的低地，就出現了日本海、東海和南海了。

菲律賓群島共由七千多個大小島嶼組成，其中面積在一平方英里以上的島嶼僅有四百六十二個。其他的島嶼只是些大的懸崖或是小塊的沼澤，由於沒有什麼價值，只有四分之一的島嶼有名字。整個菲律賓群島的總面積與蘇格蘭和英格蘭的面積之和差不多。約有一千一百萬人口，其中很大一部分是中國人和日本人，還有約十萬白人。這個群島歷史上肯定是多火山地帶，雖然目前我們只發現了二十五座眞正的火山。而且，除了兩三座火山外，其他的似乎已停止了活動。

對此，我們應當萬分慶幸。因爲，從地質學角度看，菲律賓所處的位置是非常危險的。目前我們所發現的地球上最深的海溝（即馬里亞納海溝），就位於菲律賓的東面，就是我先前告訴你的那個地方。它到底有多深呢？如果我們把這個海溝作爲喜馬拉雅山的安息之地，那麼我們這個星球上最高的山峰埃佛勒斯峰還在水下五千英尺。試想一下，如果世間萬物都滑向這個地球之角，那麼將來可能留不下什麼遺跡。

菲律賓群島中最重要的島嶼是呂宋島。它狀如蝌蚪，中部隆起高達七千英尺。菲律賓最重要的城市——首都馬尼拉——就坐落在呂宋島的東岸。它是西班牙人一五七一年建起的，位於一個古老的伊斯蘭教村落的廢墟上，城市的名字來自於菲律賓群島盛產的一種煙草——馬尼拉。一五九〇年，西班牙人在這裡又築起了城牆。事實證明，這些城牆的生命力比那些建造它們的人的統治更持久。

馬尼拉雖然在西班牙人的糟糕管理下，還是迅速發展起來，成了整個遠東最重要的商業中心。港中船舶雲集，大多來自中國、日本、印度，甚至遙遠的阿拉伯世界。他們滿載貨物來到這裡，與西班牙人從中美洲的墨西哥殖民地轉運來的歐洲產品進行交換。西班牙人取道經由好望角而穿越印度洋的這條航線，可能會遭到英國人和荷蘭人的襲擊，因此西班牙人選擇了另一條航線，即從馬尼拉直航至特萬特佩克灣，然後裝上貨物，穿越美洲地峽，經陸路轉運，把貨物再裝船，再經由古巴及波多黎各，最後返航至西班牙。

呂宋島以來，分布著十幾個較大的島嶼，其中最著名的是薩馬島、班乃島（島上名城伊洛伊洛是菲律賓第二大城市）、內格羅斯島和宿霧島。再往南是棉蘭老島，僅比呂宋島小一點兒，島上的土著摩洛人信奉伊斯蘭教，爲了保持獨立，他們曾頑強抵抗西班牙人和美國人，因此聲名遠揚。棉蘭老島上最大的城市是面臨蘇祿海的三寶顏市。一般而言，菲律賓人對太平洋不感興趣，西方才是菲律賓人眞正關注的對象，他們與西方進行貿易。他們的宗教、他們關於文明的最初概念也來自西方。東方的人們發現菲律賓純屬偶然。一五二一年，麥哲倫在此登陸。他選擇這條不尋常的航線，只是爲了平息他的雇主西班牙國王和教皇之間的一場麻煩的紛爭。一四九四年，教皇爲了永遠結束伊比利亞半島上他心愛的孩子們之間的爭端，在亞速爾群島和佛得角群島以西（大體相當於西經五十度左右的位置）自北向南畫了一條直線，把全世界劃爲均等的兩個部分，西側屬西班牙勢力範圍，東側屬葡萄牙勢力範圍，這就是著名的《托爾德西拉斯條約》。根據這個條約，對敢於越過此線進入西班牙人的勢力範圍的任何人，西班牙人都有權予以懲罰，因此它使英國和荷蘭初期遠征美洲大陸的探險成爲一項非常危險的活動，無論任何人，只要敢越雷池半步，就會被當成普通海盜馬上絞死。

然後，使這次冒險旅行實現的教皇，也就是聲名狼藉的亞歷山大六世切薩雷·博爾賈和盧克雷齊婭·博爾賈之父，他本人就是個西班牙人。葡萄牙人聲稱，這一條約不公平，他們的利益受到了損害，因此引發了長達一個世紀的關於誰該擁有何地的爭吵和戰爭。麥哲倫捲入了這場爭端。儘管他是葡萄牙人，卻爲西班牙國王所雇用。他向東航行朝印度洋進發，以便弄清富庶的摩鹿加群島到底是葡萄牙的還是西班牙的。結果證明葡萄牙人是正確的，摩鹿加就歸葡萄牙人所有了。但是，沒過多久就落入了荷蘭人之手。在這次航行中，西班牙人卻意外地發現了菲律賓，並將其劃歸爲自己的領土，通過西班牙在墨西哥的機構對菲律賓進行管轄。此後，由於中美洲的人口遞減，修士們就從新卡斯提爾大規模地離去，來到了前景燦爛得多的菲律賓。

我們必須承認，這些修士們在菲律賓居民中做了大量全面的工作。說實話，如果他們的工作做得稍稍遜色些的話，後來的美國人在菲律賓的工作就會容易得多。因爲當美國人在一八九八年獲得古代西班牙在菲律賓留下的一切時，不得不和幾乎是百分之百的天主教徒們打交道。這是美國政治史上從來沒有的。

站在官方的立場來看，美國可能不能稱之爲一個基督教國家，但他們的人生哲學絕對是屬於基督教，而非天主教。也許我們美國人會因爲自己對菲律賓人的厚待而自豪：給予他們無數良好的公路、上千所學校、三所大學以及衆多的醫院和醫生、護士、育嬰箱、肉類和魚類的防疫、衛生保障方法，還有無數進步科學所帶來的益處。所有這些，在美國之前統治菲律賓的西班牙人聽都沒聽說過，但所有這些慷慨的美好行爲對菲律賓人來說並不意味著什麼。他們從小受到的教育是：這些世俗的舒適和享樂固然好，但是與能得救進入另一世界相比，衛生防疫、醫院和良好的公路以及學校又算得了什麼呢！

第三十四章　荷屬東印度群島

前文已經講述過，日本、「福爾摩沙」（十六世紀葡萄牙殖民者對台灣的稱呼）以及菲律賓都是古老的亞洲大陸的邊緣高山，歷經幾百萬年太平洋的驚濤駭浪的衝擊，它們最終脫離了大陸，形成了島嶼。

馬來群島（它還有許多其他名稱：馬來西亞群島、印度群島、荷屬東印度群島等）不僅是亞洲大陸架的邊緣部分，也是一塊面積與中國相當的巨大半島的殘留部分，它從緬甸、暹羅和印度支那南部地區，向東一直延伸到澳大利亞。在地質史初期，這個半島可能與亞洲大陸（面積遠比現在大）直接相連。

後來，在人們至今仍知之不多的時間裡，一條狹窄的水帶將該半島與澳大利亞分開，這條水帶的寬度與今天昆士蘭和新幾內亞島之間的托雷斯海峽差不多。

荷屬東印度群島與歐洲對照圖

由於地質巨變，一塊巨大的大陸化作了一群千奇百怪的島嶼，從婆羅洲（面積與整個斯堪的納維亞半島大小相當）一路延伸出成千上萬塊大大小小的礁石，給航海造成極大的不便。這次地質大變動原因並不複雜。這一地區是地球火山多發地帶，直到今天那藍色的綬帶——火山活動的紀念物，依然在爪哇島上清晰可見。不過，在最近三百年中，爪哇的一百二十餘座火山總的說來還算表現穩定，稍靠西一點兒的蘇門答臘島上的火山也一直處於沉睡時期。

爪哇人普遍信奉印度古老的婆羅門教，這裡的祭司們經常在節日裡把活人投入火山口沸騰的岩漿中，作爲供品來安慰地下深處的神靈。這種祭祀好像還很靈驗，因爲幾百年來，儘管火山不斷噴出濃煙，發出怒吼，甚至偶爾咆哮暴怒，但是未曾給當地造成毀滅性的災難。

然而，喀拉喀托火山遺址卻猶如一把無言的利劍倒懸在人們心頭，它提醒著人們這裡的火山隨時可能再度噴發。一八八三年八月二十六日清晨，位於蘇門答臘島與爪哇之間的異他海峽上，喀拉喀托島的火山爆發了。就像史前時代喀拉喀托火山的那次爆發一樣，火山頂被夷爲平地，整個島嶼化爲無數碎片。

兩天後，該島的北部徹底消失了，從前那座海拔高達一千五百英尺的山峰現在變成印度洋底一千多英尺的深洞。火山噴發時巨大的轟鳴聲在三千英里以外都能聽到，火山灰瀰漫到十七英里的高空，然後散落蔓延到非洲、歐洲、亞洲、美洲，甚至遠達斯堪的納維亞的北角，這種現象持續六個星期，天空被染成怪異的顏色，從遠處望去，就好像是附近的森林在燃燒。

不過，因爲喀拉喀托島是一個人跡罕至的地方，所以火山噴發在島上並未造成多大的災難，而其對海洋的破壞則是毀滅性的。海洋掀起了高達五十英尺的巨浪，它橫掃爪哇島海岸，吞噬了三萬六千人的生命，港口和村莊頃刻之間消失得無影無蹤，巨輪就像引火木一樣頓時粉身碎骨。巨浪甚至波及了錫蘭和毛里求斯，在八千英里以外的合恩角（在智利南端）附近，人們都能清晰地看見這滔天的巨浪。更有甚者，在距離巽他海峽一萬一千英里之遙的英吉利海峽都能隱約看到這可怕的一幕。

去年，喀拉喀托火山的殘骸再次表現出活躍的跡象，但誰也無法預測出地底之火將於何時何地再度噴發。像所有生活在類似環境中的其他民族一樣，這裡的居民對此泰然處之，並不在意。他們對於身旁火山的關心程度，還不及我們美國那些在最擁擠的義大利人聚居區打棒球的小男孩對過往的車輛所注意的程度。

他們這種聽天由命的態度可能與信仰伊斯蘭教有關，也可能來自於他們樸實而又安於生活信念。他們認爲，火山噴發就如同外國人的統治、洪水、火災一樣，都是微不足道的事，他們將繼續在世代勞作過的土地上耕耘，他們的兒子也會在同一塊土地上播種收獲。他們安於現狀，從未有人想過放棄這種溫飽生活。

我似乎把爪哇描繪成了一個世外桃源。雖然事實並非如此，但爪哇的確是極受大自然的恩賜才保留至今。

爪哇百分之二十的土壤是火山土，如果在這裡耕種得當，作物可以一年三熟。

爪哇島上的氣候儘管比較炎熱，但並不酷熱，適宜種植各種熱帶植物，山區的氣候比紐約和華盛頓的夏天還要涼爽舒適。那是因爲，爪哇和馬來群島的其他島嶼雖然處於赤道附近，晝夜幾乎等長，但它四面環海，空氣中有足夠的濕度，氣溫最高時從未超過九十六華氏度，最低時也從未低於六十六華氏度，年平均氣溫在七十九華氏度左右。雨季和旱季有規律地交替，從十一月到次年三月是雨季，其間每一天總要在同一時間下雨；雨季之後是旱季，其間滴雨不降；旱季過後、雨季來臨之前有一個「斜季」，這是一個時間不長的中間階段。

由於有如此得天獨厚的氣候條件，爪哇島雖然只有長六百二十二英里、寬一百二十一英里的區域，卻養活了四千二百多萬人口，而蘇門答臘島和婆羅洲的面積比爪哇大得多，但供養的人口卻只有爪哇的十分之一。肥沃富饒的爪哇島從一開始就引起了白人的注意。

首先登上島嶼的是葡萄牙人，接著是英國人和荷蘭人。在和土著爪哇人打交道的頭三個世紀裡，荷蘭人像其他殖民者一樣，在犯了所有歐洲人可能犯的錯誤之後，最終還是摸索出了

爪哇

一些對殖民地管理的初級經驗。他們盡力避免干涉當地人民自己的事情，而是將有限的精力用來管理國家，因爲他們知道，無論如何，當地人總有一天會站起來反抗，要求獨立。全島三萬人的軍隊中，白人占的比例只有百分之二十。如果當地居民眞的決心要趕走殖民者，那麼荷蘭人絕對統治不了這塊比其故土大五十倍的領土。荷蘭人明白了這一點之後，順理成章地取消了「強制勞動」和「政府農場」。學校、鐵路和醫院的建立代替了懲罰性的遠征。如果有一天，他們不得不放棄對這些地區至高無上的統治，他們或許還希望能夠保全荷蘭在爪哇經濟結構中的舉足輕重的地位。爪哇人中，老一代深信「本地人只要識相就不會有麻煩」，而逐漸屈起的年輕一代則相信我們的世界是在不斷發展變化中創新的，他們知道面對現實才是最重要的，如今老一代已漸漸向年輕一代屈服。

在荷蘭其他殖民地島嶼中，沒有一個島嶼的文明程度可以與爪哇島媲美。西里伯斯島（蘇拉威西島的舊稱）正在逐漸變成第二個爪哇島。該島位於摩鹿加群島（原名科料島，整個十七世紀，是英國、葡萄牙、西班牙和荷蘭軍事爭奪的焦點）的西面，形狀奇特，像蜘蛛足一樣細長。該南山西南部的望加錫已經成爲爪哇島最最要的城市之一。它與爪哇北部沿海的主要港口蘇臘卡爾塔和三寶壟都有密切的經濟聯繫，而且和丹戎不碌（首都雅加達的港口）也聯繫頗多。望加錫出產油料，在維多利亞時代，老爺爺們愛用它來修理鎖頭，老奶奶們則用它來織沒完沒了的罩布。

摩鹿加群島已不如昔日那般富庶了，但島上的居民安汶人依然以擁有太平洋上最好的水手而聞名遠近。四百年前，這些安汶人以太平洋最殘暴的海盜行徑而惡名遠揚，令人膽戰心驚。今天，他們卻已經成爲模範的基督徒。不可思議的是他們爲荷屬東印度提供了最英勇善戰的兵團。

婆羅洲是亞洲半島伸入太平洋形成的島嶼中最大的一個。當地有一種奇怪的風俗：用人的頭顱來祭奠神靈，所以島上人口稀少。荷蘭人曾採取最嚴厲的懲罰措施取消這種廣爲流傳的殘暴行爲，然而直到今天，在一些偏遠地區，島上的年輕人若想結婚，仍必須獲取至少一個人頭來獻給神靈。這種根深蒂固的互相戕害（婆羅人展示他們令人毛骨悚然的戰利品時的驕傲和漫不經心就好像一個高爾夫球高手展示他的獎杯一樣）使得居民人數不斷減少。如今，島上的河流得到了開發，尤其是石油、煤炭和鑽石的開發，道路開始修建起來，未開化的居民被漸漸說服，開始從事農業生產。照這樣發展下去，如果沒有意外，該島能養活二十倍於現在的人口。

婆羅洲的北部屬英國殖民地。其西北部有個獨立地區，叫沙撈越。當初，一位著名的英國人的後裔統治著這裡。這位英國人叫雷查・布魯克斯，也就是詹姆斯・布魯克斯爵士，在鎮壓了本島的一次叛亂之後，他留在了這裡，建立了一個獨立王國。

東部的蘇門答臘島是荷屬東印度的另一個極其重要的島嶼。該島與馬來半島平行，火山活動頻繁，火山灰使土地非常肥沃，物產豐富。遺憾的是，一座高大的山脈把全島切成了兩部分，使兩部分的經濟發展極不平衡，直到有了公路，這種情況才有所改觀。交通的發展，尤其是飛機與汽車比任何其他機械都更能改善這裡的經濟環境。

位於蘇門答臘島和婆羅洲之間的是邦加島和勿里洞島。它們是馬來半島的延伸部分，盛產錫礦。爪哇島東面是著名的巴厘島，是史前人類生活遺跡保存得最完整的地方，佛羅勒斯島和帝汶島位於澳大利亞北面。最東面是新幾內亞島，它實際上是澳洲大陸的一部分，它的西半島屬於荷蘭。該島面積相當於大半個中歐，幾乎有從巴黎到敖德薩那麼遠，然而卻幾乎無人涉足這裡。

這裡沒有河流通往內地，而且人口稀少。部分原因是互相殘殺的劣習，部分原因是當地人的落後，再就是因疾病喪生和獵取人口。直到現在，內地還到處是一些小部落的殘餘。這表明這個島嶼的歷史可以追溯到很久以前。

至少有一種理論證實：東印度群島是一塊非常古老的島嶼，就是在這個地方，人類最先告別了類人猿時代。在爪哇島上發現的最早的猿人化石即爪哇直立猿人，以及婆羅洲和蘇門答臘島上發現的那些碩大的類人猩猩都是很好的證據。

這是一個奇異的世界。當人類家族中的一部分成員已經進化到能夠建造熱帶動物園的時候，而另一部分人卻依舊生活在和動物園一樣的環境裡。

第三十五章　澳大利亞

——造物主的不經意之作

現在來談一談造物主創造萬物時的粗心大意和漫無目的了。據說，已故著名德國科學家、生理光學專家赫爾曼・路德維希・德・亥姆霍茲曾發表過一個論斷：如果有哪個儀器製造者拿給他一個像人眼構造一樣拙劣的新發明，他將宣布此人是個根本不能勝任本行的無能之輩。

我很慶幸亥姆霍茲沒有將他的研究工作延伸至生理學和電學以外的領域，否則我將不得不複述他評論世界地理形態的話了，而複述別人的話恰恰是我最討厭的事情。

以格陵蘭島爲例。在它之上覆蓋著上千英尺的冰雪，如果能把這片8.27萬平方英里的土地移至海洋的中心，這方土地或許能養活數百萬的人口。而如今，它僅能讓幾千隻北極熊時口人數稀少的食不果腹的愛斯基摩人勉強維生。不過，情況最慘的還要數澳大利亞。因爲澳大利亞儘管名義上是一個洲，但實際上在它的發展道路上橫亙著很多巨大的屏障，難怪第一個到這個國家的白人對這個國家的發展得出完全錯誤的結論。

首先，它的地理位置是很不利的。一百多年來，雖然葡萄牙人、西班牙人和荷蘭人一直在懷疑這片大陸的存在，而且盡了他們最大的努力去解開這個疑團，但直到一六四二年，荷蘭航行家塔斯曼才使荷屬東印度公司的旗幟飄揚在它的上空，但他發現的也只是澳大利亞的一小部分。他環繞這片大陸航行了一圈，最後以尼德蘭聯邦的名義占領了這個地方，這塊將近三百萬平方英里（和美利堅合衆國一樣大）的遼闊領土才算是眞正爲人所知。

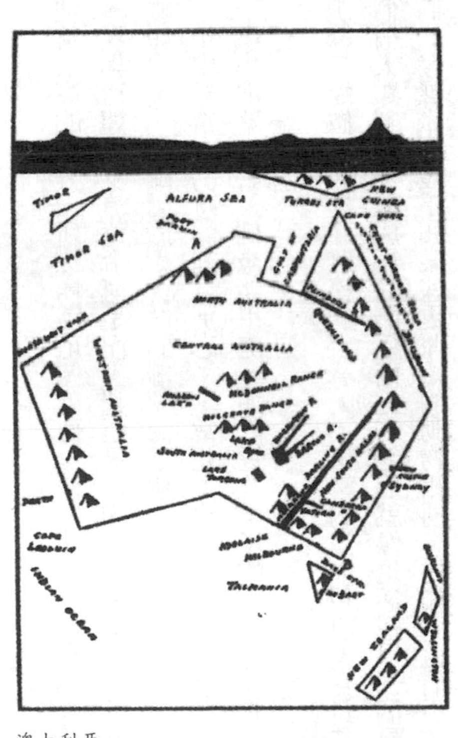

澳大利亞

然而，從現實的角度看，塔斯曼的造訪並沒有任何意義。因爲荷蘭人對這塊荒漠並不感興趣，聽任他們的所有權自行失效。一七六九年（也就是塔斯曼航行一百二十五年後），當庫克船長被派往太平洋觀測金星的運行軌跡時，阿姆斯特丹和倫敦的地圖繪製員還無法確定，該把位於浩瀚無際的太平洋中的澳大利亞放在何處。

其次，除了地理位置不佳，澳大利亞氣候還極其惡劣。只有東部沿海以及東南沿海的氣候還不錯，那裡坐落著四大城市——阿德萊德、墨爾本、悉尼（即雪梨）和布里斯班，而北部沿海太潮濕，西部沿海則太乾燥，也就是說，這裡是最不適合居住的地方，同時也是最遠離亞、非、歐三大洲重要商船航線的地區。

第三，整個內陸地區是塊乾燥的沙漠，滴雨不降，地下水補給嚴重缺乏，無法進行系統灌溉作物。

第四，大陸的外圍是澳大利亞地勢最高的部分，所以內陸地區就像一個空碗。因爲水不會往高處流，所以也就沒有眞正的河流。墨累河連同支流達令河是澳大利亞最長的河流，全長二千五百一十英里，發源於昆士蘭的崇山峻嶺之間，距離屬於太平洋的珊瑚海不遠。它沒有向東注入太平洋，而是向西匯入了因康特灣，一年中相當多的時間裡（別忘了，當北半球是夏天時，南半球則是冬天，反之亦然），它只十南一串小池塘，對人們毫無用處，連附近牧羊場的主人都對它不屑一顧。

第五，在澳大利亞，找不到被訓練得能做白人農莊雜務的土著人。不幸的澳大利亞人（對其先人，人們仍然知之甚少），就他們與人類家族其他成員的關係而言，他們就像生活在另一個星球上。造物主任他們自生自滅，他們的發展水平幾乎和某些更原始的動物相同。比如，他們不知如何建造房屋，也從未學習種植穀物，更不會使用矛、箭和斧頭。他們倒是知道如何使用回飛鏢，正如世界上其他民族也曾使用過，但是不同的是，其他人最終從回飛鏢這一非常笨拙的武器發展到了弓、劍和矛，而澳大利亞人依舊停留在其祖先的階段，那就是剛學會不用手臂只用後腿走路之後不久。對他們最善意的歸類方式，也許只能說他們與石器時代最早階段的「狩獵者」相似。即便如此，我們也還是冒犯了那些典型的石器時代人，因為事實證明，他們是比任何一個澳大利亞土著居民都強得多的藝術家。

最後，澳大利亞這塊與世隔絕的大陸還影響到植物和灌木（它們為人類的舒適與幸福作出了巨大貢獻）。在乾燥的氣候下，澳大利亞形成了特殊的植物體系。也許我們的專業植物學家會對此產生濃厚的興趣，然而對於一心想收獲點兒什麼（任何東西都行，只要他們的辛苦能得到回報）的白人殖民者來說，這些植物群則預示著非常黯淡的未來。袋鼠草和濱藜為綿羊提供了充足的飼料，但遍地都是的連硬　的駱駝也難以嚼動的帶刺三齒稃。再者，種植桉樹也不可能致富，儘管一些桉樹能長到四百英尺高，只有加利福尼亞的

大西洋

太平洋

紅杉能夠與之匹敵。

一八六八年，澳大利亞不再是一個流放地，許多農夫來到這片他們期望中的樂土。然而，迎接他們的卻是大量無法歸類的活化石。是澳大利亞與世隔絕的位置使得所有史前生物得以繁衍，而在世界其他地方，這些稀有而獨特的動物早已絕跡了。雖然澳大利亞根本沒有像亞洲歐洲那些更大、更聰明的哺乳動物，但這並沒有促使澳大利亞的四足動物提高智力，或者滅絕。由於沒有絲毫競爭，它們沒有進化，一直停留在它們出現時的水平。

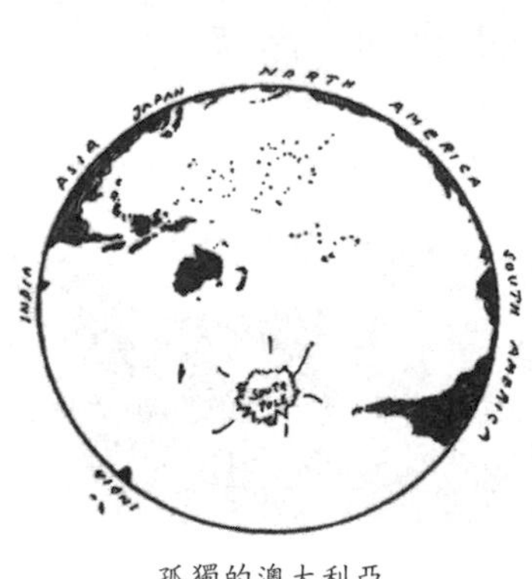

孤獨的澳大利亞

袋鼠這種奇特的動物我們都很熟悉。它屬於有袋目動物，這種動物的腰部長著育兒袋，未發育成熟的幼仔就在媽媽的育兒袋裡長大。第三紀時期，有袋目動物遍布全球。如今美國保存下來的只有一種有袋目動物，叫袋貂，而澳大利亞卻爲數甚多。

這裡還有另一種史前遺物，即所謂的單孔目動物，是最低級的一種哺乳動物，這種生物只有一個排泄口。其中最有名的單孔目動物要數模樣古怪的鴨嘴獸了。它通體棕褐色，約二十英尺長，毛短，嘴像鴨喙（幼仔還長著牙齒），蹼足長著長指甲，雄性的腳後跟還長著有毒的角質突出物——它簡直就是一座走動的博物館。造物主在這千百萬年發展過程中所創造和遺棄的一切生命的影子盡在這裡。

澳大利亞足可以組成一座令人驚嘆的珍稀動物博物館：羽毛像頭髮狀的鳥，只能走不會飛的鳥，叫聲如豺似的鳥，看上去像雉雞一樣的布穀鳥和小雞一樣大的鴿子，有著蹼足的老鼠，還有用尾巴爬樹的老鼠，能用兩條腿行走的蜥蜴，早在魚龍時代就有了鰓和肺的魚——它其實是魚和兩棲動物的混合體，既像豺又像狼的野狗——可能是來自亞洲大陸的早期移民帶進澳大利亞的雜種狗的後代，還有其他形形色色、不勝枚舉的怪異動物。

澳大利亞

這還不是全部，澳大利亞還有各式各樣獨特的昆蟲體系，它們甚至比老虎和蛇更可怕。澳大利亞是跳躍動物的樂園。無論哺乳動物還是鳥類，抑或是昆蟲，較之於飛翔和奔跑，它們更喜歡跳躍。比如跳蚊，還有一種螞蟻，住在自己建造的「摩天大樓」裡，能吃掉除鑄鐵製的門以外的任何東西。這種螞蟻能在普通的錫和鉛盒子表面塗上一種特殊的酸性物質，從而使金屬氧化，最後打洞進到裡面，恣意地毀壞裡面的東西。

澳大利亞還有一種蒼蠅，在牛羊毛皮裡產卵，還有一種蚊子，使澳大利亞南部的沼澤地區完全無法居住。那裡還有使人們數年的辛勞在幾分鐘內化爲烏有的蝗蟲，有寄生在畜群身上專門吸食畜血的扁虱。還有大冠鸚鵡，它們看上去是那麼美麗，那麼溫和，但它們集體行動時卻能造成可怕的損失，這是它們在世界各地的一貫作風。

然而，當地最可惡的禍害卻不是人類土生土長的動物，而是從歐洲進口的動物。我指的是兔子老兄。這種動物在一般的生息地是絕對無害的，但在澳大利亞這塊生物得以隨意繁殖的沙漠荒野中卻泛濫成災。第一批兔子是一八六二年從英格蘭引進的，目的是爲了狩獵消遣。殖民者覺得日子很煩悶，他們認爲打野兔將會是個愉快的消遣活動，可以打破這偏僻地帶單調乏味的生活。

有些兔子聞聲而逃，倖免一死，然後就以衆所周知的兔子的生活方式建起了家園。擅長與大數字打交道的天文學家們，曾試圖計算出目前澳大利亞的在逃兔子的總數。他們得到的結果是：有將近四十億隻兔子在澳大利亞安居樂業。就按四十隻兔子的食量和一隻羊的食量相當來計算，它們吃掉的東西相當於一億隻羊吃掉的東西。整片整片的土地因此荒蕪了，西澳大利亞遭受的破壞尤其嚴重。如果將這些兔子完全消滅，澳大利亞可以增加四分之一的牲畜數量。

爲了防止兔子進一的侵害，人們搭起了巨大的鐵絲柵欄，這是一種中國式的攔兔網，地上超過三英尺，地下深三英尺，以防止這些害人的家伙在地下挖洞。但是，由於生存的需要，這些兔子們很快又學會了攀援鐵絲網，兔災依然猖獗。於是，人們又用上了毒藥，但仍然無效。澳大利亞沒有能控制兔子繁衍的野生動物，進口來的動物又不能適應這塊奇怪的土地，很快就死掉了。儘管殖民者們想了一切辦法，兔子還是像麻雀一樣快活地繁衍著，速度之快就像仙人果一樣。麻雀也是從歐洲引進的，如今成了所有澳大利亞園藝愛好者們的心腹大患，而仙人果對乾旱貧瘠的澳大利亞土壤的喜愛就像海豹對於水那樣。

然而，儘管有這麼多令人卻步的不利條件，移民們還是成功地使澳大利亞變成了世界上最重要的羊毛出口國。如今的澳大利亞擁有將近八千萬隻綿羊，羊毛供應量占全世界羊毛總產量的四分之一，羊毛占全國總出口商品的五分之二。

由於澳大利亞大陸比歐洲還要古老，礦產當然十分豐富。十九世紀五〇年代早期，淘金熱把世人的注意力吸引到了澳大利亞的金礦。從那時起，人們又發現了鉛礦、銅礦、錫礦、鐵礦和煤礦，但仍未發現石油。在這裡人們還找到了鑽石，但很稀少，不過這裡發現了大量的次貴重寶石，比如蛋白石和藍寶石。由於資金匱乏和交通不便，阻礙了對這些寶藏的全面勘探，但當澳大利亞最終從多年的財富窘迫中恢復過來，並再次成爲有償付能力的國家時，這種情況就會改變。

與此同時，澳大利亞還被認爲是除非洲之外最難探險的大陸。到十九世紀初，它的三個主要組成部分已廣爲人知——西部是高地，平均海拔高度二千英尺，某些地方高達三千英尺。這片高地也是金礦區，但這裡沒有海港，只有一個比較重要的城市——珀斯；東部的高原地區是十分古老的山脈，經過風雨多年的侵蝕，其最高峰科修斯科山海拔僅有七千英尺，這裡有澳大利亞的優良海港，因而吸引了第一批移民。

位於這兩個高地之間的是一塊廣闊的平原，海拔從未超過六百英尺，而且艾爾湖地區的高度實際上低於海平面。這片高原被兩座高山分為兩部分，西面是弗林斯嶺，東面是北連昆士蘭山脈的格雷嶺。

談到澳大利亞的政治情況，說不上十分成功，但還算得上平穩。第一批移民，根據十八世紀後半葉的英國法律，被視為「罪犯」。這些人所犯的罪通常只是因貧窮而偷一片麵包或幾個蘋果。與之相比，那些驅使人犯下過錯的貧困和不幸才是眞正的罪惡。第一個罪犯流放地是植物學灣，之所以這樣命名，是因為發現它的庫克船長到達這裡時正值花兒遍地盛開之時，他發現了新的植物品種。殖民地本身叫新南威爾斯，首府是悉尼。一八〇三年，當時還屬於新南威爾斯的塔斯馬尼亞島變成了一個勞役所，犯人們被集中在距此不遠的霍巴特市附近。

海底採珠

一八二五年，昆士蘭州首府布里斯班市建立。在十九世紀三〇年代，位於海灣前沿的殖民地菲利普港灣，以墨爾本勛爵（英國維多利亞女王的政治顧問和密友，曾任首相）的名字命名，並成為維多利亞州的首府。南澳大利亞州的首府阿德萊德也在同一時期建立，而西澳大利亞州的首府珀斯直到十九世紀五〇年代早期淘金熱開始時，仍然是一個不起眼的小村莊。至於北部地區，則處於聯邦的管理之下，就像我們美國的領土過去被華盛頓管理一樣。儘管這裡面積達五十萬平方英里，但只有五千居民，其中不到二千住在瀕臨帝汶海的達爾文市。該市是世界上最好的天然港之一，但卻沒有一點兒商業氣氛。

一九〇一年，這六個州組成了澳大利亞聯邦，六百萬居民中有四分之三住在東部。七年後，他們決定在悉尼西南部一百五十英里處建立新首都，定名爲坎培拉，離澳大利亞最高的科修斯科山不遠。

一九二七年，自治領建立了自己的新政府。但是新聯邦的議會要想使國家擺脫當時的重重困難，還得費些周折。首先，自第一次世界大戰以來就一直掌權的工黨政府大肆揮霍，以致聯邦從歐洲的放債人那裡已得不到任何貸款。在不做非常重大讓步的前提下，最近取代工黨的新政府能否克服財政上的不利條件則令人擔憂。其次，澳大利亞人口特別稀少。塔斯馬尼亞和新南威爾斯每平方英里只有八個人，維多利亞州每平方英里有二十人，而昆士蘭州和南澳大利亞州每平方英里僅有一個人，西澳大利亞州每平方英里才有半個人，但就是這些人也仍然沉湎於工會的積習之中。他們簡直是全世界最無能、最沒積極性的工人，如果沒有那些讓他們去運動或者去賽馬的公共假期，他們簡直就活不下去。

那麼，誰來承擔開發這片土地的工作，來維持這個國家的發展呢？

顯然，義大利是不受歡迎的，儘管他們非常願意來這個國家，但在聯邦政治生活中占優勢的英國中產階級分子則堅持「澳大利亞人治理澳大利亞」，這就意味著排斥了一切非白人和非英國中產階級出身的人。勤勞的義大利人沒份兒，也就沒勇氣穿越托雷斯海峽了。黃皮膚的中國人和日本人也不可能。波利尼西亞人、馬來西亞人和爪哇人是巧克力色皮膚，所以也不可能。我重複一遍這個問題——誰來幹活兒呢？我要補充一句——我不知道。澳大利亞那麼多的土地幾乎無人居住，而它周圍的國家都急需殖民地來安置他們過剩的人口。

第三十六章 新西蘭（紐西蘭）

新西蘭（紐西蘭），加上新近擁有的薩摩亞群島，面積比英格蘭和蘇格蘭的面積之和還要大四分之一。新西蘭人口近一百五十萬，其中十四萬三千人居住在位於北島的首都惠靈頓。

一六四二年，塔斯曼首先發現新西蘭，他以其祖國荷蘭南部的一個島嶼爲此命名，關於他的祖國在前文已經談及。大約距此三百年前，划著獨木舟的波利尼西亞的神奇水手曾發現過新西蘭。這些太平洋水手使用一種形狀怪異卻很實用的草製地圖，並可憑此圖從家鄉出發航行數千英里，而不會找不到歸程。

這些來自波利尼西亞的征服者，也就是後來英勇善戰的毛利人的祖先。一九〇六年，這些毛利人的人口總數已達到五萬，並且還在不斷增加。毛利人顯然是少數幾個既能堅持反抗白人，維持自身生存，又能在不失去自我的前提下吸取西方文明精華的土著民族。他們摒棄了許多古老的風俗習慣，例如吃掉他們的敵人和在自己臉上刺紋等。他們向新西蘭的議會派出代表，還修建教堂，但這些教堂都和他們的白人主子們建的教堂一樣毫無吸引力。所有這一切表明，種族問題今後有可能得到關注和重視。

在十九世紀初的二十五年裡，法國和英國都曾試圖通過各自的傳教士來控制這些島嶼。但是，毛利人一八三三年主動投到英國人的麾下。於是，一八三九年，英國人正式占有了新西蘭的全部土地。

假如法國的船隊早到三天的話，新西蘭現在就可能會像新響里多尼亞和馬克薩斯群島以及太平洋中的許多島嶼一樣成爲法國的殖民地。一八四〇年，該群島成爲澳大利亞新南威爾斯州殖民地的托管地。一八四七年，成爲英國直轄殖民地。一九〇一年，新西蘭獲得加入澳大利亞聯邦的機會，但是新西蘭拒絕了這一殊榮，因爲他們爲新西蘭從不是罪犯流放地而深感自豪，他們不屑與澳大利亞爲伍。自從一九〇七年起，新西蘭一直是一個獨立的自治領地，設有英國總督，但擁有獨立主權。

就新西蘭地質情況而言，它的南北二島可能與澳大利亞大陸沒什麼聯繫。深達一萬五千多英尺、寬達一千二百英里的塔斯曼海將南北二島與澳洲大陸分開。它們可能是一座高大山脈的遺跡，並且這條山脈可能一度曾形成了太平洋的西海岸。但是，之後不知曾發生過多少滄海桑田的變化，以至於很難弄清楚現在的島嶼究竟是如何形成的。再者，南北二島相似之處實在很少，這就使得事情更加撲朔迷離。北島是一塊巨大的活躍的火山地區，而南島的地貌如同瑞士的複製品，又免費奉送了衆多的挪威的峽灣，兩島之間就是九十英里寬的庫克海峽。

就氣候而言，新西蘭算不上熱帶氣候。它與義大利的氣候相同，都遠離赤道。這就意味著，與澳大利亞相比，它更有可能成爲歐洲永久的殖民地，所有的歐洲水果，如桃、杏、蘋果、葡萄、橘子都能在山谷生長，而兩邊的山坡則爲牛羊提供了最優良的牧場。這裡的亞麻長勢很好，可以和古老潮濕的澤蘭（荷蘭西南部省份）生長的亞麻相媲美。從奧克蘭出口的北島慢生樹也是極好的建材。

一九〇一年，新西蘭吞併了太平洋上的不少島嶼，其中包括庫克群島和拉羅湯加島。毛利人認爲，新西蘭第一批波利尼西亞開拓者就是來自拉羅湯加島。庫克群島是由火山形成的，不過我們還是離開火山帶，進入珊瑚島的世界。

珊瑚蟲是海洋中的一種微生物，屬珊瑚綱，也稱「花狀動物」。這些生物死後，它們的屍體堆積在一起形成珊瑚島。這些珊瑚島形成數以千計的暗礁和小島，星星點點布滿整個南太平洋。

珊瑚蟲是一種非常脆弱的動物，它們只能在某一特定溫度下的新鮮海水中存活，稍遇微寒就會死亡，而且在海洋一百二十英尺以下的深度無法存活。所以，如果我們發現珊瑚沉積低於這一深度，我們就知道此處曾發生過海底沉降。珊瑚堆積建造小島需要花費數百萬年的時間，即使最優秀的石匠也建造不出這樣的傑作。珊瑚蟲依賴流動的活水，所以生活在珊瑚大廈中心的珊瑚蟲

新西蘭看上去與挪威十分相像

首先因缺水而死亡，處在邊緣部分的蟲體則繼續生長，最後形成了所謂的環礁。這種環形珊瑚礁外沿狹窄，由質地堅硬的石灰岩組成，中間有一個圓形的礁湖。通常礁湖只有一個出口，而且往往背離信風，所以海浪能給這裡的珊瑚蟲提供豐富的養料，使其生長得更加迅速。

新西蘭有許多這樣的環礁，上面生長著茂密的椰林，可加工成乾椰肉。薩摩亞群島本屬德國的殖民地，因大戰期間新西蘭軍隊的出色表現，戰後，薩摩亞群島就成了新西蘭自治領地的托管地。至於後事如何，那我就不得而知了。

第三十七章　太平洋群島

——居民不耕不織卻照樣生活

大西洋上島嶼很少，太平洋上島嶼卻星羅棋布。赤道以北有加羅林群島、馬紹爾群島和夏威夷群島，其餘的島嶼都坐落在赤道以南。所有這些島嶼都是群島，復活節島是一例外，人們就是在這島上發現了神秘的巨大石像。它孤零零地佇立在那裡，距離南美洲比澳洲近得多。

太平洋群島可以清楚地分為三種不同類型。第一類島嶼是史前地質時代巨大的澳洲大陸的殘留部分。新喀里多尼亞群島就是一個例子，它是法國罪犯的流放地。第二類就是像斐濟、薩摩亞群島、夏威夷群島和馬克薩斯群島，它們都是火山噴發形成的島嶼。第三類就是像新赫布里底群島這樣的珊瑚島，被稱為「低島」。

在這數千個島嶼中（許多珊瑚島只露出水面幾英尺），最重要的要數夏威夷群島。一七七九年，庫克船長在返航的途中，就是被這裡的土著人殺死的。一八一〇年，夏威夷群島成為南洋大帝國的中心，直到一八九三年被美國吞併。該島不僅肥沃富饒，物產豐富，還扼守著美洲至亞洲的交通要道，戰略地位十分重要。

目前，夏威夷群島因火山運動，稍有點兒不穩定。高達四千四百英尺的基拉維亞火山活動仍然相當頻繁。毛伊島上的火山有世界上最大的火山口。這些不值得信任的老朋友噴出的火山灰偶爾會令人擔憂，不過島上迷人的氣候補償了這一點。歐胡島上的火奴魯魯是夏威夷群島的首府。

斐濟群島最重要的城市是蘇瓦，是所有從美國到澳大利亞和新西蘭的過往船隻的停靠港。

薩摩亞群島的首府是阿皮亞。

另一個你可能聽說過的島嶼是關島。它位於日本和新幾內亞之間，是美國一個重要的電報站。

再就是社會群島上的法屬塔希提島。據說許多有關南海的電影就是在這裡拍攝的。

最後，還有許許多多數不清的島嶼組成的三大群島。它們是美拉尼西亞群島、密克羅尼西亞群島和波利尼西亞群島。它們自西北向東南平行排列，像是人們在太平洋上航行的主要屏障。在大西洋

珊瑚島

上航行則全然不同——在愛爾蘭到美洲的航線上，羅德島是唯一的危險地帶。

對於那些喜歡簡單生活和返璞歸眞的人們，對於那些認為現代工業文明太複雜的人們，對於那些更喜歡和平寧靜，喜歡能夠愉悅相處的伙伴而憎惡嘈雜、忙碌以及嫉妒的競爭對手的敵意目光的人們，這些島嶼簡直是世外桃源，是他們最舒適的家園。我覺得，這些島嶼比百老匯和第四十二大街的某些角落更悠閑自在。但是，它們實在太偏僻遙遠了。難道那裡眞有一種忘憂草，能夠使人類逃避現實生活嗎？

第三十八章　非洲

——一塊充滿矛盾和差異的大地

非洲像澳大利亞大陸一樣，是一塊非常古老的大陸的殘留部分。早在不知多少百萬年以前，這塊大陸就已經消失在海底。直到最近的地質時代，非洲和歐洲這兩塊大陸還是相連的。阿拉伯半島（阿拉伯半島只是撒哈拉地理上的延續）和馬達加斯加島（馬達加斯加島擁有非洲、亞洲和澳大利亞三大洲的所有動植物）的存在似乎可以表明——早在地球生命初現之時，這三塊大陸就彼此相連。

其實情況很複雜，我們只有找到足夠的證據才可以得出「是這樣而不是那樣」的結論。同時，提出這些理論也不是件壞事。這些理論告訴我們：我們這個地球表面是不斷發生變化的——從昨天到今天，沒有任何事物是完全相同的。一百萬年以後，我們的後代看著我們的地圖，將會難以掩飾其驚訝的神情，就好像我們現在端祥著第三紀或侏羅紀時代的假定地圖一樣，我們會問：「這可能嗎？」

這塊最終得以保全的古老的大陸，這塊有史以來未發生任何變遷的陸地，是由兩部分組成的，即赤道以北的廣闊的方形土地和赤道以南較小的三角形土地。這兩塊土地在地理上卻遭遇到相同的不幸。它們的外圍邊緣部分比內地高，因此內地形狀看上去就像一個巨大的茶碟。這種地理條件和澳大利亞一樣，如我們分析過的那樣，對整個國家來講是十分糟糕的。茶碟高高的邊緣阻擋了海風深入內陸，內地極容易變成沙漠，而且還使內地失去了通往大海的天然通道。非洲的河流沖破無數崇山峻嶺後，蜿蜒流過所有高低起伏的地區，最終流入海洋。這意味著這些河流會變成沒有絲毫利用價值的瀑布和使人們飽受其苦的險灘；意味著船隻不能通過這些河流航行到內地；意味著必須得等待人工港口和公路建成，非洲的貿易才能開展起來。簡而言之，意味著與世隔絕。

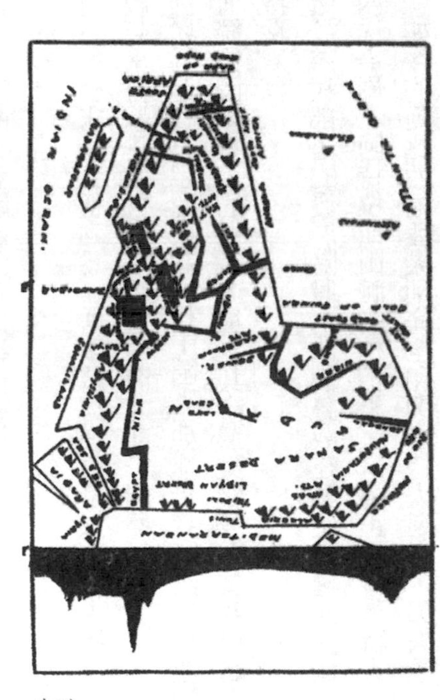

非洲

在大多數人看來，非洲僅僅是一塊「黑色大陸」。通常，人們會把熱帶森林和黑人聯繫在一起。實際上，雖然非洲面積達一千一百三十萬平方英里（是歐洲面積的三倍），但其中三分之一是沙漠，沒有多大價值。非洲人口約一億四千萬，可分爲三個人種。首先是黑人，即黑種人，另外兩個種群是閃米特人和含米特人，膚色從深棕色一直到象牙般的白色，深淺不一。

通常，黑人較之於他們淺皮膚的鄰居更能給我們留下深刻印象。這不僅是因爲第一次見到他們時感到多麼奇特，更是由於我們的祖先錯誤的經濟觀念，把他們從森林中趕出來，當作廉價的勞動力在全世界兜售。每每想到我們祖先這些可恥的行爲，就使我們感到不安。因爲黑人奴隸制不僅僅是黑人遭受到的最大不幸，也是白人民族的最大恥辱。我們稍後會再回到這個話題上來，現在我們要先談談黑奴制度產生之前的非洲本來面目。

希臘人對埃及以及那些居住在尼羅河谷的含米特人很熟悉。含米特人在很早以前就占據了北非，把當地那些膚色比他們黑的民族驅趕到南方蘇丹的方向，將地中海北部沿岸據爲己有。「含米特」是個非常含糊的名稱，他們沒有像我們所看到的瑞典人和中國人那樣有著鮮明的民族特徵。含米特人是雅利安人和有少量黑人血統的閃米特人的混合人種，其中還夾雜著在這些侵略者首次入侵時就已存在的許多古老種族的特點。

含米特人到達非洲的時候，可能還處於游牧部落的發展階段，他們分散在整個尼羅河流域，進而向南深入阿比西尼亞，向西遠至大西洋沿岸。阿特拉斯山脈的柏柏爾人是純正的含米特人，撒哈拉的許多游牧部落也是含米特血統。如今的阿比西尼亞人則完全和閃米特人混合，失去了大部分含米特民族的特徵。生活在尼羅河流域的瘦小的農民，也是含米特血統，但是數千年中，他們與其他種族通婚，已經看不出含米特人的特徵了。

一般來說，當我們對不同的種族進行區分時常常依據他們的語言。然而，在非洲，語言的幫助很小。在這裡，有只講含米特語的閃米特部落，有只講阿拉伯語的含米特部落，而古埃及信奉基督的科普特人卻是唯一保留了古代含米特語的民族。希臘人和羅馬人像我們一樣對此大惑不解。他們解決這個難題的辦法，就是把來自那片森林的狹窄地帶的所有人都稱爲「埃塞俄比亞人」（衣索比亞人）或「黑臉人」。他們對這些人建造的金字塔驚嘆不已，對斯芬克斯像上黑人式的厚厚的嘴唇深感詫異，這是不是含米特的嘴唇呢？問問教授們去吧！他們對長期受苦受難的農民們所表現的忍耐力、數學家的智慧和物理學家的博學佩服得五體投地。但是，他們好像從未費心去打聽一下這些人的來歷。他們將這裡的人統稱爲「埃塞俄比亞人」（衣索比亞人）。

我要警告你們，如果要去北非，一定不要僅僅因爲那裡的人膚色深就把所有的人一概稱爲「黑人」。他們會對此很反感，而他們中的一些人可稱得上是世界上最勇猛的鬥士，他們的體內流淌著那些曾經征服了整個西亞的埃及戰士的熱血，他們甚至可能是那些有閃米特血統的迦太基人的後裔，正是迦太基人一度差點兒奪取了羅馬在地中海的統治權；他們也可能是不久以前橫掃整個南歐的阿拉伯征服者的子孫；或許，他們是那些阿爾及利亞族長（當法國試圖征服阿爾及利亞，當義大利試圖染指突尼斯時，這些族長們進行了激烈的反抗）的後代，雖說他們的頭髮略有點兒彎曲。你要記住一八九六年那個可怕的日子——在那一天，這些頭髮像絨毛似的埃塞俄比亞人曾把白皮膚的義大利人扔進了紅海。

含米特是歐洲人成功地越過地中海後見到的第一批人。至於閃米特人，需要補充的也不多。當漢尼拔將軍帶著馴化的大象驅入波河平原時，歐洲人就與他們進行過非常慘烈的接觸。奇怪的是，一旦迦太基被消滅，通往非洲的道路就暢通了。然而，令人費解的是，很少有歐洲人想藉此機會弄明白被羅馬人命名為努米底亞的那片浩瀚的沙漠後面到底隱藏著什麼。

在所有的帝王中，尼祿是眞正對探索非洲感興趣的一位。他的遠征探險隊最遠曾到過法紹達（現名科多克，位於蘇丹南部）。三十年前，此地差點兒成為法英戰爭的導火索。但是，即使在遙遠的當年，尼祿的尼羅河探險隊似乎也不是走得最遠的白人。現在看來，迦太基人可能早在許多世紀以前就已經穿過撒哈拉，光顧過幾內亞灣了。只是，迦太基人已經滅亡，關於中非的一切資料都無處可尋了。而撒哈拉這個障礙把最勇敢的探險者都嚇跑了。當然，他們本來可以沿海岸地帶探險，但是，由於這些

前往奴隸海岸

海濱地區幾乎沒有港口，所以淡水供應成了幾乎無法克服的困難。非洲的海岸線只有一萬六千英里，而面積只有非洲三分之一的歐洲卻有長達二萬英里的海岸線。船員無論想在非洲沿海的任何一個地方登陸，都不得不在距陸地許多英里以外的地方拋錨，然後乘著敞篷的划艇穿過驚濤駭浪，到達海岸。這個過程極爲艱險，很少有人敢去嘗試。

所以，直到十九世紀初，我們才對非洲的地理情況有所了解。而且，即使在那時，這些信息也是偶然獲得的。因爲葡萄牙人（首次探險非洲西海岸的探險者）正在遠征印度的途中，對這塊到處是赤身裸體的黑人的土地毫無興趣，而環航非洲南部是他們到達印度和中國的必經之路。他們就像一個盲人在摸索著走出一間漆黑的屋子，小心翼翼地沿非洲海岸前進。他們碰巧「撞上」亞速爾群島、加那利群島、維德角群島。最後，他們終於在一四七一年到達了赤道。接著，一四八八年，葡萄牙航海家迪亞士探明了好望角的確切位置。一四九八年，達·伽馬經過好望角，確立了從歐洲到印度的最短航線。

新航線發現後，非洲又一次受到了冷落。對航海來說，它是一個攔路虎：這裡要麼炎熱乾燥，要麼炎熱潮濕，居民都尚未開化。十六世紀和十七世紀的船長們在前往東方的途中，每當受到壞血病威脅，船員大量死亡，迫使他們必須採購新鮮蔬菜時，便不得不在亞速爾群島、阿森松島、聖赫勒拿島停靠。對他們來說，非洲大陸不是一塊什麼好地方，他們對此敬而遠之。若不是那位曾在新世界任牧師的人大發慈悲，這片遼闊的大陸上可憐的異教徒仍會如從前一樣繼續過著平靜的生活。

西班牙的傳教士拉斯卡薩斯的父親曾隨哥倫布首次出航美洲。拉斯卡薩斯被任命爲墨西哥恰帕斯州的主教，作爲對他工作的酬勞，他得到了一塊土地以及生活在這片土地上的印第安居民。換句話說，他自然而然地成了一個和大家一般無二的奴隸主。當時生活在新世界的西班牙人都擁有一定數量的奴隸爲其服務，如同其他許多不合理的制度一樣，這種制度壞透了，但它卻得到了社會的認同，因爲全體犯罪就等於無人犯罪。終於有一天，拉斯卡薩斯突然清楚地意識到對於這塊土地原本的主人來說是多麼的不公平，這項制度是多麼的可惡。這些原來的土地所有者們被迫去礦山勞動，幹奴僕們幹的所有活兒，而當他們還是自由人時根本碰都不會碰這些活兒。

於是，拉斯卡薩斯前往西班牙，試圖對此採取措施。當時大權在握的吉麥內茲主教是伊麗莎白女王的懺悔牧師。他認爲拉斯卡薩斯的想法是對的，就任命他爲「印第安人的保護人」，並派拉斯卡薩斯返回美洲寫一份調查報告。拉斯卡薩斯回到墨西哥後，發現他的上司們對這個問題非常冷淡。那些基督徒們任意驅使印第安人，就像對待田裡的牲畜、天空中的鳥兒和海裡的魚一樣。如果某件事情會打亂新世界的整個經濟結構，而且會進一步嚴重影響西班牙人的利益，爲什麼還要去做呢？

拉斯卡薩斯對上帝賦予的使命極爲認眞，後來他想出了一個好主意。印第安人死也不願爲奴，這一點在海地已得到了證實——在不到十五年的時間裡，海地印第安人的數量由的百萬銳減至六萬，而非洲的黑人卻好像對做奴隸並不介意。一五一六年（新世界歷史上一個恐怖的日子）拉斯卡薩斯公布了他那篇爲了徹底解放黑人奴隸的著名的人道主義方案——每個居住在新西班牙的西班牙人，都有權買入十二個非洲黑人爲奴，允許印地安人回到原有的那些農場裡。可是原有土地中的良田已經被西班牙移民霸占了。

可憐的拉斯卡薩斯在有生之年眞正認識到他做了些什麼。他是一個正直的人，他對自己所做的事感到羞愧無比，隱居在海地的一個修道院裡。後來，他又重新回到政治生活，想爲不幸的土著黑人爭取人道，但沒有人理睬他。一五五六年他去世的時候，新計劃正在緊鑼密鼓地實施，印地安人更被牢牢地束縛在土地上，同時，非洲奴隸貿易也正進行得如火如荼。

存在了三百多年的奴隸貿易，對非洲意味著什麼呢？我們只能根據流傳下來的很少的資料猜測一二。眞正捕獲奴隸的工作並不是白人親自幹的，而是阿拉伯人。因爲北非逐漸皈依了伊斯蘭教，阿拉伯人可以自由出入整個北非，並且獨攬了這樁非法勾當。自一四三四年以來，他們就開始不時地把整船的非洲黑人賣給葡萄牙人，但是直到一五一七年，販賣奴隸才成爲阿拉伯人的一項巨大的貿易活動。這是個發大財的買賣。查理五世（著名的哈布斯堡王朝）曾將一項特權賜予他的一位佛蘭芒朋友——允許他每年各運送四千個非洲黑奴到海地、古巴和波多黎各。這個佛蘭芒人馬上以二萬五千個金幣的價錢將此項特許狀賣給了一個熱那亞投機家，那個熱那亞人又轉手將此項特權倒賣給了一個葡萄牙團體。之後，這些葡萄牙人前往非洲，與阿拉伯商人接洽。於是，阿拉伯商人們襲擊了許多蘇丹部落，直到他們湊夠了一萬個奴隸（還要把航途中損失的奴隸數目考慮在內），這些奴隸被塞進令人作嘔的大船艙裡，遠渡重洋。

關於這條新的生財之道的各種傳言不脛而走。教皇的正式命令曾將世界分爲兩半，一半歸西班牙，一半歸葡萄牙，這一劃分使得西班牙人無法染指非洲的奴隸貿易。這樣一來，葡萄牙人就獨占了買賣運送黑奴的生意。後來英國和荷蘭打敗葡萄牙後，這兩個基督教國家馬上獨占了奴隸貿易這塊肥肉。它們源源不斷地向全世界供應「黑色象牙」（布里斯托爾和倫敦的商人對黑奴的戲稱）；直到一八一一年，議會才通過了一項法案，規定對販賣運送奴隸處以刑事重罪，即罰金和放逐。

但是，從一五一七年至一八一一年，這是多麼漫長的一段歲月啊，而且甚至在一八一一年以後，儘管有英國軍艦的監視也未能阻止奴隸走私的進行，這項活動還是又持續了三十年。直到十九世紀六〇年代初期，所有的歐美國家明確廢除了奴隸制，奴隸走私才算終告結束（阿根廷於一八一三年廢除；墨西哥於一八二九年廢除；美國於一八六三年廢除；巴西於一八八八年廢除）。

奴隸貿易在歐洲的統治者和政治家眼中有多麼重要，可以從他們爲自己國家壟斷奴隸販賣專營權所做的努力中得到證實。由於對奴隸貿易的優先權遭到了英國人的反對，西班牙拒絕繼續與一些英國商人簽署奴隸貿易合同，結果差點兒引發兩國兵戎相見。著名的《烏得勒支和平條約》中的一項條款明確規南整，把荷蘭對西印度群島奴隸貿易的專營權轉讓給英國。荷蘭人早在一六二〇年就把首批非洲黑奴運到了維吉尼亞。爲了加速奴隸貿易，他們在威廉和瑪麗統治期間曾通過了一項法案，使其殖民地可與全世界進行奴隸貿易。實際上，本因可笑的疏忽而應該失去新阿姆斯特丹的荷屬西印度公司，正是因爲從奴隸貿易中大發橫財才免於破產。

有關奴隸貿易，我們掌握的數據極少，因爲奴隸貿易者們通常對他們的生意並沒有什麼科學態度。但是，僅僅是我們掌握的那一點點材料，就足夠讓人們瞠目結舌了。法國的紅衣主教拉維日里——迦太基的大主教，創建著名的白神父會（一個在北非做了許多善事的傳教士團體）——非常熟悉非洲事務，據他估計，奴隸貿易使非洲每年至少流失二百萬人口，其中包括在艱難航程中喪失的人們，包括那些因爲年齡太小無勞動能力，所以被扔去餵野獸的孩子，以及那些被運往世界各國的奴隸。

一位非常資深的法官利文斯頓博士認爲，每年被掠奪的奴隸數目（略去那些被遺棄死去的奴隸）是三十五萬人，其中只有七萬人能到達大洋彼岸。

一七〇〇年至一七八六年間，活著到達了牙買加的奴隸至少有六十萬。在這一時期，英國的兩個很小的奴隸販賣公司把二百萬多奴隸從非洲運到了西印度群島。十八世紀末，利物浦、倫敦和布里斯托擁有二百多艘船，可以容納四萬七千名黑人，定期往返於幾內亞灣和新世界之間。一七九一年，當貴格會教徒和反蓄奴主義者開始反抗奴隸販賣這一暴行時，沿貝寧灣進行了一次奴隸貿易的考察，結果表明：英國有十四個據點，荷蘭有十五個、葡萄牙有四個、丹麥有四個、法國有三個。英國公司裝備精良，控制了整個奴隸市場的二分之一，另一半由其餘四個國家分享。

對於這些發生在非洲大陸上駭人聽聞的勾當，我們以前所知甚少，直到很久之後，當英國當局決心徹底根絕這種暴行，並前往非洲就此事進行詳細調查時才眞相大白，幹這一勾當的罪魁禍首中還包括當地土著部落的酋長。他們隨意出賣自己的族人，就像十八世紀的德國統治者，爲了平息維吉尼亞和麻薩諸塞的小叛亂，把他們自己招募的士兵出賣給英國人一樣。這樁勾當的組織工作卻一直掌握在阿拉伯奴販手中。這一點非常令人費解。《古蘭經》極力反對這種暴行，而且一般說來，在對待奴隸的態度上，穆斯林教義要比那些基督教法令寬容得多。根據白人的法律，一個女奴和她的主人所生的孩子仍是奴隸，但根據《古蘭經》教義，這種孩子應該隨其父親當成自由人對待。

後來，那個罪大惡極的比利時國王利奧波德開發剛果，需要大批的廉價勞動力來爲他工作，又使得葡萄牙殖民地安哥拉和剛果盆地之間的奴隸貿易暫時復活了。這簡直是歷史上最奇妙的現象，一個現代民主國家的王位上竟坐著這麼一個戴著王冠的中世紀無賴。幸運的是，當卑鄙可恥的老傢伙咽氣的時候，比利時政府已經接管了剛果自由邦，這就意味著，靠買賣人口牟取暴利的生意最終結束。

由此，白人和黑人的關係從一開始就非常不幸，且越往後越糟，其中原因我盡可能用幾句話說明。

在亞洲，白人所面對的民族要麼和他們一樣文明開化，要麼比白人文明程度還高。這也就意味著那些亞洲民族完全有能力進行回擊，而且白人們必須小心行事，否則會自討苦吃。十九世紀二〇年代幾乎使荷蘭喪失在爪哇的統治的蒂博・尼哥羅戰爭（一八二五－一八三〇年爪哇人民反對荷蘭殖民者的大起義），五〇年代的印度大起義、日本的大規模驅逐外國人運動、一八九九－一九〇〇年中國的義和團運動以及目前仍動盪不安的印度等，諸如此類的情況都使白人不敢掉以輕心。在澳大利亞，白人碰到的是貧窮愚昧的石器時代早期的殘存者。他們可以隨意地殺掉這些土著，而且毫不愧疚，就像殺掉那些吃他們綿羊的澳洲野犬一樣無情。當白人到達美洲時，那裡的大部分地方實際上還荒無人煙。生活環境較好的中美洲高原地區和安第斯山脈的西北部（墨西哥和秘魯）人口密集，而其他地方則人跡罕至。為數不多的游牧民族，很容易就被消滅，疾病時口衰敗把剩餘的人們趕上絕路。

非洲的情況迥然不同。在非洲，儘管遭受著種種虐待，諸如奴隸制、疾病、陷阱、非人的待遇等，這裡的人種仍然無法滅絕。白人早晨毀滅的一切，一夜之間就會恢復原樣。可是，白人還是要拼命地搜刮黑人的財富，其結果是史無前例的血腥大屠殺。這是一場白人的槍支彈藥和黑人的旺盛的繁殖力之間的較量。

讓我們找張地圖，大致了解一下非洲目前的情況。

籠統地說，非洲可分為七個部分。我們從左上角西北部開始，這裡是臭名昭著的巴巴利海岸，我們的祖先每次從北歐駛向義大利和地中海東部地區的各個港口時不得不路過此地，這裡總使他們心懷恐懼。因爲，這裡正是可怕的巴巴利海盜出沒的地方，過往人們一旦落入這些海盜手中，就意味著要當多年的奴隸，直到家鄉的親人籌到足夠的錢，才能把他們贖回去。

整個地區全是崇山峻嶺。這些高山揭示了爲什麼這裡的國家仍然在照老樣子發展，爲什麼直到今天仍未被白人眞正征服。此地危機四伏，險峻莫測，遍地溝壑縱橫，到處可設埋伏，搶劫團伙襲擊完目標之後，便逃得無影無蹤，讓他們的受害者們一籌莫展。

相對來說，飛機和遠程大炮在這裡沒什麼用處。就在不久前，西班牙人還曾多次慘敗在里夫人（指住在北非里夫山地區的柏柏爾人）手中。我們美國人的祖先就聰明多了，他們每年向統治這裡沿海地區的蘇丹們進貢，而不會拿自己的海軍和名譽去冒險遠征那些不許白人涉足港口，他們在阿爾及爾和突尼斯沒有特別領事，其任務就是安排他們那些被俘屬下的贖金問題。另外，他們還資助一些宗教組織，目的是爲了設法營救那些不幸落入摩爾人手中的水手。

非洲沼澤

從政治角度來看，非洲大陸的西北角目前可分爲獨立的四個部分，但四個部分全都聽命於巴黎。滲透和占領的進程始於一八三〇年，一次無關痛癢的衝突是戰事爆發的直接導火索，而眞正的原因是海盜，他們是西北地中海地區長久以來的害群之馬。

在維也納會議上，歐洲列強一致決定「必須採取行動」，來消滅地中海地區的海盜行爲，但應該由哪個國家來完成使命呢？這就難決定了。因爲，成功者就會爲自己額外留一些疆土，而這樣一來，對其他國家就不公平了——這是所有外交談判過程中上都會發生的事。

就在這時，有兩個阿爾及利亞猶太人（許多個世紀以來，北非的所有事務都掌握在猶太人手中）向當屆法國政府提出糧食索賠，這些糧食是拿破崙時代以前他們發給法國政府的。這是舊世界和新世界的檔案館中都有材料記載的索賠中的一個案例。在過去的兩個世紀以來，許多不和也都源於此。如果國家也可以像個人那樣付清自己的帳單，我想我們所有人就會幸福安全多了。

在關於那筆糧食欠款的談判過程中，阿爾及爾代（六七一——一八三〇年阿爾及爾、舊時突尼斯和的黎波里統治者的頭銜）某一天突然發怒，派人襲擊了法國領事館。結果是法國封鎖了阿爾及爾，並向阿爾及爾開火（此事或許是事故，但一旦軍艦介入，這種行動就在所難免）。法國遠征隊橫渡地中海，於一八三〇年七月五日攻入阿爾及爾，阿爾及爾代成爲階下囚，後遭流放，戰火越燒越濃烈。

阿爾及爾的山民們擁立了一個領袖阿卜杜卡迪爾，他是個虔誠的穆斯林教徒，極富智慧和勇氣。他帶領阿爾及爾人民堅定不移地反抗侵略者達十五年之久，直到一八四七年才被迫投降。他投降前，法國人曾向他許諾，如果放下武器，就可以留在祖國，但侵略者沒有遵守諾言，將他押到法國，不過拿破崙三世放了他，條件是不得再干涉其祖國的和平。阿卜杜卡迪爾後來隱居在大馬士革，將他的餘生獻給了哲學研究，做了許多善事。一八八三年他在大馬士革去世。

早在阿卜杜卡迪爾去世之前很久，阿爾及利亞的最後一次起義就被撲滅了。如今，阿爾及利亞只是法國的一個省。它的人民有權推選他們自己的代表，在巴黎的議會中維護他們的利益。阿爾及利亞的年輕人可以「光榮地」參加法國軍隊，但不是想去就能去的。不過，從經濟角度來看，法國的確做了大量有益於改善其新成員生活條件的工作。

阿特拉斯山脈與海洋之間有一塊平原，名叫特爾，盛產糧食。閃特高原因散布著許多小鹽湖而聞名，是片牧業區，山坡地帶越來越多地用來發展葡萄園、釀酒業，同時修建了大型水利灌溉工程，使熱帶水果的種植成爲可能，從而可以滿足歐洲市場的需求。在這裡，人們還探明了銅礦和鐵礦的儲量，並且有鐵路與地中海的三個主要港口阿爾及爾、奥蘭和比塞大相連。

阿爾及利亞東部是突尼斯，它名義上是個獨立國家，有自己的國王，但實際上，自一八八一年起，它其實已成爲法國的保護國。因爲法國沒有過剩的人口，所以這裡大多數移民都是義大利人。他們來到這裡與猶太人進行激烈的競爭。幾個世紀前猶太人遷到突尼斯的時候，突尼斯還是土耳其的領地。猶太人在這裡要比在基督徒統治的國家有更多的生存機會。

緊靠首都突尼斯的斯法克斯市就是全國最重要的城市了。二千多年前，突尼斯要比現在重要得多，當時它是迦太基的一部分，這個曾經可容納二百二十艘船隻的港口至今依稀可辨，但留下的遺跡卻很少，因爲當羅馬人眞的想幹什麼的話，他們會幹得很徹底。他們對迦太基的仇恨（出於恐懼和嫉妒）是如此強烈，以至於當他們在公元前一百四十六年終於占領了這個城市之後，沒有留下一所完整的房屋。他們把整個城市夷爲平地，被燒成灰燼的廢墟靜靜地躺在如今距地下十六英尺的地方。誰能想到，這片廢墟曾是一個擁有百萬居民的城市？

非洲的西北角是蘇丹統治的摩洛哥公園。現在該國仍有蘇丹，但自一九一二年以來，他只是法國操縱的傀儡。這個蘇丹無足輕重。居住在小阿特拉斯山的山民們，牢牢地固守著他們的家園，也懶得去操心他們的國王。這位陛下爲了保障安全不斷地在兩個城市之間跑來跑去，一會兒跑到南面的首都摩洛哥，一會兒跑到北面的城市非斯。

你可以講出反對法國在非洲這幾個地區統治的許多理由，然而當說到公路的安全問題，他們卻創造了奇蹟。他們把政治中心遷到坐落在大西洋沿岸的城市拉巴特，這樣在必要的時候，法國海軍可以助一臂之力。拉巴特位於大西洋另一港口阿加迪爾以北數百英里處，在一九一四年的世界大戰爆發前四年，阿加迪爾出人意料地成了舉世矚目的地方。當時，德國人向此地派遣了一艘炮艦以暗示法國不要把摩洛哥變成第二個阿爾及爾。這一事件很大程度上導致了那場災難性戰爭的最終爆發。

直布羅陀正對面摩洛哥的那個小角落是西班牙的殖民地。它是法國占據摩洛哥後送給西班牙的一件和解禮物，在若干年前，休達和梅利利亞這兩座城市曾一度成為關注的焦點，據報導，士氣低落的西班牙軍隊多次敗在被稱爲里夫－卡比爾人的當地人手下。

丹吉爾市位於里夫山脈以西，是座國際性城市。十八世紀和十九世紀，駐摩洛哥的歐洲各國使節們常住在這裡，因爲蘇丹不希望各國大使住在他自己的宮廷附近，於是就爲他們選定了丹吉爾作爲駐地。

這片多山的三角地帶的前景不會再是一團迷霧了。未來五十年內，整個三角地帶將全部屬於法國，包括我們就要談到的非洲第二個部分——那片廣闊的棕色沙漠，阿拉伯稱之爲埃茲－撒哈拉，也就是我們現代地圖上的撒哈拉沙漠。

撒哈拉面積幾乎和歐洲大陸一樣大，位於大西洋和紅海之間，其延伸部分越過紅海，落戶在阿拉伯半島。在北部，除了有摩洛哥、阿爾及爾和突尼斯這一塊三角地帶外，還有地中海爲其北界，南至蘇丹。撒哈拉雖是高原地形，但不是非常高，最高海拔只有一千二百英尺，古老山脈被風雨剝蝕後的遺跡隨處可見。撒哈拉沙漠有相當多的綠洲，寥寥無幾的阿拉伯人就靠著這些綠洲的地下水勉強維持生活。撒哈拉的人口密度爲每平方英里0.04人，這就

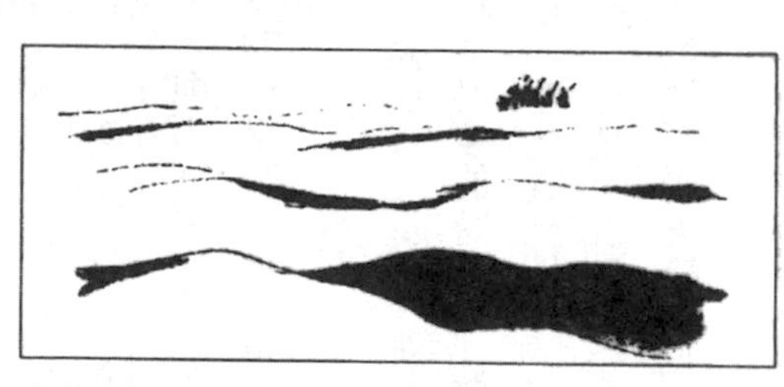
沙漠

意味著撒哈拉確實是荒無人煙。在撒哈拉沙漠中的游牧部落中，最廣爲人知的要數圖阿雷格人（西撒哈拉和中黑奴的柏柏爾族人），他們是非常出色的戰士。另外，住在撒哈拉的還有閃米特人（或阿拉伯人）、含米特人（或埃及人），以及蘇丹黑人的混血民族。

法軍中的外籍兵團負責觀光旅遊者的安全，他們做得非常出色。這些法國外籍兵團的士兵（他們從未獲得許可踏上法國土地）或許有時候有些粗魯，但他們碰到的難題也很棘手。和歐洲一般大的地區的治安，僅靠少數幾個人來維持不同，這是很難做到的事。因此，很少有人願意應徵擔當此任。

古老的沙漠商隊漸漸被淘汰了，馬達驅動的汽車取代了氣味難聞的駱駝。對於漫長的旅途來說，汽車不僅運輸成本低得多，而且又非常安全可靠。昔日成千上萬隻駱駝聚集在廷巴克圖，爲住在撒哈拉西部的人們運送食鹽的日子，已經一去不復返了。

一九一一年以前，撒哈拉大沙漠鄰接地中海一帶，一直由本地的一位帕夏（舊時奧斯曼帝國和北非高級文武官員的稱號）統治，最高統治者是土耳其的蘇丹。就在這一年，法國一方面想將摩洛哥據爲己有，另一方面又極力避免與德國發生衝突。當義大利得知這一消息時，猛然想起利比亞（的黎波里的拉丁名字）曾一度是一個非常繁榮的羅馬殖民地，於是機不可失，他們也渡過地中海，占領了這塊四十萬平方英里的非洲土地，在此插上了義大利的國旗。然後，他們又彬彬有禮地問全世界該怎麼處理這個局面。沒有哪個國家對的黎波里（這片沙漠既沒有鐵也沒有石油）特別感興趣，所以就聽任這些凱撒的後裔們順理成章地占有這塊新殖民地。現在，他們正忙著修築公路，並準備在此地種植棉花，為倫巴第的紡織工廠提供原料。

義大利的這塊殖民試驗田的東面是埃及。埃及的繁榮很大程度上歸功於其地理位置。埃及就像一個孤立的島嶼，西部有利比亞沙漠隔斷、南部的努比亞沙漠是它的天然屏障，紅海和地中海是它北部和東部的自然屏障。

歷史上的古埃及是法老的領地。所謂一個古代藝術、知識及科學的巨大寶庫，其實只是一塊沿著河流兩岸展開的非常狹長的土地，這條河流和我們美國的密西西比河一樣長。如果不包括沙漠地帶，眞正的埃及面積比荷蘭還小。荷蘭只能供養七百萬人口，而肥沃的尼羅河流域卻能使兩倍於此的人口豐衣足食。等英國人建造的大型灌溉工程竣工後，尼羅河流域將可以供養更多的人口。但是，這裡的農民（幾乎無一例外都是穆斯林）只能死守著農業，因為埃及既缺乏煤礦又沒有水力資源，發展工業不是一件容易的事情。

沙漠中的綠洲

自公元八世紀以來，偉大的穆罕默德西征之後，埃及就一直是土耳其的屬地，它由土耳其駐埃及總督和埃及自己的國王共同管理。一八八二年，英國藉口埃及財政情況糟糕透頂，強大的歐洲國家有權干涉，攻占了埃及。第一次世界大戰後，「埃及是埃及人的埃及」的呼聲越來越強烈，英國人不得不宣布放棄在埃及的管轄權。埃及再次獲得了獨立，有權同其他國家簽訂除商業條約外的各種條約，如果要締結商業條約，則必須首先提交英國討論。英國軍隊撤出了除塞得港以外的所有埃及城市，但保留其在亞歷山大港的海軍基地。這是因爲自從尼羅河三角洲上的達米埃塔和羅塞塔喪失了重要性以後，亞歷山大就成爲地中海上的重要商業港口。

這是一個既慷慨又萬無一失的協議。因爲，與此同時英國已占領了蘇丹東部，而尼羅河恰恰流過這裡。通過控制這條一千二百萬身材矮小、棕色皮膚的埃及人賴以生存的河流，英國人確信，他們的要求南視全可以讓遙遠的開羅或多或少地領會。

尼羅河

無論什麼人，只要眞正熟悉近東的政治環境，就不會對英國竭力想控制這個的企圖有什麼微詞。蘇伊士運河是通往印度的捷徑，它南視全從埃及領土上流過，如果聽任其他國家控制了這條商業動脈，對英國來說，無異於自絕生路。

當然，這條運河並不是英國開鑿的，實際上，英國政府曾盡最大努力阻止雷賽布

（法國外交官、工程師）開挖這條運河。他們的理由有二。其一，他們對於拿破崙三世再三強調的聲明一點兒也不相信。拿破崙宣稱，這條由法國出資、法國工程師開鑿的運河完全是商業投機行爲。維多利亞女王也許很喜愛她住在杜伊勒里宮的這位兄弟（當她心愛的臣民們爲了麵包瀕於暴亂的邊緣時，此人曾擔當過倫敦的特別警官），但一般的英國老百姓都不願意聽到這個名字，因爲這個名字會讓他們想起半個世紀前的那場噩夢。其二，英國擔心，這條通往印度、中國和日本的捷徑一旦開通，就會嚴重影響她自己在好望角城的繁榮。

然而，運河還是建成了。威爾第寫成了宏偉的歌劇《阿依達》，來慶祝這一盛事。埃及國王盡其所有爲全部外國來訪者免費提供食宿和《阿依達》的門票。這些來賓們從塞得港前往蘇伊士（該運河在紅海上的終點）去野餐時，擠滿了至少六十九艘船。

英國於是很快改變了策略。當時的班傑明·狄斯雷利首相是個極富商業頭腦的人，他設法控制了蘇伊士運河曾掌握在埃及總督那裡的大部分股份。而且，因爲拿破崙已沒什麼地位，這條路線又被證明是亞歐貿易的黃金幹線，年收入將近四千萬美元（僅在一九三〇年，蘇伊士運河吞吐量就高達二千八百萬噸，幾乎是美國的蘇聖瑪麗運河自開通以來總吞吐量的三分之一），英國政府也就毫無怨言了。

順便說一下，埃及的文物古蹟隨處可見。金字塔坐落在開羅附近，這塊地方過去曾是古埃及都城孟菲斯的所在地。上埃及的古都底比斯，坐落在距孟菲斯幾百英里的尼羅河上游。不幸的是，阿斯旺水壩把菲萊島（位於尼羅河上游的古代宗教聖地）變成了許多小島。在尼羅河漲水的季節，這些小島四面全部被尼羅河渾濁的河水環繞，因此它們注定會被徹底毀掉。死於公元前十四世紀的埃及法老圖坦卡蒙的陵墓就是在這裡被發現的。像在這裡發現的許多其他法老的陵墓一樣，他們生前的用品和財產以及他們本人的木乃伊如今都匯集在開羅的博物館裡，開羅博物館正在迅速變成一座陵墓，同時也正在成爲世界上最迷人的古蹟收藏地。

非洲的第三部分是蘇丹，其地理環境與非洲其他部分截然不同。蘇丹幾乎與撒哈拉大沙漠的南部平行，但它沒有繼續向東延伸很遠，埃塞俄比亞高原擋住了它的去路，把它與紅海隔開。

如今，非洲就像盛大國際橋牌比賽中的賭注，當一個國家亮出「三張黑桃」，另一個國家立馬會以「四張方塊」回擊。十九世紀初，英國從荷蘭人手中奪走了好望角。此地最早的殖民者——固執的荷蘭人不喜歡英國人的統治，於是把他們的家當收拾到大篷車裡，套上牲口，集體向北方遷移。英國人於是照搬了俄國人十六世紀征服西伯利亞時的老辦法——一旦有足夠的流浪者在西伯利亞的一個新地區安頓下來，沙皇的軍隊就尾隨而至，通知這些居民：既然他們原本是

蘇伊士運河

俄國的臣民，那麼他們剛剛占據的土地也就是俄國財產，莫斯科政府會通知他們，收稅官什麼時候到來。

英國人一直尾隨著那些向北前進的布爾人（非洲南部荷蘭移民後裔），並試圖兼併他們的領土，結果導致很多不愉快的爭端。長期在戶外活動的布爾人的射擊技術遠比那些倫敦士兵好。在一八八一年的馬傑巴戰役後（格萊斯頓在這件事上非常公平，他就此發表了關於忍耐的一段講話，其中一句話值得所有政治家們抄錄：「我們昨晚打了敗仗，我們的驕傲受到了傷害，但我們沒有理由再爲榮譽付出更多的鮮血。」），布爾人得到了暫時的喘息機會，重新獲得了獨立。

然而，整個世界都知道這場大英帝國和一小撮農民之間的戰爭會有何結果。英國的地產公司從土著首領那裡買下了大片的土地，逐漸向北部蠶食。與此同時，爲了控制全埃及的局勢，英軍也正沿尼羅河兩岸緩慢而穩步地向南挺進，一個著名的英國探險隊正在開發非洲中部地區，並取得了輝煌戰果，顯然英國人是想修建一條穿過非洲中心地帶的隧道。同時，他們已開始在開羅和好望角建立地面指揮所，這兩端遲早會在尼羅河和剛果河發源的大湖區滙合。到那時，英國人的火車就可以從亞歷山大一直開到桌灣（因桌山而得名，該山形狀奇特，是個台狀山，形成了開普敦的天然背景），而不必中途換車。

顯然，法國人則想沿東西線大展宏圖，而英國人則想沿南北線有所舉措。這裡的東西線是指從大西洋到紅海，即從塞內加爾的達喀爾到法屬索馬里的吉布提。吉布提是高個阿比西尼亞的出海口，而且有鐵路與阿比西尼亞首都亞的斯亞貝巴相通。如此巨大的工程當然要花費很多工夫，但並非我們所想的那麼誇張。我們看著地圖，可能會覺得工程中會有許多難以想像的艱難險阻需要克服。比如，尼日利亞北部的乍得湖的工程就很棘手，從此向東就是工程中最艱難部分的開始，因爲蘇丹東部（如今是盎格魯—埃及的蘇丹）和撒哈拉沙漠一樣貧瘠荒涼。

然而，如果一個雄心勃勃的現代強國手中掌握著資本，特別是當它發現了能讓資本翻倍的機會時，那麼它就會毫不猶豫地炸毀其前進道路上的障礙，就像一輛軍用坦克軋過一群鵝一樣殘忍。法蘭西第三帝國有足夠的精力，它一直想挽回第二帝國失去的特權。此外，法國農民收藏了很久的雪茄和飼養的牲畜又爲它提供了必要的資本。東西幹線與南北幹線的激烈競爭正式開始了。爲了塞內加爾河和岡比亞河之間土地的所有權，自十七世紀初以來，法國就一直在和英國、荷蘭爭戰不休。如今，法國把這一地區作爲政治鬥爭的閥門，用來開啓整個蘇丹一望無際的土地。

法軍爲了把西部蘇丹大部分地區劃入其非洲殖民帝國，採取了各種各樣的手段，包括外交伎倆、商業手段以及哄騙和謊言，在此我無法一一詳述。

非洲

直到現在，他們仍然繼續假惺惺地自稱不過是許多保護國和托管地的臨時管理者而已，不過誰都明白那到底是怎麼回事。壟斷了紐約牛奶生意的黑社會可能還會把他們那些殺手團伙稱作「牛奶商保護協會」，而歐洲各國也很快從美國那些卑賤的攔路搶劫者那裡學會了不少伎倆。他們之間沒有什麼區別。

從地理上看，法國作了一個明智的選擇。蘇丹的大部分地區都很富庶，當然這也說明了這樣一個事實：在非洲所有的黑人部族中，蘇丹的土著人是最聰明、最勤奮的一支。蘇丹的部分土壤是像中國北部那樣的黃土。不過，它又像塞內加爾一樣，沒有被山脈與海洋隔開，所以內地有充足的降雨量，人們可以飼養牲畜，種植玉米和小米。順便插一句，非洲的黑人不吃大米，而是吃玉米。那裡的玉米和美國的玉米糊有點兒相似，不過做法沒那麼精細而已。他們還是非常傑出的藝術家，他們那些雕刻和陶器令人讚嘆不已，在美國的博物館裡展出時，從來都是人們注意的焦點。就像我們美國那些未來主義畫派的畫家最近的傑作一樣。

但是，在白人看來，蘇丹人有一點對白人很不利——他們是穆罕默德忠實的追隨者，穆罕默德的傳人侵入北非，使整個北非變成了一個伊斯蘭世界。在蘇丹，弗拉人或費拉台人（黑種人和柏柏爾人的混血種）散布在塞內加爾河南部和東部各地，他們是當地的統治者，在很長時間內一直是法國當局的心腹大患。不過，鐵路、公路、飛機、坦克和履帶拖拉機畢竟比宗教的經文有力得多。費拉台人逐漸學會了開汽車。浪漫情懷很快就被汽油泵取而代之了。

法國人、英國人和德國人在蘇丹定居前，這塊土地大部分屬於那些土著首領。這些人相互捕捉彼此的人口，然後把他們當奴隸賣了，並以此賺錢致富。他們中的一些統治者聲名狼藉，被歸入舊時代最典型最殘暴的惡霸之列。

蘇丹南部大部分地區被幾內亞灣沿岸的高大山地與海洋分隔開來。這樣一來，諸如尼日爾河這類河流對內陸的發展根本起不到什麼重要作用。原因就在於，像剛果河一樣，為尼日爾河避開這些高地，不得不繞很大一個圈子，而且在到達海邊前，還必須在這片高地上沖開河道，結果在海洋附近形成了很大瀑布急流。非洲大河的上游通常可以航行，但是卻無人居住。

其實尼日爾河不像一條規則的河流，而更像是一串狹長的湖泊和小池塘，正如蒙戈・帕克在一八〇五年發現它的樣子（在孩提時代，蒙戈・帕克就開始夢想探索河流的奧秘）。在沒有水路的情況下，北非人開闢了陸上貿易路線，他們取得成功要歸功於這條河，這也是尼日爾河上游左岸的廷巴克圖能成為十分重要的商貿中心的原因，四面八方的商人們都雲集於此。

廷巴克圖的廣泛歡迎在很大程度上要歸功於它這個奇妙的地名，這個地名聽上去就像頗有幾分神秘的非洲巫師的咒語。一三五三年，被譽為阿拉伯世界的馬可・波羅的伊本・白圖泰（穆斯林旅行家）就曾造訪過該地。二十年後，該地作為重要的黃金和食鹽的交易市場首次出現在西班牙的地圖上，這兩樣商品在中世紀幾乎等值。一八二六年，當戈登・萊思少校從黎波里出發，穿過撒哈拉沙漠到達此地時，它已是一片遭受過圖阿里哥人和費拉台洗劫者的反復襲擊時口摧毀的廢墟。萊思少校在去海邊的途中被塞內岡比亞的費拉台人殺害，從此以後，廷巴克圖已不再像麥加、卡瓦或西藏那麼神秘，而成了法軍在蘇丹西部軍事行動的一個一般性「目標」。

一八九三年，廷巴克圖被一支法國「部隊」占領了。所謂的法國「部隊」由一面法國海軍軍旗和六個白人組成，另有十二個塞內加爾人隨從。沙漠部落的抵抗未被瓦解，不久之後，他們便殺掉了大多數白人侵略者。一支二百人組成的救援部隊來爲那支海軍先遣隊報仇，但也差點兒被全殲了。

當然，這僅僅是法國完全吞併蘇丹前的一件事。蘇丹中部的乍得湖周圍地區也是一樣的情況。這一地區更容易進入，因爲貝努埃河只是尼日爾河的一條支流，流向是從東向西，比尼日爾河更適於航行。

乍得湖海拔約七百英尺，湖水不深，很少超過二十英尺，與大多其他內海不同，它的湖水是淡水而非鹹水。湖面隨雨季而變化，但總體來說是逐漸變小，到下個世紀可能只剩下一個沼澤。一條內陸河注入乍得湖裡。這條河名叫沙里河，它從

剛果河與尼日爾河

距海洋一千英里處發源，又在離海一千英里處流到盡頭，它的長度同萊茵河一樣長。要想對非洲中部地區的大小比例有一個更清楚的認識，我想上述概念是更爲合適的。

乍得湖東面多山的瓦代地區正好介於尼羅河、剛果河和尼日爾河之間。這一地區政治上從屬於法國，是法屬剛果的一塊行政區。法國的勢力範圍也以此爲終點，因爲該地區以東就是英屬埃及蘇丹，在古代被稱作白尼羅國。

當英國人已著手勘測從好望角到開羅的道路，並正在猶豫是占領這塊極具價值的戰略地區，還是將其拱手讓給其他國家時，蘇丹東部還是一片平坦、開闊和奇異的沙漠。尼羅河不適於航行，沿河兩岸也沒有道路可通。這裡居民的貧困和不幸令人難以置信，他們聽任來自沙漠地區的壞人們擺布。從地理上看，這裡沒有絲毫價值，但政治上的潛在價值巨大。一八七四年，埃及總督將這一大片上萬平方英里「名義上的埃及疆土」的行政權，委托給戈登託管，戈登我們在前面「中國」的章節提到過。戈登在蘇丹待了六年，在一位機智的義大利助手羅莫洛·傑西（義大利軍人和探險家）的幫助下，他完成了一件至關重要的事情：粉碎了最後一個販奴團伙，槍斃了那些團伙的頭目，使一萬多名男女獲得解放，並讓他們返回家園。

在這個令人望而生畏的清教徒離開蘇丹不久，蘇丹古老的殘暴統治和壓迫又死灰復燃了，結果爆發了一場爭取完全獨立的運動，口號是「蘇丹是蘇丹人的蘇丹，我們需要奴隸買賣」。起義的首領是穆罕默德·艾哈邁德，他自稱爲馬赫迪，意思是「救世主」，能夠正確引導眞正的穆斯林信仰的道路。一八八三年，馬赫迪征服了科爾多凡的奧貝德（此地現有鐵路與開羅相連）。此後，他又在同一年消滅了由英國殖民地軍官希克斯帕夏率領的一支一萬人的埃及軍隊。希克斯本人是一名英國上校，在埃及總督的部隊中服役。由於英國已於一八八二年宣布對埃及實行保護制度，因此馬赫迪不得不面對一個更加危險的敵人了。

英國對殖民地統治很有經驗，但也深知困難重重，不願貿然做任何莽撞的冒險。這時，它勸告埃及政府暫時從蘇丹撤出部隊。戈登將軍再度被派往喀土穆，組織埃及守軍的撤退事宜。他剛到達喀土穆，馬赫迪便揮師北上，把戈登及其手下困在了喀土穆。戈登發電緊急求援，格拉德斯通立即派出一支增援的遠征軍，但爲時已晚，當這支援軍離喀土穆尚有幾天行程的時候，這座城市已被馬赫迪的部隊攻占，戈登被殺。這件事發生在一八八五年。同年六月，馬赫迪去世。他的繼任者成爲蘇丹的統治者。後來，一八九八年，基奇納率領的英埃聯軍將他們逐出沙漠，收復了蘇丹全境，重新控制了向南遠至位於赤道的烏干達的整個地區。

爲了改善當地土著人的生活條件，英國人做了大量的工作，如修建公路、鐵路，提供安全保障，消滅了各種疾病。通常，白人爲黑人做這些事，如果他是個十足的傻瓜，他就指望黑人對他表示感謝。可是黑人的回報是，只要有機會便從背後朝白人開槍。對此，只要白人有過二百年的殖民經驗，就會明白這一點。

由亞歷山大和開羅向南的鐵路，如今以又向西延伸至奧貝德，向東延伸至紅海的蘇丹港，將來如果蘇伊士運河突然被某個敵國摧毀，英國還可以用這條由東向西穿過埃及的河谷地帶並橫跨努比亞沙漠的鐵路來運送部隊。

現在，我們再回到幾年前，看看馬赫迪發動的起義，這場起義對非洲的發展產生了極為深遠的影響，但這與馬赫迪本人及其要成為自己祖國的主人的野心勃勃卻無半點兒聯繫。

馬赫迪起義開始時，深入到南方的埃及軍隊被迫在中非地區尋找一處安身之地。那一地區當時還無人知曉。一八五八年，英國探險家斯皮克在穿越這一地區時，發現了尼羅河的母親湖——維多利亞湖，但阿爾伯特湖與維多利亞湖之間的大部分地區，仍是一片未知的土地。這支埃及部隊由愛德華·施尼策爾博士（一位德國物理學家，以其土耳其頭銜埃明帕夏著稱）率領。喀土穆淪陷後，這支部隊便失蹤了，整個世界都十分好奇地想知道他的下落。

尋找這位博士的任務交給了一位名叫斯坦利的美國新聞記者，他的原名叫羅蘭斯。當他初到美國時，還是個剛從英國救貧院裡跑出來的窮小子，在美國得到了一位奧爾良商人的好心照顧，為了紀念那位恩人，他就改姓那位商人的姓斯坦利。作為一名非洲探險家，斯坦利在一八七一年的一次尋找利文斯通博士的航行就已經成名。從那時起，英國就已認識到染指非洲事務的重要性，因此《每日電訊報》和《紐約先驅報》共同資助了那次航行的費用。由東向西歷時三年的探險，證實了被利文斯通懷疑是剛果河一部分的盧瓦拉巴河，實際上是剛果河的源頭。探險還發現，剛果河曲折入海所橫貫的地區，面積是多麼遼闊。除此之外，這次探險還帶回了許多稀奇古怪的土著部落的故事，這些事情人們以前聞所未聞。

斯坦利的第二次航行使全世界把注意力轉到剛果潛在的商業價值上，也正是這次航行，爲比利時的利奧波德建立他的剛果自由邦提供了可能。

當埃明帕夏的命運成了世界普遍關注的話題時，尋找他的最佳人選就自然而然地落到了斯坦利的頭上。他從一八八七年開始察訪，第二年，他在緊靠阿爾伯特湖北邊的瓦德拉找到了埃明。埃明好像正在用一時重可怕的力量對付當地的土著居民。斯坦利試圖說服埃明爲比利時國王效力，這可能意味著非洲大湖地區也會被併入剛果殖民地的版圖，但埃明似乎已另有自己的打算。他一到桑給巴爾（其實他並不急於被「救」出來），就與德國當局聯繫，最終德國當局決定送他回去，並給他提供充足的人力和資金，以便讓他在維多利亞、阿爾伯特和坦葛尼喀三個大湖之間的高原上建立德國的保護地。早在一八八五年，德屬東非公司便在桑給巴爾海岸地區獲得巨額利潤。如果再加上那一片大湖地區，德國就能讓英國的

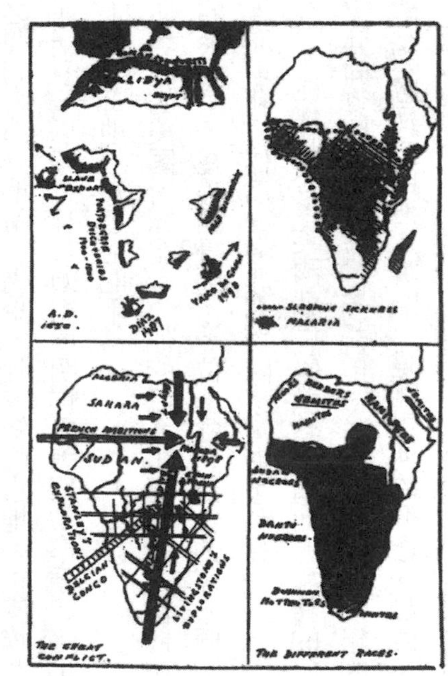

非洲

計劃成爲泡影。英國的計劃是，建立一塊從埃及到好望角的英國海外領地，從而把非洲分成兩半，可是一八九二年，埃及在剛果河上的斯坦利瀑布附近被阿拉伯奴隸販子暗殺。這個嚴厲的德國人年輕時曾理所當然地吊死了那幫人的同行們，遂遭到他們的報復。埃明在坦噶尼喀湖高原上建立新德國的夢想因此隨風而去了。然而，當年爲尋找他的下落而進行的探險，卻使中非的大部分地區被我們探明，並得以標注在現今的地圖上，這就把我們引入非洲的第五個自然部分——東部的高山地區。

東部的高山地區包括從北部的阿比西尼亞（今埃塞俄比亞）和南部的贊比西河之間的全部土地，贊比西河以南就是南部非洲了。該地區的北部主要是含米特人，如阿巴西尼亞人和索馬里人，他們雖然頭髮捲曲，卻不是黑人。南部區的居民主要是黑種人和大量的歐洲人。

阿比西尼亞人是十分古老的基督徒，早在公元四世紀就皈依了基督教，而中歐的第一個基督教組織是在公元前八世紀才出現的。然而，阿比西尼亞基督徒的情感並未阻止他們對鄰族不斷發動戰爭。公元五百二十五年，他們甚至穿越紅海，征服了阿拉伯半島南部，當時屬羅馬帝國治下的阿拉伯半島費利克斯（本地人稱作阿拉比亞沙漠）。正是這次遠征使年輕的穆罕默德意識到，必須把自己的祖國建成一個強大、統一的阿拉伯國家，並由此開始了他作爲宗教創始人和世界性帝國締造者的生涯。

穆罕默德的追隨者首先採取的行動，就是將埃塞俄比亞人逐出紅海沿岸城市，並切斷他們與錫蘭（今斯里蘭卡）、印度和君士坦丁堡的商業往來。此後，埃塞俄比亞就像日本一樣不再關心外界事務，直到十九世紀中葉。當時，歐洲列強開始覬覦索馬里半島方向，這並不是因爲索馬里半島本身有多大潛在價值，而是因爲它地處紅海，很快就成爲蘇伊士運河的延伸。法國人捷足先登，占領了吉布提港。英國人發動了對阿比西尼亞的討伐戰爭，戰爭期間，阿比西尼亞那位了不起的國王西奧多寧可自殺也不願作敵人的俘虜。之後英國占領了英屬索馬里。此地隔海與亞丁相望，因此海灣被命名爲亞丁灣。義大利人堅持要將這塊海濱地區用作遠征阿比西尼亞的供應基地，所以就在法國和英國屬地的北邊獲得了一塊地盤。

這次策劃已久的遠征發生在一八九六年，結果義大利人損失了四千五百名白人和二千名土著部隊，還有略少於上述數目的俘虜。此後，義大利人再也沒有干擾他們的阿比西尼亞鄰居。他們又在英國殖民地南部的索馬里占據了另一塊土地。

當然，最終阿比西尼亞將走上烏干達和桑給巴爾的老路。不過，在阿比西尼亞從吉布提到亞的斯亞貝巴只有一條鐵路，解決不了交通上的難題；另外，整個阿比西尼亞高原的地勢起伏不平，又使其成了天然的堡壘，而且白人也意識到黑人隨時會進行反擊，所有這些因素使他們在惡劣的生存環境中掙扎，但這個古老的王國至今還未像其他地方那樣遭到吞併。

阿比西尼亞南部和剛果河東部之間有三個非洲大湖。其中，然拉維湖是贊比亞河支流的發源地，維多利亞湖是尼羅河的源頭，坦噶尼喀湖則與剛果河相連，由此可見，該地區肯定是非洲最高處。最近五十年的考察也完全證實了這一點。維多利亞湖東南部的乞力馬扎羅山海拔高一萬九千三百二十一英尺、肯尼亞山爲一萬七千英尺、魯文佐里山一萬六千八百英尺（這座山是斯坦利在二十世紀重新發現的，首次發現時曾命名爲托勒密之月山）、埃爾根山一萬四千英尺。

過去，這一帶是火山區，不過非洲的火山已有很多世紀不曾噴發過了。從政治上看，整個地區又被劃分爲許多個小部分，但都在英國的統治之下。

烏干達是個產棉國，一八九九年淪爲英國的保護國。現在的肯尼亞殖民地，過去曾是英屬東非公司領地，一九二〇年被納入大英帝國。同時，從前的德屬東非殖民地於一九一八年成爲英國的托管地，如今屬坦噶尼喀地區。

乞力馬扎羅山

桑給巴爾是最重要的沿海城市，也是這個從事過奴隸貿易的古老蘇丹國的首都，一八九〇年淪爲英國的保護國。對印度洋各地的阿拉伯商人來說，這個城市是個重要的活動中心。斯瓦希里語（東非流行的一種語言）的傳播很可能是他們造成的，那是一種在桑給巴爾通行的南腔北調的混合語，如今整個非洲東海岸都說這種語言，就像馬來語已是荷屬東印度公司諸島的「法定語言」一樣。如今，任何想在印度洋三千英里海岸沿岸及其數百萬平方英里的腹地做生意的人，哪怕他只懂一點點斯瓦希里語，那就是他最有價值的資本。

這樣，有關北部非洲的介紹就大體結束了。除了那塊位於大西洋和蘇丹山區、喀麥隆山間之間的狹窄的沿海地區，近四百年來，這塊狹長的土地一直被稱作上幾內亞和下幾內亞。在談論奴隸制時，我曾提到過這裡。就是在此地，「黑象牙」在準備裝船運往世界其他地方之前被集中起來。這一地區現在分屬好幾個國家，它們都看到了此地工業產品日益增長的價值，特別是棕櫚產品。

塞拉利昂是古老的英國墾殖地，和它西邊的利比里亞一樣，居民中很多是從前的奴隸。許多善良的人慷慨解囊，好讓黑人重返其祖輩的故鄉，但他們得到的除了失望之外，再沒有別的東西了。

象牙海岸屬法國。英國版圖上的阿克拉以黃金海岸著稱，只有一個港口，不過在西部的科臘迪正在建造一座新港。兩個港口之間有鐵路相通。尼日利亞也屬英國，首都拉各斯。達荷美曾是

贊比亞瀑布他們

個獨立的土著民族國家，一八九三年後被法國人吞併。

第一次世界大戰前，喀麥隆屬德國，現在成了法國的保護國。多哥也一直是法國的保護國，現由英法兩國將其作爲托管地瓜分。其餘的還有法屬剛果，這樣一來，世界的這一部分整個成了法國的赤道大帝國，很少還有其他外國的地盤。

爲了縮短從巴塔維亞到阿姆斯特丹的航程，荷屬東印度公司開闢了一條自己的陸上通道，途經波斯、敘利亞和亞歷山大。可是，每當美索不達米亞的郵車和商隊之間爭執不休，就會使承運的貨物延誤，這種狀況令商人們只得繼續通過繞行好望角的海路運送貨物。

爲了確保對印度產品貨流的穩定，荷蘭占領了幾內亞海岸的不少碼頭，用來販運奴隸。荷蘭還搶占了聖赫勒拿島，並加強了好望角的防衛力量。

像所有精明的商人一樣，荷蘭人喜歡用立字據的方式購買東西。一六七一年，他們用這種方式從霍屯督人那裡買下了開普敦要塞周圍的土地。這就意味著霍屯督人走上了絕路，因爲他們一旦失去土地，就得向北遷入奧蘭治河及瓦爾河地區，而那裡的統治者正是他們的世仇布須曼人。似乎是上蒼的懲罰，曾殘忍地對待過霍屯督人和布須曼人的荷蘭農民，後來也遭受了相同的命運。一八〇六年，開普敦被英國人占領，隨後布爾人遷往北方。他們曾多次故伎重演，直到一九〇二年，德蘭士瓦和奧蘭治自治邦這兩個布爾人的獨立共和國最終被英國人吞併。

整個三角形地區最重要的港口是開普敦，但在豐富的金礦和其他礦藏方面，沿海都無法與內地相比。這片內陸是一片高原，點綴著一些被稱作「丘陵」的小山。高原的西面與大西洋相望，中間隔著一片台地。東面與印度洋之間，隔著馬托波山和德拉肯斯山脈等其他山脈。

這些山脈沒有冰川，所以整個地區河水補給都要靠老天降雨。結果是，這些河流冬季和雨季洶湧湍急，夏季則乾涸見底。在入海之前，高山擋住了這些河流流向海洋（納塔爾的河流則例外，因而納塔爾是目前組成南非聯邦的不同國家中最富裕的一個），所以不可能成為通向內陸的貿易路線。

為使內陸腹地通向海洋，已修建了很多鐵路。第一次世界大戰前，最重要的一條鐵路是從比勒陀利亞到葡屬東非迪拉果阿灣的洛倫科馬魁斯之間。大戰後，又修通了前德屬西南非洲的斯瓦科普蒙得和盧得立次的道路。德屬西南非洲如今是南非聯邦的托管地，現有鐵路向北到達坦噶尼喀湖，然後乘船渡過該湖，再坐另一趟從這裡出發的火車前往桑給巴爾。這一地區和中非現在正在開展一場名副其實的修建鐵路的競賽。

去往北方的旅行者需要一天的時間才能穿越卡拉哈里沙漠，這段旅途特別辛苦。等過了沙漠，又得穿越羅德西亞的丘陵地區。羅德西亞因塞西爾·羅茲的名字而得名，塞西爾·羅茲是歷史悠久的英國南非特許公司的創始人，也是英國治下的統一南非的最早指揮者之一。如今，這個夢想已部分實現。不同的特許公司、前布爾人共和國以及卡菲爾人和祖魯人的國家，現在都被納入了一九一〇年成立的南非聯邦。農村地區的布爾人的勢力似乎漸漸超過了主要居住在城市地區的英國人的勢力，他們之間進行著激烈的鬥爭，這場鬥爭將決定這兩個競爭對手中誰將成爲統治力量。後來出現了一個折中的辦法——聯邦議會設在開普敦，而政府所在地則設在前德蘭士瓦共和國的首都比勒陀利亞。

安哥拉和莫桑比克分別從西邊和東邊將南非聯邦與大西洋和印度洋隔開，安哥拉和莫桑比克是古葡萄牙帝國的殘餘，它們的面積之大在葡萄牙現存的殖民地中是少見的。可是，它們卻沒有被很好地治理，遲早會被更強大的鄰國吞併。由於糧食價格低於從前，而畜牧業幾乎完全停頓了，南非已不再開墾新的農田和牧場。如果時局恢復常態，這兩個葡萄牙的殖民地將被輕而易舉地兼併。現在，南非正在形成一個既非荷蘭人也非英國人的新的種族，他們是純粹的南非人。它的土地肥沃，銅礦、煤礦、鐵礦等資源十分豐富，很可能像美國那樣發展，只是規模不大。

莫桑比克海峽的另一邊的馬達加斯加島，面積二十三萬平方英里，比它的宗主國法國還要大。人口約四百多萬，島上山川連綿，東部面對盛行風。該島盛產原木，這些原木從塔馬塔夫港出口。其他的出口產品是皮革、橡膠和硬樹脂。該地有鐵路與首都塔那那利佛相連。

馬達加斯加的居民不像黑人，而更像是馬來人。由此看來，馬達加斯加在很早的地質時期就和非洲大陸分開了，因爲在該島上很難發現非洲的動物。

馬達加斯加以東有兩座小島——毛里求斯和留尼汪，在前往印度的商路必須繞道好望角的時期，它們的地理位置十分重要。毛里求斯曾是荷屬東印度公司的蔬菜、淡水供應站，現屬英國。

留尼汪歸法國人所有。

還有一些其他島嶼，在地理上屬於非洲。我已經提到過的聖赫勒拿島以及在大西洋位置更北一些的阿森松島，是供煤站和海底電纜站。佛得角群島是葡萄牙的屬地。該群島位於毛里塔尼亞海岸以西幾百英里的地方，現由毫無價値的西班牙里奧德奧羅殖民地拈據。加那利群島屬西班牙。葡萄牙人擁有特納里夫島及其首府聖克魯斯，以及該島著名的火山，還占有馬德拉群島和亞速爾群島。這一帶還有聖布蘭登島，在十七世紀和十八世紀，所有誠實的船長都確信有這個島，就像我們對乘法運算表深信不疑一樣。然而，沒有人知道這個島究竟在何處，因爲一旦有船隻從附近駛過，它就沉沒入海，等造訪者離開後，它又重新露出水面。對一個非洲島嶼來說，它這樣做很有先見之明，因爲這是它逃避西方列強占領的唯一辦法。

大多數大陸都可以被歸納爲簡單的代表形象。比如，我們提到「歐洲」時，我們會想起聖彼得教堂的穹頂、萊茵河沿岸廢棄的城堡以及寂靜的挪威峽灣。我們甚至還可以聽到俄國三駕馬車的鈴聲。亞洲，則讓人想起寶塔，想起瘦瘦的黃種人成群結隊地在寬闊的河裡洗澡，以及高聳入雲的各色寺廟，還有古老的富士山的平靜和諧。美洲則令人聯想到摩天大樓、工廠的煙囪以及騎著矮種馬漫遊的印第安老人。甚至偏遠的澳大利亞也有它自己的象徵：南十字星座、瞪著好奇和聰明的眼睛的可愛的大袋鼠。

但是，面對這塊充滿差異和矛盾現象的非洲土地，我們如何才能歸納出一種獨特的象徵？這塊土地炎熱乾燥，尼羅河卻幾乎和亞馬遜河一樣長，剛果河僅比密西西比河稍短一點兒，尼日爾河的長度比黃河還要長，卻沒有適於航行的河道。這塊土地還會有傾盆大雨和難以忍受的潮濕，而世界上最乾燥的沙漠撒哈拉大沙漠卻在這裡，僅這一個沙漠的面積就比整個澳大利亞的面積還要大。卡拉哈里沙漠的面積則與不列顛諸島相當。

人民是軟弱無助的，這片土地上的黑人不知該怎樣保護自己不受傷害。然而，世界上組織得最好的軍事機器卻在祖魯人中發現了。沙漠中的貝督因人和其他北方部落，沉重地打擊了用現代化武器裝備的歐洲軍隊。

在非洲，沒有像波羅的海或美國大湖區那樣便利的內海，但三大湖彌補了這一缺陷，維多利亞湖像蘇必利爾湖那樣大，坦噶尼喀湖像貝加爾湖那樣大，馬拉維湖的面積則是安大略湖的兩倍。

非洲的山不多，但乞力馬扎羅山比美國（除阿拉斯加）最高峰惠特尼山還要高五千英尺，而赤道以北的魯文佐里山比勃朗峰還高。

那麼，這塊大陸究竟出了什麼問題，我不得而知。如果只看某一個方面還算正常，但放在一起就難以理解。尼羅河通往具有重要商業意義的地中海，但這裡衆多的瀑布急流卻對航運造成阻礙。剛果河和尼日河都沒有合適的出海口。贊比西河發源於奧蘭治河的盡頭地區，奧蘭治河則結束於贊比西河的發源地。

現代科技發展最終會讓沙漠長出果樹，會讓沼澤排乾，可以找到治癒痢疾和嗜睡病的辦法（這些疾病席捲了蘇丹和剛果地區的整個農村），就像現代科學讓我們擺脫黃熱病和瘧疾一樣。現代科學還可能把非洲中部和南部的高山地區變成法國的普羅旺斯或義大利的里維埃拉的複製品。然而，熱帶叢林自形成起至今已存在了上百萬年，它們是如此強大和頑固，以至於現代科學只要有半點兒懈怠，叢林和它所有的暴虐就會捲土重來，掐住白人的脖子以致令其窒息，然後將毒氣呼入他的鼻孔，死後被鬣狗和螞蟻吃掉。

也許正是陰森森暗無天日的熱帶叢林給整個非洲的文明打上了可怕的印記。沙漠只會令人恐懼，但閃爍的黑森林則更令人毛骨悚然。它生機勃勃卻又殺氣騰騰。生死搏鬥必須悄悄地進行，否則獵人就會變成獵物。於是日復一日，年復一年，萬物在無精打采的樹葉搭起的高頂下彼此吞沒。看似最溫柔的昆蟲卻長著最毒的刺。最美麗的花朵卻暗藏著劇毒的秘密。每一個角、蹄、嘴、牙齒都會對付別的角、蹄、嘴和牙齒，它們以牙還牙，互不相讓。生存的脈搏伴隨著咀嚼骨頭和撕裂柔滑的黑色皮膚而跳動。

這些事我試圖同非洲人談論過，他們卻笑我。生活就是這樣。要麼是極度貧窮，要麼就是富甲天下。沒有什麼中庸之道。一個人不是受凍挨餓，就是享受佳餚。一個人要麼在摩加多與一個阿拉伯商人用金杯共飲咖啡，要麼就是對一個霍屯督老婦肆意開槍射擊。這塊矛盾的非洲大陸使人感到無比恐懼。它扭曲了人們的想像力。它扼殺了人們對人生美好的感受力。在曠野和森林中無休止的屠殺發出的血腥味浸入他們的血液中。一個在比利時區區小村受過正統教育的芝痲綠豆官到了此地則成了魔鬼，婦女們僅僅是因爲沒有交納超額的橡膠而被他鞭笞至死，還有些可怕的「黑鬼」因爲拖欠了主子所要的象牙被砍去手腳，而主子卻在悠閑地享受飯後雪茄。

我盡最大努力要做到不偏不倚。雖然其他的大陸在人類的殘忍狠毒上也負有責任，但他們總還有其可取之處：耶穌的勸諭、孔子的諄諄教誨、佛祖的慈悲爲懷、穆罕默德的疾惡如仇。可是唯獨非洲沒有先知。其他國家的居民當然也是貪婪和自私，但有時在靈肉相搏中靈戰勝肉，他們曾經進行朝聖巡禮，把巡禮的目的深藏在天堂之內。

在非洲沙漠和深林中的唯一足音，是那些目光銳利的尋找人類獵物的阿拉伯人奴隸販子，他們尋找達荷美的阿梅宗人，等待在人們熟睡之際突襲村莊，把兒童偷走，賣往外國做奴隸。在世界其他地方的婦女，從古到今總是想方設法把自己打扮得很美，吸引她們的男人，以便博得他們的歡心，而唯獨非洲的婦女總是自己弄得面目可憎、奇醜無比，以便抗拒那些不速之客。

第三十九章　美洲

——最幸運的大陸

美洲大陸是所有大陸中最富有生機的一個。我之所以這樣說，既不是把它作爲整個工業發展中的經濟因素，也不是把它當作各國政治體制的試驗田。這裡所講的美洲大陸，純粹是一個地理的概念。從地理角度看，美洲大陸幾乎是得天獨厚，應有盡有。

美洲是西半球唯一的大陸，所以這裡沒有其他大陸與之抗衡。它坐落

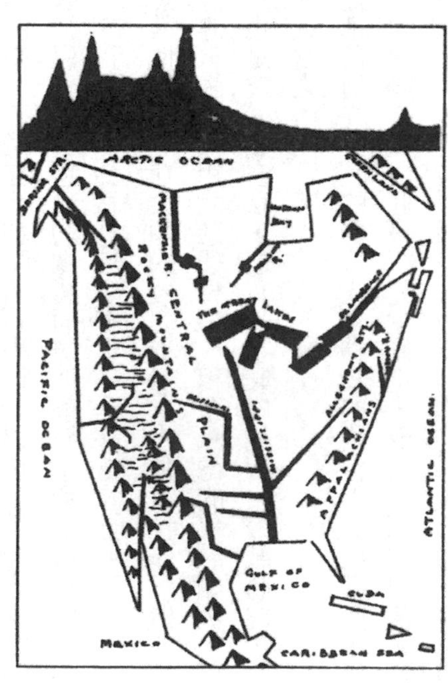

北美大陸

於世界上最大的兩個大河之間，在大西洋剛剛成爲一個重要的文明中心時，白人就在此安居落戶了。

美洲地域遼闊，從北極一直延伸至南極，所以這裡分布著各種氣候帶。其中一些地區雖然橫跨赤道，但那一部分同時也是全洲地勢最高的地方，因而擁有較好的氣候，成爲人類類居之地。相對其他洲來說，美洲的沙漠面積是很小的，而上天賜予的那些廣袤的平原又正好位於溫帶地區，所以這裡似乎注定成爲世界的糧倉。

美洲的海岸線既不平直，也不過於曲折，因而極適於深水海港的開發建設。

美洲的主要山脈都是南北走向，因此這裡的動植物就得以避過了冰川時期的冰川襲擊，比起同樣在歐洲大陸的動植物群，它們享有一個更好的生存環境。

美洲擁有豐富的煤、鐵、石油、銅及其他礦產資源，還有在大機器生產時代需求量不斷增加的原材料。

在白人侵駐美洲大陸之前，這裡幾乎無人居住，整個大陸僅有一百萬印地安人，因此土著人對白人的侵略無能爲力，更無法阻止那些白人在這片土地上爲所欲爲，直至依照其意圖建立國家。除了存在自己一手釀成的一些不幸的種族問題，美洲不存在太嚴重的種族問題。

這塊嶄新的處女地上孕育著許多機會，因而吸引了來自各個國家的精英們，他們相互依賴，共同發展，很快就適應了這片大陸新奇、獨特，卻又簡單的地理環境。一個多民族混居的獨特的美洲大陸出現了。

最後，可能也是最重要的一點：居住在今天的美洲的人們是沒有歷史的，他們不必被那些不可能回頭的過去所拖累。因此，他們不受歷史的束縛（在很多地方已經證明，歷史留給人們更多的是包袱），他們可以比其他民族前進得更快些，因爲他們不必像其他地區的人們，無論到哪兒都要背負祖先留下的一切。

南北兩個美洲的地理特徵，不僅簡單而且相互對稱。它們各自的特點也是它們相同的地方，這樣我們可以把他們放在一起介紹，卻不會擔心讀者混淆。

南北兩個美洲的形狀像兩個三角形。唯一不同的是，南美洲的三角比北美洲的三角略偏東一些，這一點證實了一個事實：南美洲比北美洲更早被人發現。當南美洲已爲人們熟知的時候，大部分北美洲的地區仍屬於「未知的領域」。

在南北美洲的西部是一系列貫穿南北的山脈，它約占全洲總面積的三分之一；另外，東部三分之二的面積包括中部廣闊的平原及東部的稍低一些的山脈，它們是：位於北美的拉布拉多山和阿巴拉契亞山、位於南美的圭亞那高原和巴西高原。大陸東西兩邊的山脈將中部的平原與海洋隔開。

至於河流的分布，南北美洲的情況也有相似之處。有一些不太重要的河流向北流，而北美的聖勞倫斯河與南美的亞馬遜河的走向幾乎平行，南美的巴拉那河與巴拉圭河簡直是北美的密蘇里河與密西西比河的複製品：兩河都是在中途交匯，分別流入亞馬遜河及聖勞倫斯河。

至於中美洲，那時是一塊由東至西的狹窄地方，從地理角度講，它是北美大陸的一部分，而在尼加拉瓜，景致和動植物群都出現明顯的差異。因此，從這裡開始就進入南美大陸。中美洲的其餘部分多爲高山。由於這個原因，墨西哥雖與撒哈拉同樣位於赤道附近，卻氣候宜人，人口稠密。

南美洲比北美洲更接近赤道，發源於安第斯山脈的亞馬遜河幾乎是沿著赤道線向東一路流向大西洋，這眞是一個壯觀的行程。總體而言，這裡給我們提供了一個理想的範例，以研究地理環境對人類及人類對地理環境的作用。

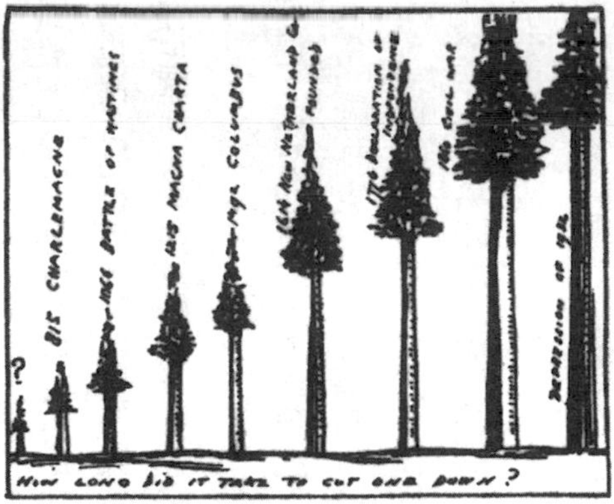

在這裡，大自然創造了兩個幾乎相同的環境：左邊是一堵高牆，右邊是通道。中間是一片開闊地，形成儲量相當豐厚的倉庫。然後，它把北部舞台交給了一群日耳曼流浪藝人，我們身份卑微，已經習慣到處流浪，喜歡在小鎮上的戲院裡演出，扮演普通的屠夫、麵包師和製作蠟燭台的手藝人等平淡的小角色。南部的舞台又租給了地中海的上等藝術學校裡的高貴顯赫的悲劇學員，

紅杉——歷史的見證

他們只習慣給王公貴族演出，他們每一個人都知道如何以優美瀟灑的姿勢舞弄長劍。對於這種風度，他們北方的同行卻一無所知，因爲他們不得不在貧瘠的土地上辛苦勞作，常年使鐽弄斧的手臂已是僵直，而脊背也過早地彎曲了。

大自然卻幾乎同時在幾個舞台上拉開了帷幕，並召集全世界觀賞他們的演出。瞧呀，第一幕還未進行到一半，兩個舞台上的演出看上去就已經十分不同。到了第二幕開始時，演員們表演的變化更是明顯，於是觀衆們開始竊竊私語：「這種事情可能嗎？」

北歐海盜的大船看上去非常標緻，但卻禁不住海上的滾滾風浪。因此，那些彪悍的古斯堪的納維亞人駕駛的航船總是偏離航道，因爲他們那時沒有指南針，也沒有測程儀，那些裝備與古埃及的裝備一樣簡陋，不過當看到畫在莎草紙上的三千年前行駛在尼羅河上的埃及船隻及裝備時，你仍會讚嘆不已。

現在，請仔細看看地圖上有關墨西哥灣流（本書已多次提到過）漂流的軌跡，你會發現，墨西哥灣流從非洲穿過大西洋抵達美洲，然後又經過北大西洋的西南漂漂到東北，將祝福賜給挪威海岸，然後一直漂流至北冰洋。墨西哥灣流在這一段漂流過程中，速度平緩。從北冰洋，經冰島和格陵蘭島向南返回時，墨西哥灣流降低了溫度，名字也隨之改變，先叫格陵蘭寒流，接著又稱爲拉布拉多寒流，這一系列的寒流給整個大西洋北部地區帶來了大量的冰塊。

正如我們的荷蘭祖先所描述的，挪威人憑著上帝的指引和自己的運氣，早在九世紀就已到達冰島。冰島和歐洲之間有了固定的航道，往來頻繁，發現格陵蘭和美洲就成了必然的事。正如中國或日本的船隊，如果偏離了航道，必然會被日本暖流帶到大洋的另一邊——英屬哥倫比亞或是加利福尼亞。同樣，當一個挪威人，因大霧迷失了方向（即使擁有世界上所有的儀器的今天，在有霧的天航行，仍是件可怕的事），被困於從特隆赫姆到冰島之間海域，他遲早會發現自己到了格陵蘭島的東海岸，或者如果霧天持續不散，而挪威人又有好的運氣，他們也許漂在被早期上島的人們叫做瓦恩蘭（音譯，原意是葡萄地）的地方。此地種植的葡萄據說可以釀成非常好的酒。

我們應當記住，正是由於祖先對新大陸的不斷發現，人們的生存空間才越來越大。大部分船長們都不想被視為瘋子，因此他們不願在親友面前講述那些誰也不會相信的傳奇故事。那些傳奇後來被證明是一個幻覺，也許是將低矮的雲層誤認為山脈；或許只是一縷陽光，人們就將它當做是海岸線。早在阿貝爾．塔斯曼踏上澳洲的土地之前，法國和西班牙的水手們就已經在航海時看到過這片大陸。亞

格陵蘭島

速爾群島和加那利島一次又一次地被發現，又被遺忘。反復幾次後，我們的教科書已經很難注明第一次發現它們的確切時間。毫無疑問，法國的漁民們早在哥倫布時代之前幾個世紀就到過紐芬蘭的大淺灘，但他們只是告訴鄰居在那裡捕魚很方便，新的土地對他們來說，只是多了一塊捕魚的場所，而對其他卻不感興趣。法國的布列塔尼是他們世代居住的地方，他們每個人都有足夠的土地，爲什麼要到離家很遠的地方去呢？

正如在以前的章節中提到的，我一直堅持這樣的理論：先有了人性，然後才有民族性。我不會讓自己陷入那種慣常的激烈爭論中，比如有慶祝哥倫布日，或是萊夫日，或是紀念發現美洲的一些被歷史記錄遺漏的法國水手。我們只要稍微列舉一些事實就能夠證明：古代挪威人十一世紀的頭十年中曾經踏上美洲大陸；還有一些水手，以西班牙人爲主，但也有其他民族的航海者們，在一名義大利船長的帶領下，於十五世紀的最後十年中光顧過這裡，然而他們發現自己並不是最早到達新大陸的人，他們錯將當地的土著居民認作是亞洲後裔。如果一定要賦予誰以第一個踏上美洲大陸的殊榮，那麼蒙古人倒應該被刻在紀念碑上。

我們有一座緬懷無名英雄的紀念碑。如果在美洲大陸再豎立石碑，以紀念那些無名的發現者們，也並不是不得體。然而，現在這些發現者的可憐的親屬因法律限制，不可能來到新大陸，恐怕我這項提議也不能實現了。

對那些來自遠東的第一批勇敢的開拓者，我們已了解得很多了。然而有一件令人感興趣的事，但直到今天或許永遠都是未解之謎，即這群亞洲人到底是如何進入美洲大陸的？難道他們是乘船橫渡狹窄的太平洋北部？或是步行穿過白令海峽的冰面？或者，他們是在亞洲和美洲之間還有陸地相連時，就來到了美洲？我們對此無從知曉。我個人看來，這無關緊要。當白人來到新大陸後，他們開始與當地人接觸（少數偏遠的地區除外），發現他們還處於石處時代晚期剛剛結束的時代，人們還沒有從各種艱苦冗長的體力勞作中解脫出來；沒有足夠的家畜供人們食用或幫助人們幹活兒，他們不得不以捕魚打獵爲生。這些有紅色膚色的土著人即使用盡所有武器，包括弓和箭，也無法與白人抗衡，因爲白人可以用槍在很遠的地方將敵人殺死。

紅皮膚的人們的主人地位已不復存在。雖然這種情況還會繼續存在若干世紀，但是最終他們會被他們的敵人徹底同化。這眞的很可悲，土著人在許多方面都有其傑出的品質，無論是他們強壯的體魄還是聰明的腦子。

但是，事情就是這樣，我們對此無能爲力。

紐芬蘭

現在，讓我們最後一次看看地圖。

美洲西海岸，從白令海峽到巴拿馬地峽，由一系列山脈將大陸與太平洋隔開，這組山脈全都是南北走向，有些地方因分布著幾座並列的高山，而比其他地方要寬一些。

阿拉斯加的這組山脈很明顯是東亞山脈的延續，它被阿拉斯加最重要的河流——育空河一分爲二。阿拉斯加過去是俄羅斯帝國的一部分。一八六七年，美國以七百萬美金買下了這片五十九萬平方英里的土地。

俄國對這筆買賣相當滿意，這是因爲他們忽視了阿拉斯加的潛在能量。幾個小漁村，以及到處是厚厚積雪的山地換回七百萬美金在當時還是很划算的。但是，到了一八九六年，人們在克朗克地區發現了金礦，阿拉斯加於是成爲人們向往的地方。人們從溫哥華到朱諾，然後經斯卡圭、赤庫特和赤卡特，最終到達

美洲三次被發現

道森——克朗代克的中心地區。這段行程長達一千多英里，途中經過艱難的跋涉，但是人們只要想到路的盡頭有金子等著他們，就會相信自己將是第一個到達終點的人。

從那以後，人們發現阿拉斯加不僅有黃金，還蘊藏著大量的銅礦、銀礦和煤礦。阿拉斯加不再只是一個獵取樹皮和捕魚的好地方。結果，在阿拉斯加成爲美國領土後的最初四十年裡，它創造的價值比從俄國人手裡買來時增加了二十倍。

就在阿拉斯加以南，山脈被分爲兩部分。兩座山脈以北美最高的山峰麥金利山爲界，東部一座是落基山脈，向內陸延伸，並最終與墨西哥高原融合；西部一座依舊與太平洋平行，向南起伏，直至它消失在墨西哥高原的懷抱當中。沿途因經過不同地區而有不同的名字，在加拿大，它叫做聖伊利山脈和海岸山脈，但經溫哥華島後，又分成兩部分，向西的一部分依然被稱爲海岸山脈；向東的一部分在加利福尼亞則被稱爲內華達山，在華盛頓和俄勒岡被稱爲喀斯喀特山。山脈之間是寬闊的薩克拉門托河流域和聖華金河流域，兩條河在注入舊金山灣之前中途匯合。舊金山灣是世界上最寬、最深、性能最好的海港之一，通過金門與太平洋相連。

當西班牙拓荒者來到這個河谷的時候，這裡還是一片荒原。如今，依靠灌溉，這裡已成爲世界的水果之鄉，蘋果、桃子、李子、柑橘和杏等碩果累累，並因其廉價的勞動力，使得種植成本很低，在市場上也就能賣很好的價錢。

對加利福尼亞來說，這個河谷眞是上帝賜予的一塊寶地。當十九世紀末淘金熱逐漸冷卻的時候，在加利福尼亞淘金的礦工發現，種植果樹一樣能使他們過上舒適的日子。在阿拉斯加和澳大利亞，一旦金礦枯竭，就沒法養活那麼多人，這些人們放棄村舍匆匆離去，留下空蕩蕩的城鎮和村莊。加利福尼亞與其他產金區不同的是，它沒有因金礦的枯竭而衰敗，相反它找到了其他致富的途徑。這段不尋常的發展歷史成爲人類歷史上獨特的一筆。

加利福尼亞地下蘊藏著豐富的石油資源，這保障了該地區未來經濟的發展。不錯，該地區也有不穩定的因素，即加利福尼亞灣的缺口可能導致不同岩層的偶爾移動，這很危險（尤其是隨後引發大火），但地震造成的災難是暫時的不利，而宜人的氣候卻是永久的祝福。作爲整個北美人口最稠密的地區之一，加利福尼亞的發展剛剛起步。

在內華達山脈和落基山脈之間，是一片三部分組成的寬廣的河谷，北部是哥倫比亞高原，斯內克河與哥倫比亞河由此向東注入太平洋；南部是渦薩奇山脈和科羅拉多高原，科羅拉多河就是穿越高原中形成的大峽谷；中部兩座高原之間是聞名的大盆地，從美國東部被趕走的摩門教徒選擇此地作爲永久的居留地。儘管這裡的氣候較爲乾燥（雖然大鹽湖水量豐富，但含鹽量相當高），但摩門教徒通過不到一個世紀的努力，使這裡成爲富裕之鄉。

整個這一地區是火山活動頻繁的地區，以前曾經發生過劇烈震動。這可以以下面的事實爲證：站在二百七十六英尺深的死亡谷谷底可以看到一萬四千四百九十六英尺高的惠特尼山峰的頂部——美國最高山峰。

落基山脈向東是廣袤的大平原，北到北冰洋，南至墨西哥灣，向西延伸到拉布拉多的勞倫斯高地和美國的阿巴拉契亞山脈。密西西比河、密蘇里河、俄亥俄河、阿肯色河和紅河流經大平原，注入墨西哥灣。由於這些河流的滋養，大平原成爲世界性的大糧倉。馬肯茲河、阿薩巴斯卡河、薩斯科徹溫河這些河流，有的流入北冰洋，有的流入哈德遜河，因在一年的大部分時間裡都處於結冰期，因此它們只給當地帶來一些影響。發源於蒙大拿省黃石公園附近的密蘇里河和發源於溫尼伯湖與蘇必利爾湖分界地的密西西比河，從源頭到其入海口的三角洲都適宜船隊航行。兩河流域如同中國東部的長江流域那樣富庶而人口稠密。

作爲哈德遜灣、大西洋和墨西哥灣分水嶺的是一塊地勢稍低的平原，該地區有密歇根湖、休倫湖、伊利湖和安大略湖。伊利湖通過一條較短的河流與安大略湖相連，因爲尼亞加拉大瀑布就在這條河上，所以這條河是不通航的。航船要通過韋蘭運河。連接休倫湖和蘇必利爾湖的也是一條運河，即蘇聖瑪麗運河，通過這條運河船閘的運輸總噸位比通過巴拿馬運河、蘇伊士運河和基爾運河的總數還大。

五大湖區的湖水，先通過聖勞倫斯河，經聖勞倫斯灣，然後注入大西洋。聖勞倫斯灣類似於內海，西面是加拿大的高大山脈，東面是紐芬蘭島（一四七九年由義大利航海家約翰·卡伯特發現，一五〇〇年設葡萄牙總督），南面是布雷頓角島和新斯科舍島和新不倫瑞克島。隔開紐芬蘭島和布雷頓角島是卡伯特海峽，它見證了一個事實：是義大利人第一次登上這片土地的。

加拿大北部，也就是所謂的西北地區，嚴寒的氣候使白人望而生畏，白人無法適應這裡的氣候。我們對那一地區知道得不多，除了一些關於本地獨特的警察的傳說。這片湖泊衆多的土地原來大部分屬於哈德遜公司。這家公司創建於一六七〇年，正是這片海灣的發現者，並以自己名字命名的英國人——哈德遜死後的第五十九年。組建這個公司的「英格蘭冒險家們」的確名不虛傳，只是他們沒有遠見。如果再給他們半個世紀的時間，他們會殺光湖區兩岸及森林中的動物（即使在繁殖季節也照殺不誤），他們還無限制地向印地安人提供大量的酒，印地安人差點兒要在酒中毀滅自己。後來，英國維多利亞女皇插手兼併了哈德遜公司的大部分領地。哈德遜公司成爲了一處歷史古董，儘管仍然在原來的地盤做生意，但與從前大不相同了，而是採用新的發展方式。

　　拉布拉多半島位於哈德遜灣和聖勞倫斯河之間，因受格陵蘭島冰雪海岸的寒流影響，這裡氣候寒冷，沒有

尤塞米提國家公園

什麼利用價值，但是加拿大的自治才剛剛開始，對拉布拉多的開發抱有樂觀的態度。今天，這裡最大的問題就是人口嚴重不足。

從政治上講，加拿大是昔日帝國夢想破滅以後的產物。當喬治・華盛頓出生時，北美大陸的大部分還是屬於法國和西班牙的，而英國的殖民地僅限於大西洋沿岸一小塊孤島，孤島周圍都是虎視眈眈的敵人。早在一六〇八年，法國人就在聖勞倫斯河口居留。逐漸地，他們開始向內陸地區發展。首先到達休倫湖，慢慢地偵察了整個湖區；然後發現了密西西比河的上游地區，占領了河谷地帶，並命名爲路易斯安那。到了十七世紀末，法國人搶占的土地已到了落基山脈腳下，比西班牙人搶占的領地還要大。阿勒格尼山脈成爲分隔法國、西班牙、英國和丹麥各國殖民地的天然屏障。

如果路易十四和路易十五能夠對地理懂得稍微多一些，如果地圖對這兩個熱愛藝術的君主來說，比一幅工藝精緻、色彩斑斕的雙面掛毯更重要，那麼也許今天的新英格蘭和弗吉尼亞的人們應該說法語，而整個北美應該聽命於巴黎，但是這些決定歐洲命運的人並沒有意識到新大陸意味著什麼。由於他們的疏忽，加拿大人講起了英語，魁北克和蒙特利爾不再是法國的城市。經歷了幾代人以後，新奧爾良及大西洋沿岸地區

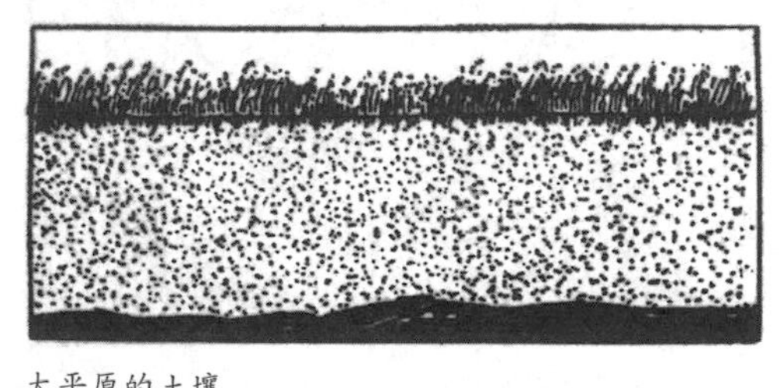

大平原的土壤

又賣給了從叛亂的英國小行省建立的合衆國——美利堅合衆國。即使是偉大的拿破崙，看到一些土地換取一些成堆的美元，也會覺得是划算的生意。然而這片土地今天成爲美國最富裕的地區。

一八一九年，佛羅里達劃入新領地，一八四八年，得克薩斯、新墨西哥、亞利桑那、加利福尼亞、內華達和猶他相繼脫離墨西哥。在不到一百年的時間裡，北美終於徹底易手了，並且成爲歐洲平原的延伸。

這個由不同民族組成的地區，由於主人的冷漠，見識短淺，由於幾次戰爭，他們突然意外地被合併在一起了。隨後是驚人的發展，前所未有的繁榮，令世界矚目。隨著第一輛火車開通、第一艘汽船的通航，大量移民湧向了五大湖區，人們在這裡安家落戶，還種植了小麥，當時的芝加哥還是世界上最重要的糧食貿易中心。

在人們的發現五大湖區、阿巴拉契亞山脈和落基山脈環繞的三角地帶有大量的煤礦、石油和銅礦後，這裡很快又成爲重要的工業區。世界各地的大批勞工紛紛來到匹茲堡、辛辛那提、聖路易斯、克利夫蘭、底特律和布法羅，加入開發各種礦藏財富的行列。當人們需要海港來出口他們

尤塞米提國家公園

的鋼鐵、石油和汽車時，大西洋沿岸的紐約、波士頓、費城和巴爾的摩相繼發展成爲重要的海港城市，並從此聲名大振。

同時，南方各州終於從南北戰爭（比內戰還要痛苦）的創傷中恢復過來，廢除奴隸制後，他們積聚了足夠的資金，開始自己種植棉花。加爾維斯頓、薩凡納和新奧爾良又恢復了生機。鐵路和電報電話使整個國家變成一個有機的農場和工廠。在不到五十年的時間裡，有六千萬歐洲人遠渡重洋，來到美洲，加入到開發建設北美大陸的事業中，一個嶄新的世界就這樣在他們手中誕生了。沒有哪個民族能像美國一樣享有這麼多的機遇：廣闊的平原、作爲屏障的山脈、宜人的氣候、肥沃的土壤和豐富的資源，除此之外，還有更重要的一點，那就是這是一個統一的國家，同一個民族，用一種語言交流，沒有沉重的過去。

繼續向南走，了解了墨西哥和中美洲後，我們就會發現美國擁有一個對民族發展有重要意義的優勢。墨西哥除去瑪雅人居住過的尤卡坦半島，基本是個山地國家，從里奧格蘭得山脈到馬德雷山脈，海拔逐漸增加，馬德雷高原平均海拔爲四千八百～五千二百米。海拔更高的山峰，如波波卡特佩特山（五千四百五十米）和奧里薩巴山（五千五百四十九米）都是火山，而科利馬火山（三千九百六十二米）卻是唯一的活火山。

在朝向太平洋的一面，馬德雷山脈山勢陡峭，但是朝向大西洋的一面，山勢卻很平坦。對歐洲人來說，從東面入侵墨西哥內陸就很容易了。十六世紀的最初幾年裡西班牙人的先頭部隊開到墨西哥。這一時期對西班牙先遣隊卻是非常不幸的，發現熱那亞人被證明是個徹底的失敗，這裡沒有人們先前預想的金山銀海，有的卻是赤裸裸的野蠻人，一讓他們幹活兒就裝死，還有數不盡的蚊蟲。

隨後，墨西哥全國流傳著，有一個靠近大陸叫阿茲台克的地方，那裡的居民都住在金子做的房子裡，人們用金子做的盤子吃飯，晚上躺在金子做的床上，所以一五一九年，費爾德南·科爾特茲就帶領他的三千人組成的部隊來到了墨西哥。憑十二門火炮和十三支老舊步槍，擊敗了蒙特朱馬對這個王國的統治。墨西哥曾經秩序井然、管理有方，但是，其統治者卻被人以哈布斯堡國王的名義絞死了。

隨後的三百年裡，墨西哥一直都是西班牙的殖民地。西班牙由於擔心墨西哥種植的農產品衝擊本國市場，殖民者禁止墨西哥種植相關農作物。大多數財富匯入部分擁有大量土地的人手裡，也有的用來發展各種宗教，直到現在，這些宗教還在搶奪勢力範圍。

十九世紀中葉，奧地利人馬克西米利安企圖在法國人的幫助下成爲蒙特朱馬第二，他又搞了一次冒險。不久，墨西哥被發現蘊藏大量的鐵礦和石油，並且儲量可能超出美國。那時墨西哥有一千五百萬人，五分之二的人擁有印地安血統，卻生活在極度貧困中。銀行界開始插手他們的事務中，組織革命，土著人則以反革命予以反擊。第一次世界大戰之前，整個墨西哥似乎都在暗殺和殺戮之中。幸好因爲第一次世界大戰使大金融機構資金緊缺（戰爭耗費極大），墨西哥人才得以存留。現在，人們正在努力消除三百年來因爲歧視、疾病和愚民等政策所造成的創傷，並且獲得了成功，這可以從韋拉克魯斯和坦皮科的出口數據看出來。而今，華盛頓和墨西哥已締結友好關係。

南北美洲之間的中美洲地峽，土地肥沃，盛產咖啡、香蕉和甘蔗還有國外資本希望生產的經濟作物。白人不適應這裡天氣的酷熱，黑人又不願爲白人工作。再加上活動頻繁的火山，無論對黑人還是白人都是一種威脅。對大多數人，危地馬拉、洪都拉斯、尼加拉瓜和哥斯達黎加都只是一些浪漫的名字（除非是收集郵票）。因爲「國庫越空虛，郵票越精美」眞的是一個放之四海皆準的眞理。巴拿馬共和國卻另有一番重要性，特別是對美國。

巴拿馬運河

中美地峽是一條狹窄的陸地。在西班牙探險家巴爾博站立在達連的山峰上觀測兩大洋後，西班牙人就對地峽的地理位置有了清楚的認識。早在一五五一年，西班牙人就想過在這裡開鑿一條屬於他們的大運河。此後，每一代的人都在聽說關於鑿運河的新計劃。科學界有點兒名氣的人物都至少拿出了一套設計方案，以解決不斷出現的難題。但是，從堅硬的岩石中開鑿出一條三十英里長的運河確非易事。直到諾貝爾發明了炸藥才解決了這個問題。這項發明的初衷是想幫助農民除去田地裡的樹樁或石頭，而不是用來自相殘殺。

在後來的加利福尼亞淘金熱中，人們不再長途跋涉繞行合恩角，而是蜂擁到中美地峽地區，從這裡進入加利福尼亞。一八五五年，穿越地峽的火車通車了。十五年後，蘇伊士運河開鑿成功，舉世皆知。這時，運河的設計者費迪南德·萊斯普斯決心修建連接太平洋和大西洋的運河，但是他的公司因管理不善，一片混亂：工程師在設計時錯誤百出，工人也身患瘧疾和黃熱病而大量死亡。經過八年與大自然的搏鬥，以及在巴黎交易所上更爲殘酷的交鋒，這家法國公司再也無力支撐局面，最終倒閉了。

這之後的十二年中，一切工作似乎都停止了。萊斯普斯遺留下的火車頭上，煙囪裡都長出了棕櫚樹。直到一九〇三年，美國政府購買了這家破產的法國公司的所有權。這以後，哥倫比亞共和國與美國又開始爲一塊可供開鑿運河的土地討價還價。最後是西奧多·羅斯福對這次談判失去了耐心，決定扭轉這個局面。他在這個地方策劃了一個小小的政變，並在不到二十四小時裡承認了這個新誕生的偏僻角落的獨立政府。事情發生在一九〇三年，自此，巴拿馬運河的開鑿工作納入正常的軌道，一九一四年開通。

運河的開通，使加勒比海從一個內海變成連接亞歐的重要商道，位於加勒比海和大西洋之間的海上島嶼的價值也隨之提升。英國的巴哈馬和百慕達（位於紐約和佛羅里達之間），還有古巴屬於遠離航道的島嶼，也是同樣的境遇；而牙買加（英屬領地）、海地和聖地亞哥（名義上都是獨立的國家，實際上，要命聽於華盛頓）地理位置較優越，從運河的開發中獲利更多些。波多黎各、小安的列斯群島及其東南的一系列島嶼都成爲巴拿馬運河的受益者。

在十七世紀，對歐洲國家來說，小安的列斯群島的價値比美洲本土還要大。那裡的氣候炎熱濕潤，非常適宜種植甘蔗，而被運到島上的奴隸是無法逃離這裡的。如今這裡依然盛產甘蔗、可可和咖啡。小安的列斯群島包括：背風群島、聖托馬斯島、聖克魯斯群島、聖馬丁島、薩巴島、聖約翰島、聖尤斯塔蒂尤斯島（一個小礁島，美國獨立戰爭時期走私物品的集散地）、瓜達盧佩島、多米尼加島、馬提尼克島（火山活動頻繁，幾乎毀於一九〇二年爆發的培雷火山）、聖盧西亞島、聖文森特島和巴巴多斯島。

向風群島由布蘭基亞島（屬於委內瑞拉）、博奈爾島、庫拉索島和奧魯巴島（屬於荷蘭，與委內瑞拉海岸平行排列）組成。這些島嶼從前是一組山系的外延部分，這組山系曾經連接委內瑞拉的圭亞那高原和馬德雷山脈。後來，這組山系的框架部分消失，而山峰形成了現在的島嶼。

從工業角度看，這些島嶼中沒有什麼比較發達的。奴隸制的廢除也帶走了從前的繁榮。如今這些島嶼是聞名世界的冬季旅遊勝地，也是石油和煤的集散地。只有位於奧里諾科河三角洲的特立尼達，因盛產瀝青而仍保持著昔日的繁榮。印度人來這裡謀生的非常多，取代了往年的奴隸，他們的人數約占當地人口的三分之一。

世界大戰期間，我們在極短的時間裡學到了很多的地理知識。年輕人很自然地放棄學習德語，轉而學習西班牙語。理由是「學會西班牙語，在南美洲的前景不可估量」，在戰爭尚未結束時，這種觀點還沒有體現出來。但事實上，那時世界與這片大陸的貿易往來出現了嚴重的衰退。

究其原因，在秘魯、巴西、厄瓜多爾以及其他一些南美國家，對外貿易的具體細節都是由耐心細緻的德國職員處理，德國人被認爲是這類工作的行家。老闆們沒有想到，這成爲最不幸的事：當南美洲加入了協約國後，那些可憐的德國職員都被送往集中營，於是所有對外業務也就馬上中斷了，直到戰爭結束，集中營裡的德國職員們重新回來工作，一切才恢復正常。

漸漸地，我們明白了眞相。雖然南美是個物產豐富的大陸，但是人口稀少，而在其他許多方面又落後於世界其他地方，所以至少需要經過五十年的努力才能前進一小步，但對那裡大多數人來說，這是不夠的。當然，這裡也有少數富有的人，但他們不是靠著整個大陸的發展而積聚財產的，或許是在西班牙統治時期攫取的，或許是在多變的政治格局中，以當權者

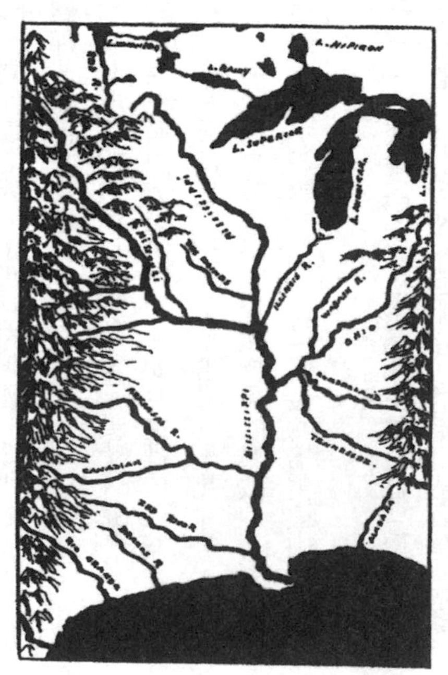

密西西比河

親屬的名義趁機占有的。

如果我在本章對南美的情況講述不夠詳細，請不要懷疑我有反拉美情緒。相反，我作爲一個北美洲人，我比義美洲人更加懂得欣賞他們的優秀品質。在本書一開始，我就告訴你們我要寫的是關於「人」的地理，並且始終堅信，地域的重要性完全取決於這塊土地上的居民各方面的素質，比如科學、商業、宗教和藝術，以及他們對這個世界所作的貢獻的大小。從這個角度看，到目前爲止，南美洲幾乎和蒙古一樣，在各方面都是一無所有的。我總是反覆強調這一點，或許這一切源於人口資源的極度缺乏。人口稀缺可能是因爲：南美洲大部分位於赤道地帶，在許多地方白人不可能取代當地的土著人，諸多的混血（黑人和白人的、白人和印第安人的，還有黑人和印第安人的混血兒）難以施展他們在各方面的潛能。

很久以來南美洲各種政治的舞台。巴西帝國雖然持續了將近一個世紀，但還算一個較新穎的事物。還有巴拉圭的耶穌會，它在研究烏托邦的學術著作中占有一席之位。南美至少產生了一個偉大的人，那就是玻利瓦爾。像我們的華盛頓一樣，他解放的不僅僅是自己的國家，整個南美大陸的革命運動的成功都是與他的名字緊緊相連的。我從不懷疑，在烏拉圭和玻利維亞的歷史上還

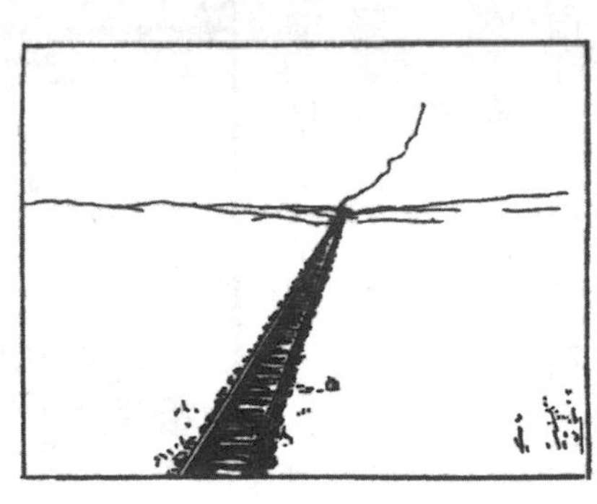

第一條鐵路

有許多重要的人物，但是他們並不揚名世界。在深入了解他們以後，我肯定他們能夠歸入世界名人之列。因此，這本書只介紹高山、河流和國家就足夠了。

落基山脈和墨西哥的馬德雷斯山脈在南美洲西海岸的延續部分被稱爲安第斯山脈。「安第斯」是西班牙文的音譯，是西班牙占領者們對印地安人在山坡修建的用於灌溉的水渠的統稱。西班牙人通過破壞水渠和堤壩使土著人餓死，達到他們搶占土地掠奪財產的目的。西班牙人的這種掠奪行爲只是白人侵入新大陸以來衆多強盜行徑的一種。

安第斯山脈在接近南極時斷裂爲許多小島，其中以火地島最爲著名。在智利和火地島之間有一條海峽，是以麥哲倫的名字命名的麥哲倫海峽。航海家麥哲倫是第一個進行環球航海的白人。最南端是合恩角，這是以發現該島的人家鄉的名字命名的。麥哲倫海峽具有重要的戰略意義，保衛麥哲倫海峽作用的馬爾維納斯群島，屬於英國領地。

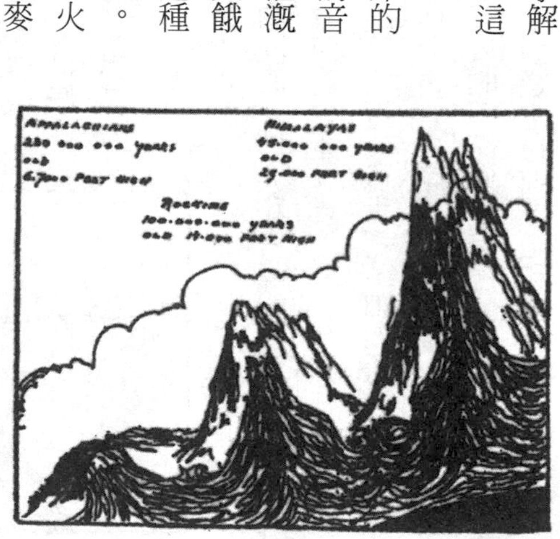

最古老的山脈並不代表海拔最高

安第斯山脈同樣是多火山的山脈。厄瓜多爾的欽博拉索火山（現在熄滅了）高達二萬零七百零二英尺，阿根廷的阿空拉加瓜火山高二萬二千八百三十四英尺，而海拔爲一萬九千五百五十英尺的科托帕斯火山（也在厄瓜多爾），是世界上最高的活火山。

位於南美的安第斯山脈，和在北美境內的姊妹山脈還有其他兩點相似之處：延綿的山脈環抱著寬闊的高原，並形成國家之間的天然屏障；另外，山勢險峻，沒有便利的通道。所以，唯一的一條橫穿安第斯山脈的鐵路，也就是智利—阿根廷鐵路，不得不依山勢爬行，其攀登的高度遠遠超過瑞士的聖伯納得山口和哥達山口。

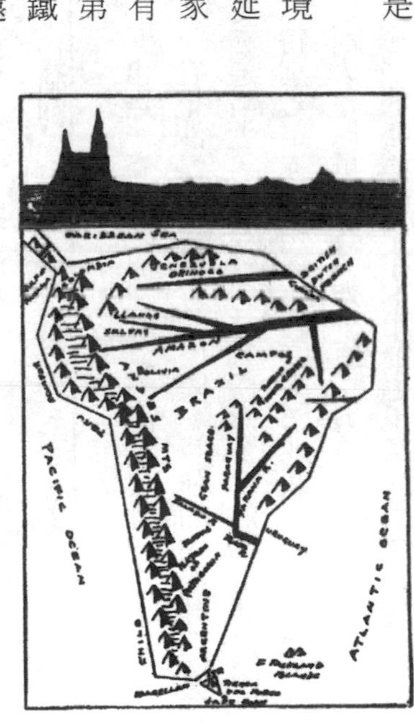

南美洲

至於延伸至南美東海岸的阿巴拉契亞山脈，由北部的圭亞那山脈和東部的巴西高原組成。圭亞那山脈和巴西高原之間是亞馬遜河，它雖然不是世界上最長的河流，卻是擁有最大流量的河流。亞馬遜河有數百條支流，其中至少十五條支流與萊茵河一樣長，而馬代拉河和塔帕若斯河，則比萊茵河還要長一些。

圭亞那山脈的北部是奧里諾科河。它實際上是通過內格羅河與亞馬遜河連接的，但它比亞馬遜河更適於航船，因為在入海之前沒有任何山巒阻隔，而在入海口的地方可達二十英里寬；而且，它的流量相當大，在內地時其水深達到三百英尺，因此說奧里諾科河非常適合遠洋航運發展。

巴拉那河是南美洲一條南北流向的河流，它在途中匯集了巴拉圭和烏拉圭的一些河流，形成拉普拉塔河。阿根廷的首都布宜諾斯艾利斯就坐落在這條河的流域上。與奧里諾科河一樣，巴拉那河也是一條適於內陸航運的河流。

穿越安第斯山脈的鐵路

委內瑞拉平原

除了歐洲，南美比大多數大陸都占優勢，它是沙漠面積最少的大陸。智利的大部分地區雨量充足，亞馬遜河流域及巴西東海岸地區地處赤道附近，受熱帶雨林氣候影響，熱帶雨林比剛果的還要茂盛。由於這裡氣候濕潤，其他地區，特別是離赤道稍遠一些的南部地區，極適宜發展農業生產。阿根廷大草原、奧里諾斯河流域和巴西大草原可與北美大平原相媲美。

南美許多國家的形成，並不能稱作歷史發展的必然結果，而是通過不斷的戰爭與變革造成的偶然結果。臨近赤道的委內瑞拉共和國，人口三千二百一十六萬，其北部的馬拉開波湖已探明有著豐富的石油，現在已成爲委內瑞拉最重要的港口，漸漸取代了離海較遠且交通不是很方便的首都加拉加斯的地位。

哥倫比亞位於委內瑞拉共和國的西面，它的首都是波哥大，地處內陸，交通極其不便，直到有了通往這裡的飛機，人們才有可能與馬格達萊亞河口的巴蘭基亞自由往來。哥倫比亞東西部與美國一樣，臨近大洋，土地肥沃，物產豐富，但是在開發其自然資源之前，還需要大量的北歐移民。

厄瓜多爾是一個比較貧窮落後的美國。自巴拿馬運河開通以來，首都基爾的瓜亞基爾灣港有了很大的發展。該國曾經出口大量的奎寧，現在出口最多的是可可。

秘魯位於太平洋沿岸較南端的地方，這裡是印地安人勢力最強大的地方。由貴族，即太陽的子孫印加人統治，他們享有國王專制的特權。或許是由於統治的封建性，印加文明較阿茲台克文明更高級，更富有人性。當西班牙人最初到達新大陸的時候，

當西班牙殖民者皮薩羅到這片土地時，印加帝國已存在了四百年之久，對任何一個國家來說，這都是一段相當長的時間。當時的印加帝國存在許多政治派別，貴族之間鬥爭十分激烈。皮薩羅用挑撥離間的方式在一五三一年統治了整個印加帝國。他囚禁印加人，把所有印地安人變成奴隸，把所有能偷來搶來的東西都運回了西班牙。古印加帝國的遺跡，包括廢棄的道路，位於安

第斯山脈的喀喀湖（海拔一千二百四十六英尺，面積為三千二百平方英里）附近城堡的殘垣斷壁，以及無數的陶罐及其他一些藝術品，向人們展示了這個民族曾經有過多麼輝煌的歷史，而如今，它的後代一夜之間淪為痛苦麻木的土著人，要麼在印加帝國的首府庫斯特的大街小巷上漫無目的地閑逛，要麼參加革命。

利馬是個現代化的城市，秘魯的首都。在這裡，已探明有著銀、銅和石油的豐富儲量，這是秘魯的未來之所在。除非共和國的總統和他的外國銀行家將這筆決定國家未來命運的礦藏轉走，並把所得存入法國銀行。這類事情是有可能發生的。

玻利維亞是個內陸國，但它的首都拉巴斯曾經與海直接相通。在一八七〇年至一八九二年發生的秘魯與智為爭奪阿里卡地區的戰爭中，玻利維亞愚蠢地站在了秘魯一方，戰爭以智利的勝利而結束，玻利維亞從此喪失了沿海地區。玻利維亞是個非常富裕的國家，這裡是世界上第三大產錫國。玻利維亞人口稀少，每平方英里的土地平均不到五人，人口共計三百萬，而且大多數是在印加王國被毀滅時逃亡至此的印地安人。

智利和阿根廷是南美大陸最南端的兩個國家。這兩個國家在美洲大陸都具有重要的地位。它們地處溫帶地區，良好的地理位置為它的發展提供了優越的條件。這裡很少印第安人（印地安人似乎更適宜在熱帶地區生活），吸引了大量層次較高的移民。

相比較而言，智利的自然資源要比阿根廷豐富。智利的阿里卡（從這裡可以坐火車到玻利維亞）、安托法加斯塔、伊基克和瓦爾帕萊索是南美大陸西海岸的最重要的四個海港，首都聖地亞哥是整個南美最大的城市。智利南部以牧業爲主，主要是養牛。大批的牛在這裡被宰殺，後經冰凍處理，經由麥哲倫海峽的蓬塔阿爾納斯運往歐洲。

阿根廷是南美洲最重要的養牛大國。幾乎有歐洲面積的三分之一的巴拉那河流域是南美大陸最富有的地區，這裡的牛肉、羊毛、皮革和黃油的大量出口，致使其他地區同樣產品的出口要以降低價格爲代價。在過去十年中，源源不斷地來自義大利的移民不僅給阿根廷提供了勞動力，而且帶來了技術，使這裡成爲西半球最重要的穀物和亞麻生產國之一。巴塔哥尼亞高原上的牧羊業規模相當大，已經成爲澳大利亞和新西蘭的牧羊業最強有力的競爭對手。

阿根廷的首都布宜諾斯艾利斯坐落在拉普拉塔河流之上，與它隔河相望的就是烏拉圭的首都蒙得維利亞。烏拉圭的土壤與氣候都與阿根廷完全相同。這裡印地安人已經消失了。烏拉圭人只是採取了一些

廢棄的礦井

常陷入危機。

小小的措施，就成功地發展了經濟。阿根廷人雖然發展規模很大，卻因投機和混亂的財政管理常常陷入危機。

巴拉圭是位於拉普拉塔河流域的第三個國家，它實際上具備了經濟發展所需要的許多優越條件。如果不是一八六四年至一八七〇年的那場戰爭，它的經濟狀況會相當好。可憐的印地安人在前任統治者（一七六九年把國家讓給了西班牙王國）的軍隊裡受訓，後來又不得不聽命於一個十分瘋狂的總統而征戰南北。這位不自量力的總統，平白無故地向他強大的三位鄰居挑釁，連年的征戰，使該國的男人所剩無幾。戰爭結束時，面對這殘酷的事實，巴拉圭人不得不恢復一夫多妻制，以使全國人口有所增長。然而恐怕還需要一個世紀的時間，巴拉圭才能眞正從那場災難中恢復過來。

我們還需要介紹的國家就剩下巴西了。作爲一個殖民地國家，它受盡了歧視。巴西是屬荷蘭領地，後來又由葡萄牙霸占。葡萄牙人禁止土著人和移民與他人進行商貿往來，除非是在里斯本的那些被授權的商人。於是，葡萄牙人管理下的巴西一直處於被奴役的狀態。這種情況一直持續到一八〇七年，這一年，葡萄牙的皇室爲躲避拿破崙逃亡到里約熱內盧準備乾坤扭轉。一八二一年，葡萄牙國王返回到里斯本時，將兒子唐佩德羅留在里約熱內盧作自己的代表。一年後，唐佩德羅宣稱自己爲獨立的巴西帝王。這位帝王給予巴西一個開明的政府，即布拉干薩政府。這是其他南美國家所不曾有過的。從那以後，葡萄牙語成爲連接今天的巴西與葡萄牙的唯一紐帶。布拉干薩正俯由於一八八九年發生的軍事政變，它的末代帝王不得不退位逃亡到巴黎，並死在那裡。

巴西的領土面積為三百二十七萬五千平方英里，與美國的面積相當，約占南美大陸的一半。巴西是赤道以南所有國家中最富有的。全國可分為三部分：亞馬遜河流域、大西洋海岸和巴西高原地區。在桑托斯，咖啡的日生產量幾乎可提供全世界需求量的一半。除咖啡以外，巴西還盛產橡膠，位於亞馬遜河河口的帕拉和貝倫地區，及里奧內格羅河與亞馬遜河交匯處的馬瑙斯都是種植橡膠的地方。此外，東海岸的巴伊亞出產煙草和可可，馬托格羅索高原以發達的畜牧業而聞名，另外，內地還儲藏有大量珍貴的寶石，因為開採難度大，直到今天這些礦藏尚未被完全地開發。鐵礦和其他一些金屬礦的開發面臨同樣的境況，要依靠鐵路事業才能發展。

最後是三塊依然為歐洲殖民地的地方，它們是十七世紀和十八世紀舊殖民地的產物。它們是英國的圭亞那，或叫做德梅拉拉；荷蘭的圭亞那，或叫做蘇里南（荷蘭人以安的列斯和新阿姆斯特丹城作交換得來的）；法國的圭亞那，或叫做卡宴。若不是法國仍將卡宴當作他們胡作非為的殖民地，如果不是從那個是非之地傳出的種種醜聞，我們恐怕早已忘記圭亞那的存在。當然，它畢竟對人類的發展沒有什麼貢獻，但它提醒人們回憶起從前，並告訴遠道而來的探訪者，南美大陸曾是一個可以隨意掠奪的富庶倉庫。

第四十章　一個新世界

我想知道乞力馬扎羅山的確切高度。一本書被反復修改過多次，數字就容易出問題了，一次又一次地抄寫，卻還有新的改動。像是和自己在玩捉迷藏的遊戲，一會兒是這樣，一會兒又是那樣，不知道到底應該怎樣。如果你曾患有雪盲症，你就會明白我所說的意思了。

也許你會說：「查詢有關高山的高度不是什麼大不了的問題，只要翻閱一下權威的地理書籍或是百科全書就可以了。」

如果那些地理書、百科全書或是地圖冊所記載的能與事實一致的話，那查閱之事將是非常簡單的，但是實際情況卻不是這樣。我有很多規範的地理書籍，內容雖不太枯燥，但閱讀起來卻沒有那麼有趣。其實地理學不是一門很有趣味的學科。一旦講到有關山脈的高度和海洋的深度，這些書就開始變來變去。江河流域和海洋海域面積時而擴大、時而又縮小了；世界任何地方的所謂平均溫度更是變化無常，就像股市出現危機時的股市行情顯示器；海洋時深時淺，就像一個人追完貓後呼呼喘氣時的肚子。

這個領域已經在許多方面讓人失去信仰，我並不想再對此進行任何的指摘。但是我不得不對

「地理事實」中極為重要的統計數字提出疑問。我倒希望這些異議是一種狹隘的民族主義的習惡。每一個國家都要製造出來自己認可的數字，似乎唯此才可以顯示主權的獨立。

我要舉例說明一些問題：世界上有一半的國家按十進制計算測量重量和長度，而另外一些國家則仍沿用十二進制計算；把米和千米（公里）精確而非近似地換算成碼或英里不是件容易的事，世界大戰中的軍火製造商對此頗有感觸。藉助數學手段（在這方面我是外行），必要的數字之間的換算還是可以完成的，但是如何以統一的名字來認知一個國家、一座山脈或一條河流呢？如何統一地理名詞的拼寫呢？如：The Gulf of Chili, Gulf of Tschili, Gulf of Tshili，你會選擇哪一個呢？Hindu－Kush, Hindoe－Koesch, Hindu－Kutch, Hindu－Kusj，你更喜歡哪一個？如果幾個大語系協商決定以統一的方式拼寫俄國、中國、日本或西班牙的名字，情況可能會好一點兒。但是，對某一大語種下的多種方言來說，又怎麼協調一致呢？

於是，每一塊擁有自己語言的地方都會要求完整、平等的權利，因為那是祖先傳承的神聖的語言。從前的歐洲地圖相當簡單；而現在，為區別以各式各樣語言劃分的區域，歐洲的地圖已經變得五顏六色了。人們再閱讀庫克先生那本老式的、曾經值得信賴的反映歐洲鐵路分布的《大陸鐵路指南》，就會發現自己像是在研究埃及的象形文字。

我並不是在為自己所寫的尋找藉口，但是請讀者對我在本書中關於深度和廣度的數據給以理解。即使著名的百科全書與統計手冊，在某些內容的記載上都會有自相矛盾的地方，對一個非專業寫作者，又何必苛求呢？

我猜想他會像我做過的那樣去做這件事。他會將這些專業書籍扔掉，再買一本書百科全書，並且會說：「我將以此書爲標準，如果有人因爲我說乞力馬扎羅山有一萬九千三百二十一英尺高而告我，我會告訴他，去和那些編輯出版百科全書的人們分辨是非曲直吧，我只不過是個讀者而已。」因爲乞力馬扎羅山的高度在《大英百科全書》中是一萬九千三百二十一英尺，在《牛津現代地圖冊》中是一萬九千三百二十英尺，在《世紀名錄百科詞典》中是一萬九千七百八十英尺。

以乞力馬扎羅山引起話題，我想說的只有這些了。我正在尋找自己的世界年鑒，這本年鑒大約是被放在一大堆地圖集的後面，就在翻找過程中我發現了別人寄給我的一本小冊子。這是一本關於羅納德・羅斯（Ronald Ross）先生生平和事蹟的紀念冊。作者以婉轉的口吻暗示道：如果不是因爲絕對需要，羅納德先生在有生之年離舒適的生活還差得很遠，而這一切是我們應該爲他做的事。科學家們很少用金錢計算他們應得的回報，但是當他的健康因長年累月的辛苦而受到嚴重損傷時，坐在舒適的病椅上繼續工作的待遇就能讓他滿足了。

我把這紀念冊放在一邊，又想起了美國的沃爾特・瑞得（Walter Reed）先生。我已經記不清我們的國家是如何對待他的遺孀的。如果我的記憶沒錯的話，這位善良的遺孀應該是只是獲得了免費郵寄的特權（每一個國會議員都享受的待遇），當然還有從醫療機構獲得的一筆撫恤金（醫療機構官員的遺孀同樣可以獲得），還有就是一所醫院以瑞得的名字命名。

在沉思中，我開始尋找著流行病歷史的圖書。突然，一個新的想法闖進腦海：羅納德和沃爾特先生儘管不爲衆人所知，但他們對這個人類社會的貢獻遠遠超過連低年級學生都熟悉的新大陸的探險家們。羅納德和沃爾特先生通過發現導致瘧疾和黃熱病的原因，告知世人根治這些疾病的方法，使人類從這些疾病的折磨中解脫出來。引發疾病並因此抹殺人類生命的禍首——蚊子被制止，人類才有能力繼續創造新的世界。

如果在這一章加上幾頁「醫學對世界地理的影響」是不難辦的，天花、腳氣、失眠等其他許多小病的根治，使整個世界的生存環境進一步改善，使人類的生活更有保障。然而這一切有點兒超出我的「領域」，這方面我知之太少。雖然如此，這兩位醫生卻給了我許多啓示。

這個世界上還有很多不安定因素。不滿的情緒像嚴重的痲疹一樣到處蔓延。於是，人們寫出數以萬計的書籍以診治病情，並提出適合的藥方。我在寫此書之前，從未對這個問題進行考慮（作者的生活有些與世隔絕）。突然發現，所有的問題都變得很簡單，這要感謝羅納德和沃爾特先生給予我們啓示。

對著一張地圖遐想，眞是個愜意而有教育意義的消遣。這裡是羅得西亞——一個自成一體的世界。塞西爾・羅得讓少數人富起來，卻殘殺大批土著人。有一個政府卻把槍殺和流血忽略了，而以其名字命名一個遼闊的新省。

再往北一點兒，在剛果、斯坦利維爾和利奧波德維爾，還有大量沒有標記的國家，地下埋著無數被折磨至死的土著人，也許只是因爲他們所割的橡膠沒有及時交足，或是運送象牙有些慢了，便遭此厄運。

哈德遜以自己的名字命名一個河灣，後來又把這個河灣的名字送給了一家富有的殖民公司。我們美國與當地的印第安人也沒有簽任何協議。我們的祖先在那些遠離本土的島嶼上的殘暴行徑，通常不會被寫進學校的教科書裡。南美的普圖馬約河流域曾經發生過的一切，每個人仍然還有清晰的記憶。非洲和阿拉伯一些國家那些形形色色的販賣奴隸的當權者，在沉寂的塞內加爾森林中所犯下的罪行，致使人們希望但丁在他的《地獄篇》中，爲這些惡魔般的人物劃出一片囚禁的地方。

在講述澳大利亞早期歷史的書籍中，很少有人提到過有關當時的人們爲滅絕澳大利亞土著人，而將人、馬及狗一起進行捕殺的場面。

還要繼續講嗎？

我只是在重複人人皆知的事實。

似乎很少有人知道開拓新大陸的時代已經徹底結束，而那些不願意繼續扮演犧牲品的受害者，越加成爲當今世

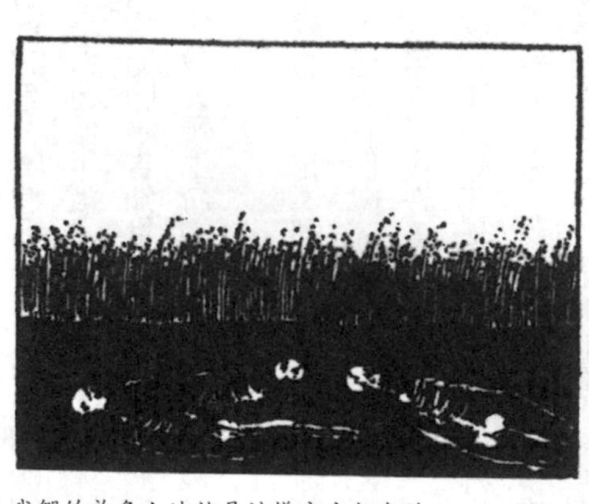

我們的許多土地就是這樣富庶起來的

界的不穩定因素。

只是坐在審判席上評判過去的是非毫無意義，我們最好是吸取教訓，以我們的聰明才智想出各種辦法，以避免我們將來再犯錯誤。類似羅納德和沃爾特醫生的人們已給我們領路。傷感地沉緬於烏托邦世界的思考是不能解決任何問題的。如果說，我們已經用了幾個世紀的時間去索取，那就應該用幾個世紀的時間去彌補、去奉獻，顯然這種方法是解決不了任何問題的。施捨與搶劫在某些意義上是相同的，它們對於接受施捨或是遭受搶劫者都不公平，因爲施捨只考慮到了給予者心理的平衡。如果將印地安人從英國人的統治下解放出來，而置他們於野蠻落後的生活而不顧，這又是一個大錯。

如果我們現在收回在中國、爪哇和緬甸鋪設的鐵路，拆除那裡的電話裝置和石油開發基地，讓他們重新回到落後的年代，身紮腰帶，划著小舢板，這樣做，對那裡的人民就有好處嗎？機器時代已經來臨，當地的居民們也已經習慣快捷的交通和便捷的通訊。當他們的小孩子生病時，他們願意到醫院去請教醫

答案在哪裡

生，而不是求助巫術的幫助。當他們要去拜訪朋友，他們更願意坐公共汽車，而不是步行。已經發展爲以貨幣爲交換手段的世界是不可能再回復到物物交換的年代了。

不論如何，我們生存的這個世界越來越發展成爲一個整體，時間已不是九百三十二年，也不是公元前三十二年，而是一九三二年。

然而，有一種解決問題的方法。羅納德和沃爾特醫生的工作是我們應該學習的。他們兩個人的工作不是「給予」，也不是「索取」，而是「合作」。如果沒有其他人的合作，他們永遠不會有如此大的成就。他們研究治療疾病的方法，並不只是爲了某一個種族，黑人、白人或是黃種人受益，而是全世界的人們，不分種族，不分膚色，都將有所受益。當戈特爾斯和戈加斯博士開鑿巴拿馬運河時（戈特爾斯繪圖，戈加斯組織人力，最終將藍圖變爲現實），他們沒有把太平洋、大西洋，或是美洲區分得很清楚，他們考慮的是整個世界。當義大利人馬可尼發明無線電時，他沒有發表聲明：「只有義大利的船隻遇到緊急情況可以用無線電。」

你應該明白我所追求的。

不要誤解，我無意建立一個新的社會。那是沒有必要的，而且這種問題自有解決的辦法。即使解決不了，那麼過上幾個世紀也就沒有什麼問題了，因爲到那時，人們是不會關心這些事的。

我們不再生活在一個不能把握的世界裡。蒸汽和電的問世，使相距遙遠的人們成爲鄰居，並在不到兩分鐘的時間裡相互交談。我們生產產品不再只是自給自足。日本能生產我們需要的且相當便宜的汽車；阿根廷可以生產供整個德國免於飢荒的糧食，而且成本不高。

我們不可能再像以前那樣，只是支付一個相當於白人二十分之一的工資，來雇用中國苦力或是南非的黑人。因爲莫斯科的廣播電台傳播範圍很廣，而且使用多種語言播放，他們正告知黑人和黃種人，他們被人騙走了本應該屬於他們的東西。

我們無法再像我們的祖先那樣，像強盜一般盡情偷盜掠奪。因爲——如果你眞想知道爲什麼——那是因爲我們的良知不允許我們這樣做，即使我們生來就沒有一種精神上的羅盤，人類的集體良知也已經達到一定的高度，這就是誠實與禮儀，這兩者不僅在普通民衆之間的私人交往中，而且在處理國際事務中，都是不可缺少的。

我並不打算在這裡說教，我也無意用某種啓示或是預言把你打發回家。不過，既然你已經閱讀到這裡，我希望你靜靜地思考半個小時，然後得出你自己的結論。

到目前爲止，我們好像一直以這樣的方式生活著。一個人來到這個星球上，只是一個匆匆的過客。充其量不過是幾十年的時間，或者最多是一個多世紀。這一切都好像是一種偶然。我們的所作所爲就像是新西蘭列車上的那些貪婪的乘客，在自己下車前只有十分鐘的時間，他們會儘快吃遍這裡提供的所有飯菜。

漸漸地，我們開始認識到，我們不僅要在這裡生活很久，而且在這裡生活並不是什麼偶然的事。那麼，爲什麼要如此匆忙呢？當你要搬到新的地方，並且決定在那裡度過餘生，這時你會對未來有所計劃。你的鄰居也是這樣，那些屠夫、麵包師、雜貨鋪店主、醫生，還有開辦出殯門面的人，會對自己的前途有一定設想。否則這個地方很快會陷於一種無序的狀態，也許是一個星期，這裡就混亂不堪，不再有人煙了。

當你開始考慮這些問題時，你是否覺得這個變幻莫測的世界和你所居住的家鄉之間存在著多麼巨大的差異？如果眞的有什麼差別，那只是量的差異而非質的區別。這就是我說的一切。

也許你會說我的思維過於跳躍，從乞力馬扎羅山到羅納德與沃爾特醫生，現在又開始爲地球描繪未來的藍圖，這一切太漫無邊際了。

但是，正如艾利斯的問題，同樣是我的問題：「如果沒有旅行，地理又有什麼意義呢？」

〈全書終〉

國家圖書館出版品預行編目資料

人類的家園／亨德里克 · 威廉 · 房龍著　文承譯
-- 初 版 -- 新北市：新潮社文化事業有限公司，
2023.07
面；　公分
譯自：The story of the world we live in
ISBN　978-986-316-882-9（平裝）

1.CST: 世界地理

716　　112006326

人類的家園

[美] 亨德里克 · 威廉 · 房龍／著

文承／譯

【策　劃】林郁
【制　作】天蠍座文創
【出　版】新潮社文化事業有限公司
【製作人】翁天培
電話：(02) 8666-5711
傳真：(02) 8666-5833
E-mail：service@xcsbook.com.tw

【總經銷】創智文化有限公司
新北市土城區忠承路 89 號 6F（永寧科技園區）
電話：2268-3489
傳真：2269-6560

印前作業　菩薩蠻、東豪印刷事業有限公司

初　　版　2023 年 10 月